Hermann Schreiber

Die Deutschen und der Osten

Das versunkene Jahrtausend

Südwest Verlag München

Mit 270 Abbildungen, davon 24 in Farben
Bildredaktion Angelica Pöppel

ISBN 3-517-00848-6

© 1984 Südwest Verlag GmbH & Co. KG, München
Alle Rechte vorbehalten. Printed in Germany
Umschlag: Design-Team, München
Satz und Repro: Wenschow-Franzis-Druck GmbH, München
Druck und Bindung: Richter-Druck, Würzburg

Inhalt

Vorwort – Eine große Wanderung und viele kleine 7

Die Flüsse und die Wälder 9
Die ältesten Völkerpfade – Bauern werden Piraten – Menschen als Ware – Was ist eine Stadt? – Die Slawen werden kriegerisch – Der Kaiser als Herr über Christen und Heiden – Eine Fremde aus edlem Geschlecht

Bischöfe und Grafen 27
Eine Lysistrata in Polen – Familienbande über die Fronten hinweg – Die Wälder schrumpfen – Die ersten Eisenhämmer – Flucht aus der Leibeigenschaft – Nach Osten, ins Ungewisse

Die heiligen und die unheiligen Könige 41
Die Piasten, oder: Bauern auf dem Thron – Arzt und Papst im Jahr 1000 – Fürst Gottschalk, gottesfürchtig, aber unmäßig – Das flandrische Tuch bringt den Reichtum – Kriegsmann und Kirchenfürst: Wichmann von Magdeburg – Die Siedler und ihre Verträge

Ein umstrittener Kreuzzug 57
Bernhard, der ahnungslose Heilige – Albrecht der Bär und seine geheimen Hoffnungen – Jaxa von Köpenick, ein Slawenfürst, und viele Rätsel – Niklot, der Tyrann – Heinrich der Löwe und Friedrich Barbarossa

Heinrich der Löwe und Niklot, der Unbeugsame 69
Neubegründung des zerstörten Lübeck – Niklots Präventivschlag – Verrat, Blut und Leidenschaften – Von der Nützlichkeit unehelicher Nachkommenschaft – Germanisch-slawisches Heiligtum auf Rügen – Otto von Bamberg in Stettin

Auf dem Weg nach Berlin 87
Rentierjäger an der Spree – Deutsch-wendische Doppelstadt, geteilt bis 1709 – Stendal, Tangermünde, Werben: uralt, aber klein geblieben – Die Askanier und wen sie heiraten – Der Templerorden in Berlin – Der falsche Woldemar – Troja in Spandau

Schlesiens Ruf nach den Deutschen 119
Die fünfhundert Jahre der Vandalen an der Oder – Die heilige Hedwig und ihre Klöster – Mongolensturm und plötzliche Umkehr – Das mittelalterliche Breslau – Oppeln, die Stadt auf zwei Inseln – Fünf Herren einer kleinen Stadt – Die Weberdörfer in den schlesischen Wäldern

Mission mit dem Schwert 147
Das hohe Ziel und die üblen Taten – Wohin mit den überzähligen Söhnen? – Aus dem Pruzzenland wird Preußen – Das Debakel von Tannenberg im Jahr 1410 – Königsberg, das Wunder einer Stadt – Das geheimnisvolle Truso – Elbing, oder: eine Meeresbucht wird zum See

Pommerland ist abgebrannt 187
Wo der Hunger zu Hause ist – Thomas Kantzow aus Stralsund – Der Riese Bogislaw – Universitäten in Rostock und Greifswald – Das Recht der Ersten Nacht in Mecklenburg? – Der Münzenfund von Voßberg – Wismar, oder: ein Seeräuberschlupfwinkel wird Hansestadt – Der letzte Herzog fand kein Grab

Ein großer Bischof und viele Bürger 207
Die Preußenstraße in Alt-Nowgorod – Ein Bischof von besonderer Art – Die Schwertritter und ihr Ende – Würzige Völkermischung im Baltikum –

Große Familien aus wilder Wurzel – Deutsche Herren im Zarenreich – Swing im alten Rußlandhandel – Riga, Reval und die Schwarzhäuptergilde

Völkervielfalt im Südosten   235
Die große Flut und viele kleine Rinnsale – Friedliche Sorben im Herzen Deutschlands – Ungarnnot in Mitteleuropa – Das Geschlecht aus dem Dunkel – Flamen werden Wiener – Der Donauweg in den Südosten – Komm mit nach Warasdin... – Batschka und Banat blühen auf

Das Ende – und welch ein Ende!   275
Das Deutschtum im Osten – nichts als Erinnerung? – Viele Möglichkeiten, mit einem Land zu leben – Aufgaben der DDR – Die Wanderung der sieben Millionen – Solschenizyn über die Vetreibung – Carstens in Königsberg – Das unsichtbare Fluchtgepäck

Zeittafel   284
Literaturbericht   287
Register   292
Bildnachweis   296

Vorwort

Eine große Wanderung und viele kleine

Altertum und Neuzeit sind uns einigermaßen gegenwärtig: Cato, Cicero und die Cäsaren dort, Fürsten, Feldherren und Friedensschlüsse hier. Das Mittelalter dazwischen entzieht sich uns, verhüllt sich und gerät in Vergessenheit, obwohl es doch das Großereignis der deutschen Geschichte birgt – jene gewaltige, in unzählige Wanderungen aufgesplitterte Bewegung, die deutsche Menschen aus dem alten Reich nach Osten führte. Sie wanderten vom Rhein bis an die Wolga, von den Nordseeküsten bis ans Kurische Haff, vom Schwarzwald bis an die untere Donau.

Zehn Generationen wanderten und ließen sich nieder, rodeten und legten trocken, säten und errichteten Dämme, bauten Häuser und brachten Ernten ein. Dann kam das zweite Wunder: die vielgestaltige Gegengabe der Siedelstämme, das künstlerisch-schöpferische Aufblühen aus wilder Wurzel, nach Jahrhunderten der härtesten Handarbeit, der Kämpfe, Siege und Niederlagen. In den neubegründeten Städten und auf den Gutshöfen entstanden neue Zentren deutschen Geistes, wuchsen dem alten und dem neuen Volk Dichter und Baumeister zu, Maler, Denker und jene Männer, die mit der deutschen Reformation die Erneuerung des Christentums einleiteten. Während das alte Reich durch all die Jahrhunderte seine Anregungen aus dem Süden und dem Westen empfing, nach Italien und Frankreich blickte, überwand die auf dem ostelbischen Siedlerboden aufbrechende deutsche Romantik all diese Vorbilder und brachte die Besinnung auf unsere eigenen Überlieferungen, unser Land, uns selbst.

Dieses Hinausziehen in den Osten und der mächtige Rückstrom im Geist vollziehen sich zwischen Kaiser Heinrichs Ungarnsieg an der Unstrut im Jahr 933 und jenem Jahr 1933, da dieses große Geschehen seinen Sinn verlor und sein Ziel verriet, und diese tausend Jahre sind eigentlich unsere deutsche Geschichte. Was immer wir davon im Gedächtnis behalten haben, wie es anfing an der Elbe mit schwierigen Annäherungen und sich fortsetzte im endlich fruchtbaren Zusammenleben mit Slawen und baltischen Völkern, diese heroische Frühzeit eben, das droht in Vergessenheit zu geraten zwischen der lebendigen Antike und der präsenten Neuzeit. Darum versucht dieses Buch, ein einziger, überschaubarer Band, den großen Aufbruch und das Ankommen darzustellen, soweit dies auf beschränktem Raum möglich ist.

Es war, das darf hier vielleicht vorangestellt werden, für den Verfasser selbst ein Weg, der nachdenklich stimmte; dies vor allem dann, wenn von Orten zu sprechen war, an denen die einst im ganzen deutschen Nordosten verbreitete Sippe der Schreiber nachgewiesen ist – Kolberg und Treptow an der Rega, Greifenberg und Labes, das westpreußische Konitz und das ostpreußische Angerburg. Dann die

Familien ihrer Frauen, mit denen zusammen sie den ganzen deutschen Osten vertreten, aber auch die ostelbische Mitte mit Mecklenburg, der Mark, Thüringen, Schlesien und Erzgebirge; selbst in Siebenbürgen sitzen Ahnenstämme mit den Hutter und Rökk, ehe alles in Wien zusammenläuft, wo der Vikar und Pfarrverweser Schreiber, 1889 in Sternberg geboren, eine Elsinger aus dem Wiener Industriepatriziat ehelicht.

Obwohl alt genug, den Zweiten Weltkrieg bewußt durchlebt zu haben, war es mir nie vergönnt, diese pommerschen, ost- und westpreußischen Orte zu betreten, in denen meine Vorfahren gelebt haben und woher es mich seit einem Vierteljahrhundert ruft, mich immer wieder mit diesen verlorenen Landschaften zu beschäftigen; und es wird wohl nicht mehr allzulange dauern, bis ich zu diesen Vorvätern versammelt bin, deren pommersches Platt, deren Streusandbüchsenmärkisch ich gewiß kaum verstehen werde.

Ich gehe also einen weiten Weg zurück mit diesem Buch, und so wie die Schreiber von Greifenberg an der Ostseeküste über Westpreußen und Nordmähren bis nach Wien gewandert sind, so haben andere Familien den ganzen ostelbischen Raum durchmessen seit dem Aufbruch vor siebenhundert Jahren bis hin zu der Massenflucht und der Vertreibung in unserem Jahrhundert. Die mehr als dreihundert Seiten, die nun folgen, wollen als ein Versuch der Wieder-Annäherung an dieses vielen schon ferne Geschehen verstanden sein und als eine Hilfe zu der eigenen Erinnerung des Lesers. Weite Wege wurden zurückgelegt, Wege, die von den jüngeren Generationen nicht ohne Mühe beschritten werden. Auf langen Wegen tut ein wenig Zuspruch not; ja einmal soll auf der Eisenbahnfahrt von Berlin ins pommersche Stolp gar eine später sehr glückliche Ehe angebahnt worden sein. Anbahnen kann dieses Buch nichts mehr; das ferne Stolp ist ferner denn je, aber erzählen kann man von vergangenen Dingen bekanntlich besser als von jenen, die uns noch bevorstehen; denn es ist vermutlich erfreulicher, sich beim milden Licht der Studierlampe zu erinnern, als in die grellen Blitze der Zukunft zu starren.

München, im Februar 1984   Dr. Hermann Schreiber

Die Flüsse und die Wälder

Die ältesten Völkerpfade – Bauern werden Piraten – Menschen als Ware –
Was ist eine Stadt? – Die Slawen werden kriegerisch –
Der Kaiser als Herr über Christen und Heiden – Eine Fremde aus edlem Geschlecht

Unser kleiner Kontinent, den heute so viele Straßen durchziehen, war vor zweitausend Jahren noch so unwegsam, wie Asien oder Nordamerika es kaum jemals gewesen sind. Es war nicht die Enge, die ihn so schwer passierbar machte, es waren die Barrieren der Gebirge, die ausgedehnten Wälder und die große Teile des europäischen Nordens und Ostens erfüllenden Sümpfe. Noch in geschichtlichen Zeiten, viele Generationen nach den großartigen Straßenbauten der Römer, reiste man dort, wo jene nicht hingekommen waren, im Winter besser als im Sommer, weil der hartgefrorene Boden zwar noch keinen Weg schuf, aber Wagen oder Schlitten trug.

In der Mitte, im Kontinentalblock, von dem die Halbinseln wie Polypenarme ausgehen, war die Passage für Wandervölker, Händlergruppen und Krieger am schwierigsten. Hier steigen die Berge bis hinauf in die Wolken, und wer immer versuchte, sie zu überqueren, brachte auch im Sommer bange Tage in Eis und Schnee zu, in Stürmen und Kälte. In den niedrigen Gebirgen nördlich der Alpen waren die Wälder besonders dicht, die Täler schmal, der Regen reichlich und der Weg, wenn es ihn gab, selbst für Reiter schwierig, von Wagen oder Karren ganz zu schweigen. Dennoch bahnten sich seit Jahrtausenden immer neue Völkergruppen den Weg durch diese Mitte Europas, nicht für einzelne Familien, sondern für Hunderte und Tausende von Menschen. Das war möglich, weil die großen Ströme an ihren Ufern doch schmale Passagen freiließen, weil sie auch großen Wandergruppen das Wild der Uferauen und die Fische als Nahrung und das Flußwasser als Getränk boten.

Die Rhône, der Rhein und die Donau sind die ältesten Völkerpfade und Handelswege in Europa, sie verbanden die Küstenländer im Westen und Norden mit dem Becken des Mittelmeeres. Oder und Weichsel aber wurden die Wegweiser für die Völker, die seit etwa 400 vor Christus aus Skandinavien über die Ostsee nach Mittel- und Osteuropa gekommen waren, weil sich in Nordeuropa die klimatischen Bedingungen für die Landwirtschaft verschlechtert hatten und sich Gruppen absondern mußten, für die es nicht mehr genug zu essen gab.

Die nordischen Völker, die den Weg nach Südosten und Süden antraten, waren Germanen, und die Archäologen haben inzwischen die Spuren ihrer Siedlungen und ihrer Wanderungen gesichert, von winzigen Dörfern und einfachen Grabstätten bis zu Fürstengräbern mit reichster Ausstattung. In den Gebieten zwischen Oder und Dnjepr allerdings spricht die heutige wissenschaftliche Bodenforschung nicht von deutschen Einwanderern, ja nicht einmal von Germanen, sondern faßt Fundgruppen und ihre Charakteristika so zusammen, daß man sich jedes Volk als ihren Träger denken kann (Aunjetitzer Kultur, Hügelgräber-Kultur usw.). Auf diese Weise ist ein Gedankenaustausch ohne nationale Vorbehalte wieder möglich geworden, gleichgültig, ob nun Polen, Tschechen oder Deutsche im Boden gegraben haben.

Für uns bedeuten diese Sprachregelungen immerhin, daß zwischen Ost und West in der Forschung nun einigermaßen Frieden herrscht. Auch in den historischen Atlanten der DDR finden wir für die Zeit von 100 vor bis 300 nach Christus Goten an der Weichsel eingetragen, Vandalen an der Oder, Markomannen in Böhmen und die Sueben zwischen Elbe und Oder. Nimmt man noch die Bastarner hinzu, ein ursprünglich germanisches Volk, das sich am Westufer des Schwarzen Meeres dann mit sarmatischen Stämmen vermischte, so zeigt sich uns ein Mitteleuropa, das vom Rhein bis zur Weichsel und zum Dnjestr germanisch besiedelt ist, wenn auch die Bezeichnung bevölkert richtiger wäre – denn Siedlungen wurden von den Wanderstämmen jener Zeit doch immer

Links: Der Zobten, Schlesiens heiliger Berg der Vandalen und Slawen.
Rechte Seite oben: Germanischer Reiter aus der späten Völkerwanderungszeit (Relief von einem Grabstein in Hornhausen bei Magdeburg).
Rechte Seite rechts unten: Schwert, Schild und Lanzenspitze aus Bronze, gefunden im Raum der Odermündung.

wieder aufgegeben. Nur einige wenige besonders markante Punkte behielten Siedlungscharakter wie etwa der Zobten, der heilige Berg Schlesiens, oder die von Handel und Schiffahrt profitierenden Flußmündungen und Flußufer. Die Slawengrenze verlief damals, in der römischen Kaiserzeit, auf einer Linie, die man etwa zwischen Odessa am Schwarzen Meer und Tilsit im Memelgebiet ziehen könnte.

Sechshundert Jahre später standen die Slawenstämme auf breiter Front mitten in Europa, vom Ostufer der Elbe bis nach Kärnten und zum Ostrand des Adriatischen Meeres, und sie hatten diesen gewaltigen Landgewinn erzielt, ohne daß man viel von Kämpfen oder kriegerischen Auseinandersetzungen gehört hätte. Die wenigen Chronisten, die sich mit den unauffälligen Slawenvölkern überhaupt beschäftigen, betonen ihre Friedfertigkeit, ihre Liebe zur Musik, ihre Kenntnis des Honigs und des Fischfangs und die Tatsache, daß niemand die Slawensprache versteht noch ihre Götter kennt. Der skeptische Tacitus beschreibt sie als erster in seiner berühmten *Germania,* im 46. und letzten Abschnitt, in einer Art Völker-Nachlese:

»Von den Sitten der Sarmaten haben auch (d. h. so wie die Bastarner) die Wenden (Veneder) viel angenommen; denn auf ihren Raubzügen durchstreifen sie das gesamte Wald- und Bergland zwischen den Peucinen (d. h. am Dnjestr) und den Finnen. Trotz ihres unsteten Lebens erinnern sie mehr an die Germanen als an die Sarmaten (Steppenvölker), denn sie bauen sich feste Häuser, tragen Schilde und haben ihre Freude daran, tüchtige und behende Fußgänger zu sein. Das ist alles ganz anders als bei den Sarmaten, die sich nur im Sattel und in ihren Zelten zu Hause fühlen.«

So vorsichtig sich Tacitus auch ausdrückt, so wichtig ist uns dennoch dieses neunzehnhundert Jahre alte Zeugnis über jenes Volk, das die großen osteuropäischen Flußniederungen erfüllen und bis ins Herz von Mitteleuropa vordringen wird, friedlich, aber unaufhaltsam, lautlos, aber in gewalten Bevölkerungszahlen. Der Vorgang wurde in dieser für das enge Europa höchst ungewöhnlichen Weise möglich, weil die germanischen Stämme nach einer Seßhaftigkeit von zum Teil vier- bis fünfhundert Jahren gegen Ende der römischen Kaiserzeit wieder aufbrechen und weiterziehen. Goten, Vandalen und weniger starke Völkerschaften geben damit Ostmitteleuropa auf und den Slawen den Weg frei. Nur einige wenige germanische Siedlungsinseln bleiben zurück und sind gegenüber den sehr viel zahlreicheren Slawen so schwach, daß es zu kriegerischen Auseinandersetzungen offenbar nur ausnahmsweise kommt. Man hat das slawische Vordringen mit dem Einströmen von Wasser verglichen, und wenn man sich Europa als großes Relief denkt, dann entspricht dieses Eindringen auf breitester Front tatsächlich einer Flut, die sich überall ihren Weg sucht, die Täler erfüllt und keinen Raum ausläßt.

Neben Bodenfunden aus den erwähnten Gräbern und vereinzelten vorslawischen Ortsnamen germanischen Charakters hat sich aus dieser ersten Landnahme germanischer Völker im späteren Expansionsbereich der Deutschen nichts erhalten. Schlagkräftige Germanenstämme wie Vandalen und Sueben, hochbegabte Stammesverbände wie die der geistig besonders regsamen Goten, sind in der gigantischen Bewegung der Völkerwanderung nach Südosten und Südwesten abgelenkt worden und auf dem Balkan, auf der Halbinsel Italien, in Spanien und in Nordafrika zunächst militärisch geschlagen und dann von den ansässigen, an Zahl überlegenen Völkern aufgesogen worden. Wieviel Europas Mitte dadurch verloren hat, zeigt uns die eindrucksvolle gotisch-arianische Zivilisation des Theoderich-Reiches mit dem Mittelpunkt Ravenna, zeigt uns aber auch die einzigartige arabisch-gotisch-jüdische Mischkultur von Cordoba und Granada, die allem, was gleichzeitig an Rhein und Donau im kulturellen Bereich geschah, weit überlegen war.

Es hilft wenig, wenn der Kulturhistoriker dieser Entwicklung heute noch nachtrauert. Immerhin kann er um so deutlicher erkennen, daß andere, kleinere und weniger ruhmreiche Völker ihre Existenz bewahrten, ihren angestammten Charakter durch die zeitweise chaotischen Entwicklungen dieser Wander-Jahrhunderte retteten, indem sie ganz einfach in ihren Wäldern sitzen blieben, an Flußmündungen, in Gebirgstälern, an Plätzen, die vielleicht nicht uneinnehmbar waren, aber für andere, für Neuankömmlinge doch auch nicht sehr reizvoll. Solche Völker gab es an der Ostsee, im heutigen baltischen Raum (unter ihnen sind die Pruzzen die bekanntesten), aber auch am anderen Ende Europas, etwa im Baskenland. Es ist

ganz ähnlich wie heute, wo die großen Nationen sich aus den gewaltigen Entscheidungen nicht heraushalten, nicht in die Neutralität flüchen können, die schon so manchen Schwachen gerettet hat. Die große deutsche Ostbewegung des Mittelalters stößt also nicht nur auf slawische Völker, sondern auf Stammesverbände, in denen Slawen gemeinsam mit Vorvölkerresten illyrisch-keltischen, baltischen und

Die Versenkung eines Übeltäters im Moor war eine bei verschiedenen germanischen Stämmen verbreitete Todesstrafe.

sogar germanischen Charakters lebten und leben. Es war diese sehr unterschiedliche Zusammensetzung, die aus der zunächst amorphen, sich jedes Kennenlernens entziehenden Masse der Slawen Stammes-Individualitäten hervortreten läßt: Die harten Krieger und kühnen Seefahrer der Ostseeslawen, die intellektuell herausragende mittlere Slawenzone im heutigen Polen und die frühe Aggressivität der Westslawen zwischen Moldau und Donau, wo sie in den Awaren ein stoßkräftiges Turkvolk aufgenommen haben. Eine zweite folgenreiche Vermischung zwischen Slawen und weniger friedlichen westasiatischen Stämmen ergibt sich auf dem Balkan, wo die Wolgabulgaren aus der alten Handelsstadt Bolgar in einer späten und langen Südwestwanderung den Raum der unteren Donau erreichen und die erst seit einigen Jahrzehnten hier seßhaften Südslawenstämme weiter nach Süden abdrängen, nach Thrakien und in den makedonischen Raum. Die energischen Einsprengsel sind zwar in ihrer überwiegend nomadischen Lebensweise unstete Elemente mit

Tendenz zu Raubkriegen und Wanderschaft, aber sie fördern auch die slawische Bereitschaft zur Organisation und zur Staatenbildung.

Als die Slawen diese Stufe nationaler Existenz erreichten, standen sie bereits weit im Westen, in Kärnten, in Böhmen und an dem langen Ostufer der Elbe, und der Prozeß der Selbstorganisation hatte weniger militärische als wirtschaftliche Ursachen.

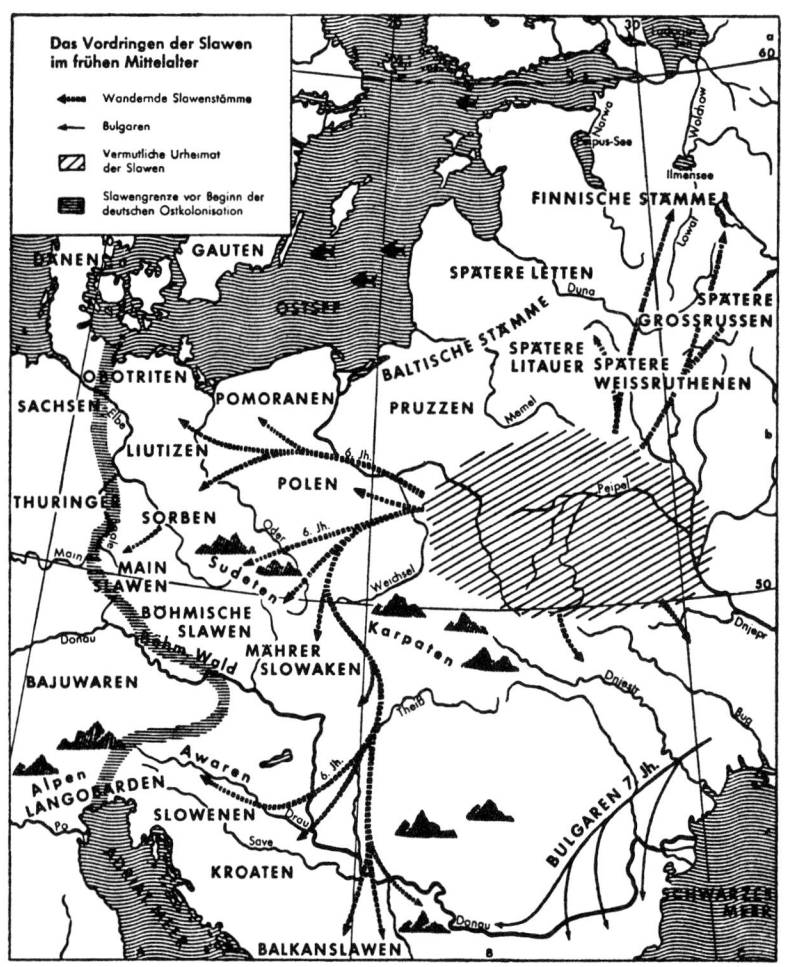

Oben: Silberrand eines germanischen Trinkhorns aus einem germanischen Fürstengrab der Lübsow-Gruppe in Pommern (Körperbestattungen mit reichen Grabbeigaben, überwiegend Importware, Zeit: 1. nachchristliches Jh.).

Rechte Seite: Haithabu (Schleswig), am Ostende des Querweges über die jütländische Halbinsel gelegen, war ein wichtiger Handelshafen der Wikingerzeit.

Slawen und Nordgermanen bilden seit dem siebenten Jahrhundert eine heidnische oder richtiger nichtchristliche Lebensgemeinschaft der Handelsgüter und Händlerwege. Die großen ostmitteleuropäischen Ströme bieten sich als Fernhandelswege geradezu an, sie sind sicherer als das weite Meer mit oft schlechter Witterung im Norden und Westen, und sie werden zum kürzesten Weg zwischen den kriegerischen und erfolgreichen See- und Küstenräubern aus Skandinavien und den Abnehmerländern am Südrand des Schwarzen und des Kaspischen Meeres.

Mittel- und Westeuropa, die Städte und Landschaften, von denen uns der Schulunterricht so viel erzählt, sind für den mittelalterlichen Fernhandel eine Randzone ohne Bedeutung. Die Kirche behinderte den Sklavenhandel, und außer Sklaven hatte das wirtschaftlich kaum entwickelte Nordeuropa so gut wie nichts anzubieten. Es führt darum ein sehr merkwürdiges Leben: Landwirtschaft und Fischfang reichen gerade aus, um die kleinen Gemeinschaften der Tallandschaften in Norwegen und Schweden zu ernähren. Wer mit diesem Bauerndasein am Rand der Not nicht zufrieden ist, rüstet Schiffe aus und überfällt die Küsten Englands, Schottlands, Westeuropas, später auch die von Nordafrika und der Mittelmeerländer. Wo die reiche Beute an Kirchenschätzen und Bürgerhabe hingelangt ist, weiß niemand mehr; wohin die menschliche Beute geht, verraten uns Tausende von arabischen und kaukasischen Münzen, die im Ostseeraum gefunden worden sind, aber auch die eine oder andere Wendung in der altnordischen Saga-Überlieferung – etwa wenn einem schuldbeladenen Mädchen angedroht wird, es werde an den fremden Händler verkauft.

Diese Händler kommen aus den verschiedensten Nationen, und sie sind es, die uns vom östlichen Mitteleuropa die erste Kunde geben, noch ehe die große deutsche Wanderwelle dorthin einsetzt, ja sogar noch vor den ersten christlichen Missionaren. Alle frühen Händlernationen, die wir seit dem Altertum kennen, beteiligen sich an dem Menschenstrom in den Südosten und an dem Warenstrom in der Gegenrichtung: Syrer, Armenier, Griechen und Juden. Diese geistig regsamen und notgedrungen abenteuerlustigen Kaufleute sind die Entdecker einer Welt, die es nur ein paar hundert Jahre lang gibt, ja die sich in gewissem Sinn selbst den Garaus machte. Denn es ist niemand anderer als die wehr-

hafte nordgermanische Händlerschaft, die im Hinterland des Finnischen Meerbusens, südlich vom Ladogasee und am Dnjepr, die ersten staatlichen Zentren begründete. Als diese dann – trotz des Werbens arabischer und jüdischer Missionare – christlich werden, ist die große Sklavenstraße versperrt. Der »Landozean«, wie die alten Reisebeschreibungen die Wasserstraßen nennen, scheint ausgetrocknet, Schweden und Norwegen werden erstaunlich spät und zögernd christlich...
Die ersten Reichsbildungen der Slawen erfolgten zum Schutz jenes Handels, von dem die bis dahin anspruchslosen Bauern, Imker und Binnenfischer plötzlich so nachhaltig profitierten, zum Schutz auch jener Siedlungen, welche die wilhelminische und nationalsozialistische Geschichtsschreibung nicht als Städte bezeichnen wollte, weil die Stadtgründung als Rechtsakt und kulturelle Leistung den überlegenen Deutschen vorbehalten bleiben mußte. Dennoch gab es die größten und lebhaftesten, die reichsten und einzig weltoffenen Städte im Bereich dieses heidnischen Handels, auf Slawengrund und an den Küsten. Aus den Berichten der Händler und Missionare ergibt sich für uns die Existenz volkreicher Handelszentren bei den Nordgermanen, bei den Pruzzen, ihren baltischen Nachbarvölkern und bei den Slawen. Das Besondere an diesen Siedlungen war ihre Toleranz, also das Neben- und Beieinanderwohnen von Menschen verschiedener Rassen und Religionen, wie es der damalige Handelsverkehr nötig

Links: Das Zusammentreffen von Kaiser Otto dem Großen mit Wenzel, Herzog von Böhmen, wie es in der Wenzelskapelle auf der Prager Burg dargestellt ist.

Rechte Seite: Faksimile (Ausschnitt) aus einer angelsächsischen Handschrift des gelehrten Königs Alfred, genannt der Große (849–901).

Seite 16: Reiterstatue auf dem Alten Markt der Stadt Magdeburg. Sie stammt aus dem Jahr 1240 und stellt Otto I., den Großen dar, der dreihundert Jahre früher gelebt hatte und in Magdeburg begraben liegt.

machte. Der Kaufmann reiste selbst, kaufte und verkaufte bar und blieb darum monate- oder jahrelang in fremden Ländern. Dort, wo er dies ungefährdet und ungekränkt tun konnte, entstanden die Zentren des alten Welthandels, ob sie nun Birka hießen, Jumne-Vineta, Kiew, Itil an der Wolga oder auch Balkh (im heutigen Afghanistan), eine Stadt, von der uns noch Marco Polo diese Charakteristika berichten wird. Selbst das christliche Venedig mußte als große Handelsstadt Religionen, Sitten und Unsitten seiner fremden Gäste stets respektieren. In den christlichen Städten des Frankenreiches hingegen konnte sich der Sklavenhandel nur im verborgenen vollziehen und auch erst, als durch die Eroberung Spaniens die Araber und Berber so nahe an das

christliche Westeuropa herangerückt waren, daß die Wirtschaft der kurzen Wege die Einrichtung geheimer Umschlagplätze, wie zum Beispiel Verduns, erzwang.

Die Frage, ob es vor der deutschen Ostkolonisation östlich der Elbe Städte gegeben habe, hat durch Generationen die Gemüter erhitzt, weil die Städtegründung die sichtbarste Leistung der deutschen Ostwanderer geblieben ist und vor allem jene, die nicht zu diskutieren war. Denn die Polen und die Schlesier waren längst Christen gewesen, als die Deutschen kamen, man konnte sie also nicht mehr bekehren; die Ostseeslawen waren tüchtige Seefahrer, die den Dänen manche harte Seeschlacht geliefert hatten; man brauchte ihnen also den Schiffbau und die Schiffsführung nicht beizubringen. Und das pruzzische Kunsthandwerk war bereits zu Römerzeiten bis ins Mittelalter berühmt, hier konnten die Bernstein-Schneider aus dem Westen höchstens in die Lehre gehen ...

Der heilige Ansgar (801–865), in Nordfrankreich geboren und erster Bischof von Hamburg, reiste 830/31 und 849/52 nach Schweden, weniger weil von dort Sehnsucht nach dem Christentum signalisiert worden war (wie Ansgars Lebensbeschreibung, verfaßt von seinem Nachfolger Rimbert, behauptet), als vielmehr, weil König Ludwig der Fromme von der Christianisierung der Nordgermanen ein Abebben der räuberischen Überfälle auf die Küsten des Frankenreiches erhoffte. Die Delegation wird trotz dänischen Geleits von (offenbar slawischen) Seeräubern überfallen und ausgeplündert, aber der Heilige gelangt schließlich auf dem Landweg nach Birka in der Nähe des späteren Stockholm. Er findet dort einen König, eine Residenz und Schutz; der König, dem er auf der ersten Reise begegnet, heißt Björn, der Nachfolger Olav. Organisation und Dauerhaftigkeit eines Reiches und seiner Haupthandelsstadt sind damit auch unter heidnischen Verhältnissen erwiesen.

Wenig später reiste ein Seemann namens Ottar durch die Ostsee bis in den Bottnischen Meerbusen (den man damals noch für ein Stück Nordsee hielt und Skandinavien folglich für eine Insel). Ottars Bericht ist uns durch keinen Geringeren als König Alfred den Großen von Wessex erhalten, der ihn in seine Bearbeitung der *Weltchronik* des Orosius aufnahm. Wir wissen aus dieser einzigartigen Quelle, aber auch aus den Sagas der altnordischen Königsgeschichten, daß zwischen Skandinavien und Nordrußland eifriger Handelsverkehr an der Tagesordnung war, vermutlich schon seit dem vierten Jahrhundert, also in den Zeiten vor dem Höhepunkt der Völkerwanderung. Es gab nicht nur den Handel, sondern sogar Handelskrieg, zum Beispiel norwegisch-schwedische Auseinandersetzungen auf dem Pelzmarkt von Nowgorod.

Die gleiche Quelle – die *Weltchronik* des Orosius in der königlichen Bearbeitung – enthält auch einen Bericht des Seefahrers Wulfstan, vermutlich eines Niedersachsen, der die Ostsee von der großen Stadt Haithabu (Ausgrabungen im Stadtgebiet von Schleswig) bis zur Weichselmündung befuhr. Von Haithabu bis zu der großen Handelsstadt Truso, der Vorgängerin von Elbing, segelte er sieben Tage und Nächte, wobei er stets »Wendenland«, die Lebensgebiete der Ostseeslawen, an Steuerbord, also rechts hatte.

Der sensationellste Bericht stammt, wie sollte es anders sein, von einem der vielreisenden und gebildeten Araber, nämlich von Ibn Fadhlan, der vielleicht ein Pelzhändler war, eher aber wohl ein arabischer Missionar für den Glauben Mohammeds. Sein Bericht ist ein kostbares Stück osteuropäischer Kultur- und Sittengeschichte, aus dem wir freilich nur einen kurzen Auszug bringen können:

»Ich sah die Rus (d. h. die Wikinger/Waräger) wie sie mit ihren Waren angekommen waren und sich am Fluße Itil (Wolga) gelagert hatten. Sie kommen aus ihrem Land, legen ihre Schiffe am Stromufer vor Anker und errichten dort Holzhäuser. Sie haben Brot, Fleisch, Zwiebeln und berauschende Getränke bei sich, gehen damit an Land und begeben sich zu einem aufgerichteten Holz, das eine Art menschlichen Gesichts trägt. Dahinter stehen noch andere Holzfiguren. Vor der größten Holzfigur (sah ich) einen sich niederwerfen und hörte ihn sagen: ›O mein Herr, ich bin aus einem fernen Land gekommen, führe so und so viele Mädchen mit mir und so und so viele Zobelfelle.‹ Wenn er so seine Waren aufgezählt hat, entrichtet er einen Teil von ihnen als Opfer, das er zu Füßen des Holzes niederlegt, und erhebt sich.«

Obwohl zweifellos schon am Hof Karls des Großen Gesandtschaften aus der Levante eintreffen, ergibt sich eine unmittelbare Verbindung zwischen dem deutschen Königtum und dieser unheiligen Betriebsamkeit im Rücken des christlichen Europa erst unter Otto dem Großen, als sich Ibrahim Ibn al Jaqub, ein unter arabischem Namen reisender jüdischer Sklavenhändler, zufälligerweise zugleich mit einer bulgarischen Gesandtschaft in Quedlinburg einfindet und vom Kaiser empfangen wird.

Ob Ibrahim aus Spanien kam, wie Leopold von Ranke (1795–1886) vermutet, oder von der Adria, ist für uns ziemlich gleichgültig. Sein von dem arabischen Geographen al-Bekri leider gekürzt aufgezeichneter Bericht schildert uns jedenfalls die – nach dem Sprachgebrauch der deutschen Forschung – vorkolonialen Verhältnisse zwischen Weser und Weichsel. Ich zitiere unter Einfügung heutiger Namen und Wegmaße:

»Von Burg (bei Magdeburg) nach der Grenze sind es 20 Kilometer, bis zur Brücke 100 Kilometer, und das ist eine hölzerne Brücke, die allein 2 Kilometer lang ist (eher wohl ein Knüppeldamm durch Sumpfland). Von der Brücke bis zur Burg des Naqûn sind es etwa 80 Kilometer. Sie wird Grâd genannt, das heißt Große Burg (Mikilin-Burg, heute Mecklenburg). Südlich von Grâd befindet sich eine Burg, die in einem Süßwassersee erbaut ist (Schwerin)... Meere dringen in das Land des Naqûn nur mit großer Mühe ein, denn sein ganzes Land besteht aus Wiesen, Dickicht und Morast... Was das Land des Buislaw (Boleslaw II. von Böhmen) anlangt, so erstreckt es sich in seiner Länge von der Stadt Prag bis zur Stadt Krakau, (das ist) eine Reise von drei Wochen, und es grenzt schließlich an das Land der Türken (gemeint sind wohl die Bulgaren am unteren Pruth). Die Stadt Prag ist aus Steinen und Kalk erbaut, und sie ist der größte Handelsplatz jener Länder. Zu ihr kommen über die Stadt Krakau die Rus und die Slawen mit Waren, und es kommen nach Prag die Türken, die Mohammedaner und die Juden mit gangbaren Münzen und Waren, und sie führen in ihre Länder aus verschiedene Felle, Zinn und Sklaven. Das Land (um die Stadt Prag) ist das beste des Nordens und das reichste an Lebensunterhalt... Seltsam ist, daß die Bewohner Böhmens braun und dunkelhaarig sind; der blonde Typus ist bei ihnen wenig vertreten.«

Aus Ibrahims Darstellung kennen wir die eine Seite, sein Blick auf die Verhältnisse ist der des Sklavenhändlers, den das Treiben in und um Prag stimuliert und der nur bedauert, daß er die im Orient so begehrten blonden Sklaven hier relativ selten findet. Vojtech von Prag, den wir als den heiligen Adalbert kennen (956–997) steht auf der anderen Seite. Er legt aus Protest gegen den schrankenlosen heidnischen Sklavenhandel in der Moldaustadt bekanntlich sein Bischofsamt nieder und geht als Missionar nach Preußen, wo er den ersehnten Märyrertod findet.

Ibrahim fährt fort, Städte und Entfernungen zu nennen, aber auch die Wegeverhältnisse, und so manche uns vertraute Stadt trägt noch ihren slawischen Namen mit dem charakteristischen -grad, aus dem man wohl schließen muß, daß sie eine bedeutende Siedlung war:

»Der Weg von Magdifung (Magdeburg) nach dem Lande des Buislaw und von dort nach der Feste Kalbe (an der Saale): 20 Kilometer. Von dort nach Nub Grâd (Naumburg) 4 Kilometer. Das ist eine Festung, aus Steinen und Mörtel errichtet, die an der Salawa (Saale) liegt. In die Salawa fällt der Fluß Bode. Am Flusse Muldawa (Mulde) liegt die Festung Burtschin (Wurzen) 50 Kilometer vom Rand des Waldes. Dieser mißt vom einen Ende zum andern nicht weniger als 80 Kilometer und erstreckt sich über unwegsame Gebirge (das Erzgebirge)... Was nun das Land des Mescheqqo (Mieszko I. von Polen) betrifft, so ist es das ausgedehnteste dieser Länder und reich an Getreide, Honig, Fischen und Fleisch. Die Abgaben werden in gemünztem Geld eingezogen, und daraus werden die Mannen (Armee) unterhalten... Es grenzen an Mescheqqo im Osten die Rus (das russische Wikingerreich der Rurikiden) und im Norden die Brus (die Pruzzen der Weichselmündung und des Frischen Haffs). Die Brus haben eine

Oben: Der später heiliggesprochene Adalbert von Prag empfängt den Bischofsstab aus der Hand von Kaiser Otto III.

Mitte: Adalbert von Prag bittet den tschechischen Fürsten Boleslaw um Unterstützung beim Freikauf von Christensklaven.

Unten: Adalbert von Prag wird von den heidnischen Pruzzen, die damals das Samland bewohnten, erschlagen (23. 4. 997).

Sprache für sich. Die Sprachen ihrer Nachbarn verstehen sie nicht. Die Rus überfallen sie auf Schiffen, die von Westen kommen.«

Ibrahim ist erstaunlich gut informiert, was natürlich auch für eine gewisse Organisation, wir würden heute sagen: Infrastruktur, des slawischen Ostmitteleuropas spricht, und die vielen Münzen aus dem Vorderen Orient und dem Mittelmeerraum, die man an der Ostsee und bis nach Schweden hinein, ja noch in Finnland gefunden hat, die kann ja nicht alle Ibrahim Ibn al Jaqub mitgebracht haben. Wenn auch der Handel aus heutiger Sicht nicht sehr umfangreich war – ein Bericht aus Itil an der Wolgamündung erwähnt für ein ganzes Jahr nur sechzehn Wikingerschiffe – so müssen wir doch bedenken, daß auch in der Frühzeit der Hanseschiffahrt die umgesetzten Warenmengen noch verblüffend gering waren und der ganze Fernhandel verglichen mit heute eine elende Pfennigfuchserei. Nur in einzelnen Brennpunkten kulminierte dieser frühe Handel und schuf zumindest örtlichen Reichtum:

»Westlich von den Brus lebt ein slawischer Stamm, der das Volk Ubaba (Unana) genannt wird. Er wohnt in sumpfigen Gegenden vom Lande des Mescheqqo aus nach Nordwesten und hat eine große Stadt am Weltmeer (der Ostsee), die zwölf Tore und einen Hafen hat, und sie gebrauchen für den Hafen (um ihn zu sperren?) große Holzstücke in Reihen. Und sie führen Krieg mit dem Mescheqqo, und ihre Streitmacht ist groß. Sie haben keinen König und lassen sich von keinem Einzelnen regieren, sondern die Machthaber unter ihnen sind ihre (Stadt-) Ältesten.«

Diese Stelle ist, mit einigen deutlicheren Hinweisen in den Viten des heiligen Otto von Bamberg, das ausführlichste Zeugnis über das versunkene Vineta, die große slawische Handelsstadt an der Odermündung und unweit der dänischen Jomsburg, eine reiche Stadt, die sich durch bewegliche Tore, ähnlich wie bei Schleusen, gegen das Einlaufen von Raubschiffen in den Binnenhafen schützte.

Hier, an der Odermündung, findet sich mit Vineta und der Jomsburg jenes für die frühmittelalterliche Ostsee charakteristische Nebeneinander und Gegeneinander von Wikingern und Slawen, das zum Teil zu engen Verflechtungen führte: Der große Arzt und Amateur-Archäologe Rudolf Virchow (1821–1902) stellte in Skandinavien so deutliche slawische Einflüsse auf die Keramik fest, daß er die Wikingersiedlung Birka an der schwedischen Küste sogar als eine Slawenstadt ansah. Das ist natürlich ebenso übertrie-

Oben: Der stilgerecht wiederaufgebaute Marktplatz von Schwerin; im Hintergrund der Schweriner See.

Links: Arabische Münzen aus dem neunten Jahrhundert, gefunden auf der Ostseeinsel Rügen: Münzen dieser Art sind vorher und nachher im ganzen Raum der südlichen Ostsee, aber auch an ihren skandinavischen Ufern aufgetaucht.

ben wie die Tendenz, die Erschließung der Ostseeküsten und den Städtebau an diesem Meer ausschließlich den Wikingern zuzuschanzen oder gar den hansischen Kaufleuten, die ja erst auf den Plan traten, als der Ostseehandel längst etabliert war.

Die Forschung hat in dieser Hinsicht gegenüber der ersten Hälfte unseres Jahrhunderts viele Fortschritte gemacht, sicherlich aber mit den neuen Quellen und Bodenfunden im slawischen Bereich auch Unsicherheitsfaktoren in Kauf nehmen müssen: Gesichertes ist ins Wanken geraten, die neuen Erkenntnisse hingegen sind noch nicht hinreichend gestützt. Immerhin zeigen sich deutliche Zusammenhänge zwischen den Städtebildungen auf slawischem Boden und den arabischen Münzfunden; der Dirhem war zeitweise stärker als die (nur auf dem Balkan vorwaltenden) byzantinischen Münzen sogar Hauptzahlungsmittel im westrussischen und polnischen Bereich!

Die Burgen nehmen seit dem siebenten Jahrhundert so stark zu, daß die Skandinavier in ihrer Sprache den ganzen slawischen Bereich als *Gardariki* bezeichnen, als das Reich der Burgen, wobei im Schutz dieser Burgen und zu ihrer Versorgung natürlich Siedlungen entstehen: Handwerker und Kleinkaufleute setzen sich dort zusammen, während der Fernhandel vor allem an den Küsten und Flußmündungen größere Siedlungen städtischen Charakters entstehen läßt. Dort, wo das Christentum in slawische Gegenden vorgestoßen ist – in Mähren und auf dem Balkan – begünstigen Kirche und Klöster die Entstehung von Städten.

In diesem Zusammenhang verdient Stare Mesto, die Altstadt von Uderske Hradiste an der mährischen Morava, ein Vineta zu Lande genannt zu werden. Diese Residenz mit Bischofssitz wird seit 1948 systematisch ausgegraben; die ausgedehnten Friedhöfe, die reichen Grabfunde und das Ausmaß der Siedlung von 250 Hektar haben die Forschung zu der Annahme gebracht, hier sei das städtische Zentrum des ersten mährischen Reiches gelegen. Mähren hatte ja schon sehr früh vom Handel profitiert, denn auch dieses Reich verdankt seine Entstehung einem energischen und offensichtlich hochbegabten Kaufmann, der sich zum König machte und hier im Westslawenreich das durchführte, was den Wikingern an Dnjepr und Wolga gelang: eine Staatsbildung zum Schutz des freien slawischen (Sklaven-)Handels. Dieser um 660 verstorbene königliche Kaufmann hieß Samo, ein Name, der über die Herkunft leider nicht allzuviel aussagt. Sicher ist, daß er über verschiedene slawische Stämme herrschte, daß sich seine Herrschaft bis zu den Alpenslawen in Kärnten erstreckte und daß er gegen die Awaren siegreich blieb. Auch siegte er 631 oder 632 über die Franken unter König Dagobert I. bei der Wogastisburg, die vermutlich bei Kaaden an der Eger lag und die westlichste Grenzbefestigung des Samo-Reiches bildete. Die Ausdehnung dieses Reiches bis in die Südalpen ist allerdings kaum machtpolitisch zu erklären, eher muß man an einen gut funktionierenden Handelsverbund denken. So wie bei Stare Mesto zahlreiche Werkstätten ausgegraben wurden, die uns sagen, daß hier Handwerker den Wohlstand der Stadt begründeten, so bedurften die Slawen überhaupt, eben wegen dieser intensiven kleinhandwerklichen Produktion, einer überlagernden Organisation des Absatzes und der Ausfuhr. Man darf annehmen, daß diese wirtschaftlichen Strukturen Vorformen der staatlichen Ordnung bei den Slawen wurden, wenn sich auch bald in den Burgen feudale Zentren herausbildeten, von wo aus die Macht ausgeübt wurde.

Zahllose Einzelfunde, ausgebreitete Forschungen und erste Versuche, die neuen Erkenntnisse zu ordnen, haben das bis etwa 1930 geltende Bild des geschichtlichen Ablaufs in Ostmitteleuropa verändert; die Nachkriegsgeneration der deutschen Forscher hat sich jedoch erst zum Teil darauf eingestellt. Selbst die stärksten Autoritäten wie etwa der auch slawische Quellen systematisch auswertende Herbert Ludat halten im Wortgebrauch noch an jenem überholten Geschichtsbild fest, das uns die Gebiete östlich der Elbe als Kolonialland zeigt. Es gab und gibt aber in Europa keinen so radikalen kulturellen Unterschied, daß diese Bezeichnung gerechtfertigt wäre. Man nimmt heute an, daß um das Jahr 1000, also vor dem Beginn der deutschen Ostwanderung, das europäische Rußland etwa viereinhalb Millionen Einwohner hatte, Polen etwa eineinviertel, Böhmen und Mähren zusammen etwa eine halbe Million. Dazu kamen die Ostseeslawen mit etwa 350 000 Menschen. Die Zahlen, die wir Witold Hensel verdanken, erscheinen eher zu niedrig als zu hoch gegriffen, wenn zum Beispiel aus dänischen Geschichtsquellen klar wird, mit welchen Flotten und Armeen die Ostseeslawen ihre Raubzüge ausführten: Fürst Ratibor hatte bei seinem Überfall auf die Konungshalle an der Grenze zwischen Norwegen und Schweden in der Gotselfbucht 300 Schiffe und 13 000 Mann zur Verfügung; die 1157 vor der norwegischen Küste gescheiterte Slawenflotte aus der Odermündung hatte gar 1500 Schiffe gezählt, woraus man, wenn der dänische Geschichtsschreiber Saxo

Grammaticus (1150–1216) nicht übertreibt, auf mehr als 60 000 Kämpfer und Seeleute schließen müßte. Auch ist vor allem für die Lebensbereiche der Ostseeslawen lebhafter Betrieb in den Brennpunkten des Handels erwiesen: in Alt-Lübeck, einer slawischen Stadt hart neben dem später von hansischen Kaufleuten gegründeten Lübeck, in Stettin, in der Salzstadt Kolberg und anderen. Das Christentum taucht auf seltsamste Weise auf (Kolberg, Stare Mesto) und verschwindet wieder, was selbst für Bischofssitze gilt. Vielleicht zogen die christlichen Oberhirten sich auch selbst wieder nach Westen oder nach Süden zurück, oder ins polnische Reich, wo das Christentum älter war und besser gesichert als etwa in Pommern oder bei den Pruzzen zwischen Memel- und Weichselmündung, denn es war nicht jedermanns Sache, den Sklavenhandel mit anzusehen und doch nichts dagegen tun zu können.

Überall in Europa, wo die Römer nicht hingelangt waren, wo sie also auch ihre berühmten Straßen nicht gebaut hatten, war und blieb das Reisen beschwerlich, nicht nur im Mittelalter, sondern bis herauf ins neunzehnte Jahrhundert. Europas Westen hatte durch die alten Straßen deutliche Vorteile gegenüber der Mitte und dem Osten, die Märkte im späteren Frankreich, die Städte am Rhein, im

Oben: Prag, die Moldau und die Prager Burg nach einem Holzschnitt aus der Schedelschen Weltchronik von 1493.

Links: Blick auf Prag und die Moldaubrücken.

Alpenvorland und in Norditalien blühten durch den Handel und den erleichterten Warenaustausch schnell auf, auch die Binnenschiffahrt überstand die Völkerwanderungszeit unbeschadet. Aber wir wissen heute, daß auch östlich der Grenz- und Überwachungslinien, wie sie Karl der Große zog, um den Waffenschmuggel nach Osten zu unterbinden, das Wirtschaftsleben eine bemerkenswerte Intensität erlangte und der Fernhandel dem Westeuropas, zumindest was die überbrückten Entfernungen anlangte, gewiß überlegen war. Wenn auch die Wege im slawischen Lebensbereich schlecht waren, so gab es doch Wegweiser, Rasthäuser und für die Fremden gesicherte Unterkunfts-Zonen in allen dem Handel offenen Orten. Die Städte wuchsen an den Küsten wie im Binnenland, ohne die straffen Formen kirchlicher oder bürgerlicher Verwaltung, und das freie, intensive Leben in ihnen beeindruckte selbst Reisende, die aus dem Orient mit seinen alten Handelszentren kamen oder aus dem Kalifenreich in Südspanien.

»Sehen wir einmal davon ab, daß die Beschreibung der Stadt Prag (bei Ibrahim Ibn al Jaqub) etwas übertrieben ist, da hier im zehnten Jahrhundert alle Bauten außer den Kirchen und den Verteidigungswällen des Hradschin aus Holz bestanden, so besteht doch kein Zweifel darüber, daß das damalige Prag sich schnell entwickelte. Mit zwei bedeutenden Burgen, dem Hradschin und dem Wyschehrad, wurde Prag bald zu einer blühenden und volkreichen Stadt. Darauf deuten nicht nur viele Kirchen aus etwas späterer Zeit hin. Vielmehr haben neuere Untersuchungen ergeben, daß es schon relativ früh Steinbauten nicht nur für Fürsten und anderen Feudalherren, sondern etwa im zwölften Jahrhundert auch schon im Besitz von Bürgern gab. Gegen Ende des zwölften Jahrhunderts wurde hier die zweite Steinbrücke (des mittelalterlichen) Europas erbaut. Prag war ein bedeutendes Handwerkszentrum und hatte weitverzweigte Handelsverbindungen. Die spätere gotische Stadt übernahm die Straßen-Anlage der Stadt aus dem zwölften Jahrhundert.« (Witold Hensel, der lediglich, in entschuldbarer Begeisterung für das alte Prag, die zahlreichen Römerbrücken aus Stein vergißt.)

Ein letztes Wort zur sogenannten vor-kolonialen Situation muß den Abwehrkräften gelten und den Mitteln, die sie zur Verfügung hatten. Die Slawen, bei antiken Autoren auch Anten genannt, treten uns durch Jahrhunderte als besonders friedliebende Völker entgegen. Das hängt wohl auch damit zusammen, daß sie relativ spät zu Organisationsformen gelangten, die geordnete Feldzüge und erfolgreiche Angriffe ermöglichen. Das sieht man schon daraus, daß die Wikinger durch Generationen nicht nur den Geleitschutz für Flußtransporte stellen, sondern auch die Leibgarden für Fürsten, und das im ganzen geographischen Raum zwischen dem Ladogasee und dem Kaukasus. Die nordgermanischen Raubkrieger können ihre Angriffe auf den großen russischen Flüssen bis an die Grenzen des Chazarenreiches im Schwarzmeerraum vortragen, ohne jede Rücksicht auf die schon relativ zahlreiche Bevölkerung und über Tausende von Kilometern hinweg.

Den Übergang zu kämpferischer Haltung erkennen wir zuerst im Lebensgebiet der Ostseeslawen. Hier hat die unmittelbare Bedrohung durch die skandinavischen Raubkrieger zunächst die Abwehr erzwungen, und die handwerklich geschickten Slawen legen – zum Beispiel in Vineta, wohl aber auch in anderen Seestädten – Bollwerke und Hafensperren an. Sie nehmen den Kampf auf, der längs der westeuropäischen Küsten schon zugunsten der Wikinger entschieden ist. Während sich Klöster und Bistümer dareinfinden, ihre gefährdeten meernahen Positionen aufzugeben, während Prälaten und Mönche mit den Gebeinen ihrer Heiligen oft lange Wanderungen ins Binnenland antreten, organisiert sich der bewaffnete Widerstand der Ostseeslawen zwischen dem Baltikum und Lübeck. Die Slawen werden notgedrungen Seefahrer, sie bewaffnen sich, sie erlernen die Bewegung und Führung von Flotten, und sie suchen schließlich – Saxo Grammaticus hat es uns bestätigt – die Wikinger in ihrem norwegischen Mutterland heim.

In den Zeiten gefestigter karolingischer Macht bedeutete dieser Übergang zu einer kriegerischen Haltung trotz der großen Zahl der Slawen noch keine Gefahr für das Frankenreich. Immerhin wissen wir, daß Karl der Große die Slawengrenze aufmerksam beobachtete, daß er seine Marken gegen sie vorschob, daß er den Händlern strenge Vorschriften machte und den Waffenexport dorthin überhaupt verbot. Er war es auch, der die Slawenstämme östlich der Weser und der Elbe ermunterte, gegen die Sachsen zu den Waffen zu greifen, aus dem einfachen Grund, weil die Slawen andernfalls dem rebellischen Sachsenherzog Widukind den Rücken gedeckt und ihn damit unbezwinglich gemacht hätten. Die langen Sachsenkriege waren trotz des slawischen Aufmarsches im Rücken der heidnischen Sachsen die härteste Prüfung für die Streitmacht Karls des Großen, und es ist durchaus zweifelhaft, wie die große Auseinandersetzung auf deutschem Boden geendet hätte, wären die Ostseeslawen geschlossen den Sachsen zu Hilfe gekommen.

Aus den karolingischen *Reichsannalen* wissen wir von begrenzten, aber keinswegs immer siegreichen Kämpfen Karls des Großen gegen den elbslawischen Stamm der Wiltzen. Im Jahr 810 zum Beispiel eroberten diese die nördlich von Gartow an der Elbe gelegene fränkische Sperrfestung Höhbeck. Ein kaiserlicher Gesandter namens Otto fiel bei dieser Gelegenheit mit der ganzen Besatzung. Die Strafexpedition Karls verwüstete elbslawische Wohngebiete, läßt aber noch keine Landnahme-Tendenz erkennen.

Diese und zahlreiche andere Begegnungen, die sich unter den schwächeren Nachfolgern des großen Karl noch häufen, zeigen uns, daß die Slawen sich organisiert haben und daß sie rüsten. Die eigenen Werkstätten sind offensichtlich noch nicht imstande, die wichtigen Klingen herzustellen; alles andere wird schon im slawischen Bereich produziert. Die Einfuhr vor allem der reinen Klinge ohne Griffe, Einbettung oder Scheide ist am häufigsten. Daraus kann man schließen, daß die Slawen nicht die komplette fränkische Waffe geeignet fanden, sondern daß sie die unentbehrliche Klinge für eigene Bedürfnisse zurechtmachten. Und da Karls Ausfuhrverbot nach Osten zeitweise sehr streng gehandhabt wurde, bezogen sie die Klingen – nach einem bis heute geübten Verfahren – über Skandinavien. Die Stadt Haithabu an der Schlei, zwischen Rheinmündung und slawischen Ostseehäfen an dem Schiffsquerweg über die Halbinsel Jütland gelegen, dürfte der Hauptumschlagplatz für die Erzeugnisse der rheinischen Waffenschmieden gewesen sein. Den Dänen waren Karls des Großen Ausfuhrverbote nämlich durchaus gleichgültig, wurde doch auch der Frieden zwischen den Dänen und dem Frankenreich nur zu oft gebrochen und nicht selten erst nach mühsamen Verhandlungen wieder hergestellt.

Dennoch blieben die Schwerter im Slawenland teurer und selten; nur der Adel und die wohlhabenden Gefolgsleute konnten sie sich leisten; die anderen kämpften mit langen Messern, Schlagkugeln, Schleudern oder eben Pfeil und Bogen. Auch die Helme waren im sechsten bis achten Jahrhundert außerordentlich selten, im neunten dann sichtlich noch Einfuhrgut, soweit es sich um Metallhelme handelt wie den Helm des heiligen Wenzel im Prager Domschatz. Der 929 gestorbene Heilige trug auch einen metallenen Ringpanzer.

Noch später erscheinen bei den Slawen die für Belagerungen unentbehrlichen schweren Geräte, Kata-

Links: Abdruck des Ring-Siegels von Kaiser Otto dem Großen.

Rechts: Mit diesem Siegel versah Markgraf Gero im Jahre 964 einen Schenkungsbrief.

pulte zum Beispiel, mit denen vor der Erfindung des Schießpulvers Steine oder auch Brander (Brandsätze) gegen Mauern und Dächer einer bekämpften Stadt geschleudert werden konnten. Sie wurden verwendet in den Feldzügen slawischer Fürsten gegen die Chazaren, gegen die Wolgabulgaren und die nördliche Krim, aber auch bei den vergeblichen Belagerungen der Stadt Saloniki im siebenten Jahrhundert. Den Bau solcher Maschinen hatten die Slawen aber nicht von den Franken gelernt, sondern auf dem Balkan in den Auseinandersetzungen mit Byzanz. Auch die ersten Helme, die sich in slawischen Gräbern finden, stammen nicht aus fränkischen oder maurischen Werkstätten, sondern vom Ostrand des Mittelmeers oder aus Thrakien.

Trotz dieser sich im neunten Jahrhundert deutlich abzeichnenden Aufrüstung im ganzen Lebensbereich der slawischen Stämme kommt es zwischen Slawen und Franken nur zu einer einzigen wirklich umfaßenden Konfrontation, und an ihr sind ganz offensichtlich awarisch-hunnische Elemente stärker beteiligt als die Slawen selbst – am großen Aufstand des Herzogs Liudewit von Niederpannonien: »Sobald der Winter (819/20) ein Ende hatte und es hinlänglich Futter für die Pferde gab, wurden jene drei Heere gegen den Liudewit ausgeschickt. Das erste rückte aus Italien durch die Norischen Alpen, das zweite durch Kärnten, das dritte durch Bayern und Oberpannonien ein. Zwei davon, das rechte und das linke, zogen langsamer heran, weil das eine beim Übergang über die Alpen durch den Widerstand einer feindlichen Heeresabteilung, das andere durch die Länge des Weges und den Übergang über die Drau aufgehalten wurde; das mittlere aber, das durch Kärnten zog, war, obgleich es an drei Punkten auf Widerstand stieß, glücklicher: Es besiegte dreimal den Feind, überschritt die Drau und erreichte schneller das Ziel. Liudewit unternahm gar nichts dagegen, sondern hielt sich und seine Leute hinter den Mauern einer Burg, die er auf einem steilen Berge erbaut hatte, und ließ sich, wie erzählt wurde, nicht in den geringsten friedlichen oder feindlichen Verkehr mit seinen Gegnern ein, weder in eigener Person noch durch Gesandte. Die drei Heere verwüsteten, sobald sie sich vereinigt hatten, fast das ganze Land mit Feuer und Schwert und zogen dann ohne erhebliche Verluste wieder nach Hause zurück.«

Dieser Bericht aus den fränkischen *Reichsannalen* verrät eine ähnliche Einstellung den Slawen gegenüber wie sie schon während der Sachsenkriege des großen Karl zum Ausdruck kommt. Der Kaiser ist der Herr der Christen wie der Heiden, er ist der Herr wenn nicht der Welt, so doch Europas, und Widerstand gegen ihn ist Verrat. Diese Einstellung hat ihr Gutes, wenn Karl oder später auch Otto der Große aus der eigenen reichen Persönlichkeit heraus zu einer Art Patriarchenrolle gegenüber den unmündigen Völkern östlich des eigentlichen Machtbereichs finden. Wir lesen aus dem zehnten Jahrhundert, daß Slawenfürsten nach der Niederlage ihres Volkes gefangen an den Rhein gebracht und dort vor Gericht gestellt wurden; Edle des Slawenvolkes hatten Gelegenheit, Vorwürfe vorzubringen, und wenn der Fürst sich nicht überzeugend rechtfertigen konnte, so wurde er noch immer nicht als Feind oder gar als Rebell behandelt, sondern seiner Herrschaft entsetzt und in eine Gegend des Reiches verbannt, wo er keinen Schaden stiften konnte. Die Führung des Stammes aber ging an einen weniger kriegerischen, weniger tyrannischen Verwandten über.

Diese Rolle verlangte freilich erstens eine überragende Persönlichkeit, die ihrer Herrschaft und ihres Auftrags sicher war, zweitens aber die echte Überlegenheit der kaiserlichen Macht, ohne die sich eine so weitgehende Schonung eines immer noch gefährlichen Gegners nicht verantworten ließe. Wir begegnen auch in den alten Berichten über die Slawenkriege oft der Bezeichnung »Verräter« für jene Slawenfürsten, die einen beschworenen Waffenstillstand brachen, und die daraus erwachsenen Feldzüge glichen dann nicht mehr dem üblichen Krieg, der seine harten, aber ein Minimum an Menschlichkeit garantierenden Gesetze hat, sondern reinen Rachezügen.

Solcher Verrat nach damaligem Rechtsbrauch konnte blitzschnell entstehen, nicht selten aus einem Mißverständnis. Widukind von Corvey (923–973), der große Geschichtsschreiber des Sachsenvolkes und Nachfahre des berühmten Sachsenherzogs, schildert uns in seinen *Rerum Saxonicarum Libri* unter anderem die Rebellion des jüngeren Grafen Wichmann gegen Otto den Großen, also eines Adoptivsohns gegen den Kaiser, und im Zusammenhang damit einen Rachefeldzug gegen sächsische Verbündete Wichmanns. Es half den Slawen (im Zitat auch oft Barbaren genannt) wenig, daß sie beteuerten, sie wollten den Frieden, wünschten aber, sich selbst zu regieren und seien bereit, einen Tribut zu entrichten. Otto kannte angesichts der Rebellion eines ihm so nahestehenden und dabei so hochbegabten Grafen, wie es Wichmann war, keine Gnade:

»Und so führte er, alles verheerend und verbrennend, das Heer durch jene Gebiete, bis er endlich am Fluße Raxa (Recknitz), der wegen der Sümpfe sehr schwierig zu überschreiten ist, sein Lager aufschlug und hier von den Feinden umringt wurde. In seinem Rücken nämlich wurde der Weg durch einen Verhau von Baumstämmen gesperrt und mit einem Haufen Bewaffneter besetzt; vorne war der Fluß und der an den Fluß stoßende Sumpf und die Slawen mit einem ungeheuren Heer... Aber auch durch andere Beschwerden wurde das Heer gepeinigt, durch Krankheit ebensowohl wie durch Hunger.«

Aus dieser wenig beneidenswerten Lage befreit den Kaiser der geschickte Graf Gero, Ottos rechte Hand in der Ostpolitik, der die Slawen besser kannte als Otto (der aber immerhin ihre Sprache beherrschte). Obwohl bedrängt, verhandelte Gero aus einer Position der Stärke und gestützt auf das hohe Ansehen des Hunnenbesiegers vom Lechfeld. Gero verhandelte, über den Sumpf hinweg brüllend, mit Stoinef, dem Slawenfürsten, forderte ihn zur Unterwerfung auf und kündigte, als Stoinef ablehnte, einen Großangriff an. Dieser aber war ein Scheinangriff zur Ablenkung, so daß Gero unbemerkt drei Behelfsbrücken schlagen lassen und in den Rücken der Slawen gelangen konnte. Die Slawen wandten sich schließlich zur Flucht, offenbar verfrüht, weil sie ohne Orientierung und Führung nichts anderes zu tun wußten. Stoinef wurde in einem Hain entdeckt, wo er vielleicht zu seinen Göttern beten wollte, und auf der Stelle getötet; der Ritter namens Hosed, der ihn dort gefunden hatte, erhielt zwanzig Bauernhöfe als königliches Geschenk.

»An dem selben Tag«, fährt Widukind fort, »wurde das Lager der Feinde genommen und viele Menschen getötet oder zu Gefangenen gemacht, und das Morden währte bis tief in die Nacht. Am nächsten Morgen wurde der Kopf des Fürsten Stoinef auf dem Felde ausgestellt und ringsumher siebenhundert Gefangene enthauptet (!). Stoinefs Ratgeber aber wurden die Augen ausgestochen und die Zunge herausgerissen; so ließ man ihn unter den Leichnamen hilflos liegen. Wichmann aber und Ekbert zogen, ihrer Freveltaten bewußt, nach Gallien und entkamen.«

Wichmann starb wenig später, als die mit ihm verbündeten Slawen aus der Handelsstadt Wollin gegen die mit Otto verbündeten Mannen des Slawenfürsten Misaca und böhmische Reiter unterlagen. Am Ende des dritten Buches der Sachsengeschichte, wenn Widukind von Corvey die Feinde des großen Kaisers aufzählt, fehlten unter ihnen die Sachsen, die sich so oft gegen ihn erhoben hatten, nicht aber die Slawen, die nach Awaren, Sarazenen und Dänen (Wikingern) an letzter Stelle stehen. Unter den Ruhmestaten des 973 verstorbenen Königs Otto nennt der Geschichtsschreiber, daß er »die Götzentempel bei den benachbarten Völkern zerstört« habe.

Aus diesem slawischen Nachbarvolk kommt die vielleicht erste Frau seines Lebens, eine slawische Fürstentochter, die ihm schon 929, als Otto erst siebzehn Jahre zählte, einen Sohn namens Wilhelm gebar. Von Wilhelmus, dem Erzbischof von Mainz, sagt Widukind von Corvey denn auch, ohne die Slawen deutlich anzuführen: »Die Mutter desselben war zwar eine Fremde, aber aus edlem Geschlecht entsprossen.« Otto jedenfalls hat diesen Sohn aus einer frühen unehelichen Verbindung nicht nur sehr geliebt, sondern ihm auch voll vertraut. In den Jahren 961–965 verwaltete Sohn Wilhelm gemeinsam mit Bruder Brun, dem Erzbischof von Köln, das Reich für den abwesenden Otto I., 965–968 war Wilhelm der alleinige Reichsverweser und Erzieher des Thronfolgers. Man wüßte über seine Mutter gern mehr, als daß sie aus einem slawischen Fürstenhaus stammte und als Gefangene wohl noch glücklich sein mußte, die Aufmerksamkeit eines siebzehnjährigen Prinzen erregt zu haben...

Mit einfachen, aber seetüchtigen Schiffen befuhren die Wikinger den Atlantik bis vor die westafrikanischen Küsten, aber auch die Flüsse bis tief ins Landesinnere.

Bischöfe und Grafen

Eine Lysistrata in Polen – Familienbande über die Fronten hinweg –
Die Wälder schrumpfen – Die ersten Eisenhämmer –
Flucht aus der Leibeigenschaft – Nach Osten, ins Ungewisse

So lange auf der westlichen Seite der Elbe die Christen lebten und am anderen Ufer die Welt der Heiden begann, herrschte zwischen Bischöfen und Grafen die tiefste Einmütigkeit. Die einen wünschten das ostelbische Gebiet für den christlichen Glauben zu erobern, die anderen für den König. Das Ziel war also ein und dasselbe, nur die Methoden und Mittel, die waren natürlich verschieden, weil die Missionare eben das Kreuz vor sich hertrugen und die Ritter das Schwert an der Seite.

Schon bei der Sachsenbekehrung jedoch hatte es Schwierigkeiten gegeben, weniger unter Karl dem Großen als unter seinem Sohn und Nachfolger Ludwig dem Frommen. Da hatte es sich gezeigt, daß es unter den nach Nordfrankreich deportierten sächsischen Familien gute Christen gab. Es stand nun, da die Waffen schwiegen, fest, daß keineswegs alle Sachsen heidnisch waren, sondern daß im Rücken des herzhaft kämpfenden Herzogs Widukind ganze christliche Sachsendörfer und Sachsensippen existierten, die erst als Verräter des Sachsenvolkes angesehen worden waren und nach Karls endgültigem Sieg keinen Lohn für ihre Treue zum Glauben empfingen, sondern kurzerhand ausgesiedelt wurden. Ihre Kinder, in nordfranzösischen, burgundischen oder flämischen Klöstern fromm erzogen, schrieben, sobald sie genug Latein gelernt hatten, herzbewegende Briefe an den König, in denen sie das Schicksal der Familie und die Ungerechtigkeit der Ausweisung darlegten und um Wiedereinsetzung in ihre Güter baten. Da es sich um adelige Familien oder doch um alte Geschlechter mit gesichertem Besitzstand handelte, hatten sich die fränkischen Kanzleien mit diesen Bitten zu befassen, und so mancher für seine Sachsenschlächterei mit Dörfern und Gütern belohnte fränkische Haudegen mußte zumindest einen Teil der Ehrengaben wieder herausrücken.

Die vielen Ersuchen dieser Art waren noch nicht alle erledigt, als im Osten des Reiches sich eine ungleich größere Wende anbahnte, der Übertritt des Polenkönigs Mieszko I. zum Christentum im Jahr 966, womit der Fürst, den wir durch Ibrahim Ibn al Jaqub als Mescheqqo kennengelernt haben, sein ganzes Volk und sein Land unter den Schutz des Papstes stellte. Die fränkischen Ritter und die fränkischen Bischöfe waren nun plötzlich uneins. Die Ritter sahen das weite fruchtbare polnische Land jenseits der Marken vor den deutschen Heeren daliegen, volkreich, was gut war, denn das Land brauchte ja Arbeitskräfte, grün und reich an Vieh. Aber wie sollte man einem christlichen Herrscher auf den Leib rücken, ohne daß Ludwig der Fromme durch den Bannstrahl aus Rom dafür bestraft würde?

Der durchaus unerwartete Übertritt von König Mieszko, an dessen Aufrichtigkeit so mancher zwei-

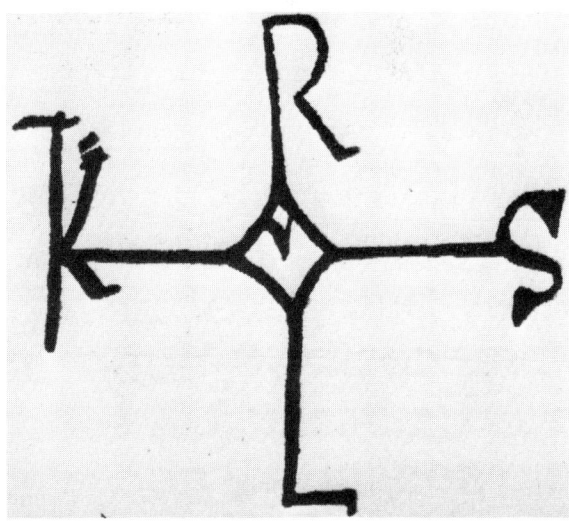

Mit diesen ein Siegel bildenden Initialen unterfertigte Karl der Große wichtige Schriftstücke; ähnlich wie der große Theoderich war er mit dem Schwert besser vertraut als mit den Schreibwerkzeugen.

Aachen – hier das berühmte Oktogon aus dem Dom – war der Mittelpunkt des Fränkischen Reiches, das sich unter Karl dem Großen noch ebenso auf Frankreich wie auf Deutschland gründete.

felte, beschäftigte denn auch die Gerüchteköche in Mitteldeutschland ungleich stärker als die ernsthaften Geschichtsschreiber, und einer, der beides war, der uns von der großen Historie bis zur köstlichen Anekdote alles überliefert, der Bischof Thietmar von Merseburg nämlich, stellte den Vorgang in seiner unschätzbaren *Chronik* wie folgt dar:

»Mieszko hatte eine edle Gemahlin aus Böhmen heimgeführt, die Schwester Boleslaws des Alten, deren Leben in Wahrheit ihrem Wesen entsprach. Sie hieß nämlich auf slawisch Dobrawa, was zu deutsch ›die Gute‹ bedeutet. Da sie ihren Gemahl noch in mannigfachen heidnischen Irrtümern verstrickt sah, überlegte diese Getreue Christi in ihrem schlichten Gemüt eifrig, wie sie sich ihn auch im Glauben verbinden könne. In jeder Weise mühte sie sich, ihn zur Milde zu bewegen... Als sie in den ihrer Vermählung folgenden Fasten versuchte, durch Enthaltsamkeit des Fleisches und körperliche Kasteiung Gott einen wohlgefälligen Zehnten zu opfern, bat sie ihr Mann schmeichelnd, ihren Vorsatz aufzugeben. Sie aber willigte nur ein in der Annahme, dann werde er auch in anderer Hinsicht mehr auf sie hören; hatte sie sich um die Bekehrung ihres Gemahls bemüht, so erhörte sie ihr Schöpfer in seiner Güte und brachte den eifrigen Verfolger (der Christen) zur Besinnung. Die häufigen Mahnungen der geliebten Frau ließen ihn das Gift des angeborenen Unglaubens ausspeien, und in der heiligen Taufe wusch er das Erbübel unserer Herkunft ab. Und fortan folgten ihrem geliebten Haupt und Herrn die bis dahin (gegenüber dem Christentum) zurückhaltenden Glieder seines Volkes.«

Der Vorgang ist so wenig neu, daß man dem Chronisten ruhig glauben kann; ob sich die schöne Tschechin ihrem Gemahl nun verweigert hat oder ob sie ihm nur in den Ohren lag, sie erreichte jedenfalls – was auch die slawischen Gemahlinnen der wikingischen Rurikiden und andere Ehefrauen zuwegebrachten – den Übertritt der in ihrem kämpferischen Heidentum sonst allen missionarischen Ermahnungen unzugänglichen Fürsten. Die Folgen sind für die deutsche Ostsiedlung wichtiger als ein Halbdutzend von Schlachten: Dobrawa ergab sich also ihrem nun christlichen Gatten und gebar einen Knaben. Dieser sollte eine der stärksten Herrscherbegabungen seiner Zeit werden: Boleslaw Chrobry, was soviel heißt wie »der Tapfere« (gest. 1025), der erste tatsächliche König des ersten polnischen Großreiches.

Mieszko I., Boleslaws Vater, hatte am Christentum nun so viel Gefallen gefunden, daß er nach dem frühen Tod der schönen Dobrawa (977 vermutlich im Kindbett) sich eine zweite Gemahlin von erprobter christlicher Gesinnung nahm, nämlich Oda, die Tochter des Markgrafen Dietrich von der sächsischen Nordmark. Sie war allerdings bereits Nonne im Kloster Calbe, und Bischof Hildeward von Halberstadt tat sein möglichstes, um diese Heirat zu verhindern. Daß sie dennoch zustandekam, ist zweifellos weniger Mieszko anzulasten als dem Markgrafen, einem harten und rücksichtslosen Mann, der auch seine Tochter gewiß nicht gefragt hatte, ob ihr der Polenfürst zusage. Chronist Thietmar, der Oda die bittersten Vorwürfe macht, weil sie den himmlischen Bräutigam aller Nonnen verlassen habe, räumt ein, daß sie an der Seite Mieszkos von Polen als eine echte christliche Landesmutter unendlich viel Gutes getan habe: »Sie mehrte in allem den Dienst Christi, führte viele Gefangene in die Heimat zurück, löste die Ketten der Gefangenen (also der in den Kämpfen verschleppten Zivilisten, die sonst als Sklaven verkauft worden wären) und öffnete die Kerker der Beschuldigten... Hoch geehrt lebte sie dort bis ans Lebensende ihres Gemahls, beliebt bei ihrer Umge-

Karls Büste aus dem Aachener Domschatz, eine Arbeit des vierzehnten Jahrhunderts.

Oben: Boleslaw Chrobry (zu deutsch der Tapfere), für viele der eigentliche Schöpfer Polens (gest. 1025).

Mitte: Wegen ausgedehnter Moor- und Sumpfstrecken waren weite Gebiete Mittel- und Osteuropas bei Frost leichter passierbar als im Sommer. Unser Bild zeigt einen alten Knüppeldamm im heutigen Westpreußen.

Unten: Die Spitze der angeblichen Lanze des heiligen Maurizius, ein Geschenk Kaiser Ottos III. an Boleslaw Chrobry.

bung und segensreich für die Menschen ihrer Heimat.«

Die damit geschaffene Verbindung über die Fronten hinweg ist nur die erste; auch Boleslaw Chrobry heiratet die Tochter eines Markgrafen, nämlich Rikdags von Meißen, in seiner ersten Ehe. Sie wurde später aufgelöst, da Chobry bei seinen Kriegen gegen Kaiser Heinrich II. andere Verbindungen als die mit deutschen Grafen nützlicher erschienen waren. Aber der Anfang war doch gemacht, ein Anfang, der uns polnischen und deutschen Adel gleichberechtigt zeigt und der die Bereitschaft signalisiert, Barrieren der Sprache und der Lebensgewohnheiten gering zu achten und Nachbarn einander anzunähern.

Der Vorgang ist kennzeichnend für die Einstellung, die in der frühen Ostpolitik vorherrscht. Das nationale Moment ist noch nicht entscheidend, der gemeinsame Adel verbindet stärker, als Volk und Sprache trennen können. Die Slawen als Volk werden von den deutschen Rittern der Grenzmarken noch nicht für voll genommen, als Menschen oder gar als Individuen kaum anerkannt. Chronist Thietmar, selbst edler Herkunft, läßt sich diesbezüglich ein verräterisches Wort entschlüpfen, einen Vergleich in einem Nebensatz: »Nun wurde alles, was früher unserer Kirche gehörte, elendiglich verteilt wie slawische Leute, die beklagt und rechtlich durch Verkauf zerstreut werden« (zum Jahr 981 über das Bistum Merseburg), und zum Jahr 983 schreibt er: »Völker, die nach Annahme des Christentums unseren Königen und Kaisern zu Tribut und Diensten verpflichtet waren, griffen, bedrückt durch die Überheblichkeit des Herzogs Dietrich (Markgraf der sächsischen Nordmark) in einmütigem Entschluß zu den Waffen.« Im Zuge dieses Aufstandes »wurde die Kirche zu Zeitz durch ein von Dedi geführtes böhmisches Heer genommen und ausgeraubt (Dedi stammte allerdings aus dem mitteldeutschen Geschlecht der Wettiner); ihr erster Bischof Hugo mußte fliehen. Dann verwüsteten Slawen das Kloster des heiligen Märtyrers Laurentius in der Burg Calbe und setzten den Unsrigen wie flüchtigen Hirschen nach, denn auf Grund unserer Missetaten hatten wir

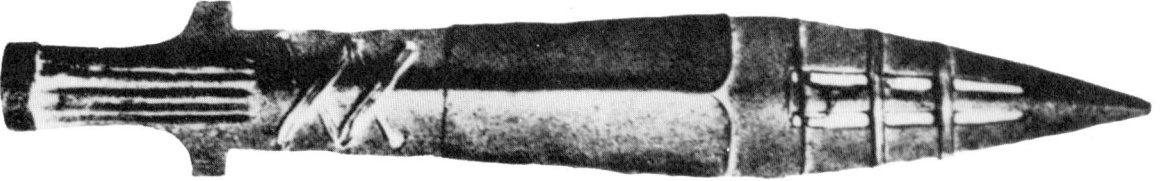

Angst, sie aber guten Mut. Der Obotritenherzog Mistui verbrannte den ehemaligen Bischofssitz Hamburg und legte ihn wüst«.

Von der Nordsee bis zum Erzgebirge waren die Slawengrenzen plötzlich unruhig geworden, und es spricht für Thietmar, seine fromme Aufrichtigkeit und unerschrockene Tatsachentreue, daß er die Schuldigen in seiner *Chronik* für alle Zeiten benennt: den Markgrafen Dietrich und »unsere Missetaten«, das heißt die Unterdrückung der mit deutschem und römischem Recht nicht zurechtkommenden Slawenbauern oder Pächter, die aus ihrem Besitz geklagt und zerstreut, aber auch unfrei werden. »Elendiglich verteilt wie slawische Leute« wird zum geflügelten Wort, zu einem Vergleich, den damals jeder versteht, und das kennzeichnet natürlich eine gesellschaftliche Situation. Die Ursachen dieser Überlegenheit sind nicht im Menschen zu suchen; die Slawen haben sich längst ihre eigenen Wirtschaftsformen zurechtgezimmert, ihren Handel entwickelt, ihre Siedlungen zu Städten slawischen Musters ausgebaut, und es spielt nun wirklich keine Rolle mehr, ob man solch eine Großsiedlung eine Stadt oder einen »überlokalen Burgmarkt« nennt. Die Überlegenheit der Deutschen kommt vor allem aus dem Anschluß an die römische Zivilisation her, aus der besseren Verkehrsstruktur, aus den älteren und festgegründeten Siedlungen und Knotenpunkten, aus dem mit der Klosterorganisation einhergehenden Bildungswesen, aus der früheren Begründung eines Rechtsstaates nach altrömischem Verwaltungsmuster. Vierhundert Jahre römische Zivilisation lassen sich, so scheint es, auch in vierhundert Jahren Christentum – seit Mieszko und Dobrawa – noch nicht aufholen. Darum präsentieren sich die slawischen Stämme östlich von Elbe, Saale und Eger zwar als wehrhaft, ja mitunter sogar als angriffslustig, im übrigen aber trotz ihrer Fürsten als in gewissem Sinn unmündig.

Noch Jahrhunderte später werden die Ordensritter sich ins Fäustchen lachen, wenn sie einen pruzzischen oder polnischen Erbherrn, der ihnen im Weg ist, mit unblutigen Finanz- und Rechtswinkelzügen aus seinem Besitz drängen. Es sind die besten dieser Fürsten, die dies erkennen und den Stier bei den Hörnern packen: Wenn die Deutschen uns in so vielem friedlich-nützlichen Kleinkram überlegen sind, scheint sich so mancher Slawenfürst von Rügen bis zum Riesengebirge gesagt zu haben, dann muß man sie eben ins Land lassen, ja sogar ins Land holen, denn anders werden wir kaum den Anschluß finden.

Der slawische Lebensraum ist in diesen Jahrhunderten, zwischen 850 und 1050, zweifellos dünner besiedelt als die deutschen Länder westlich der Elbe. Trotz der großen Schwierigkeiten der Schätzungen kann man für die Zeit Ottos des Großen zwischen Ostsee und Donau maximal zwei Millionen slawische Bewohner vermuten, in Ottos Reich jedoch (nach Kötzschke) dreieinhalb Millionen Deutsche. Die Verstädterung ist im Westen weiter fortgeschritten, mit dem Unterschied allerdings, daß zum Beispiel in Polen Ritterschaft und Militär in den Städten mehr zu sagen haben als das Bürgertum. Aus dem ersten Drittel des neunten Jahrhunderts liegen uns in den Aufzeichnungen des (namentlich unbekannten) sogenannten »Bairischen Geographen« aus Regensburg Berichte von Kaufleuten vor, die längs der westöstlichen Handelsstraßen tief in den polnischen Raum gelangten. Er spricht ausdrücklich von *civitates*, also Städten, was die ältere deutsche Forschung nach dem Grundsatz, daß nicht sein kann was nicht sein darf, als einen glatten Fehler in seinem Latein abtut und meint, er habe damit Befestigungen gemeint. Herbert Ludat sagt nun in seiner Untersuchung über das Städtewesen in Osteuropa: »Es wird meines Erachtens kaum möglich sein, sie (d. h. die Bezeichnung *civitates*) lediglich als bloße Befestigungen (Burgen) anzusprechen, sondern wir haben sie wahrscheinlich als politische territoriale Einheiten (opole) zu begreifen, von denen viele in einer Burg zugleich ihr militärisches und wirtschaftliches Zentrum besaßen. Es wird schwer sein, hier über Vermutungen hinauszukommen, da die im neunten und zehnten Jahrhundert vor sich gehenden Veränderungen innerhalb der slawischen Welt ... die Grundlagen der alten Stammesperiode außerordentlich beeinflußt und zum Teil verwischt haben, so daß der Versuch der Rekonstruktion der alten Zustände und der Lokalisierung der alten *Civitates* immer problematisch bleiben wird.«

Diese Veränderungen bringen eine Entwicklung zum Abschluß, die ohne nennenswerte Einflüsse von außen vor sich ging, und wenn es solche gab, so kamen sie nicht aus dem Westen, sondern aus dem Südosten, aus dem griechisch-oströmischen Bereich. Nach den Burgen, deren älteste im Raum Teschen nach dem heutigen Stand der Ausgrabungen bis ins vierte Jahrhundert zurückgeht, kamen die Burgsiedlungen und die Händlerviertel internationalen und religiös indifferenten Charakters, ein Stadt-Typus, wie er auch in Skandinavien und im Orient anzutreffen ist. Er ist also nicht typisch slawisch, aber auch nicht einer anderen Zivilisation zuzurechnen, sondern eben eine politisch-wirtschaftliche Notwendigkeit, die ihn an den alten Seidenstraßen ebenso entstehen ließ wie an der Wolga oder am Dnjepr, an der Ostsee oder am Kaspischen Meer.

Diese durch den Fernhandel anwachsenden Städte sind aber nicht nur religiös weitgehend indifferent und von Händlern verschiedener Rassen und Nationen bewohnt oder besucht, sondern lassen auch soziale Schichtungen kaum erkennen. Von Jumne-Vineta wissen wir, daß Stadtälteste dort herrschten, anderwo mag der Burgherr eine Schutz- und Herrschaftsfunktion ausgeübt haben, ohne daß daraus eine konstante Beherrschung durch den Adel folgte. »An allen Plätzen, an denen bisher Grabungen durchgeführt werden konnten, in Großpolen, Kleinpolen, im mittleren Weichselraum und im östlichen Grenzgebiet in Schlesien und in Pommern lassen sich zu dieser Zeit Suburbien (d. h. Städte-Vorformen) feststellen, in denen sich eine Bevölkerung konzentriert, die durch ihre spezialisierte handwerkliche Betätigung den Bedürfnissen eines lokalen Marktes dient... An den politischen Brennpunkten und unter besonders günstigen Lagebedingungen haben sich diese Burgmärkte in der Folgezeit rasch zu räumlich ausgedehnten und wirtschaftlich bedeutsamen Siedlungen entwickelt, wofür wiederum die Ausgrabungen in Gnesen, Posen, Kruschwitz, Breslau, Krakau, Kolberg, Wollin und einigen anderen Plätzen die Zeugnisse in dieser noch schriftlosen und traditionsarmen Zeit liefern« (Herbert Ludat).

Sehr reizvoll und aufschlußreich ist es, diesem Prozeß der Städtebildung zwischen Elbe und Weichsel die Vorgänge gegenüberzustellen, die sich im Westen, im deutschen Teil des Heiligen Römischen Reiches vollziehen. Die Unterschiede sind deutlich, wenn auch natürlich nicht so krass, wie die vergröbernde Zusammenfassung es glauben lassen möchte; wir erkennen, daß der relativ frühen Verstädterung im ehemals römischen Kolonialgebiet nun eine Durchdringung des flachen Landes, der Täler, ja selbst der Höhen folgt. Das hohe Mittelalter, insbesondere die Zeit der großen salischen Herrscher, sieht die Deutschen bemüht, den Raum zwischen Rhein und Elbe, zwischen Nordsee und Alpen bis in alle Winkel zu nützen und zu besiedeln, »die Erfüllung Deutschlands mit deutschen Menschen«, wie der Historiker Erich Keyser es formuliert hat. Noch gab es keine nennenswerte Auswanderung; die Heere, die Otto der Große und seine Nachfolger in den Süden führten, waren vergleichsweise klein, und die eintretenden Verluste trafen mehr die Ritterschaft als den Bauernstand. Im relativ friedlichen Deutschland vermehrte sich also vor allem die ländliche Bevölkerung und suchte sich Spielraum zunächst in den noch ungenützten innerdeutschen Gebieten. Es gab ja noch große landwirtschaftlich nutzbare Flächen, die entweder noch nicht gerodet waren, wie zum Beispiel die ausgedehnten Wälder des südlichen Niederösterreichs oder des westlichen Mitteldeutschlands oder Gebiete, die für Bauern zu abgelegen waren, die ja ihre Erzeugnisse auf Märkte bringen wollten. »Die alten Siedlungen wurden vergrößert, Moore wurden im Nordwesten urbar gemacht; die Wälder gerade der großen Grundherrschaften und des Königs wurden gelichtet. Die Täler der Gebirge wurden erschlossen. Die Allmende (gemeindeeigene Äcker und Weiden) wurde stärker aufgeteilt und damit auch die vorher oft unbestimmt gelassene Grenze zwischen den Ortschaften abgestreckt« (Keyser).

Man bedauert, diesen Vorgang nicht im Zeitraffer, in Luftaufnahmen verfolgen zu können. Er ist eine der interessantesten und dabei doch vollkommen friedlichen Phasen der deutschen Geschichte, ja sie ist eine Art Entdeckungsexpedition im eigenen Land. In früheren Jahren – wir haben es für Südschweden erwähnt – mußten sich die angewachsenen ländlichen Gemeinschaften wie in Zellteilung aufsplitten mit allen Härten, die dies für Betroffene wie Zurückbleibende nach sich zog. Jetzt suchte der deutsche Bauer im Vertrauen auf sein verbessertes Werkzeug, aber auch wegen seiner verstärkten Bindung an ein inzwischen gefestigtes deutschen Staatsgebilde, nach Möglichkeiten des Überlebens und des Weiterlebens im Großraum der eigenen Heimat. Nicht überall ergaben sie sich. Im Norden und Nordwesten waren gewaltige Eindeichungen und Trockenlegungen notwendig, an denen wir jahrhundertelang selbst die aufopferndsten Bemühungen scheitern sehen; die technischen Voraussetzungen für so umfangreiche Drainage- und Erdbewegungsarbeiten waren eben noch nicht gegeben. In der Mitte und im bergigen Süden waren es die Talhänge und die Wälder, die es zu bezwingen galt. Wir finden die ersten Bergbauern noch nicht in jenen extremen Höhen bis 2000 Metern, die im zwölften Jahrhundert erreicht sein werden, aber die bäuerliche Siedlung schiebt sich doch im ganzen Alpenraum an Talenden und

Hängen höher. Und die großen Wälder werden nicht mehr nur zur Jagd und von den Köhlern genutzt, sondern müssen sich Einbrüche gefallen lassen, tiefe Schneisen für die Waldwirtschaft und die ersten Glashüttensiedlungen.

Dieser innerdeutsche Raumgewinn veränderte nicht die Grenzen, wohl aber die Erträge; er schädigte niemanden, es sei denn die unberührte Natur, die dies damals aber noch leicht hinnehmen konnte. Die Bewegung bezog die Splitter fremden Volkstums mit ein, die sich im einstigen Awarenland östlich der Enns, im Bereich der Alpenslawen und im Gebiet vereinzelter Slawenvorstöße westlich der Elbe noch fanden. Die nun entstehenden neuen Ortschaften tragen aber so gut wie ausschließlich deutsche Namen. Es werden ja nicht mehr Vorbevölkerungen abgedrängt, deren Flurnamen und Bezeichnungen für Flüsse oder Berge erhalten bleiben, sondern die deutschen Bauern weiten ihren Arbeits- und Existenzraum aus und erfinden selbst die neuen Namen für das, was aus Sumpf, Wald und Marschland hinzugewonnen wird. Wir wissen, daß um die Jahrtausendwende nun eine ganze Anzahl neuer Dorfschaften und Weiler vorhanden sind, deren Namen auf die Silben -wald, -forst, -hain, -bruch enden oder auch auf -rode, -reut, -brand, -schlag und so weiter. Mit den Bauern oder sogar vor ihnen her ziehen die Mönche, die, zu fruchtbarer Tätigkeit ermahnt, sich an den Bau von Rodeklöstern wagen und damit die Ansprüche der Kirche auf solche neue Gebiete wahrnehmen.

Da die Bodenforschung in unserem vielfach durchpflügten und zersiedelten Land noch weniger Chancen hat als etwa in den ostelbischen Gebieten, sind genauere Ermittlungen über das Ansteigen der Ortschaften-Zahl oder die Ausweitung der landwirtschaftlichen Nutzfläche nur ganz vereinzelt möglich. Wüßte man Genaueres, so ließe sich schon aus den Bevölkerungsverhältnissen des Jahres 1000 oder 1100 vermutlich die Notwendigkeit der späteren großen Ostsiedlung ableiten. Aber unsere Informationen sind eben nur punktweise vollständig, und es geht nicht an, wie bei modernen Hochrechnungen aus einem geographischen Bereich nun mathematisch auf die anderen zu schließen.

Farbbild Seite 33: Kreidefelsen auf Rügen. Gemälde von Caspar David Friedrich (1774–1840), der aus Greifswald stammte.

Links: Das Mittelschiff des Doms zu Magdeburg.

Für das Moselland hat der Wirtschaftshistoriker Lamprecht berechnet, daß es in diesem von den Römern schon weitgehend erschlossenen Gebiet um 900 erst 250 Ortschaften gegeben habe. Im Jahr 1050 habe die Zahl dann 470 betragen und um 1200 gar 900. Dieses explosionsartige Anwachsen bäuerlicher Siedlungen innerhalb von nur dreihundert Jahren hängt zweifellos mit besonders günstigen Strukturen jenes Landes an einem Wasserweg zwischen anderen großen Wasserwegen und in der Nähe bedeutender Städteballungen zusammen. Die schnelle Zunahme bleibt dennoch bemerkenswert, weil sie uns zeigt, daß um 1200 eine Sättigung erreicht war. Tatsächlich hat sich zwischen 1200 und 1900 die Dichte der bäuerlichen Siedlungen ja nicht mehr nennenswert vermehrt.

Vieles in dieser Bewegung weist schon voraus auf die Ostwanderung, vor allem die Gruppen-Initiative. Es war ja nicht so, daß ein einzelner Bauer eine entlegene Kuppe für seine Rodungen auswählte und dann mit den Söhnen dort so lange arbeitete, bis ein zweiter oder dritter Hof entstehen konnte. Es waren vielmehr richtige Siedlungsunternehmen, wie sie später in der Ostsiedlung, nicht sehr viel anders aber sogar noch bei der Landnahme der Weißen in Nordamerika festzustellen sind: Man tat sich zusammen, in der Regel um einen Unternehmer geschart, der – wenn er von Adel war und einiges Vermögen besaß – oft auch die nötigen Gerätschaften, das Saatgut, die anderen Investitionsgüter bezahlte und die Rückzahlung stundete, bis die ersten Erträge sich einstellten. In den auf diese Weise neu erschlossenen und zur landwirtschaftlichen Nutzfläche hinzugewonnenen Gebieten zeigen sich darum von Anfang an neue bäuerliche oder adelige Geschlechter, seltener Großgrundbesitzer aus dem Hochadel oder aus kirchlichen Kreisen. Mineralvorkommen wie etwa das Eisenerz an der niederösterreichischen Piesting oder im oberösterreichischen Ennstal beschleunigen naturgemäß solche Entwicklungen: Die Bäche führen im allgemeinen genug Wasser, um Eisenhämmer zu treiben, und Holz ist auch vorhanden. Halten die Bodenschätze eine Weile vor, wie vor allem das Eisenerz, so ist das bescheidene Leben eines ganzen Tales für Generationen gesichert.

Nach der Lechfeldschlacht des Jahres 955 drangen kleine Gruppen deutscher Siedler in die weitverzweigten Täler rund um den Schneeberg und die Rax – etwa hundert Kilometer südsüdwestlich von Wien gelegen – vor, und die dort ansässigen Slawen wanderten langsam ab. Oft gaben sie auch nur Herdstel-

Malchow am Petersdorfer See wurde 1325 begründet. Das Bild zeigt die Klosterkirche.

len frei, weil sie an den Schmelzöfen genug Arbeit fanden. Fehlte es an abbauwürdigen Lagerstätten, so wurde in einem zeitaufwendigen Ausleseverfahren das erzhaltige Gestein aus tauben Massen herausgesucht, womit man für die geringen Produktionsleistungen des zehnten und elften Jahrhunderts immerhin auskam. Man war ja noch bescheiden, lieferte Sensen und Klingen hinaus nach Wiener Neustadt, und erst 1321 wurde Gutenstein, am Fuß der Burg, auf der einst Friedrich der Schöne verbannt gelebt hatte, zum Markt erhoben, dem ältesten des Piestingtalbereichs.

Es war ein Vorgang von unendlicher Vielfalt. Für jede Landschaft hat ihn der unermüdliche Idealismus der Heimatforscher zu erhellen versucht. Ebenso wie die Forschungen von Hiltraud und Wilhelm Ast über die Anfänge der Industrien im Raum Gutenstein hätten wir ähnliche Untersuchungen in großer Zahl zur innerdeutschen Siedlungsgeschichte der Jahrtausendwende heranziehen können, denn im Prinzip bringen die örtlichen Gegebenheiten nur Varianten. Die neuen Produktionsgemeinschaften liefern Getreide, Holzkohle und Handwerkserzeugnisse aus ihren Einöden hinaus in die Zentren mit besseren Verkehrsverbindungen und gewinnen den Anschluß an den Fernhandel. Damit aber treten Orte und Menschen abgelegener Täler auch aus der Anonymität heraus. Wir lesen dann in den Kaufmannsbüchern zum Beispiel des Wiener Neustadter Fernhändlers Alexius Funck, der bis nach Schlesien und Mitteldeutschland exportiert, von einem Hellnpartschmied namens Paul, von einem Hannß Klausser, Schmied zu Guttenstain, oder von Küntz Hackenschmied, der zu seinem Vornamen in diesem Augenblick seinen Familiennamen erhalten hat – durch den reichen Herrn Funck.

Zunächst geht diese Landnahme in der Stille vor sich; in den ersten Jahren sind ja auch Überschüsse nicht zu erwarten, es bleibt auch die Steuerkraft der neuen Orte noch unerheblich. Erst nach und nach

Leibeigene Bauern überreichen dem durch einen Schreiber vertretenen Grundherrn den Zehnten (Augsburger Holzschnitt von 1479).

wird der Adel, dem ja so gut wie alles gehört, was nicht kirchlich ist, auf diese bislang schlummernden Möglichkeiten aufmerksam. Besondere Anlässe wie Erbteilungen schärfen den Sinn für die neuen Möglichkeiten; es kommt zu verheißungsvollen Dokumenten, in denen verteilt wird, was noch kaum bekannt ist, so wie ein paar Jahrhunderte später die Könige von Portugal und von Spanien den Herren Konquistadoren die noch unentdeckten Länder ausliefern werden.

»Kund sei getan allen Christgläubigen«, lesen wir in einer Südtiroler Schenkungsurkunde aus dem Jahr 1018, »daß der edle Levit Volkold mit Namen mit der Hoffnung auf eine ewige Vergeltung ... zu Gebrauch und Erhaltung der erwählten edlen Äbtissin Wichburg, der Closterfrauen und Cleriker, die dort dienen werden, in Gegenwart seines Bruders Engilbert, Graf jener Gegenden, ohne Widerspruch alles, was er zu eigen hatte, von Plaiken bis zum Sorabach in Collfuschg auf den Bergen und in der Ebene mit allen Rechten, mit der Kirche, mit den Scheunen und Häusern, mit den Äckern, Wiesen und Wäldern ... Mit den Familien jeden Geschlechtes, mit Hirten und Nachkommenschaft, mit dem bebauten und unbebauten Land, mit den Wegen hierhin und dorthin, alles was sich aufzählen und schreiben läßt (!) übereignet«.

Die Aufzählung nennt nur eine einzige Kirche für den ganzen Raum Enneberg, und sie deutet an, daß es noch zahlreiche Unfreie gibt, vielleicht ladinisches Volk, das nach und nach erst Halbfreie stellt und endlich eigene Gründe erwirbt. So und ähnlich werden die nichtdeutschen Restgruppen eingebaut und aufgesogen, zum Teil auch umschlossen, so daß sie in Enklaven weiterleben. Innerhalb der Deutschen aber, die nun viel mehr Ortschaften bewohnen und viel mehr Wege bevölkern, vollzieht sich eine weitere Entwicklung, die ebenfalls die große Ostsiedlungswelle vorbereitet: Die Trennung der Berufe und Erwerbszweige.

Wer heute längere Zeit auf einem Bauernhof lebt, wird mit einiger Überraschung feststellen, daß ein Landwirt auch heute noch alles können muß, vom Reparieren der Landmaschinen und Traktoren bis zum Schnapsbrennen, von der Beherrschung technischer Einrichtungen im Stall und der Kenntnis komplizierter Düngemethoden ganz zu schweigen. Sehen wir uns die Pläne mittelalterlicher Städte an, so finden wir hinter den Häusern oft noch ausgedehnte Gründe; später liegen dann landwirtschaftliche Grundstücke außerhalb der Mauern, aber bestimmten Häusern zugeordnet. Der Handwerker hat lange Zeit neben seiner Werkstatt noch eine Kleinlandwirtschaft für den eigenen Bedarf. Das alles differenziert sich nun, löst sich auf. Der Bauer bleibt universell gefordert bis heute, aber den anderen alten Berufen, den Handwerkern vor allem, beginnt die Beziehung zur Landwirtschaft zu schwinden. Gewiß, man geht noch gern in den Obstgarten, auch die Hausgärten sind trotz der Enge mittelalterlicher Städte noch immer ein geschätzter Besitz. Aber die Handwerker organisieren sich, sie verlieren die Bindung an den Boden, und sie machen sich bereit, ebenso auszuziehen wie einst der Bauer ausgezogen ist zu neuen Hofstellen. Die Wanderschaft der Handwerksburschen mündet bald in eine Wanderschaft auch der jungen Meister, und so mancher, der nur die verwitwete Meisterin zu ehelichen bräuchte, um für alle Zeiten ausgesorgt zu haben, zieht diesem sicheren Glück im Winkel der mittelalterlichen Kleinstadt das unsichere Geschick im Neuland jenseits der Elbe, im Machtbereich irgendeines Slawenfürsten vor.

In den dreihundert Jahren seit dem Tod Ottos des Großen 973 steigt also nicht nur die Zahl der Menschen, sondern auch ihre Mobilität. Auf den neugewonnenen landwirtschaftlichen Gebieten vermehrt sich das Landvolk so schnell, daß der zunächst verblüffend erscheinende und als Erleichterung verstandene Raumgewinn bald nicht mehr ausreicht, vor allem, weil ja die Rodehöfe, die Neu-Dörfer noch keine zureichende Anbindung an die großen Wirtschaftsräume haben und ihre Entwicklung nach einigen Generationen einen Sättigungsgrad erreicht, was Produktion und Lebensunterhalt betrifft. Haben die von der Enge betroffenen Söhne und Töchter auch keine eigene Erinnerung mehr an ihre Vorfahren, die in die neuen Lebensbereiche aufbrachen, so wissen sie doch aus dem Kontakt mit den zurückgebliebenen Familienteilen, daß man einst anderswo gelebt hat, daß das Sippenzentrum in einer freundlicheren Gegend lag, in einem Tal, auf altem Siedelgrund. Wer aber einmal gewandert ist, der wandert weiter; die alten Bindungen sind gelockert, die Bereitschaft, Neues zu versuchen, wächst mit jeder Schwierigkeit, und die Hoffnung, es irgendwo anders besser zu haben, stellt sich schneller ein als im angestammten Wohnort, inmitten einer uralten und festgefügten Dorfgemeinschaft.

Ein heute beinahe in Vergessenheit geratenes Motiv hat zweifellos auch eine große Rolle bei den Entschlüssen über Bleiben und Gehen gespielt: die oft nur halbe Freiheit der Pächter, die nicht selten drükkende oder gar demütigende Unfreiheit der kleinen Bauern und Landarbeiter. Zwar hat das vielbesprochene und in historischen Schauerstücken weidlich ausgebeutete *Jus primae noctis*, das Recht der ersten Nacht, auf deutschem Boden nie eine sonderliche Rolle gespielt, und Konflikte daraus, wie sie in Frankreich oder später auch im Baltikum entstanden, haben den allgemeinen sozialen Frieden wohl kaum gestört. Indes ist es nicht von der Hand zu weisen, daß vor allem die junge Generation unter den Abhängigen sich aus den verschiedensten Gründen dem Diktat der Grundherrschaft zu entziehen suchte, etwa um drohenden Strafen zu entgehen oder aber eine freie, nicht genehmigte Ehe mit einer anderen Unfreien oder einer Unfreien eines anderen Grundbesitzers einzugehen – alles Dinge, die sich oft nur dann verwirklichen ließen, wenn die Scholle aufgegeben wurde.

Nach Jahrhunderten, in denen die Flucht zu den Heeren der in Italien kämpfenden Kaiser, der Reislauf, die einzige Möglichkeit zur Befreiung aus der Leibeigenschaft war, hatte der innerdeutsche Aufbruch, der sogenannte Landesausbau, die Chance aufgezeigt, Bauer bleiben und dennoch frei werden zu können. Sie ist wohl nicht die Hauptursache der großen deutschen Bewegung gegen Osten, die im elften Jahrhundert zunächst kriegerisch, im zwölften dann mit den großen Siedlertrecks einsetzen wird, aber die Aussicht, statt dem Pachtgrund eigenen Grund zu bewirtschaften und statt Knechten freie Bauernsöhne heranzuziehen, hat nicht wenige dazu bestimmt, die Heimat aufzugeben und nach Osten, ins Ungewisse zu wandern.

Die lange Zeit schwer zugängliche innere Steiermark – hier eine Bergwiese bei Liezen – verdankt ihre Erschließung alten Klöstern wie zum Beispiel Admont.

Die Insel Poel in der Mecklenburgischen Seenplatte, seit der Bronzezeit von Germanen besiedelt. In der älteren römischen Kaiserzeit war das südwestliche Mecklenburg dichtes germanisches Siedlungsgebiet.

Die Heiligen
und die unheiligen Könige

Die Piasten, oder: Bauern auf dem Thron – Arzt und Papst im Jahr 1000 –
Fürst Gottschalk, gottesfürchtig, aber unmäßig –
Das flandrische Tuch bringt den Reichtum – Kriegsmann und Kirchenfürst:
Wichmann von Magdeburg – Die Siedler und ihre Verträge

Nach dem Jahr 1000 tritt in Europa die einzigartige Situation ein, daß es drei heilige Könige gibt, einen eher unheiligen Papst und einen Herzog, der sich selber zum König macht und danach den Beinamen der Tapfere führt.

Stephan I., der Heilige, König von Ungarn, führt sein noch ein halbes Jahrhundert vorher räuberisch in Erscheinung getretenes Volk in die Ordnungen der europäischen Staatengemeinschaft und gründet so wichtige und zukunftsreiche Bistümer wie Gran.

Heinrich II., der Heilige, Kaiser des Römischen Reiches Deutscher Nation, verbindet sich zur Niederwerfung innerdeutscher Unruhen oft mit der Kirche, führt seine Kriege aber vorwiegend in Italien. An den Ostgrenzen des Reiches hat er nur einen hartnäckigen Gegner, nämlich den König Boleslaw Chrobry, dessen Eltern Mieszko I. und seine Frau Dobrawa wir bereits kennen, einen Fürsten von außerordentlicher Tatkraft. Er unterwirft sich Pommern, danach Krakau und Schlesien, endlich die Oberlausitz, das Gebiet um Kiew mit der Westukraine und zweitweise auch Böhmen und Mähren. Erst nach seinem Tod geht im Nordosten Europas ein neuer Machtanspruch von ebenso rücksichtsloser Energie auf, der von Knut dem Großen, dem Wikingerkönig, der Olav den Heiligen vertreibt.

Trotz anhaltender Kriege ist die Jahrtausendwende eine gute Zeit für das im östlichen Mitteleuropa noch sehr junge Christentum. Der Papst ist, nach so manchem unwürdigen Statthalter Gottes auf Erden, seit 999 der gelehrte Franzose Gerbert aus der Auvergne, ein Polyhistor, der an arabischen Universitäten in Südspanien studiert hat, der einzige Arzt, der je auf dem Stuhle Petri saß, der Papst, der am wenigsten an die alleinseligmachende Rolle der katholischen Religion glaubte und dennoch einer der größten Päpste aller Zeiten war.

Der wilde Polenfürst Boleslaw, der ganz Europa das Fürchten lehrt, ist zugleich ein großer Vorkämpfer des Christentums. Nach dem Bistum Gnesen, das noch Otto III. gestiftet hat und das fortan Krönungsort der polnischen Könige sein wird, löst sich ganz Polen aus der Vorherrschaft westlicher Einflüsse und sucht die unmittelbare Verbindung mit dem Papst in Rom. Das ist ein wichtiger Schritt, der dieses Land zwischen Russen und Deutschen tausend Jahre lang nicht immer vor Unterwerfung schützen, aber doch

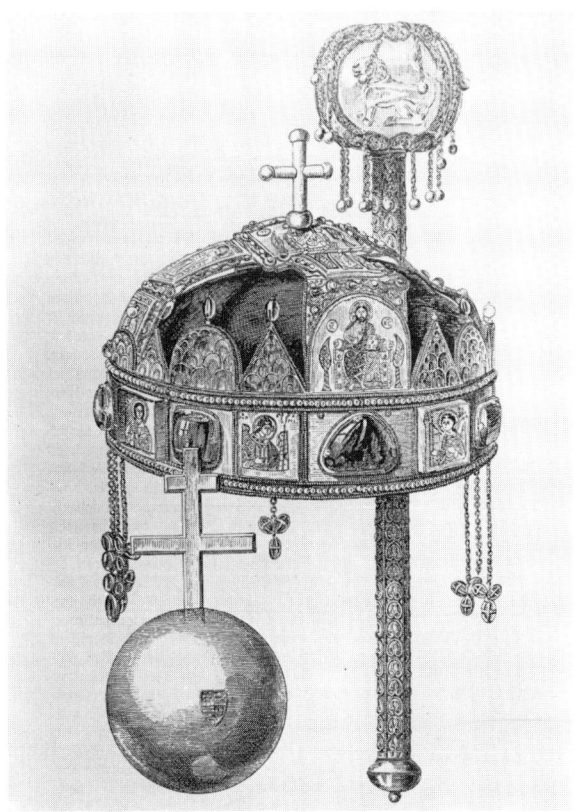

Die Stephanskrone mit Szepter und Reichsapfel. König Stephan I. von Ungarn, gestorben 1038, wurde 1087 heiliggesprochen.

immer mit Selbstvertrauen und Hoffnung erfüllen wird.

Vorbei ist die Zeit, da Mieszko I., der letzte der bäuerlichen Piasten, es nicht wagte, neben dem deutschen Markgrafen Hodo sitzen zu bleiben, wenn dieser sich erhob. Vorbei auch die Zeit, wo man polnische Fürsten, nur weil sie zu herrschen verstehen, als Dänen ansieht: die Eltern von Boleslaw Chrobry sind ja bekannt, und daran, daß er als Slawe einer der großen Herrscher des elften Jahrhunderts wurde, ist nicht mehr zu zweifeln. »Der polnische Bauer stand auf der Anfangsstufe kultureller Betätigung«, schreibt der Historiker Albert Brackmann 1933 und fährt geringschätzig fort: »Und die politischen Leistungen der ersten Piasten erhoben sich nicht viel über das Niveau der Stammeshäuptlinge jener Zeit.« Immerhin aber waren die Piasten ein einheimisches Bauerngeschlecht, das aus eigener Kraft an die Macht gekommen war und an die vierhundert Jahre lang diese Macht auch behielt. Für Boleslaw spricht auch, daß er frei von Vorurteilen mit dem deutschen Missionar Brun von Querfurt zusammenarbeitete, daß er Wojtech (Adalbert) von Prag aussandte, das Christentum zu predigen, und daß er den Leichnam des erschlagenen Glaubensboten den Heiden abkaufte, um ihn von der Weichselmündung, aus dem Bereich der wehrhaften Pruzzen, in den Schutz des Bistums Gnesen zu überführen. Adalbert wurde schon 999 von Papst Silvester II., dem französischen Arzt Gerbert, heiliggesprochen. 1009 erlitt auch Brun von Querfurt in Ostpreußen, in der Landschaft Sudauen, mit seinen Gefährten das Martyrium und gilt nach Adalbert als zweiter Apostel der Preußen.

Trotz der langen kriegerischen Auseinandersetzungen zwischen Boleslaw und Kaiser Heinrich II. sind die Beziehungen zwischen Polen und Deutschen intensiv, und in den Friedensjahren wird gemeinsame christliche Politik gegen die noch heidnischen Stämme der Ostseeslawen und gegen das baltische Urvolk der Pruzzen gemacht. Otto III., der fromme Vorgänger Heinrichs II., hatte Boleslaw das Recht eingeräumt, in Kolberg, Breslau und Krakau Bischöfe zu ernennen. Die Pomoranen sahen sich nicht selten einem gemischten deutsch-polnischen Heer gegenüber. Freilich kam es auch vor, daß auch heidnische Slawenstämme, ihre alten Götterbilder vorantragend, an der Seite des Kaisers gegen die Polen ins Feld zogen. Im Krieg mußte eben alles recht sein, vor allem, wenn es gegen einen Mann wie Boleslaw den Tapferen ging, und so ergaben sich

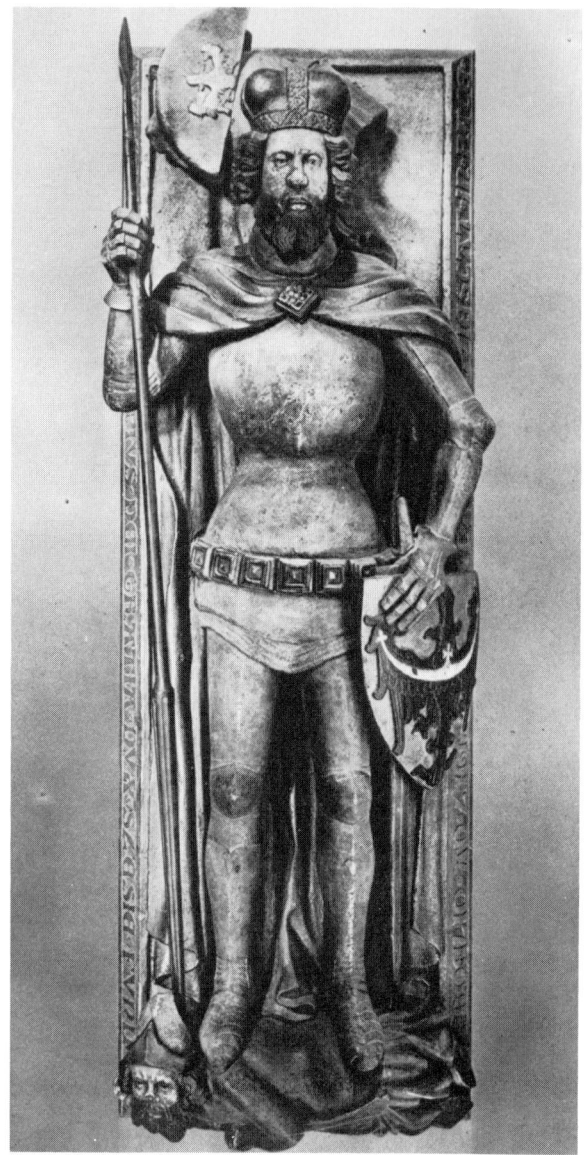

Oben: Grabmal aus der Kreuzkirche zu Breslau (Herzog Heinrich IV).

Rechte Seite oben links: Der Abt Gerbert aus der Auvergne hieß als Papst Silvester II. (999–1002). Er war einer der klügsten Päpste der Kirchengeschichte, aber da er sich auch an arabischen Universitäten gebildet hatte, geriet er bei seinen Zeitgenossen in den Ruf eines Schwarzkünstlers und Synkretisten.

Oben rechts: Portal der Kathedrale von Gnesen (Westpreußen) mit den berühmten Bronzetüren.

Unten: Die alte Bischofsstadt Gnesen mit ihrer Domkirche. Die im Jahr 1000 begründete Diözese umfaßte zeitweise auch schlesische Gebiete.

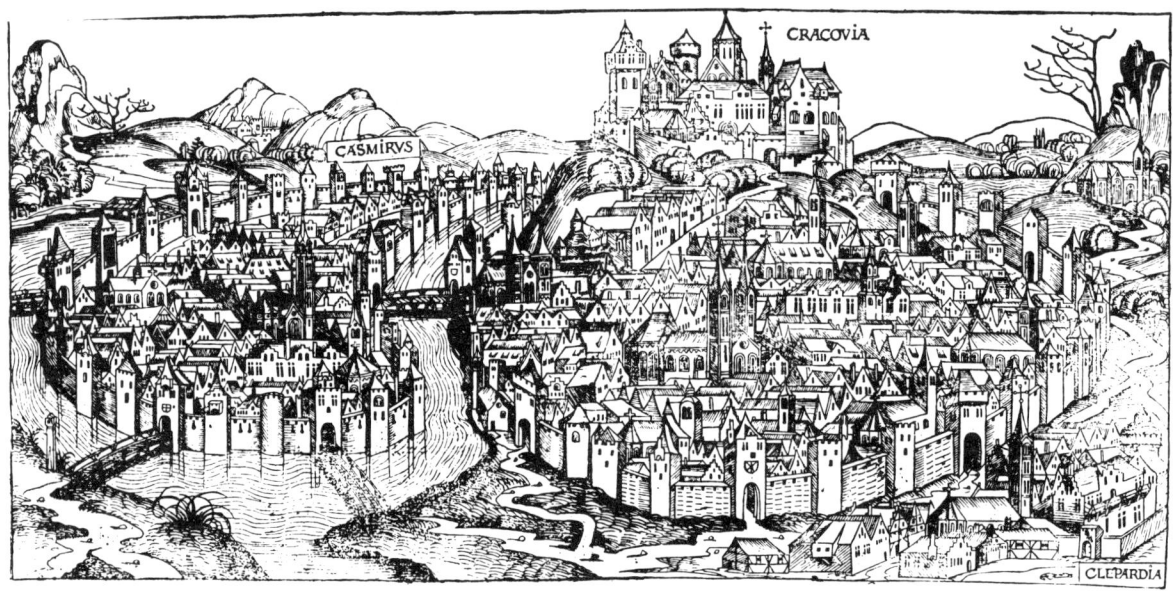

Oben: Krakau, die Krönungsstadt der polnischen Könige, nach einem Holzschnitt aus der Schedelschen Weltchronik aus dem Jahr 1493.

Rechte Seite: Die Sand-, die Kreuz- und die Domkirche der Stadt Breslau von der Oder aus gesehen (Lithographie von 1840 nach einem älteren Gemälde).

nicht selten absurde Konstellationen: Einmal verschanzten sich die christlichen Polen auf der schlesischen Burg Nimptsch, einem alten heiligen Sitz der germanischen Silinger, und hielten die Burg gegen die heidnischen Liutizen, die mit Kaiser Heinrich im Bunde waren.

»Nie habe ich von Belagerten gehört«, schreibt Bischof Thietmar von Merseburg in seiner *Chronik,* »die sich mit größerer Ausdauer und klügerer Umsicht zu verteidigen wußten. Den Heiden gegenüber (also gegen die angreifenden Liutizen) richteten sie ein heiliges Kreuz auf und hofften, sie mit dessen Hilfe zu besiegen...«

Das Kuriosum geht noch weiter: Die Polen warfen die kostbaren Belagerungsmaschinen in Brand, die Einschließung mußte aufgehoben werden, und die erbosten Deutschen gerieten in Streit mit den abziehenden Liutizen. Dabei warf ein Ritter einen Stein so geschickt, daß er das Gesicht eines Heidengottes durchlöcherte – das kostete Heinrich II., also einen heiligen deutschen Kaiser und König, nicht weniger als zwölf Pfund Silber an Buße.

Um die Liutizen zu besänftigen, gab Heinrich ihnen – nach dem bewährten Muster der Römer von Pompeius bis Aëtius – die Obotriten preis, einen erst seit kurzem unter polnischer Mitwirkung christianisierten Stamm von Elbslawen, der sich geweigert hatte, gegen die Polen ins Feld zu ziehen. Nun gelang den Liutizen alles, was sie gegen Boleslaw Chrobry nicht

erreicht hatten: Sie verwüsteten das Land der Obotriten, vertrieben die christlich gewordene Herrscherfamilie, erschlugen die Priester, verbrannten die Kirchen und gaben damit den Wagriern, einem Slawenstamm auf dem Boden von Schleswig-Holstein, das Signal zum Abfall vom Christentum.

Das Ergebnis waren schwere Rückschläge für das junge Christentum zwischen Unterelbe und Ostsee; erst vierzig Jahre später konnten sich wieder Priester in diese Gegenden wagen und nach und nach das Küstenland für das Christentum zurückgewinnen. Das war das Werk eines Slawenfürsten mit dem deutschen Namen Gottschalk, Sohn eines Udo, ein Prinz, der trotz seiner Klostererziehung in Lüneburg zunächst keineswegs christlich gesinnt war und am Hof Knuts des Großen von Dänemark lernte, wie man ein großes Reich verwalte. Das seine faßte die Wagrier, Obotriten und Polaben zusammen und stand unter der geistlichen Patronanz des Erzbistums Hamburg-Bremen. Dessen Erzbischof Adalbert (um 1000–1072) nennt Gottschalk in seinen *Denkwürdigkeiten,* dem unschätzbaren, vor 1070 verfaßten Quellenwerk, einen »Mann von rühmlicher Klugheit und Entschlossenheit. Gottschalk nahm eine Tochter des Dänenkönigs (Knut) zur Frau und hatte die Slawen so fest in der Hand, daß sie ihm als ihrem König Ehrfurcht bezeigten, Tribut leisteten und unterwürfig seine Gewogenheit erbaten. Unter solchen Verhältnissen hatte unser Hamburg damals Ruhe, und

überall im Slawenland gab es Priester und Kirchen. Der fromme und gottesfürchtige Gottschalk verkehrte auch freundschaftlich mit dem Erzbischof und ehrte Hamburg als seine geistliche Mutter ... Er hatte sich vorgenommen, alle Heiden zur Annahme des Christentums zu bringen, falls ihm ein längeres Leben beschieden sei, und er bekehrte fast ein Drittel der Stämme, die vordem, unter seinem Großvater Mistiwoj, ins Heidentum zurückgefallen waren (983–1018)«.

Der Chronist Adam von Bremen berichtet um das Jahr 1070 von Gottschalk die bemerkenswerte Gewohnheit, daß dieser Fürst sich beim Gottesdienst oft einmischte, wenn er den Eindruck hatte, die Priester wüßten sich nicht verständlich zu machen. Das deutet darauf hin, daß die Glaubensboten die Sprache der Obotriten nicht zureichend beherrschten und daß es noch zu wenig Priesternachwuchs aus dem eigenen Land gab, das noch jahrzentelang im Heidentum verharrt hatte. »Nur über seine Unmäßigkeit (wohl im Essen und Trinken) und über die Weiber, Laster, die in der Natur dieser (slawischen) Völker liegen, ließ Gottschalk nicht mit sich reden. In allen anderen Dingen fügte sich der König dem Bischof.« Adam deutet an, daß Gottschalk wie Knut in diesen Lastern gemeinsam befangen waren und daß alle Ermahnungen gegen diese Ausschweifungen nichts fruchteten, was zumindest bei dem großen Knut nicht weiter verwunderlich ist: er hatte sich nie von irgend jemandem irgend etwas sagen lassen ...

Gottschalk spielte an der Seite des Sachsenherzogs Bernhard II. (gestorben 1059) und Knuts des Großen auch eine bedeutende Rolle bei der Zerschlagung des heidnischen Liutizenbundes. Das war ein slawischer Bruderkrieg, der die Ostseeslawen jeglicher Chance auf Selbständigkeit und Beibehaltung ihrer angestammten Religion beraubte. Am standhaftesten wehrten sich die heute vergessenen Circipanen gegen die Übermacht der drei christlichen Fürsten und boten, als sie schließlich unterlagen, nicht weniger als 15 000 Pfund Silber als Kriegsentschädigung für Verschonung und Frieden. Daraus muß man freilich schließen, daß dieser wehrhafte Stamm, der sieben Wochen lang die drei vereinigten Heere Knuts, Bernhards und Gottschalks in Schach hielt, vorher eifrig geräubert hatte, und gewiß nicht nur zu Lande. »Die Unseren«, schließt Adam von Bremen seinen Bericht, »kehrten ruhmbedeckt heim; von Christentum war nicht die Rede; die Sieger waren nur auf Beute bedacht. Das ist der Heldenkampf der Circipanen, die zum Hamburger Bistum gehören. Ein edler nordelbischer Sachse hat mir verläßlich von diesen und anderen Ereignissen berichtet ... Ich habe auch vernommen, daß die Slawenstämme schon längst hätten zum Christentum bekehrt werden können, und zwar mit Leichtigkeit – wäre nicht die Habsucht der Sachsen dem im Wege gestanden. Die Unseligen achten gar nicht auf die große Gefahr, daß sie für ihre Begehrlichkeit büßen müssen; zuerst haben sie im Slawenlande aus Habsucht den Christenglauben beeinträchtigt, dann durch ihre Härte die Unterworfenen zum Aufruhr getrieben, und jetzt nehmen sie schon gar keine Rücksicht mehr auf das Seelenheil von Menschen, die glauben möchten, sondern fordern nur noch Geld... Forderten wir von ihnen (den Slawen) nur den Glauben, dann wären sie schon gerettet, und wir hätten bestimmt Frieden.«

Adam von Bremen, einer der bedeutendsten Geschichtsschreiber des deutschen Mittelalters, saß als Dom-Scholaster an der Quelle für die verläßlichsten Nachrichten, und er hat sie uns nicht vorenthalten, sondern legt wie Thietmar von Merseburg die Finger auf die wunde Stelle: Die heidnischen Slawen waren schutzlos, sie konnten ausgebeutet, drangsaliert und beraubt werden; waren sie jedoch erst Christen, dann hatten sie zumindest in der kirchlichen Organisation eine gewisse Hilfe gegen die Ritter oder andere gewalttätige Herren, entrichteten geregelte Abgaben, waren nicht mehr jedem Zugriff ausgesetzt. Also beließ man sie im Heidentum. Wie sagte es Adam von Bremen, als er die Heimkehr der

Oben: Die von Stephan dem Heiligen begründete ungarische Bischofsstadt Gran am rechten Donauufer.

Rechte Seite: Hamburg, von wo im Verein mit Bremen die Missionsreisen in die skandinavischen Länder ausgingen. Das Bild, nach einem Aquatintablatt des ausgehenden achtzehnten Jahrhunderts, zeigt die Stadt mit der Binnenalster und dem Jungfernstieg.

Sieger über die Circipanen schilderte? *De christianitate nullus sermo* – von Christentum war nicht die Rede. Man hatte an 15 000 Pfund Silber genug zu schleppen...

Adam von Bremen erzählt im übrigen sehr offen und mit allen Zeichen ungeschminkter Wahrheit weiter, welche Fehler in der Missionskirche Hamburg gemacht wurden, von der doch die Christianisierungsbemühungen in den ganzen Ostseeraum ausgegangen waren. Mit Erzbischof Adalbert von Hamburg-Bremen, einem Grafen von Goseck, begann eine tiefe Krise der Ostexpansion. Der Erzbischof hatte eine hohe Beraterposition bei Hof und offenbar unmäßigen Ehrgeiz. Da Knut von Dänemark für sein nun christliches Land verschiedene Bischofssitze forderte, trachtete Adalbert, um sich hinreichend über diese Neugründungen zu erheben, nach einem Patriarchat für Hamburg, so etwa, wie es zum Beispiel Konstantinopel oder Aquileia/Venedig innehatten; er ließ sich auch als Patriarch titulieren, noch ehe der Papst irgend etwas in dieser Richtung unternommen oder auch nur gebilligt hatte. Um ertragreiche Ländereien für das Erzbistum erwerben zu können, wurden kostbare Stücke des Kirchenschatzes ohne Skrupel eingeschmolzen. »Der Goldschmied, der sie einschmolz, erzählte, zu seinem tiefen Schmerz sei er zu dem Frevel gezwungen worden, diese Kreuze zu zerstören, und heimlich versicherte er, er habe unter den Hammerschlägen die Stimme eines stöhnenden Kindes vernommen. So wurden also damals die vor alters und unter großen Mühen in tiefer Verehrung von den Gläubigen zusammengebrachten Schätze der (Hamburg-)Bremer Kirche in einer einzigen beklagenswerten Stunde für nichts dahingegeben. Nicht einmal die Hälfte der Schuldsumme konnte dadurch aufgebracht werden. Die von den heiligen Kreuzen abgenommenen Edelsteine sollen gewisse Leute an Dirnen verschenkt haben.«

Erzbischof Adalbert wurde vertrieben und zog sich auf ein Gut bei Goslar zurück; über den ausgedehnten Kirchenbesitz aber fielen nun christliche Grafen und heidnische Stammeshäupter von allen Seiten her. Gottschalk, offenbar wirklich eine bemerkenswerte Gestalt an dieser Zeitwende, wurde erschlagen, wobei der Chronist Adam andeutet, daß die Mörder zwar Heiden gewesen seien, daß hinter der Untat jedoch ein Sachsengraf gestanden habe. Am 7. Juni 1066 kam es bei der Erstürmung der Burg Lenzen zu einem großen Morden, dem auch Priester und Missionare erlagen, und am 15. Juli wurden der Mönch Answer und seine Gefährten gesteinigt.

»Der greise Bischof Johannes und die übrigen Christen in der Burg Mecklenburg wurden als Gefangene für die Siegesfeier aufgespart. Für sein Bekenntnis zu Christus erhielt er Stockschläge und wurde dann zum Hohn in den verschiedenen Slawenorten herumgeführt; da man ihn der Sache Christi nicht abspenstig machen konnte, hieb man ihm Hände und Füße ab und warf seinen Leib auf die Gasse; sein Haupt aber wurde abgeschnitten. Die Heiden spießten es als Siegeszeichen auf und opferten es ihrem Gott Redigost. Das geschah am 10. November in der slawischen Hauptburg Rethra.«

Johannes war ein schottischer Missionar, den andere Quellen Jon Irski nennen. Um die Lokalisierung des mitten in ungeheuren Wäldern liegenden Hauptheiligtums der Slawen, die Tempelstadt Rethra, haben sich der Vorgeschichtsforscher Schuchhardt und andere ohne schlüssigen Erfolg bemüht. Der tschechische Historiker Jan Filip, der die neuesten Forschungen zusammenfaßt, sagt nur »irgendwo in Mecklenburg« und bringt die in westlichen Quellen belegte Bezeichnung Urbs Tricornis, die Dreihörner-Stadt. Der Wanzkaersee südlich von Stargard oder aber der Südosten Mecklenburgs kommen in Frage. Die aufgebrachten Slawen rächten sich für die jahrelange Unbill durch die Christen nicht nur an Priestern und Missionaren; auch die junge Witwe Gottschalks, Tochter des Dänenkönigs, fiel in der Obotritenfestung Mecklenburg mit ihren Frauen den heidnischen Angreifern in die Hände; man jagte sie schließlich nackt in die Wälder. Ihr kleiner Sohn Heinrich wurde, offenbar von treuen Dienern, nach Dänemark gerettet, denn er herrschte später noch bis 1127 über die Obotriten; Gottschalks Sohn Butue von einer anderen Frau und vermutlich früher geboren, fiel 1075 bei Plön. Die Slawen standen unter der Führung eines Kriegskönigs namens Kruto. »Seine siegreichen Scharen verheerten das ganze Hamburger Land mit Feuer und Schwert. Fast alle Bewohner Stormarns (das heißt des Landes zwischen Stör, Trave und Bille) wurden erschlagen oder gefangen weggeschleppt, die Burg Hamburg gründlich zerstört – etwa zugleich mit Schleswig –, und als Spott auf unseren Erlöser verstümmelten die Heiden sogar Kreuze... Blusso, der eine Schwester Gottschalks zur Frau hatte, soll der Unheilstifter gewesen sein; auch er wurde nach der Heimkehr ermordet. Das ist der dritte Abfall der Slawen (vom Christentum), die zum erstenmal Karl (der Große) für das Christentum gewonnen hatte, zum zweitenmal Otto (der Große), zum drittenmal jetzt Fürst Gottschalk. So fielen alle Slawen während dieses allgemeinen Aufstands wieder ins Heidentum zurück, und alle, die am (christlichen) Glauben festhielten, waren erschlagen. Vergeblich kämpfte unser Herzog Ordulf in den zwölf Jahren, um die er seinen Vater überlebte, oftmals gegen die Slawen, nie konnte er den Sieg erringen; sogar seine eigenen Leute witzelten schon über ihn, da er jedesmal von den Heiden geschlagen wurde.«

Aus dieser Sachlage wird deutlich, warum die große deutsche Ostsiedlung nicht an die Festigung des Reiches durch Otto den Großen anschließen konnte.

Polen war christlich und lag in der Größe, die ihm König Boleslaw Chrobry gegeben hatte, wie ein Sperriegel quer vor den entfernteren Slawenländern. Die Ostseeslawen aber, die waren in einer Weise erstarkt und aufgerüstet, daß ihnen die Deutschen damals noch nicht gewachsen waren. Es rächte sich offensichtlich, daß Heinrich II. sie zeitweise zu seinen Verbündeten gemacht hatte. Die Ostseeslawen hatten die Kampfesweise der Ritter genau studiert und waren in ihrer Heimat, in den ausgedehnten Wald- und Sumpfgebieten Mecklenburgs und Wagriens, kaum zu schlagen. Wenn aber Norden und Mitte versperrt waren und Böhmen mit seinen Randgebirgen ohnedies dem deutschen König untertan, wohin sollte dann das auswanderungswillige Bauernvolk aufbrechen?

Der Wandel der Situation konnte also nicht aus den deutschen Ländern selbst kommen, es bedurfte der Anstöße von außen. Diese waren einmal wirtschaftlicher Art, soweit sie aus dem flandrischen und niederländischen Raum kamen, zum andern aber politisch-religiösen Charakters.

Westlich und südlich der Ems war der Christianisierungsprozeß schon in den Zeiten der Karolinger abgeschlossen worden, so hartnäckig der Widerstand der Friesen auch gewesen war. Dies kam wohl daher, daß die Landschaften am Niederrhein und an der Maas nach dem Abebben der Wikinger-Überfälle eine beträchtliche Blüte des Verkehrs, der Stadtkultur und frühindustrieller Werkstätten zu verzeichnen hatten, und wenn es einer Bevölkerung wirtschaftlich gut geht, dann hält sie naturgemäß auch lieber an diesen Verhältnissen friedlich fest, als sie durch Revolten zu gefährden.

Die flandrischen Tuche waren bald ebenso ein Begriff wie die Erzeugnisse der Metallwerkstätten am Oberlauf der Maas, und die nahen nordfranzösischen Märkte schufen für diese Waren ebenso gute Absatzmöglichkeiten wie die Hafenorte in den Mündungen von Schelde und Rhein. Der wachsende Wohlstand erfaßte zwar die bäuerlich gebliebenen Gebiete von Brabant nicht im gleichen Maß, aber es war nun Geld im Land. Die landwirtschaftlichen Produkte ließen sich in den Städten zu guten Preisen absetzen, und die Bauern trachteten nicht nur nach einer Vergrößerung der Anbauflächen, sondern auch nach ihrer Sicherung gegen das Meer.

Was in den Niederlanden seit dem neunten Jahrhundert und unterstützt durch den allgemeinen Wohlstand an Damm- und Kanalbautechniken entwickelt wurde, blieb für ganz Europa jahrhundertelang vorbildlich. Als die holländischen Fachleute, die diese Künste beherrschten, in ihrem kleinen Land keine nennenswerten Möglichkeiten mehr sahen, neues Bauernland dem Meer abzugewinnen, setzte eine zahlenmäßig zunächst schwache, in ihren Methoden jedoch höchst folgenreiche Abwanderung nach Osten ein. Sie wurde ermutigt durch die großzügige Förderung, die in den Niederlanden selbst die wohlhabenden Grundherren und Grafen allen jenen Siedlern zuteil werden ließen, die bisher in den kleinen Räumen zwischen Ärmelkanal und Maas die letzten Geestflächen und Heidegebiete urbar gemacht hatten. »Die Siedler wurden durch Zusicherung bedeutender Vorrechte nach den Ödländereien gelockt. Grund und Boden wurden ihnen für mäßige Abgaben überlassen. Ihre Rechtsstellung wurde in ähnlich freiheitlicher Weise wie in den neuen Städten geregelt. Diese Kolonisten wurde als Gäste (hospites) des Fürsten behandelt, sie galten von vornherein als freie Leute (franci homines). Vielerorts wurden die bäuerlichen Bewohner dieser *villes neuves* einfachhin Bürger genannt. Durch die Anziehungskraft dieses neuen Vorbildes bahnte sich eine völlige gesellschaftliche Umwälzung an« (Stadtmüller).

Unten: Blick auf die Stadt Brandenburg an der Havel, wie sie sich vor zweihundert Jahren präsentierte.

Sie mußte von wirtschaftlich blühenden, relativ dicht besiedelten Gegenden ausgehen, und da es nördlich der Alpen kein Land gab, auf das diese Kriterien in höherem Maß zugetroffen hätten als die Niederlande mit ihrem flandrischen Vorfeld, setzte dort eine Ostbewegung ein, die zunächst von den binnendeutschen Bauern noch nicht aufgenommen und fortgesetzt werden konnte. Zwar hatte der geschilderte Landesausbau auch am Rhein die letzten Freiräume gefüllt, aber eben noch nicht überfüllt. Heinrich Dannenbauer hat schon 1940 dargelegt, daß von einer Übervölkerung des alten Reichsgebietes im elften Jahrhundert noch nicht gesprochen werden kann. Das deutsche Königreich zwischen Cambrai und Magdeburg, zwischen Hamburg und Bozen hatte etwa 440 000 bis 460 000 Quadratkilometer, auf denen maximal sechs Millionen Menschen lebten, also etwa dreizehn Menschen auf dem Quadratkilometer. Das sind Zahlen, die nicht absolut verläßlich sind, aber eine Vorstellung geben. – Hätten die deutschen Könige nach dem britischen Vorbild Wilhelms des Eroberers eine genaue Zählung der Höfe und Häuser in Deutschland vornehmen lassen, also ein deutsches »Domesday Book« geschaffen, wüßten wir mehr.

Der erste und zunächst noch dünne Siedlerstrom aus den Niederlanden konnte, wie dargelegt, nicht gera-

denwegs nach Nordosten wandern; dort war die militärische Überlegenheit der Ostseeslawen noch nicht gebrochen. Die Auswanderer konnten auch nicht nach Südosten ziehen, weil ihnen die Bergnatur doch wohl zu fremd war und weil die Bayern inzwischen die Alpenslawen abgedrängt und auch an der Donau Raum nach Südosten gewonnen hatten. Blieb also die Mitte des Reiches, das Land zwischen Elbe und Saale, das einzige, das seit Karl dem Großen, Heinrich I. und Otto dem Großen den Slawen nicht nur abgerungen, sondern auch gegen sie gehalten worden war. Weder der große Slawenaufstand von 983 noch die Erfolge der Ostseeslawen im frühen elften Jahrhundert hatten hier die deutschen Grenzgebiete und ihre Burgen ernsthaft gefährdet. Aber obwohl vier deutsche Bischöfe hier erfolgreich amtierten, obwohl die slawische Vorbevölkerung unter dem Druck der deutschen Grundherren abwanderte oder sich angesichts der überharten Lebensbedingungen verminderte, waren fast keine deutschen Neusiedler bis hierher gelangt, nur die Kaufleute hatten die große West-Ost-Straße von Köln über Magdeburg zunehmend genutzt.

Die Deichbauer, aber auch die bäurischen Kolonisten aus den Niederlanden sind also begehrt, und die Bischöfe von Bremen und Magdeburg müssen sich dazu verstehen, den Einwanderern genau ausgearbeitete Verträge zuzubilligen. Damit entsteht auch der Typus jenes Mannes, den man nun dreihundert Jahre lang den *Locator* nennen wird. Er ist eine Art wandernder Bürgermeister, der die Bedingungen aushandelt, den Auswandererzug führt und betreut und am Ort die Niederlassung, die Grundverteilung, die ersten Organisationsformen überwacht, auch selbst viele Entscheidungen fällt. Durch diese Tätigkeit naturgemäß bevorrechtet, darf er sich meist selbst gute Grundstücke aussuchen, die ihn nichts kosten und oft größer sind als die seiner Schutzbefohlenen. Als die Partner dieser niederländischen Lokatoren erscheinen an der Wende vom elften zum zwölften Jahrhundert in erhaltenen Urkunden zahlreiche deutsche Kirchenfürsten, aber auch Äbte, viel seltener weltliche Autoritäten: Erzbischof Friedrich von Bremen und Hamburg (es geht um trockenzulegendes Bruchland an der Unterweser), Bischof Udo von Naumburg (über die Ansiedlung von Holländern in Flemmingen), Bischof Gerung von Meißen (Einweisung der Flamen in das Dorf Kühren bei Wurzen), Abt Arnold vom Kloster Ballenstedt (er verkauft den Einwanderern zwei ehemals slawische Siedlungen an der Mulde östlich von Dessau).

Obwohl diese Verträge natürlich nach den örtlichen Gegebenheiten differieren, genügt es, einen einzigen näher anzusehen; die Grundbestimmungen und Zusicherungen, auf die eine Einwanderergruppe Wert legen mußte, waren im ganzen Jahrhundert die gleichen:

»Wissen möge die Gesamtheit der Getreuen jetzt und in Zukunft, daß ich, Wichmann, durch Gottes Erbarmen Erzbischof der heiligen Kirche von Magdeburg, dem Heinrich und anderen Flamen, die durch ihn und mit ihm zu mir kommen, das Dorf Wusterwitz nahe bei der Havel übergeben habe, mit allem Zubehör dieses Dorfes – den bebauten und unbebauten Fluren, Wäldern, Wiesen, Weiden, Gewässern und Wasserläufen, Teichen und Fischwassern; und zwar sollen sie in allem das Recht von Schartau haben.«

Wusterwitz liegt westlich von Brandenburg bei dem Dorf Kirchmöser; Schartau ist eine waldnahe Siedlung unweit Magdeburg, wo schon vorher Flamen angesiedelt worden waren. Heinrich ist der Lokator, und die nachfolgenden Bestimmungen lassen erkennen, daß ein tüchtiger Mann seines Schlages mit einem einzigen solchen Zug von den Niederlanden nach Ostsüdost sein Glück machen konnte:

»Auch habe ich Heinrich und seinen Erben vier Hufen und ein Talent dort als Lehen überlassen; eine Hufe aber habe ich der Kirche, die dort mit Gottes Hilfe erbaut werden soll, sozusagen als Morgengabe geschenkt.«

Die Hufe war eher ein ideeller Begriff als ein exaktes Flächenmaß, und wenn man auch für die flämischen Einwanderer in der Regel die sogenannte Kulmer Hufe als Grundlage wählte, so war im zwölften Jahrhundert doch nicht mehr genug freier Boden vorhanden, um das alte Maß von dreißig Morgen je Hufe zu erfüllen. Es gab auch die unterschiedlich großen Wald- oder Moorhufen, und es gab bald auch Halb-Hufener, also Bauern, die keine ganze Hufe erhielten und mit einem anderen (beim Viertelhufener mit drei anderen!) zu einer Zins- oder Zehntgemeinschaft zusammengefaßt waren. Diese komplizierten Bezeichnungen haben allerdings die Jahrhunderte der Eigennamen-Abschleifung durch zahllose Kanzlisten und Taufregisterführer nur zum geringsten Teil überlebt. So häufig die Höfner und Huber sind, so selten sind die Halbhuber, Viertlbauer usw.

Links oben: Fassade der Nikolaikirche von Brandenburg.
Rechts oben: Das Rathaus von Stendal mit dem Roland.
Unten: Das Neustädter Tor in Tangermünde.

»Ich habe auch den Bewohnern des Dorfes zugestanden, daß sie frei und ledig von dem sogenannten Burgwerk-Dienst sein sollen, die Verpflichtung ausgenommen, sich zu Schutz und Trutz gegen die benachbarten Heiden mit einem Wall zu umgeben.«

Es handelte sich also praktisch um Wehrbauern, wie sie die mittelalterliche und frühneuzeitliche Geschichte an vielen Orten kennt, als chinesische Wehrbauern, die gegen die Nomadenzone Nordwestchinas vorgeschoben werden, als christliche Wehrbauern gegen die Türken im Donau-Save-Raum. Flamen mußten also die Grenzen des deutschen Königreichs verteidigen, wodurch sie allerdings auch die eigene Haut retteten. Die Verpflichtung zu solchen Bauten fehlt nie, nur ist in manchen Gegenden der Damm- oder Deichbau gegen Hochwasser oder zur Trockenlegung wichtiger als der Bau von Befestigungen, so zum Beispiel auf der Wüstung Poppendorf an der Elbe.

»Bestätigt wird auch, daß sie außer Heinrich weder Grafen noch Vogt über sich haben sollen. Heinrich aber oder sein Erbe soll all ihre Streitsachen und Rechtshändel entscheiden, und von allen Gerichtsgefällen sollen zwei Teile zu Nutzen des Erzbischofs gehen, ein Teil aber dem Richter gehören.«

Heinrich als Lokator hatte also über sich nur den Erzbischof, der auch der Gerichtsherr war, das Richteramt selbst aber dem Lokator überließ, ein Maß an Eigenständigkeit, wie es heute keine Gemeinde mehr genießt. Die Bauern hatten damit die Gewißheit, in allen üblicherweise vorfallenden Streitsachen von einem der Ihren gerichtet zu werden.

»Die Bauern sollen jährlich für jede Hufe zwei Schilling am Sankt-Martins-Fest zahlen und außerdem für alle zehntpflichtigen Dinge den vollen Zehnt. Weil aber die Lage des Dorfes für Reisende und Handeltreibende ganz besonders günstig ist, habe ich nach dem Rat meiner Getreuen festgesetzt, man solle dort jährlich einen großen Markt halten mit möglichst vielen Waren; den Markthändlern aber und Fernkaufleuten, die dort wohnen werden, habe ich das Recht zu Kauf und Verkauf, sowie voll und ganz das Recht, das die Magdeburger haben, in allen ihren Rechtshändeln und Geschäften gewährt und bestätigt, und sie sollen keinen weltlichen Richter über sich haben außer dem schon mehrfach genannten Heinrich und seinen Erben.«

Links: Lovis Corinth, geboren 1858 im ostpreußischen Tapiau, gestorben 1925 in Zandvoordt: Fischerfriedhof bei Nidden (Ausschnitt), gemalt 1894 während eines Sommeraufenthalts an der Kurischen Nehrung.

Die Siedlung wird außerdem für fünf Jahre von Zoll- und Wegegeld befreit, ein Beweis dafür, wie sehr man in diesem Jahrhundert schon auf den Handel als Hilfe für das Gedeihen neuer Siedlungen setzte; die Havel hatte schon den Slawen als ein wirtschaftlich wichtiger Wasserweg gedient. Die neu angesiedelten Bauern sollten die Möglichkeit haben, den nach dem Slawenabzug zurückgegangenen Handel wieder in den Ort zu locken. Der Hinweis auf das magdeburgische Recht sollte vor allem die Fernkaufleute beruhigen, denn Magdeburg war ein in ganz Ostmitteleuropa bekannter Handelsplatz, an dem sich auch Kaufleute exotischer Herkunft einfanden. So mancher Chronist hat sie uns geschildert, in Pelze gehüllt, Knoblauch kauend, ungewaschen und unrasiert, zu jedem Suff und Totschlag aufgelegt. Das galt natürlich nicht für alle, aber kam doch nicht selten vor, und dann mußte jeder wissen, nach welchem Recht geurteilt werde, kam doch so mancher Händler aus Ländern, wo man mit dem Nasen- und Ohrenabschneiden oder gar dem Abhacken einer Hand nicht lange zauderte. Auch für den Fernhandelsmarkt, den der gleiche Erzbischof in Jüterbog begründete, bestimmte er die Geltung magdeburgischen Rechts. In diesem Fall macht der Urkundentext noch deutlicher, daß man die Einwohner vor einem wirtschaftlichen Rückgang bewahren wolle, wie ihn der Ausfall des Slawenhandels zumindest vorübergehend mit sich bringen mußte: »Da es mit Hilfe der Gnade Gottes und durch Unsere Bemühungen dahin gekommen ist, daß in der Landschaft Jüterbog, wo das Heidentum im Schwange war und oft Verfolgung über die Christen kam, jetzt der christliche Glaube herrscht ... ist es Unser brennender Wunsch ... Schutz und Wohlfahrt all derer, die in diese Landschaft gekommen sind und noch kommen werden, mit nicht geringerem Eifer zu fördern als den Ertrag zu Unserem eigenen Nutzen.«

Die Urkunde über die Neubegründung von Großwusterwitz schließt dann mit der Bestimmung, daß auch die Bauern eine Abgabenbefreiung ähnlich wie die Händler auf fünf Jahre erwarten dürfen. Danach haben sie dann je Hausstelle »jährlich sechs Pfennig zu zahlen in Ewigkeit«.

Die Umrechnung dieser Angaben ist stets eine Crux, vor allem, da um jene Zeit der Schilling zu 30 Pfennig noch keine Münze war, sondern Rechnungseinheit, als Basis für Naturalabgaben. Die ersten Schillingmünzen dieses Bereichs prägte Winrich von Kniprode zweihundert Jahre nach den erzbischöflichen Ansiedlungsverträgen, und dann gingen 112

Schillinge auf eine Mark zu 1,87 Gramm Feingold – sehr viel war es also nicht, was die Bauern zinsen mußten, vor allem, da die Währung sich fortlaufend verschlechterte. Und doch mag in Jahren karger Ernten selbst diese geringe Abgabe vielen Einwanderern schwergefallen sein.

Die Bedeutung solch eines Vertrages geht aus der langen Reihe der Zeugen hervor, die ihn mitunterzeichneten: neben hohen geistlichen Herren finden wir einen Markgrafen, zwei Markgrafensöhne und – heute noch bekannte Adelsnamen – einen Richard von Alsleben und einen Otto Vitztum noch ohne Adelsprädikat. Dokumente wie diese haben also auch ihre genealogische Bedeutung und sind oft die einzige Spur von Dasein eines sonst nicht hervorgetretenen Mannes.

Es gibt heute wieder schwer zu entscheidende Auseinandersetzungen über diese und ähnliche Vereinbarungen zwischen großen Herren und armen Bauern. Die DDR-Forschung betont, daß die eigentliche

Die Scharfstorfer Slawenburg im Kreis Ploen: Schnitt durch die Umwallung.

Slawischer Burgwall aus dem neunten oder zehnten Jahrhundert: Rekonstruktion der Stellerburg in Weddingstedt.

harte Arbeit von den Siedlern geleistet wurde, die ausgedehnten Deichbauten am östlichen Elbufer, die kaum minder schwierigen Drainagearbeiten im Weserbruch und die Wiederbelebung der Wüstungen im Havel-Raum. Erdarbeiten dieser Art zählen noch heute zum schwersten Einsatz menschlicher Kraft, das wissen wir vom Schicksal der Moorsoldaten ebenso wie aus den Kanalbauten im Norden und Osten der Sowjetunion und im Donaumündungsgebiet Rumäniens. Keine Statistik meldet, wie viele der hoffnungsvoll ausgezogenen Flamen und Niederländer in diesen gewaltigen Unternehmungen den Tod gefunden haben, und von den Familien, die dieses Schicksal mitgetragen haben, spricht kaum ein Dokument; der Vertrag über Jüterbog oder der Vertrag über Großwusterwitz, sie sind ausschließlich von männlichen Zeugen unterfertigt.

Aber auch wenn man dies einräumt – und niemand wird die Härte solchen Einsatzes leugnen wollen –, bleibt den Herren der Bistümer und den Grafen doch das Verdienst, die Landgewinnung selbst erst möglich gemacht zu haben. Immerhin waren die Slawen ja nicht gutwillig gegangen, sie hatten Position um Position im Kampf aufgeben müssen, und auch bedeutende Fürsten wie Heinrich der Löwe hatten einen Gutteil ihres Lebens im Slawenkampf zugebracht. Die Siedlung war eine Gemeinschaftsleistung, über deren Größe und Schwierigkeiten wir erst seit einigen Jahrzehnten einen zutreffenden Überblick haben, und sie schuf die Voraussetzung für die Integration der Wagrier, des wehrhaften Ostseeslawenstammes, der sich erst für das Christentum entschied, als die deutschen Siedler vom Holsten- und vom Stormarngau aus immer dichter ins Slawengebiet einsickerten: Holländer, Friesen und zum erstenmal auch Bauern aus Westfalen.

Eine wirkliche Wende, den Übergang zu einer echten Expansion mit beträchtlichem Übervölkerungs-Druck, sahen das elfte und zwölfte Jahrhundert noch nicht. Der Zustrom an Kolonisten, Deichbauern und Drainage-Technikern war nützlich, ihre Arbeit war verdienstvoll und für viele Generationen segensreich. In schwierigsten Gebieten an der Slawengrenze wurde Siedlungsraum geschaffen, aber all dieses Urbarmachen war letztlich nichts anderes als das, was wir auch aus Innerdeutschland schon kennen: Nutzung vorhandener Möglichkeiten, Zugewinn bescheidenen Ausmaßes am Rand erschlossener Gebiete, in politisch und militärisch bereits gesicherten Lebensbereichen der Deutschen.

Das hätte noch lange so weitergehen können und wäre immer mühseliger geworden, weil natürlich zunächst jene Flächen in Angriff genommen wurden, die sich dafür anboten, die geringere Schwierigkeiten machten. Und wäre es nach den Königen und Kaisern gegangen, so wäre es wohl auch noch lange so geblieben, reichte der Bevölkerungsdruck doch nur zur Auffüllung der deutschen Randgebiete, nicht aber zu gewaltsamen Aktionen über die deutsche Ostgrenze hinaus. Die politisch-militärischen Interessen und Engagements der Stauferherrschaft hatten nämlich eine andere Richtung eingeschlagen: die immer neuen Italienzüge der deutschen Herrscher banden wichtigste Kräfte in der Lombardei und in Mittelitalien, also in dicht besiedelten Gebieten, in die vorzudringen der deutsche Bauer keine Chance und wohl auch keine Absicht hatte.

Damit blieb der weitere Landesausbau an der Slawengrenze, blieben aber auch die politischen und militärischen Probleme dieser Grenze weitgehend den deutschen Territorialfürsten überlassen. Sie waren nun nicht mehr Markgrafen wie unter den Karolingern, sondern Fürsten eigener Herrschaften mit einer in ihren Besitztümern nur wenig beschränkten Befehlsgewalt. Wir haben gesehen, daß Erzbischöfe und Bischöfe Einzelverträge mit Siedlergruppen abschlossen, in denen weitgehende Vergünstigungen auch für die Zukunft zugesichert wurden; die Landesherren hatten darüber hinausgehende Möglichkeiten. Sie konnten begrenzte Feldzüge führen, sofern dadurch ihre Heerfolge für die Unternehmungen des Königs oder Kaisers nicht beeinträchtigt war und wenn dadurch nicht ein das ganze Reich schädigender Krieg entstand. Einen Fürsten wie den Polenkönig anzugreifen, das wäre Außenpolitik gewesen und in die Kompetenz des Königs gefallen; die staatlich weniger klar organisierten Ostseeslawen mit Krieg zu überziehen, bedeutete demgegenüber kein politisches, nur ein militärisches Risiko. Und da die Slawen an der Ostsee nach ihren großen Aufständen auch so gut wie vollständig ins Heidentum zurückgefallen waren und nicht wenige christliche Missionare erschlagen, Kirchen niedergebrannt und Klöster ausgeraubt hatten, ließ sich ein Feldzug gegen sie für das übrige Reich unschwer als Vergeltungsmaßnahme hinstellen.

Ein umstrittener Kreuzzug

Bernhard, der ahnungslose Heilige – Albrecht der Bär und seine geheimen Hoffnungen –
Jaxa von Köpenick, ein Slawenfürst, und viele Rätsel –
Niklot, der Tyrann – Heinrich der Löwe und Friedrich Barbarossa

Die Slawengrenze war nie wirklich ruhig, selbst wenn Fiedensschlüsse vorausgegangen und noch in Geltung waren; weder die Deutschen noch die Slawen hielten sich im kleinen Grenzkrieg an irgendwelche Abmachungen, seit um die Jahrtausendwende so viel Blut geflossen war und so viele Grausamkeiten die Feindschaft geschürt hatten. Den Anstoß zu größeren Feindseligkeiten gaben aber nicht örtliche Ereignisse, sondern ein aus den burgundischen Reformklöstern alle Christen erreichender Aufruf zu einem zweiten großen Kreuzzug, der anders als der erste nicht nur auf die Wiedergewinnung der heiligen

Linke Seite: Motiv aus dem Ermland zwischen Allenstein und Mohrungen, dem Heimatort Herders.

Rechts: Der greise Prediger Bernhard von Clairvaux inmitten von Fürsten und Rittern, die nach seinem Aufruf das Kreuz genommen und sich zum Zug gegen die Heiden verpflichtet haben.

Stätten in Palästina gerichtet sein sollte, sondern auch die Christianisierung der letzten heidnischen Völker Europas als Kreuzzungsziel proklamierte. Der einflußreichste Prediger und Propagator dieses Zweiten Kreuzzugs war der später heiliggesprochene Bernhard von Clairvaux (1090–1153). Der wortgewaltige Zisterzienser hatte vor vielen Tausenden von Gläubigen im burgundischen Vezelay Ludwig VII. von Frankreich und Konrad III. von Deutschland, aber auch andere Fürsten zu dem großen Kreuzzugsunternehmen begeistert und in seiner berühmten Weihnachtspredigt im Dom zu Speyer den Gedanken eines neuen großen Kreuzzugs auch nach Deutschland getragen. In weihevoller Stimmung, wie sie das Fest und die zündende Predigt des berühmten alten Abtes aus Frankreich geschaffen hatten, »nahm Konrad III. mit vielen deutschen Rittern das Kreuz«, wie man damals sagte; er ließ es sich an das Festgewand heften. Unverzüglich bereitete er den langen Marsch donauabwärts vor. Die norddeutschen Fürsten allerdings, für die der Weg noch länger war und Vorderasien noch weiter entfernt, die entsannen sich der Heiden im eigenen Vorfeld und besprachen die Möglichkeit, dieses Heidenland, das man bislang vergeblich angegriffen hatte, zu einem Nebenschauplatz des großen Kreuzzuges zu machen.

Der Vorgang ist nicht einzigartig, ja er ist sogar plausibel, und ein halbes Jahrundert später wird einer der klügsten Politiker seiner Zeit, der venezianische Doge Dandolo, das ganze Kreuzheer zweckentfremden, adriatische Festungen erobern und Konstantinopel plündern lassen, ehe es endlich ins Heilige Land gelangt. So kühn sind die deutschen Fürsten freilich nicht; ihr Süppchen kocht auf einem kleineren Feuer. Aber es gelingt ihnen, dem greisen Bernhard von Clairvaux durch Erzählungen von den Slawengreueln und von der Vielgötterreligion von Rethra klarzumachen, daß hier, östlich der Elbe, eine dringende Aufgabe harre, die christliche Ritter ebenso wahrnehmen müßten wie die Rückeroberung von Jerusalem und Bethlehem.

Es wird berichtet, daß Bernhard von Clairvaux diese Zersplitterung der deutschen Kräfte zunächst nicht akzeptieren wollte; sein Ziel war nun einmal das Heilige Land und die seelische Aufrüstung der ganzen Christenheit durch einen Kreuzzug, der die Krise der Kirche und des Papsttums, die Gegenpäpste und die Mißstände von Rom vergessen machen würde. Aber die deutschen Herren ließen durchblicken, daß sie entweder gegen die slawischen Heiden marschieren würden oder aber gar nicht, und da fand sich Bernhard bereit, den Papst um die Anerkennung dieser Sachsenexpedition gegen die Slawen zu bitten – um den Kreuzzugs-Segen für einen Eroberungskrieg.

Papst Eugen III. war ein Schüler Bernhards – ja dieser hatte für ihn eigens ein Lehrbuch des Regierens und der Seelsorge verfaßt –, und der Papst hatte schlimme Sorgen vor allem mit der unbotmäßigen Stadt Rom, in die er erst wenige Monate vor seinem Tod würde zurückkehren können. Was lag also näher, als dem dringenden Rat des schon zu Lebzeiten als heilig geltenden Zisterziensers zu folgen und den Feldzug der deutschen Fürsten als Kreuzzug anzuerkennen, mit allen Privilegien eines Kreuzzugs auszustatten, vom Nachlaß der Sünden bis zum päpstlichen Segen für die Eroberungen und die Unterwerfungen. Damit war auch für die deutschen Bischöfe die Bahn frei; sie, die mit den weltlichen Herren keineswegs immer eines Sinnes waren, trafen im Jahr 1146 mit Fürsten und Grafen in Germelsleben an der Bode zusammen zur Beratung über jenes Unternehmen, das heute als Wendenkreuzzug ein nicht sehr rühmliches Stück deutscher Geschichte bildet.

Der mächtigste Landesfürst unter den Versammelten war zugleich auch der jüngste: Heinrich (1139–1180), der später der Löwe genannt werden wird, kaum älter als achtzehn Jahre, schon als Knabe Herzog von Sachsen geworden, Enkel Kaiser Lothars III., Sohn Heinrichs des Stolzen von Bayern. Ein Jüngling also mit großen Anwartschaften und einem herrlichen Erbe, dem die anderen Teilnehmer der Versammlung denn auch schon eine gewisse Achtung entgegenbrachten: Herzog Konrad von Zähringen, sein künftiger Schwiegervater, Albrecht von Ballenstädt, bekannter unter der Bezeichnung Albrecht der Bär (etwa 1100–1170), dazu Erzbischof Adalbero von Hamburg und Bremen, Herr Konrad von Meißen und zahlreiche andere. »Sie beraten über diesen Krieg, der von Anfang an zutiefst absurd ist«, schreibt Paul Barz in seiner temperamentvollen Biographie Heinrichs des Löwen.

Wir sind inzwischen mißtrauisch geworden gegenüber dem Kreuzzugsbegriff, vor allem natürlich, weil er im Lauf der Jahrhunderte immer wieder und immer dreister mißbraucht wurde. Ein Heiliger – nämlich Bernhard von Clairvaux – und ein immerhin seliggesprochener Papst haben in ihrer gemeinsamen weltpolitischen Ahnungslosigkeit mitgeholfen, die tragische Front zwischen West und Ost aufzurichten.

Miniatur aus einer Klosterhandschrift des zwölften Jahrhunderts: Kaiser Friedrich I. Barbarossa segnet seine Söhne. Darunter: Auf dem Marsch des Kreuzheeres durch die Save- und Donau-Auen mußten Soldaten den Weg bahnen.

Im Mittelmeerraum ist es selbst einem so großen Herrscher wie Friedrich II. (1194–1250), dem Staufer aus Palermo, nicht gelungen, das alte und natürliche Nebeneinander der Völker und Religionen wiederherzustellen.

An der Ostsee lagen die Verhältnisse ähnlich. Zwischen den heidnischen Slawen und den christlichen Sachsen gab es politisch wie religiös keine Gemeinsamkeiten, aber sie lebten in der gleichen Landschaft und am gleichen Meer; sie hatten in nunmehr vierhundert Jahren solchen Nebeneinanders wirtschaftliche Beziehungen angeknüpft, das Christentum hatte die heidnische Slawenkultur unterwandert, und so mancher Kaufmann aus dem deutschen Raum hatte inzwischen seinen bescheidenen Anteil am florierenden Heidenhandel östlich der Elbe. Es hatte Rückschläge gegeben, und es gab Feindseligkeiten, aber der Zeitpunkt war abzusehen, wo das gemeinsame Meer, die gemeinsame Seefahrt und die letztlich doch übermächtige Nachbarschaft des deutschen Königtums zu Verträgen mit den letzten Heidenfürsten führen mußten. Hier mit Waffengewalt eine Entwicklung beschleunigen zu wollen, hieß sie gefährden oder in gefährliche Bahnen lenken.

Die beiden deutschen Kreuzheere brachen guten Mutes gegen die sogenannten Wenden auf, gegen die letzten heidnischen Slawenstämme. Die Ritter versprachen sich Landbesitz und Rangerhöung für jene überzähligen Söhne, die zu Hause nicht mit einem nennenswerten Erbe rechnen konnten; die mitziehenden Knechte und Bauern aber sahen eine zwar ungewisse, aber auch verheißungsvolle Freiheit vor sich auf Landstücken, die sie im einzelnen nicht kannten, aber deren Beschaffenheit immerhin eher vorstellbar und auch vertrauer war als die der Länder um das Heilige Grab.

Zwei Heeressäulen brachen auf, die eine unter Albrecht dem Bären und Konrad von Meißen aus dem Mittelelbe-Raum in Richtung auf Demmin, wobei das Land der Liutizen zu durchqueren war; neben Demmin war Stettin das Hauptziel. Das zweite Heer stand unter der Führung des jungen Welfenherzogs Heinrich und Konrads von Zähringen, denen sich Erzbischof Adalbero von Bremen angeschlossen hatte – die geistlichen Herren saßen damals zwar nicht mehr so häufig im Sattel wie unter Karl dem Großen, aber Kriegszüge waren ihnen dennoch nicht fremd. Ihr Ziel war die Slawenburg Dolbin am Schweriner See, das Machtzentrum der Obotriten. Die Kreuzfahrer trugen eine besondere Form des Kreuzes, die sich von jener unterschied, wie sie die Teilnehmer am Zweiten Kreuzzug zum Heiligen Grab führten. Die Gesetze, unter denen sie gegen die Slawen antraten, waren streng, vom kompromißlosen Glauben Bernhards von Clairvaux geprägt und viel weniger duldsam, als die deutschen Herren bis dahin gewesen waren. Bernhard verbot strikt – und ließ es sich beschwören –, daß mit den Slawen etwa Tributverträge geschlossen würden, unter denen das Heidentum bestehen bliebe (derlei hatte es bis dahin ja oftmals gegeben: Adam von Bremen hat es deutlich gesagt, daß es den Sachsen mehr ums Geld ging als um die Ausbreitung des Christentums). Heiden mußten entweder bekehrt oder aber getötet werden, eine dritte Möglichkeit ließ der Kreuzzugsgedanke nicht offen.

Für Albrecht den Bären mag dieser Appell an das Schwert einen schweren Entschluß bedeutet haben; seine Beziehungen über die Slawengrenze hinweg waren ausgezeichnet. Sie waren so gut, daß Fürst Pribislaw von Brandenburg und seine Gemahlin Petrissa ihrem heidnischen Volk verheimlichen mußten, daß sie in Albrecht den geeigneten Nachfolger für ihre Herrschaft sahen, da sie nun einmal keine Kinder hatten.

König Pribislaw hatte sich taufen lassen und in der Taufe den Namen Heinrich angenommen, als ob es nicht schon genug Heinriche gäbe in jenem zwölften Jahrhundert; aber es scheint, daß diese Taufe zumindest weiten Teilen des Slawenvolkes verschwiegen wurde. Wir verstehen das, wenn wir uns vergegenwärtigen, daß Pribislaws Residenz, die Brandenburg, zwischen dem Jahr 928 der ältesten sicheren Nachrichten und der Zeit um den Wendenkreuzzug bereits ein dutzendmal den Besitzer gewechselt hatte. Die Slawen des Havellandes waren schwer zu beherrschen, schnell aufgebracht, labil in ihren Sympathien und argwöhnisch. Und die Brandenburg hatte nicht nur eine exponierte Lage, sie war so gut wie gar nicht zu umgehen, wenn man von Westen nach Osten wollte und die ungeheuren Umwege um die Seen- und Gewässerplatte des heutigen Berliner Raumes scheute.

Dort, wo der Abfluß des Beetz-Sees in die Havel mündet, auf der heutigen Dominsel, lag die alte Brandenburg am Westende einer kleinen Inselkette und sperrte die alte Heer- und Handelsstraße über Spandau (mit einem anderen Havelübergang) nach Köpenick, wo die Spree überquert werden konnte. Die Straße setzte sich dann fort zum Mittellauf der Oder, traf also auf den wichtigen Wasserweg von Krakau und Schlesien zur Ostsee bei Stettin und Jumne-Vineta. Die merkwürdige, uns heute so reizvoll erscheinende Wasserlandschaft rings um die Burg war damals eine Wildnis wie der Spreewald in der Lausitz, geheimnisvoll und für den Unkundigen

Rechts oben: Kampf um die wendische Wasserfestung Brennabor (oder ähnlich), später Brandenburg genannt (Lithographie von Adolph von Menzel).

kaum passierbar, weswegen die Burg weit seltener berannt als durch List oder Verrat erobert wurde. Der Gießener Historiker Herbert Ludat vermutet, daß es die Brandenburg sei, die schon Karl der Große 789 in seinem Kampf gegen den Wilzenfürsten Dragowit erobert hatte. Das spräche dafür, daß dieser schwer einzunehmende Platz, für den Karl eine amphibische Operation planen mußte, seit alters den Mittelpunkt eines slawischen Machtbereichs bildete.

Ibrahim ibn al Jaqub, der uns schon im ersten Kapitel begegnet ist und dessen Namen sich Hans-Dietrich Kahl mit Abraham Jakobssohn mundgerecht macht, scheint die Brandenburg gekannt zu haben, was angesichts ihrer Lage an einem vielbenützten Handelsweg nicht erstaunlich ist. Es gibt nur leider noch keine Grabungen oder Funde, die eine Übereinstimmung mit seiner Beschreibung bestätigen würden. Nicht einmal der slawische Name der Brandenburg ist bekannt, denn an die späteren Bildungen Branibor oder Brennabor vermag man nicht so recht zu glauben, sie fügen sich zu glatt in die Tradition der uns vertrauten deutschen Bezeichnungen ein.

1127 war auf der Brandenburg der wendische Graf Meinfried, trotz seines deutschen Namens ein Slawe, gestorben. Abt Arnold vom Kloster Berge vor Magdeburg nennt ihn *comes slavorum*. Auf einer Urkunde von 1114 finden wir den Grafen ebenfalls, und zwar als Meginfredus, in einer Position, die dafür spricht, daß er tatsächlich Graf war oder als solcher gelten durfte. Bischof Hartbert der (noch kaum existenten) Diözese Brandenburg schätzte ihn ebenso wie Abt Arnold, der den gewaltsamen Tod Meinfrieds bedauerte, ohne allerdings über die Mörder oder einen Kampf etwas mitzuteilen. Nach all dem scheint sicher zu sein, daß Meinfried bereits Christ war, was wiederum die Vermutung nahelegt, daß sein Nachfolger Pribislaw schon in sehr jungen Jahren getauft wurde. Allerdings macht die Tatsache, daß er zunächst Pribislaw hieß und erst später den deutschen zweiten Namen Heinrich erhielt, auch klar, daß er noch heidnisch aufwuchs und zumindest einige Jahre lang den Namen Pribislaw allein führte. Meinfried und Pribislaw entstammten wohl der gleichen slawischen Fürstensippe, doch ist es nicht sehr wahrscheinlich, daß Pribislaw, der bei Meinfrieds

61

Tod schon fünfzig Jahre zählte, ein Sohn des Grafen war (wenn man es auch nicht völlig ausschließen kann). Sicher ist, daß Pribislaw und das askanische Haus Albrechts des Bären in gutem Einvernehmen lebten und Albrecht dem Fürsten seine Hilfe gegen unbotmäßige heidnische Untertanen zusicherte.

Die Herrschaft Pribislaw-Heinrichs ist gerade in den letzten zwanzig Jahren genauer erforscht worden; aus ihr selbst und ihrem Umfeld ist inzwischen klar geworden, daß die Deutschen der eigentliche Rückhalt dieser Herrschaft waren und daß die Gefahren für Pribislaw von heidnisch gebliebenen Verwandten wie etwa dem energischen Jaxa von Köpenick kamen. Pribislaw verfügte über gute Kontakte nicht nur zu den Askaniern, sondern auch zu Bischöfen und Klöstern am Westrand seines Herrschaftsbereiches, und wenn irgendwo, dann war ganz gewiß hier, im Havelgebiet, der Wendenkreuzzug überflüssig – das Land war bereits vertraglich den Askaniern zugesichert. Pribislaw tat denn auch alles, um das Kreuzheer von seinem Land fernzuhalten, und Albrecht half ihm dabei, so weit dies möglich war.

Es gab jedoch neben den weltlichen Besitzinteressen der Fürsten auch noch geistliche Herren im Kreuzheer, darunter den päpstlichen Legaten Anselm, Bischof von Havelberg. Die Interessen der Kirche mußten dahin gehen, die seit 983 in blutigen Slawen-Aufständen zerstörten Kirchen wieder aufzubauen und die verlorengegangenen Diözesen nun, auf militärische Macht gestützt, durch neue Grenzlinien gegen die Slawen abzusichern. War es so weit, dann konnten diese Front-Bischöfe ähnlich wie ihre mitteldeutschen Amtsbrüder Siedler ins Land rufen und sie als Wehrbauern an der Slawengrenze ansetzen.

Verlorengegangen waren im einzelnen die Diözesen des holsteinischen Oldenburg, von Ratzeburg und

Kaiser Friedrich II. Darstellung vom Karlsschrein in Aachen.

Links: Die von dem zum Christentum übergetretenen Slawenfürsten Pribislaw um 1140 erbaute Marienkirche von Brandenburg.

Unten: Havelberg war im Mittelalter ein wichtiger Umschlageplatz der Binnenschiffahrt. Das Bild zeigt die Stiftsgebäude auf dem Hochufer des Flusses.

Mecklenburg, aber auch, im magdeburgischen Bereich, das Bistum Havelberg und die Diözese Brandenburg bis auf einen schmalen Randstreifen, in dem sich niemand sicher fühlen konnte. Der erste Erfolg des Wendenkreuzzugs war die Wiederherstellung der erstgenannten Bistümer im großen Herrschaftsbereich des Erzbistums Bremen, während sich die Absicherung von Ratzeburg und Brandenburg bis zum Ende des Jahrhunderts hinzug. Sein eigenes Bistum Havelberg konnte der päpstliche Legat schon 1150 wieder in Besitz nehmen – obwohl für die Ausbreitung des Christentums und des deutschen Einflusses natürlich das zentral am Handelsweg Magdeburg-Spree gelegene Bistum Brandenburg wichtiger gewesen wäre. Hier hatte eben Legat Anselm die Vorstöße so gelenkt, wie es ihm persönlich am meisten nützte, und Albrecht der Bär hatte nichts dagegen unternommen, um Freund Pribislaw Kämpfe zu ersparen: Hätte man nämlich die Maximen des Bernhard von Clairvaux in die Tat umgesetzt, dann wären die Untertanen dieses christlichen Fürsten mit Feuer und Schwert bekehrt worden – wobei von den Dörfern nicht viel übrig geblieben wäre –, und dann hätte Albrecht der Bär später über eine Wüstenei geherrscht.

Noch weniger verständlich erscheint das Kreuzzugsziel Pommern, denn hier hatte Otto von Bamberg (1060–1139) dank seiner Freundschaft mit König Boleslaw Schiefmaul von Polen auf zwei großen Missionsreisen eine Kirchenorganisation geschaffen, die zwar noch jung war, aber auf festen Füßen stand. In Stettin herrschte der christliche Slawenfürst Ratibor und hatte einen Bischof an der Seite, der auch über die Burg Demmin gebot, eines der Hauptangriffsziele des Wendenkreuzzugs. Die Christianisierung Pommerns war im besten Zuge, sie konnte durch ein Kreuzheer nur gestört werden. Allenfalls konnte den Legaten Anselm das westliche Pommern interessieren, um seine eigene Diözese zu erweitern (!).

Für die militärischen Operationen unter Albrecht dem Bären vermutet die Fachforschung eine Art Geheimabkommen zwischen Albrecht und dem Polenkönig, das auf eine Teilung Pommerns hinauslief. Dazu mußte man das Land freilich erst erobern, und dieser Eroberung aus rein machtpolitischen Gründen widersetzten sich die christlich gewordenen Ostseeslawen mit der gleichen Energie und Zähigkeit wie ihre heidnisch gebliebenen Brüder. Die Pomoranen hatten sich schon gegen die Dänen erfolgreich gewehrt, sie hielten Demmin erfolgreich auch gegen das Kreuzzugsheer, und es mußte abziehen.

Nicht viel besser steht es vor der Burg Schwerin – da tritt dem anreitenden Kreuzzugsheer ein Bischof im Ornat entgegen, das Kreuz abmahnend hocherhoben in den Händen. Da damit nun die Vorwände schwinden, ja sich in nichts auflösen, empfinden sich auch die Streiter bald nicht mehr als Kreuzfahrer und benehmen sich wie alle Soldaten in Feindesland. Die Dörfer werden leergeplündert und niedergebrannt, billige Erfolge gegen Bauern sollen darüber hinwegtrösten, daß die Burgen nicht eingenommen werden können. Und wenn Heinrich der Löwe oder auch Albrecht der Bär über dieses blutige und gewaltsame Treiben ihrer Kreuzfahrer bedauernd den Kopf schütteln, dann hat sie vielleicht der alte und erfahrene Konrad von Zähringen damit getröstet, daß es schließlich Niklot, der Obotritenfürst gewesen sei, der die Feindseligkeiten eröffnet hat.

Das ist eine jener halben Wahrheiten, von denen die Geschichte voll ist. Niklot ist tatsächlich einer von jenen altslawischen Tyrannen, die in den Augen der feinen Bischöfe vom Rhein mehr vom Wasserdämon an sich haben denn vom Menschen, aber zumindest einer der christlichen Fürsten im nördlichen Deutschland kennt ihn ein wenig besser, das ist Graf Adolf von Schauenburg, Herr von Holstein, Segeberg und anderen Besitztümern zwischen Nord- und Ostsee. Er versteht sich mit Niklot so ähnlich wie Albrecht der Bär mit Pribislaw, und dies sind nicht die einzigen adeligen Freundschaften über die Elbe und die Glaubensgrenze hinweg. Als nach der Beratung bei Frankfurt ganz Deutschland von dem Wendenkreuzzug spricht, erfährt natürlich auch Niklot, der Wachsame, von der heranziehenden Gefahr, und man wird nicht versäumt haben, ihm die Ausrottungspredigten des Bernhard von Clairvaux in Kurzfassung zu übermitteln.

Niklots Anfrage bei Graf Adolf von Schauenburg ist uns im Text nicht erhalten, aber man weiß, daß die Antwort des Grafen eine einzige Ausflucht war: Gewiß, Niklot sei ein bewährter Freund, aber über allen irdischen Freundschaften stehe nun einmal der Herrgott, und wenn alle Christen marschierten, dann werde Schauenburg nicht abseits stehen können.

Damit weiß Niklot genug, und da es ihn seit Jahren wurmt, daß man die schönsten Städte nicht angreifen darf, wenn sie einem Freund gehören, hat er untätig zugesehen, wie auf altem Slawengrund eine deutsche Kaufmannssiedlung entsteht, wie sich neben dem slawischen Liubice des Wendenfürsten Gottschalk seligen Angedenkens deutsche Kaufleute ihre Häuser bauen und den Slawenhandel in der Ostsee an

Otto von Bamberg, der unerschrockene Pommern-Missionar, nach einer – mutmaßlichen – Darstellung auf dem Denkmal Albrechts des Bären in Berlin.

sich bringen. Diesem schauenburgischen Lübeck, einer noch kleinen Siedlung, zwischen Trave und Wakenitz auf einem Werder errichtet, schlägt nun die Stunde, und sie schlägt sehr früh, denn die ganze Stadt ist noch keine fünf Jahre alt. Eines Morgens tauchen viele kleine Boote der Obotriten vor der Travemündung auf, und wenige Stunden später brennt die Stadt, so wie Liubice zehn Jahre zuvor gebrannt hat, als der Seeräuber Race sie überfiel. Man lebt noch immer gefährlich an den Küsten...
Heute nennt man derlei einen Präventivschlag, und vielleicht wäre der junge Ostseehafen tatsächlich gefährlich geworden im Rahmen einer ausgedehnten Flottenoperation der Kreuzfahrer; eher muß man aber annehmen, daß Niklot ganz einfach die Gelegenheit nutzte: die Lübecker waren so schön ahnungslos, und ein wenig Piratenblut haben damals noch alle Herren in sich, von Ostfriesland bis hin nach Rügen.

Aus dem Schlachten in Lübeck – denn die Bürger sind wehrlos in ihrer Festesfreude zu Maria Lichtmeß – soll sich ein Reiter gelöst haben, um die Kriegserklärung Niklots an den Schauenburger zu überbringen, der damals auf Burg Segeberg residiert. Das nämlich hatten die Freunde vereinbart: Wenn schon Krieg, dann nicht ohne Kriegserklärung. Noch vor der Nachricht vom Überfall auf Lübeck kommt die Kriegserklärung in Segeberg an, aber Adolf von Schauenburg kann nichts mehr tun, die Stadt ist verloren.

Niklots Überfall war bitterer Ernst, und daß er seine Burg Dobin am See von Schwerin befestigte, noch ehe seine Schiffe gegen Lübeck ausliefen, das zeigt ihn als einen vorsichtigen und besorgten Landesvater. Weil er das ist, schont er in seinem privaten Kreuzzug der Wenden gegen Holstein die Besitzung des Freundes, denn der Krieg wird vorübergehen, und man wird wieder miteinander leben müssen. Es ist ein ganz ähnlicher Vorgang wie vor Brandenburg, wo Albrecht der Bär das Kreuzheer um die Güter seines Freundes Pribislaw herumleitet.

Die Zeche zahlen jene Bauern, die noch nicht lange im Land sind, die Neuankömmlinge aus dem Westen, die Niederländer, die bei dieser Gelegenheit erst erfahren, wie es ist, wenn die Slawen ein Dorf überfallen. Es ist um nichts schöner, als der umgekehrte Vorgang, wenn die Kreuzritter in den Dörfern um Demmin plündern und morden.

So beginnt blutig und mit dem Rauch der in Flammen aufgehenden Dörfer das große zwölfte Jahrhundert, das Jahrhundert der deutschen Ostwanderung, und man mußte wohl ein Heiliger wie Bernhard von Clairvaux sein, um in dem vielfachen Tod und dem Aufflammen menschlicher Heimstätten ein Gott wohlgefälliges Werk erblicken zu können.

Der Wendenkreuzzug reiht sich damit in die Vielzahl kleiner und zum Teil mutwilliger Aktionen ein, mit denen die Deutschen und die Slawen im unvermeidlichen Wechsel von Aggression und Vergeltung eine unruhige Grenze dort schaffen, wo eigentlich gar keine Grenze nötig wäre. Denn die Fürsten, weiter blickend und aufgeklärter als die damals noch primitiven, rachsüchtigen und beutegierigen Grenzbevölkerungen, hatten längst begonnen, miteinander zu reden. Und sie hatten vor allem begonnen, über diese Grenze hinweg Verträge, ja Freundschaften zu schließen. Aus den kirchlichen und den weltlichen Urkunden jener Zeit und jener Gegenden geht deutlich hervor, daß der Dialog sich von Generation zu Generation intensiviert, und daß auch die Slawenfürsten unter den Stiftern von Grundstücken und Nutzflächen für die Klöster und für den Kirchenbau sind.

War der Wendenkreuzzug also überflüssig und eher schädlich, so beginnt mit ihm doch eine zumindest teilweise Umorientierung der deutschen Politik, allerdings nicht jener, die der Kaiser macht: Die Fürsten des nördlichen Deutschlands, allen voran Heinrich der Löwe, beginnen einzusehen, daß auch die größten Blutopfer südlich der Alpen, auf italienischem Boden, keine Dauerpräsenz des Reiches sichern können und daß die Landstriche östlich der Elbe vergleichsweise besser zugänglich sind. Kein Gebirge trennt Christen und Slawen voneinander, die großen Flüsse sind zu bezwingen, vor allem, da sie ja längst als Handelswege dienen.

Für das Zusammenleben von Slawen und Deutschen in den weiten Ebenen zwischen Elbe, Oder und Weichsel bestanden zweifellos günstigere Voraussetzungen als für die deutsche Oberhoheit über die lombardischen Städte. Dennoch zog es die Staufer immer wieder in diesen Süden, und der Widerstand der volkreichen norditalienischen Städte brachte sogar einem so tüchtigen Heerführer wie dem Kaiser Friedrich Barbarossa (um 1125–1190) schwere Rückschläge und tiefe Herrschaftskrisen ein.

Zwei bedeutende deutsche Fürsten gerieten in einen tragischen Zwist über die deutsche Politik und die Aufgaben des deutschen Volkes, wobei – um es vereinfacht auszudrücken – Kaiser Friedrich I. naturgemäß den alten Reichsgedanken militärisch durchzusetzen versuchte, wie er seit Karl dem Großen als die Verpflichtung der deutschen Könige verstanden wurde, während Heinrich der Löwe, der Fürst aus dem welfischen Haus, begrenztere aber leichter zu verwirklichende Ziele zu den seinen machte.

Als 1152 Friedrich I. den Thron besteigt, hat Heinrich der Löwe, so jung er ist, schon ein paar Jahre praktische Erfahrungen in deutscher Ostpolitik – unter anderen die Niederlage im Wendenkreuzzug. Er gibt darum natürlich nicht auf, aber er kehrt zu den friedlichen Mitteln früherer Jahrhunderte zurück. Haben seine Knechte für die Kirche gekämpft, so kann nun die Kirche für ihn kämpfen; Heinrich sucht sich tüchtige Bischöfe für die Slawenmission aus und setzt sie auch gegen den herrischen Bremer Erzbischof durch, mit einer Geschicklichkeit, die sich gerade in der deutschen Ostpolitik leider nicht immer findet: Als Bremen gegen Heinrichs Eigenmächtigkeit an den König appelliert, ergeht von Kaiser Rotbart das wichtige Schreiben, das noch die volle Einmütigkeit der beiden jungen Herrscher über Deutschland zeigt: »Wir verpflichten unseren teuren Heinrich, Herzog von Sachsen, daß er in dem Land jenseits der Elbe, mit dem er durch Unsere Freigebigkeit belehnt ist, Bistümer und Kirchen zur Ausbreitung des Reiches und des Namens Christi schaffe, einpflanze und errichte. Wir geben ihm weiters freie Gewalt, daß er jene Kirchen mit Reichsgut beschenke, wie es ihm gut dünkt und die örtlichen Verhältnisse es gestatten. Und wir gestehen ihm und allen seinen Nachfolgern für jene Länder die Investitur zu über die drei Bistümer Aldenburg, Mecklenburg und Ratzeburg: Somit sollen alle, die dort zur Bischofswürde erhoben werden, von seiner Hand als wäre es unsere empfangen, was königlichen Rechtes ist.« Das heißt: Friedrich verzichtet auf kein Recht, er gibt es nur in drei besonders gelagerten Fällen an den Landesfürsten Heinrich weiter und bestätigt zugleich, daß er dieses Recht grundsätzlich auch weiterhin in Anspruch nehmen wird. Als daraufhin der Erzbischof von Bremen, erbost über die Erfolglosigkeit seines Appells an den König, einem eingesetzten Bischof die Weihe verweigert, nimmt Heinrich der Löwe seinen Kirchenmann kurzerhand mit nach Rom. Die Päpste sind in jenen Jahren kaum je die Herren ihrer Stadt, und wenn sie es sind, dann gestützt auf die deutschen Söldner. Darum fällt es nicht schwer, für jenen Bischof die Weihe von der Hand des Papstes zu empfangen.

Das hört sich so gut an, das ging so glatt, weil Heinrich eben ein Mann von einnehmenden Umgangsformen war, ein tüchtiger Ritter, ein Fürst, dem die Herzen zuflogen. Aber die Wirklichkeit der Slawenmission sah nach dem Wendenkreuzzug doch ganz anders aus. So wie die deutschen Herren Niedersachsens noch nicht allzuviele Kontakte zu ihrem eigenen Volk und seinen schlichten Lebensumständen hatten, so klaffte auch zwischen den geistigen Ansprüchen, dem Horizont der Slawenfürsten und ihren Volksstämmen ein für deutsche Prälaten kaum vorstellbarer Schlund. Es gab Slawenfürsten, die dichteten, die hielten sich einen Musenhof, die förderten die Gelehrsamkeit und die Künste. Aber der slawische Bauer, Fischer, Jäger oder Handwerker, der hielt noch nicht viel von der Religion des Westens, deren Verkünder erst kürzlich hoch zu Roß und mit der Waffe in der Faust über die mecklenburgischen und brandenburgischen Dörfer hergefallen waren.

Es wird berichtet, daß Bischof Gerold von Aldenburg eine recht trostlose Diözese vorgefunden habe, nach der Hochstimmung von Rom und der Weihe durch den Papst, und daß die Wenden sich um diesen Neuankömmling herzlich wenig gekümmert hätten. In der Gesellschaft Bischof Gerolds befand sich ein Mann, dem wir Spätgeborenen viel verdanken: der Pfarrer Helmold aus dem Örtchen Bosau bei Plön. Er war schon mit dem verstorbenen Bischof Vizelin befreundet gewesen und folgte als treuer Gefährte nun Gerold auf seinen Exkursionen ins Slawengebiet, bei denen die unter dem Schutz Herzog Heinrichs des Löwen stehenden Gottesmänner zwar persönlich nicht nennenswert gefährdet waren – auch die Slawen hielten sich wie die Sachsen daran, daß friedliche Reisende und Kaufleute ungeschoren blieben –, aber sie sahen und hörten im Slawenbereich so viel Schauriges, sie erfuhren so überdeutlich die volle blutige Wahrheit eines grausamen, von Generation zu Generation fortgesetzten Krieges, daß der eine den anderen immer wieder trösten mußte. Helmolds *Cronica Slavorum*, die Slawenchronik, ist eines der wertvollsten Quellenwerke des ganzen Jahrhunderts und noch heute fesselnd zu lesen. Sie macht uns allerdings auch deutlich, wie rauh jene Zeiten waren und wie hemmungslos selbst die Fürsten Unrecht und Grausamkeiten geschehen ließen, wenn ihnen dies ins politische Konzept paßte. Man setzte gegen die Slawen blut- und raubgierige Banden ein, die als Soldaten zu bezeichnen ein unverdienter Ehrentitel wäre, und das in dieser unsäglichen Härte und materiellen Not dahinlebende Slawenvolk schlug mit der gleichen Grausamkeit zurück. Es sind Gegenden und Zeiten, in denen sich die Zahl der christlichen Märtyrer kaum mehr abschätzen läßt, ob diese Glaubensboten nun aus Dänemark kamen oder aus den Bistümern westlich der Elbe; und es gab natürlich auch nicht wenige Märtyrer, die für den Glauben an ihre Slawengötter starben.

Heinrich der Löwe und Niklot, der Unbeugsame

Neubegründung des zerstörten Lübeck – Niklots Präventivschlag –
Verrat, Blut und Leidenschaften – Von der Nützlichkeit
unehelicher Nachkommenschaft – Germanisch-slawisches Heiligtum auf Rügen –
Otto von Bamberg in Stettin

Während die Kreuzzüge in den Orient, ins Heilige Land, trotz ihrer erwiesenen Nutzlosigkeit noch immer im Mittelpunkt der mittelalterlichen Geschichte stehen, ist der umstrittene Wendenkreuzzug nur noch ein Thema der historischen Fach-Forschung und von ihr inzwischen weitgehend aufgehellt. Daß Heinrich der Löwe sich als sehr junger Fürst an diesem großen Raubkrieg der vereinten Christenmacht beteiligt, ist ihm nicht zur Last zu legen. Schon wenige Jahre später beginnt Heinrich nämlich zu beweisen, wie ernst es ihm mit diesen Slawengebieten vor den deutschen Grenzen ist, und wenn er auch weiterhin in seinen Methoden nicht sehr wählerisch sein wird, so erkennt man doch schon sehr bald das große Konzept, dem er sich und seine Herrschaft unterwirft als einer der wenigen Fürsten seiner Generation, die ihre Aufgabe überzeitlich und überräumlich sehen.

Eine Autorität wie der deutsche Mittelalter-Historiker Karl Hampe bestätigt dem Welfen diesen weiten Blick und die große Vision, die entschlossene Mitgestaltung von Reichs- ja Weltpolitik, wenn er schreibt: »Heinrich der Löwe ragt um Haupteslänge über das Höhenmaß deutscher Territorialfürsten hinaus und verdient auch in weltgeschichtlicher Darstellung seinen Platz, weil sein politischer Einfluß nach Norden und Osten weit über die Reichsgrenzen hinausging und weil erst die Hinzunahme seiner trotz der süddeutsch-italienischen Herkunft niedersächsisch anmutenden Art zu der Figur des schwäbischen Staufers das deutsche Wesen jener Tage voll umfaßt. Seine schon durch die Vereinigung der beiden stärksten Herzogtümer des damaligen Deutschlands außergewöhnliche Machtstellung erhielt ihr eigenartiges Gepräge erst durch die Ausdehnung in die ostelbischen Wendenlande, die er, soweit sie durch seine Heereszüge verödet waren, durch Ansiedlung deutscher Bauern aus dem teilweise schon zu dicht bevölkerten Westen zu sichern wußte.«

Ist die neueste Forschung auch nicht mehr der Meinung, daß im Westen eine echte Übervölkerung vorgelegen habe, so gibt es doch auch eine Überforde-

Linke Seite: Altarflügel aus Reval. Als Hintergrund der Märtyrerszene eine der ältesten Darstellungen der Stadt Lübeck.
Rechts: Grabmal Heinrichs des Löwen und seiner Gemahlin im Dom zu Braunschweig. Das Kirchenmodell, das Heinrich in der Rechten trägt, bezieht sich auf seine vielen Stadtgründungen.

Das prächtige Residenzschloß von Schwerin mit einer Nische für den Wendenfürsten Niklot; das Reiterstandbild des Mannes, von dem niemand so genau weiß, wie er aussah, schuf der Rostocker Bildhauer Christian F. Genschow.

rung der vorhandenen Räume, die nicht nur mit der Bevölkerungszahl zu tun hat. Die extensive Lebensweise des mittelalterlichen Bauern verlangte ungleich mehr Land als die heutigen Bauernwirtschaften, und die der herrschaftlichen Jagd vorbehaltenen ausgedehnten Flächen verringerten den Kulturraum darüber hinaus. Es war für Heinrich den Löwen, wenn er den Ertrag seines sächsischen Herzogtums steigern und die gesamtwirtschaftliche Situation verbessern sollte, sehr wichtig, seinen Untertanen optimale Arbeits- und Lebensbedingungen zu schaffen. Und für dieses Optimum war der Raum im Westen tatsächlich schon ein wenig eng geworden, nicht zuletzt durch die reichlich und mit zum Teil unbedachter Freigebigkeit von Fürsten und anderen Grundherren begründeten Klosterwirtschaften.

Die Rodeklöster hatten das ihre getan; sehr viele der Klöster fanden keine echte Kultivierungs-Aufgabe mehr vor, benahmen ihren Pächtern und Leibeigenen aber den Freiraum und behinderten sie in ihren Initiativen. Daraus ergaben sich ebenso viele und ebenso klare Entschlüsse zur Auswanderung wie aus der faktischen Raumnot.

Der zunächst noch geringe Bevölkerungsdruck nach Osten erklärt nicht nur, daß die ersten Kolonisten gerufen wurden und günstige Verträge erhalten konnten; er erklärt auch, daß Heinrich der Löwe sich in den ersten Jahren nach dem Wendenkreuzzug zumindest militärisch noch zurückhielt. Er mußte sich auf die Festigung seiner Stellung im Reich konzentrieren; der Kampf um Bayern band seine Kräfte, und was für den Osten übrigblieb, reichte gerade, um die stets unruhigen Slawen in Schach zu halten. Die slawischen Vorlande von Heinrichs Herrschaft haben in dieser Phase vor allem finanzielle Bedeutung, und wie sehr sie von den Sachsen mit Abgaben belastet werden, stets unter der Androhung der völligen Unterwerfung, das beweisen außer den bereits mitgeteilten Äußerungen der Chronisten auch die Verhandlungen, die kluge Fürsten wie Pribislaw mit der Kirche führen. Dem Bischof Gerold sagt Pribis-

Der Mönch Vizelin predigt den Ostseeslawen das Christentum. Adolph von Menzel, der 1834 diese Lithographie schuf, setzt über die Köpfe der bis an die Zähne bewaffneten Wenden noch das Abbild eines sichtlich erbosten Götzen.

law zum Beispiel, die starke Abgabenbelastung der armen slawischen Stämme sei eines der Haupthindernisse für die Christianisierung.

Unter den zunächst noch friedlichen Maßnahmen Heinrichs zugunsten einer Ostkolonisation steht obenan die Neubegründung des zerstörten Lübeck. Diese beispielhafte Leistung ist viel besprochen worden und hat sich als außerordentlich folgenreich erwiesen. Wegen der zweimaligen Zerstörung und Verödung Lübecks hatten die Initiatoren der Neugründung, die Fernhändler und Geldgeber, einen sehr günstigen Vertrag mit Heinrich dem Löwen schließen können. Sie geboten über einen Stadtkern, auf dem – von einer einzigen Familie abgesehen – keinerlei ältere Grundrechte lagen. Die Planung sicherte also den Gründern nicht nur einzelne Areale, sondern ganze künftige Wohnblocks und Straßenzüge zu. So konnte sich der betreffende Bürger zum Handelsgewinn sicheren Wertzuwachs aus seinen Häusern und Grundstücken versprechen und die Investitionen schon aus dem teilweisen Wiederverkauf noch innerhalb der Stadtgründungsphase zurückerhalten. Die schönsten und repräsentativsten Häuser oder Parzellen behielten diese Familien natürlich meist für sich, »um dort ihre stolzen Steinhäuser zu errichten, von denen heute noch das Gebäude der Löwenapotheke mit seinem romantischen Giebel beredtes Zeugnis ablegt. Fest in den Händen behielten sie aber auch alle Baulichkeiten, die durch ihre wirtschaftliche Funktion einen besonderen Wert darstellten: vor allem jene, auf deren Benutzung die Gewerbetreibenden zur Ausübung ihres Berufes angewiesen waren – das waren zunächst die zahlreichen Budenhäuser auf, besser um den Markt herum« (Fritz Rörig).

Erließen diese Gründungs-Bürger im Stadtrat, in dem sie naturgemäß unter sich oder doch in der Mehrheit waren, noch die Verordnung, daß nur in diesen Buden verkauft werden dürfe – die später durch die malerischen Lauben ersetzt wurden –, dann hatten die großen Kapitalisten der Gründungsphase die Kleingewerbetreibenden und Handwerker auf Generationen hinaus wirtschaftlich in der Hand. Das schloß wiederum eine ernsthafte Mitsprache dieser mittelständischen Schicht in der Stadtregierung aus.

Da die Vorteile (wenn auch nicht gerade Vorzüge) dieser Konstruktion dem erstarkenden Großbürgertum schnell einleuchteten, machte die Stadtgründung nach Lübecker Muster bald Schule. Wenn auch nicht immer so günstige Verhältnisse vorlagen wie in Lübeck, so gaben doch die Gründungen auf fremdem Boden ebenfalls die Möglichkeit, sich über die störenden Ansprüche von Vorbesitzern hinwegzusetzen. Die erste überseeische Gründung Heinrichs des Löwen wurde Wisby auf Gotland, eine Stadt, die später als Handelsstützpunkt der deutschen Hanse ihre höchste Blüte erlebte und heute nur noch ein vergleichsweise bescheidenes Dasein führt. Andere Städtegründungen, größtenteils mit lübischem Recht ausgestattet, erfolgten dann durch die von Lübeck ausschwärmenden deutschen Kaufleute, zu denen sich bald Holländer gesellen werden und, auf eigener Route durch den Belt, auch Briten. Lübeck aber bleibt jahrhundertelang, ja eigentlich, so lange es ein deutsches Baltikum gibt, der Hauptstützpunkt für die ganze deutsche Kaufmanns- und Adelskultur jenseits des Memelflusses, weil auf diesen großen Entfernungen das Schiff bis tief ins Eisenbahnzeitalter hinein dem Landweg überlegen bleibt. Was sich in

Links: Das Haus der Schiffergesellschaft in Lübeck, ein Bau von 1535.

Rechte Seite: Alter Bildplan der Hafenstadt Wisby auf der heute schwedischen Insel Gotland.

den nächsten Jahrhunderten in Riga, Reval und Dorpat, ja auch in Mitau und Pleskau abspielen wird, kann man vielleicht nicht als von Heinrich dem Löwen vorbereitet bezeichnen; sicher aber ist, daß er durch die Neubegründung der gefährdeten Handelsstadt Lübeck Blick und Urteilskraft des großen Städtebauers bewiesen und die zukünftige Rolle der Ostsee richtig eingeschätzt hat.

Noch schneller freilich entwickelt sich Wisby, weil die Stadt für die Dänen und für die Briten günstiger liegt und von den Slawen weniger zu fürchten hat; der Hafen auf Gotland tritt die Nachfolge von Haithabu an und hat zu Beginn des Hansezeitalters mehr als 20 000 Einwohner. Die reiche Stadt soll in ihrer Blüte siebzehn gotische Kirchen besessen haben. Wenn sie auch schon vor dem Jahr 1000 ein Handelsplatz war – im Zuge des Orienthandels der Wikinger zwischen Haithabu und dem Kaspischen Meer –, so war es doch der Sicherungs- und Partnerschaftsvertrag von 1161 mit Herzog Heinrich dem Löwen, von dem an der Aufstieg der Inselhauptstadt zu datieren ist. (Um die Wende zum zwanzigsten Jahrhundert hatte Wisby dann nur noch 9000 Einwohner, heute durch die Entwicklung des Fremdenverkehrs sind es wieder an die 17 000 – die Lebensintensität des Städtchens von 1300 ist also noch nicht wieder erreicht.) Mit spätmittelalterlicher Unbarmherzigkeit haben allerdings die Dänen unter Waldemar Atterdag 1361 und die Lübecker selbst durch ihre Brandschatzung von 1525 zum Niedergang der blühenden Handelsstadt beigetragen.

Die Städteschicksale verdeutlichen den häufigen Wechsel der Fronten und das oft leichtfertig scheinende Kräftespiel an der Ostsee. Sind zunächst die Dänen wertvolle Bundesgenossen für Heinrich den Löwen, so erscheinen sie bald darauf als geradezu angewiesen auf seine Hilfe. Wenig später wiederum aber bedrohen sie Positionen Heinrichs, so daß er die bis dahin bekämpften Slawenfürsten gegen Dänemark zu Hilfe rufen muß. Man kann sich denken, daß solch ein Umschwung das Selbstvertrauen der Slawen stärkte und ihnen Gelegenheit bot, ihre eigenen Positionen militärisch und am Verhandlungstisch zu festigen. Dies galt vor allem in jenen Zeiten, in denen Heinrich der Löwe – wenn auch selten und widerwillig – in die Italien- und Mittelmeerpolitik Kaiser Friedrich Barbarossas einbezogen wurde und fern von seinen Herzogtümern im Süden weilte.

Angesichts dieser verwirrenden Schauplatz- und Bündniswechsel sind wir heute über manche Phasen der welfischen Ostpolitik noch im unklaren, und es

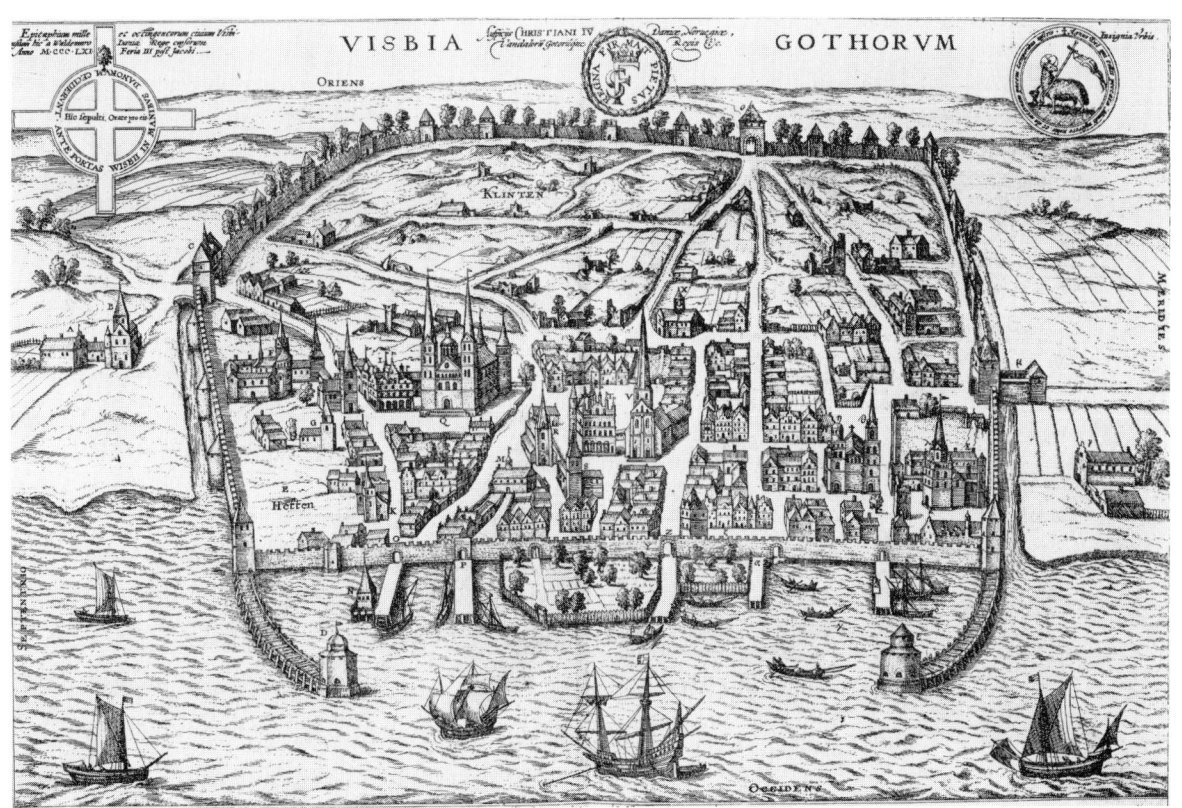

sind Unklarheiten, die wohl bleiben werden, wenn sich die Quellenlage nicht bessert. So wissen wir nichts Bestimmtes über einen Slawenfeldzug Heinrichs im Jahr 1157, also zehn Jahre nach dem verunglückten Wendenkreuzzug. Heinrich scheint es damals gelungen zu sein, den unbeugsamen Obotritenfürsten Niklot gefangen zu nehmen und in Lübeck ins Gefängnis zu werfen, ehe er ihm den Frieden diktierte. Als 1159 Heinrich nach Italien zog, verpflichtete sich Niklot, gegen Sachsen und gegen Dänemark Frieden zu halten. Dafür entrichtete der Dänenkönig an Heinrich – nicht etwa an Niklot – die Summe von 1000 Mark Silber. Allerdings hielt sich Niklot nicht an seine Zusagen, griff Lübeck abermals an, scheiterte aber an den Befestigungen der inzwischen erstarkten Stadt und sah sich 1160 den vereinten Kräften von Heinrich und Waldemar gegenüber, dem Dänenkönig, den sein kluger Bischof Absalon von Roeskilde beriet...

Heinrich der Löwe ist nun – man weiß es seltsamerweise nicht genau – etwa dreißig Jahre alt, vielleicht einunddreißig, und nun wächst ihm nach Jahren früher Erfolge und schneller Geltung der echte, der zählende Landgewinn zu. Nun erst tritt er deutlich und eindrucksvoll in die Fußtapfen seines Großvaters, des Lothar von Supplinburg, der als Lothar III. einer der größten Kämpfer unter den deutschen Kaisern war und zudem einer der erfolgreichsten.

Niklot zog sich zurück und steckte seine Burgen in Brand. Ilow, Mecklenburg, Schwerin und Dobin gingen in Flammen auf nach der Politik der verbrannten Erde, weil die Slawen nicht völlig unbegründet annahmen, die Deutschen würden es schwer haben ohne Unterkünfte. Niklot warf sich mit seinen Söhnen in die Burg Werle, fand aber bei einem tollkühnen Ausfall den Tod. Seine Söhne, sie hießen Wratislav und Pribislaw, wichen, immerzu kämpfend, weiter nach Osten zurück und schlossen endlich, gestützt auf das pommersche Hinterland, in das sie notfalls flüchten konnten, mit Heinrich dem Löwen Frieden.

Sie behielten ein Gebiet an der Ostsee, das durch die Flüsse Nebel, die untere Warnow, die untere Recknitz, die Tredel und die Peene begrenzt ist, also einen Raum, in dem die heutigen Städte Rostock, Stralsund und Greifswald liegen und die Insel Rügen. Das ist gewiß nicht allzuviel, wenn man ein Reich verloren hat, andererseits aber ein auskömmliches Lehen

Rechts: Stadtmauern und alte Wachttürme der häufig von Seeräubern heimgesuchten Handelsstadt Wisby.

Linke Seite: Der im Frühjahr 1984 von einem Lübecker Baggerführer entdeckte Schatz – 350 Gold- und etwa 20000 Silbermünzen. Es handelt sich überwiegend um wendische Prägungen, die an einer Mauer im Erdreich vergraben waren.

Unten: Das Rathaus des pommerschen Stralsund, einer der wichtigsten Städte der sogenannten wendischen Hanse.

mit einem Hauch von Freiheit, da es ja immerhin lange Küsten hatte.

Aber in den beiden Niklotsöhnen Wratislaw und Pribislaw, die noch Heiden waren, schwelte unversöhnlich das Erbe; nur ein weiterer Bruder, Pritzlaw, war nach Dänemark gegangen nach einem schweren Zwist mit dem herrsüchtigen Vater, war zum Christentum übergetreten und hatte eine Tochter König Waldemars zur Frau erhalten. Als ihm der Tod seines Vaters gemeldet wurde – immerhin ein ehrenvoller Tod im Kampf in einem Hinterhalt mit als Fuhrknechten verkleideten Soldaten, den Heinrich dem Niklot bereitet hatte – da mochte der fromme Pritzlaw den Kopf gesenkt und geflüstert haben: So eben müssen Verächter des wahren Gottes enden. Wratislaw und Pribislaw hielten keinen Frieden, und es wären langwierige Entwicklungen mit wechselnden Erfolgen hier aneinanderzureihen, wollte man genau und zutreffend berichten wie Helmold von Bosau in seiner Chronik. Nach einer weiteren Niederlage wurde Wratislaw als Geisel fortgeführt und eingekerkert, während Pribislaw in sein Lehen zurückkehrte und dort den letzten großen Slawenaufstand vorbereitete. Es war das blutige Jahr 1162, in dem Pribislaw, verstärkt durch die Flüchtlinge aus dem nunmehr sächsisch verwalteten Slawenland,

abermals gegen die neuen Herren vorbrach und gegen die flämischen Siedler, die Heinrich von Scaten, Graf von Mecklenburg, ins Land gerufen hatte. Ein furchtbares Morden begann auf dem flachen Land und in dem erneuerten Bistum Mecklenburg, das beinahe genau hundert Jahre zuvor schon einmal von den Heiden überrannt worden war. Während Herr Gunzelin von Hagen die Festungen Ilow und

Schwerin unter fürchterlichen Drohungen hielt (er ließ die Tore schließen und schwor, eher mit dem slawischen Gesinde in Flammen aufzugehen, als daß er sich Pribislaw ergebe), ließen die erbosten Slawen in den Dörfern alles über die Klinge springen, was männlich war; Frauen und Mädchen wurden als Sklavinnen in ein wenig beneidenswertes Dasein fortgeführt.

Unter mittelalterlichen Verhältnissen, in einem Land mit kaum existenten Verkehrswegen, war der Angreifer stets im Vorteil, denn es brauchte seine Zeit, ehe Gegenmaßnahmen anlaufen konnten. Herzog Heinrich der Löwe war noch fern, als Graf Adolf von Schauenburg gegen die Slawen zog. Auf Heinrichs Befehl wurde zunächst die Geisel, nämlich Prinz Wratislaw, bei Malchow vor versammeltem Volk ohne Verfahren aufgehängt. Das war zwar nicht völlig unüblich, aber es war hart, denn der Prinz hatte in seinem braunschweigischen Kerker den Aufstand gewiß nicht vorbereitet. Außer sich vor Schmerz und Wut über den Tod des jüngeren Bruders wagte Pribislaw eine List, täuschte Verhandlungen vor und überfiel den alten Schauenburger, der an größere slawische Truppenverbände nicht mehr glaubte, bei Verchen. In mörderischem Kampf fielen Graf Adolf von Schauenburg selbst, eine der großen Persönlichkeiten der deutschen Ostbewegung; an seiner Seite starben Graf Reinhold von Diethmarschen und viele andere. Aber Ritter Gunzelin und Graf Christian von Aldenburg, die mit dreihundert Getreuen und einigen Knappen das Feld behaupteten, vermochten endlich die Schlacht zu wenden und unter den bereits plündernden Slawen ein Blutbad anzurichten. Gleichwohl wurde Heinrich der Löwe, als er bald darauf den Kampfplatz betrat, über diesen Sieg von Verchen (oder vom Kummerower See) nicht froh; zu viele seiner besten Freunde waren gefallen.

Wir sehen Verrat, Blut und Leidenschaft, wir erkennen eine rauhe Welt, aus der sich an positiven Charakteren für den Chronisten, dem wir folgen müssen, nur die Härtesten, die Tapfersten herausheben wie jener Gunzelin von Hagen, der gewiß noch kein Offizier in unserem Sinn war sondern eher ein Recke nach dem Muster der Helden aus der Völkerwanderungszeit.

Aber auch auf der anderen Seite lassen sich bemerkenswerte Persönlichkeiten erkennen, und es ist zu bedauern, daß sich die Forschung so wenig mit ihnen beschäftigt, nur weil ihre Lebensgeschichte und ihre Handlungen nicht aus Kloster- und Besitzstandsurkunden abzulesen sind. Nach dem blutigen Treffen am Kummerower See tritt der jüngere Pribislaw, Niklots mittlerer Sohn, deutlicher aus dem Dunkel der Wälder. Ein Bruder von ihm lebte als Christ in Dänemark, sein anderer Bruder wurde schmählich gehängt; der Vater ist einem Hinterhalt zum Opfer gefallen. Die Einsamkeit, in der dieser junge Fürst für die letzten Slawen kämpft, ist vollständig. Selbst die Pomoranen, zeitweise mit ihm verbündet, greifen zu, als sein Land nach den Niederlagen verteilt werden sollte. Militärisch hat er für den Augenblick nichts zu hoffen; Heinrich der Löwe brennt in seinem Schmerz um den treuen alten Grafen von Schauenburg alles nieder, was auf seinem Weg liegt. Vereint mit den Truppen des Dänenkönigs Waldemar, die über die Ostsee herankamen, sind die Christen nun übermächtig. Das niemals sonderlich reiche Obotritenland wird verwüstet, es gibt keine Nahrung mehr her. »Wenn irgendwo noch einige Überbleibsel der Slawen vorhanden waren«, schreibt Ernst Boll in seiner unübertroffenen *Geschichte Mecklenburgs* von 1855, »so wurden sie in Folge des Getreidemangels und der Verheerung des Landes so von Hungersnoth heimgesucht, daß sie schaarenweise zu den Pommern oder Dänen zu flüchten gezwungen wurden, welche sie ohne alles Mitleid an die Polen, Sorben oder Böhmen verkauften.«

Der jüngere Pribislaw seinerseits hatte Demmin niedergebrannt, damit die Festung nicht Heinrich dem Löwen diene, und sich zu den Pommernfürsten Kasimir und Bogislaw geflüchtet. Mit ihrer Hilfe baute er Demmin wieder auf und machte die Burg zu seinem Hauptstützpunkt in einem Guerillakrieg, der einzigen Kampfesweise, in der landeskundige, aber unterlegene Völker einem überlegenen Eindringling Schwierigkeiten bereiten können. Pribislaw brach immer wieder gegen die Bischofsstädte Ratzeburg

Linke Seite: Alte Darstellung des befestigten Stralsund, im Dreißigjährigen Krieg und später vielfach umkämpft.
Unten: Das alte Schloß der Oderstadt Stettin, die das Erbe des untergegangenen Vineta antrat.

und Schwerin vor, wo schon durch die Kirchenorganisation ein gewisses Leben mit Märkten und Warenverkehr herrschte, und erbeutete oft Wagenzüge mit Lebensmitteln, in jener Hungerzeit das Wichtigste für den vertriebenen Fürsten und seine Krieger.

Der unbeugsame Gunzelin von Hagen, der Verteidiger von Ilow und Schwerin, machte sich diese Kampfweise ebenfalls zu eigen, obwohl er sie gewiß als unritterlich empfand, lauerte seinerseits den slawischen Streifscharen auf und nahm Pribislaw nicht nur die Beute immer wieder ab, sondern erschlug ihm auch einige seiner besten Kämpfer. Die Pommernherzöge Bogislaw und Kasimir hatten zweifellos ganz gern mitgetan, solange Pribislaw Erfolg hatte und Beute einbrachte; jetzt erst rieten sie, wenn ihm das Leben in ihrem Schutz lieb sei, von allen kriegerischen Taten abzulassen, und es kehrte Frieden ein.

Nach seinen eigenen Möglichkeiten und Kraftquellen wäre Pribislaw damit am Ende gewesen und hätte das Gnadenbrot der Fürsten essen müssen, die sich an der Zerstückelung seines Landes emsig beteiligt hatten. Da trat ein Umstand ein, wie ihn die Slawen nicht hätten herbeiführen, ja vielleicht nicht einmal ausdenken können: In Sachsen brach ein Aufstand gegen Heinrich den Löwen aus. Bischöfe und Adel hatten sich schon 1165 heimlich verschworen, keines der alten Rechte mehr aufzugeben – denn so wie die Landesfürsten dem König oder Kaiser ernsthafte Schwierigkeiten machen konnten, so waren auch die Bischöfe und Adelsherren Sachsens durchaus in der Lage, gegenüber Heinrich dem Löwen auf ihre angestammten Rechte zu pochen. Es paßte ihnen nicht, daß Heinrich die Bischöfe nach seinem Gutdünken und aus seinem engsten Umkreis wählte. Vizelin, gewiß, das war ein würdiger Mann und erprobter Slawenapostel gewesen, aber schon Gerold war ein nicht sonderlich gebildeter Kleriker keineswegs hoher Herkunft, so daß sich mancher übergangen fühlte, als Gerold Bischof wurde.

Noch mehr Ursache zur Klage gegen Heinrich den Löwen hatten seine Grafen und Barone, denn ihnen hatte er sehr deutlich nicht nur die Ministerialen vorgezogen, kleine Leute seiner Umgebung von allenfalls niederem Adel, sondern vor allem die Bürger der neuen Städte. Recht, das eine Stadt erhielt und das ihren Bürgern für alle Zukunft zugesichert wurde, das war den Herren entzogen. Es wollte ihnen nicht in den Kopf, daß Heinrich diese Leute aus dem Nichts, nur weil sie zu kaufen und zu verkaufen verstanden und sich Häuser bauten, seines Schutzes würdig erachtete.

Heinrich erkannte, um wieviel es ging und daß seine ganze Politik auf dem Spiel stand. Denn mit den Rittern, die wohl tüchtig die Schwerter schwangen, sonst aber nichts taten, mit ihnen konnte er nicht Land urbar machen, Fernhandel treiben, Städte entstehen und groß werden lassen. So wie er Bischöfe und Klöster zur Leistung zwang, so verteilte er auch die wirtschaftlichen Güter des Landes unter jene seiner Untertanen, die diese Güter zu mehren imstande waren und nicht davon leben wollten, daß sie Söhne und Enkel großer Vorfahren waren.

In Sachsen selbst konnte er nur die vielen kleinen Leute für sich aufbieten, die aber hatten keine nennenswerte Kriegserfahrung und wären den Rittern hoffnungslos unterlegen gewesen. Aber der geschlagene Pribislaw, der stand schließlich mit dem Rücken zur Wand, der lebte mehr geduldet als wohlgelitten an einem fremden Hof – und daß er ein hervorragender Krieger war, das hatte er mit weit unterlegenen Kräften wiederholt bewiesen.

Pribislaw nahm die Chance wahr und trat zum Christentum über, vermutlich wohl, um mehr für sich und seine Slawen tun zu können und gewiß auch, weil dies die Voraussetzung für eine verwandtschaftliche Verbindung mit dem welfischen Haus war. Erklärlich ist dieser auf den ersten Blick verblüffende Vorgang gewiß aus der eingetretenen Vereinsamung des Pribislaw, auch mochten die vielfach

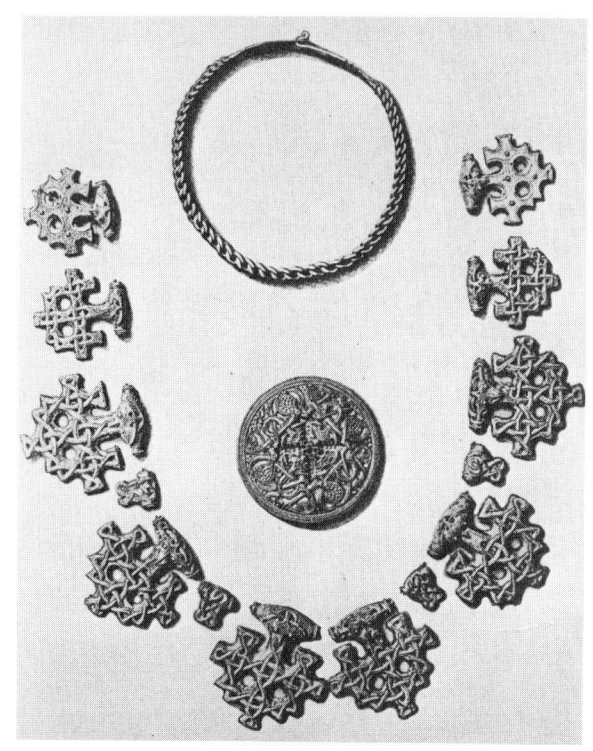

Oben: Die Kreidefelsen von Rügen machten die Nordspitze der Insel zu einer natürlichen Festung. Seeräuber nützten jahrhundertelang diese günstige Position unweit des Hauptschiffahrtsweges durch die Ostsee für ihr blutiges Handwerk.

Linke Seite: Im November 1872 legte eine Sturmflut auf der Ostseeinsel Hiddensee einen Schmuck-Hort frei. Die goldenen Geschmeide wurden vermutlich im zehnten Jahrhundert für einen Fernhändler der vorchristlichen Handelsepoche an der Ostsee gefertigt.

geschlagenen und in ihrer Machtlosigkeit entlarvten Slawengötter inzwischen ihren Nimbus eingebüßt haben. Chronist Helmold bezeugt uns zwar die tiefe Verehrung der Slawen für ihre verschiedenen, meist ortsgebundenen Gottheiten. Aber nun war Fürst Niklot tot, jener Niklot, der kühn erklärt hatte, er werde eher Heinrich den Löwen als Gott ansehen denn jenes unbegreifliche Wesen, das die Christen als ihren Gott bezeichneten. Pribislaw erhielt den größten Teil seines Landes zurück, allerdings ohne die wichtige, in der Mitte liegende Festung Schwerin.

Sie war nicht nur als erste in Mecklenburg soeben mit einem eigenen Stadtrecht allen anderen Städten vorausgegangen, sie war auch der verdiente Lohn des Ritters Gunzelin von Hagen, nun Graf von Schwerin, der als Treuester der Treuen mitten im Slawenland residierte.

Irgendwie verstanden es die Fürsten jener Tage, im geeigneten Augenblick ein Söhnchen oder ein Töchterlein bei der Hand zu haben, das in eine politische Ehe hineinpaßte, und handle es sich auch um ein uneheliches Kind. Auch diese waren nützlich, einmal, weil ja auch andere ihre uneheliche Nachkommenschaft zu verheiraten wünschten, oder aber, weil eben nicht jedes Fürstenkind eine christliche Erziehung genossen hatte. Das traf für Heinrich Borwin zu, den Sohn des Pribislaw, und darum erhielt er Mechthild zur Frau, eine wohlgeratene Siebzehnjährige, Tochter einer schönen lothringischen Grafentocher, nämlich jener Ida von Bliescastel (oder Le Castrois), mit der Heinrich der Löwe die Zeit zwischen seiner ersten und seiner zweiten Ehe überbrückt hatte.

Pribislaw stand Heinrich gegen den unbotmäßigen Adel des Sachsenlandes so kräftig bei, daß sich die Bischöfe, vornehmlich der Erzbischof von Bremen und Hamburg, auf Verhandlungen verlegten. Heikler aber wurde bald, angesichts der sächsisch-slawischen Verbrüderung, das Verhältnis zu Dänemark. Nach der Niederwerfung der Niklotsöhne hatte es ein paar Friedensjahre an der Ostsee gegeben, weil die kühnen slawischen Seeräuber nicht mehr gegen die dänischen Inseln vorbrachen. Heinrich hatte sich dafür natürlich abermals etwas bezahlen lassen, denn Geld brauchte er immer, und König Waldemar hatte nun erst begonnen, die dänischen Inseln an der Ostsee dichter zu besiedeln, wahrhaft in Besitz zu nehmen – bis dahin war nämlich niemand bereit gewesen, sich den lautlos übers Meer herankommenden Piraten aus den Ostseeslawenländern als Lockvogel anzubieten.

Nun, nach der Versöhnung Heinrichs mit Pribislaw und der Heirat der Fürstenkinder, nahmen die Piratenflotten der Slawen mit stillschweigender Billigung – oder soll man vorsichtiger Duldung sagen – des Sachsenherzogs ihre Raubzüge wieder auf. Sie fielen über die eben zu friedlichem Leben erwachten dänischen Hafenstädte auf den Inseln her und hausten fürchterlich unter der Bevölkerung der Fischerdörfer.

Dänenkönig Waldemar war zu erfahren, um dies nicht zu durchschauen, und auch sein energischer und kluger Bischof Absalon von Roeskilde wußte, woher der Wind wehte. Er mahnte Heinrich zu einer jener Aktionen, denen sich kein christlicher Fürst entziehen kann: zu gemeinsamem Vorgehen gegen die Raubritter der See, gegen die Ranen auf der Insel Rügen.

Obwohl es kaum etwas Lohnenderes gibt, als die Schatzhäuser uralter Piratensippen aufzubrechen, scheint Heinrich der Löwe sich an der schwierigen und langwierigen Operation des Jahres 1168 nicht selbst beteiligt, sondern seine neuen Verbündeten, die slawischen Krieger des bekehrten Pribislaw, für diese Aufgabe delegiert zu haben. König Waldemar und der kriegerische Bischof von Roeskilde zogen über See heran, Pribislaw näherte sich von der Landseite. Anders als in einer nach modernem Sprachgebrauch amphibischen Aktion ließen sich wehrhafte Piratenburgen ja niemals einnehmen, das hatte vor Waldemar schon Pompeius erfahren. Und so, wie sich in den tiefen Buchten des südlichen Kleinasiens und des karstigen Montenegros Piratennester erstaunlich lange gegen alle Angriffe behaupten konnten, so ist auch die Insel Rügen zweifellos ein uralter Stützpunkt für jene Räubergruppen, die hier, am langen Seeweg zwischen England oder Dänemark im Westen und dem Baltikum, Finnland und der Newamündung im Osten, auf der Lauer lagen.

Die Besiedlung von Rügen reicht bis in die Anfänge der Schiffahrt zurück. Es haben sich megalithische Denkmäler gefunden, also Steinsetzungen aus der sogenannten Großstein-Epoche des zweiten vorchristlichen Jahrtausends, aber auch aus der Bronzezeit. Die relativ sichere Existenz auf der zum Meer hin oft steil abfallenden Insel, die freien Blick über die See gewährt und gegen das Land durch schwierige Wasserstraßen abgegrenzt ist, muß schon sehr früh sonst wandernde Stämme zum Bleiben bestimmt haben. Nicht Rügen selbst, aber das benachbarte Hiddensee taucht schon in Edda-Liedern auf (Hedinsey), lag also im nordgermanischen Gesichtskreis und war mit großer Wahrscheinlichkeit auch den Goten bekannt, aus deren Sagen- und Liederschatz die ältere Edda nicht wenige Motive bezogen hat. Einen noch handfesteren Beweis für germanische Siedlung auf Hiddensee und auf Rügen lieferte der 1872 nach einer schweren Sturmflut aufgefundene Goldschatz (Halsring, Spange, Tierfiguren u. a.) mit Schmuckstücken aus dem zehnten Jahrhundert, die von dänischen oder pruzzischen Goldschmieden angefertigt worden sind. Möglicherweise drangen die Slawen erst sehr spät auf die germanisch besiedelte und den Germanen seit Jahrhunderten heilige Insel Rügen vor, als ihnen die Angriffe aus dem christlichen Deutschland den Lebensraum verengten. Um 1105 oder wenig später war die geheimnisvolle Dreiecks-Stadt Redegost (Rethra) von den christlichen Truppen aufgespürt und spätestens um 1120 endlich erobert worden; wie Thietmar von Merseburg uns in seiner *Chronik* sagt, war sie das wichtigste Heiligtum der slawischen Kultgemeinschaft, die verschiedene Stämme umfaßte:

»Im Redariergau (wohl zwischen Strelitz und Stargard) liegt die dreieckige und dreitorige Burg Redegost, rings umgeben von einem großen, für die Einwohner unverletzlich heiligen Walde. Zwei ihrer Tore sind dem Zutritt aller geöffnet. Das dritte und kleinste Ost-Tor mündet in einen Pfad, der zu einem nahegelegenen, sehr düsteren See führt. In der Burg befindet sich nur ein kunstfertig errichtetes hölzernes Heiligtum, das auf einem Fundament aus Hörnern verschiedenartiger Tiere steht. Außen schmücken seine Wände, soviel man sehen kann, verschiedene prächtig geschnitzte Bilder von Göttern und Göttinnen. Innen aber stehen von Menschenhänden gemachte Götter, jeder mit eingeschnitztem Namen; furchterregend sind sie mit Helmen und Panzern bekleidet; der höchste heißt Swarozyc, und alle Heiden achten und verehren ihn besonders. Auch dürfen ihre Feldzeichen nur im Falle eines Krieges, und zwar durch Krieger zu Fuß, von dort weggenommen werden.

Für die sorgfältige Wartung dieses Heiligtums haben die Eingeborenen besondere Priester eingesetzt. Wenn man sich dort zum Opfer für die Götzen oder zur Sühnung ihres Zornes versammelt, dürfen sie sitzen, während alle anderen stehen; geheimnisvoll murmeln sie zusammen, während sie zitternd die Erde aufgraben, um dort durch Loswurf Gewißheit über fragliche Dinge zu erlangen. Dann bedecken sie die Lose mit grünem Rasen, stecken zwei Lanzenspitzen kreuzweise in die Erde und führen in demütiger Ergebenheit ein Roß darüber, das als das größte unter allen von ihnen für heilig gehalten wird. Haben sie zunächst durch Loswurf Antwort erhalten, weissagen sie durch das gleichsam göttliche Tier nochmals. Ergibt sich beide Male das gleiche Vorzeichen, dann setzt man es in die Tat um. Andernfalls läßt das Volk niedergeschlagen davon ab. Auch bezeugt eine alte, schon mehrfach erwiesene Kunde, aus dem See steige ein großer Eber mit weißen, von Schaum glänzenden Hauern hervor, wälze sich voller Freude schrecklich im Morast und zeige sich vielen, wenn schwere, grausame und langwierige innere Kriege bevorstehen.

Jeder Gau dieses Landes hat seinen Tempel und sein besonderes, von den Ungläubigen verehrtes Götzenbild; doch genießt jene Burg einen besonderen Vorrang. Von ihr nehmen sie Abschied, wenn sie in den Krieg ziehen; sie wird geehrt mit gebührenden Geschenken bei der glücklichen Heimkehr. Sorgfältig erforscht man, wie ich berichtet habe, durch die Lose und das Roß, was die Priester den Göttern als genehmes Opfer darbringen müssen. Ihr unsagbarer Zorn aber wird durch Menschen- und Tierblut besänftigt.«

Als diese Stadt, die Schuchhardt auf dem Feldberg, nahe dem Lucin-See aufgefunden haben will, 1126 oder 1127 erobert wurde, verbrachten die Slawen ihre Götterbilder, soweit sie diese hatten retten können, in den einzigen ihnen noch wirklich sicher erscheinenden Ort, nämlich in die hoch auf den Kreidefelsen von Rügen liegende Piratenburg Arkona. Dort, vermutlich auf dem Platz einer uralten germanischen Kultstätte, trafen nun also germanische und slawische Götter zusammen, in einer gemeinsamen Fluchtburg der Heiden. Nach anderen Theorien hatten die Slawen schon früher, als sie von der Landseite her die Insel Rügen eroberten, die germanische Vorbevölkerung und deren Heiligtum angenommen. Der Name des Hauptgottes von Arkona, den uns der dänische Historiker Saxo Grammaticus (um 1150–1216) überliefert, lautet nämlich Swantewit, der schwanenweiße, und ist eindeutig germanisch. Dieser Vorgang wäre nicht einmalig; auch am schlesischen Zobten haben die eindringenden Slawen den heiligen Berg der vandalischen Silingen als Heiligtum übernommen; ja in ganz Europa können wir im Übergang von keltischen zu römischen und von römischen zu christlichen Kultstätten den Grundsatz bestätigt finden, daß vor allem herausragende Orte, Paßhöhen, Berge, Hügelkuppen, Quellen und ähnliche Plätze den aufeinanderfolgenden Religionen heilig bleiben.

1168 erscheinen also die Dänenschiffe unterhalb der Kreidefelsen von Rügen und dem Kap Arkona, und Saxo Grammaticus schreibt, nachdem er den Sturm, die Belagerung und die endlich erfolgreichen neuen Angriffsoperationen geschildert hat, über das Burginnere:

»Mitten in der Burg ist eine ebene Fläche; dort steht das Heiligtum, aus Holz in feiner Arbeit ausgeführt, mit einem hochheiligen Götterbild und einem reichen Kulte... im Innersten eine riesige Holzfigur, weit über Menschenmaß, mit vier Köpfen und vier Hälsen, die nach den vier Himmelsrichtungen blikken. Der Bart war so rasiert und das Haar war so geschnitten, wie die Bewohner von Rügen es für gewöhnlich tragen. In der Rechten hielt die Figur ein Trinkhorn, aus verschiedenen Metallen gebildet. Das hatte der Priester jedes Jahr neu zu füllen, und er weissagte aus dem, was im Lauf des Jahres verschwunden war, die kommende Ernte... Unweit der Statue hingen Zaum und Sattel und andere Ausrüstungsstücke der Gottheit, darunter das ungeheure Schwert, dessen Scheide und Griff aus Silber und schön verziert waren.«

Der Pferdekult, das bei den Slawen selbst gar nicht herstellbare Schwert und das Trinkhorn deuten unmißverständlich auf eine germanische Gottheit – aber es kommt, zumindest bei Saxo Grammaticus, noch deutlicher:

»Der Gott, dessen Name Swantewit ist, besitzt auch ein schönes, weißes Pferd, das der Priester zu pflegen hat; auf dem zieht er oft nächtlicherweile gegen die Feinde seiner Religion zu Felde, und das Pferd steht dann am anderen Morgen schaumbedeckt im Stalle.«

Da haben wir Sleipnir, Wodans Schimmel, und die nächtliche Wilde Jagd in jener kuriosen Vermischung mit slawischer Spätreligion, wie sie sich in den Untergängen von Völkern nicht selten findet. Vielleicht erhofften die geschlagenen Slawen sich von den Göttern der kriegstüchtigen Wikinger jene Umkehr des Schlachtenglücks, die das Volk noch retten konnte.

Die Eroberung der Heidenfestung auf dem Kap Arkona und die Vernichtung eines späten, ja vielleicht des letzten großen Heiligtums der Ostseeslawen deckt nicht nur einen Mischkult auf und die offensichtlich enge Verbindung der letzten heidnischen Widerstandskräfte gegen die christlichen Mächte Dänemark und Sachsen. Wir besitzen dank Saxo Grammaticus auch eine beispielhafte Schilderung solcher Kämpfe und können in seiner Darstellung miterleben, wie es dem christlichen Streiter zumute war angesichts jener Gottheiten von wilder Fremdartigkeit, denen die Soldaten Waldemars und seiner pommerscher Verbündeten immerhin nicht in fernen Ländern, sondern an der Ostseeküste begegneten. Wir müssen uns aber klar darüber sein, daß diese Schilderung einer herausragenden Einzelaktion ein Glücksfall ist. Von sehr vielen anderen Geschehnissen wissen wir so gut wie nichts, ja die ganze innere Entwicklung im Pommernland in seinem Übergang vom Heidentum zum Christentum ist nur schwer zu erschließen. Die Söhne des großen alten Niklot sind nicht mehr die mächtigen Widersacher eines Fürsten vom Format Heinrichs des Löwen, aber sie sind unseres Interesses durchaus würdig, nur haben sich eben die zeitgenössischen Chronisten emsiger mit den strahlenden Siegern beschäftigt...

Immerhin vermögen wir zu erkennen, daß Niklots Sohn Pribislaw, inzwischen Christ geworden, für seine Landsleute tat, was immer er tun konnte, nicht um der Religion willen, für die er wohl keine Chance mehr sah und die geopfert werden mußte, sollten Reste des Volkes selbst gerettet werden. Er baute Mecklenburg – die Festung –, dazu Ilow und die Seestadt Rostock wieder auf und führte die ihm vertrauenden Slawen in diese Siedlungen zurück. Leider aber sah das vielgeprüfte Slawenvolk, kaum daß es etwas zu beißen hatte, auch schon wieder Möglichkeiten, die Bedrücker aus dem Land zu jagen, und es kam auf den wenigen Wegen und in den Wäldern Mecklenburgs zu so vielen kleinen Überfällen und Scharmützeln, daß dem Grafen Gunzelin von Schwerin der Geduldsfaden riß. Er ließ Pribislaw wissen, daß seine Leuten jeden Slawen, den sie abseits der großen Straßen oder gar in einem Hinterhalt antreffen sollten, gnadenlos aufhängen würden, als Strauchdieb und Wegelagerer.

Als Pribislaw starb, der sie zuletzt auch nicht mehr hatte im Zaum halten können, brachen Wut und Verzweiflung der Slawen noch einmal in großen Gewaltakten aus. In der Nacht zum 10. November 1179 überfielen slawische Scharen überraschend das Kloster Doberan, das Pribislaw selbst erst neun Jahre zuvor gegründet hatte. Alle 78 Insassen fanden den Tod in einem großen Mordrausch der Angreifer, und wenig später ereignete sich in Dargun und an anderen Orten Ähnliches. Das spätere Seebad Doberan, durch viele Jahre die Sommerresidenz der Großherzoge von Mecklenburg, lag jedoch nicht am Ort des blutigen Geschehens: das alte und zerstörte Kloster ist eher dort zu suchen, wo später der Ortsteil Althof lag.

Dieses letzte Aufflammen eines nicht organisierten und damit chanchenlosen Widerstandes konnte die Entwicklung nicht hemmen, die nun, nach den Waffengängen, unblutig, aber mit der unwiderstehlichen Übermacht der ins Land strömenden Siedler einsetzte. Zu den Friesen und Holländern, die in den Slawenkriegen viele Blutopfer gebracht hatten, gesellten sich nun Bauern aus Westfalen, aber auch

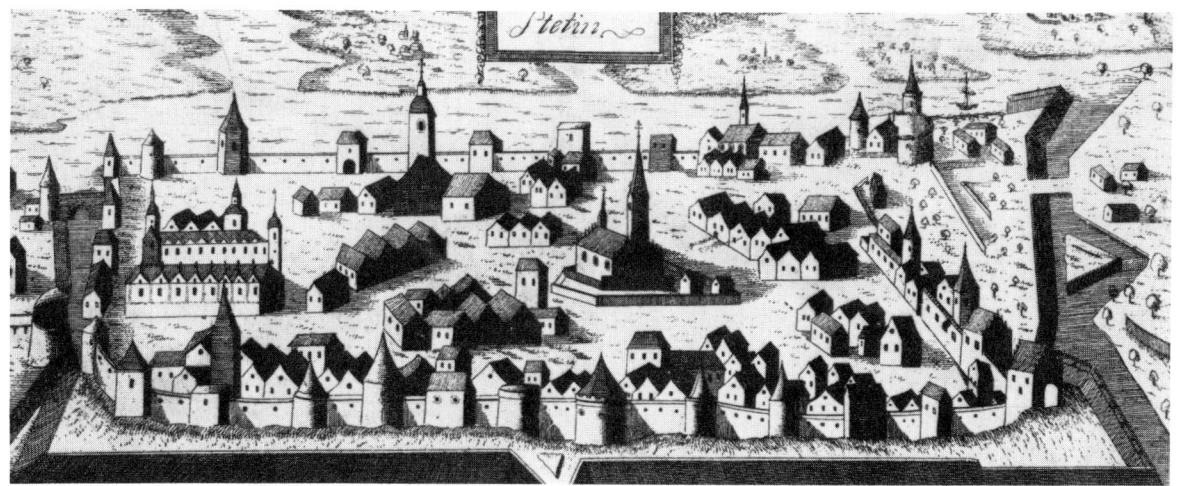

Stettin wenige Jahrzehnte nach der Christianisierung durch Otto von Bamberg.

Sachsen und Kolonisten aus dem Lippe-Raum, wo man mit den Bischöfen so manche Schwierigkeit hatte. Das Schicksal der slawischen Vorbevölkerung war das der Unterworfenen, so wie es die Iberer unter den Römern, die Römer unter den Vandalen, das römische Italien unter Theoderich und das niederösterreichische Donauland unter den Rugiern kennengelernt hat. Niemand brauche mehr die Waffe zu zücken, die Waffen hatten ja schon entschieden. Die Slawen sanken, wo sie blieben, zur Unterschicht ab, vor allem in den Hafenstädten, wo man ihre Ortskenntnis, ihre Vertrautheit mit der Küstenschiffahrt und ihre Fertigkeiten auf den Werften gut brauchen konnte. Aus den Dörfern wanderten sie ab in weniger zugängliche Bereiche, wo sie noch unter sich waren, wenn auch machtlos. Und blieb ein Slawendorf einigermaßen intakt, so bauten die Einwanderer ein anderes Dorf daneben hin, wie man aus den alten Kirchenbüchern sehen kann – da führt dann das eine Dorf die Bezeichnung slawisch, das andere die Charakteristik »teutonisch«. Nicht selten tritt das Wort Wendisch- zum Ortsnamen (Wendisch-Lieps, -Mulsow, -Priborn usw.).

Bleiben die Slawendörfer in dem großen nordostdeutschen Raum noch durch Generationen bestehen, weil einfach Raum genug vorhanden war und die Gegenden, die diese letzten Slawen sich als Refugium erwählt hatten, ohnedies niemanden lockten, so verschwanden später doch auch die Namen. Aus Slavkesdorp (niederdeutsch) wurde Schlagsdorf, aus Slawekendorp Schlakendorf usf., Wandlungen, die erst etwa hundertfünfzig Jahre nach dem Tod des Pribislaw als weitgehend abgeschlossen gelten können.

In den nun verfassungsmäßig begründeten, wohlgeordneten, aber noch kleinen Städten kannte jeder den anderen, und das minderte die Chancen der Slawen noch weiter. Zwar waren sie geschickt und in manchen Künsten erfahren, aber da sie Wenden waren, durften sie nicht im Sinn der deutschen Zunftrollen Meister werden. Sie hatten lediglich das Recht, für ihn zu arbeiten, zu Löhnen, die von den Deutschen bestimmt wurden. Wurde ein Slawe dennoch selbständig, etwa weil es irgendwo an einem Fleischer mangelte, so mußte er sich's gefallen lassen, daß in den städtischen Aufzeichnungen seinem Namen stets ein *wend* hinzu- oder vorangesetzt wurde. Taufzeugnisse, aus denen die deutsche Herkunft hervorging, waren in ganz Mecklenburg noch bis ins fünfzehnte Jahrhundert unerläßlich, wenn man in die Handwerksrolle aufgenommen, also ein anerkannter Meister, werden wollte mit dem Mitspracherecht in den Zünften und in der Stadtverwaltung.

Selbst die größte Stadt der Ostseeslawen, nämlich Stettin, wurde nach der Aufnahme vieler slawischer Flüchtlinge aus Mecklenburg gegen Ende des zwölften Jahrhunderts weitgehend deutsch. Stettin hatte als Umschlagplatz zwischen der Oder und dem Welthafen Vineta schon früh große Bedeutung. In Herbords *Vita Ottonis* lesen wir, daß an der Wende zum zwölften Jahrhundert, also vor dem Beginn der Eroberungen Heinrichs des Löwen, etwa fünftausend Menschen dort lebten, für jene Zeiten eine sehr bedeutende Bevölkerung. Auch die Intensität des Schiffsverkehrs auf der Oder ist für verschiedene Jahre mit Warenmengen belegt, was natürlich auch auf die übrigen Jahre Rückschlüsse zuläßt. Salz und

Heringe waren die Massengüter, aber auch andere Handelsware nahm den Weg aus Schlesien zum Meer und in umgekehrter Richtung. »Nur die Annahme, daß trotz all der Notzeiten die Pommern im zwölften Jahrhundert durchzumachen hatte, Stettins Handel einen für die damaligen Verhältnisse größeren Umfang behauptet haben muß, erklärt die auf pommerschem Boden allein für Stettin zu beobachtende Tatsache, daß schon 1187 eine große deutsche Gemeinde, ohne im Genuß des eigentlichen Stadtrechtes zu sein, sich zu festeren Formen konstituierte« (Erwin Assmann aufgrund des Pommerschen Urkundenbuchs). Der kundige Autor einer kleinen Schrift über Stettins Seehandel im Mittelalter legt sich dann die Frage vor: »Was für ein Anreiz hätte denn für diese deutschen Männer bestanden haben sollen, sich gerade hier niederzulassen, in einem Lande, in das bald der Däne, bald der Brandenburger, bald der Pole einbrach, wenn es nicht die Aussicht auf günstigen Erwerb durch Handel und Kaufmannschaft gewesen wäre? Wenn in jüngster Zeit mit Recht unterstrichen wurde, daß zwischen slawischer Siedlung und deutscher Neugründung in der Regel kein Zusammenhang besteht, so scheinen die Verhältnisse im Falle Stettins doch etwas anders beurteilt werden zu müssen.«

Assmann drückt sich in dieser Arbeit, die als Beitrag zur Siebenhundertjahrfeier der Stadt Stettin im Jahr 1943 gedacht war, ziemlich vorsichtig aus, aber es wird doch klar, daß auch dieser Spezialforscher, der sich mit der Stettiner Zollrolle und den ersten Stadtbürgern Stettins besonders eingehend befaßt hat, von der Anziehungskraft des slawischen Oder- und Ostseehandels auf die Deutschen überzeugt ist. Neben der alten und großen Slawenstadt hatte sich im zwölften Jahrhundert eine deutsche Kaufmannssiedlung gebildet, in der man wohl das Erbe des großen wikingisch-wendischen Nord-Süd-Handels anzutreten hoffte. Aber als nun die heidnischen Mittler fehlten, als statt der slawischen Händler überall Priester auftauchten und die Bischöfe in ihren Diözesen den ganzen Handel überwachten und mit ihren Abgaben belegten, da verendete die Kuh, die man zu melken gedacht hatte. Wie hoch die Abgaben waren, die einzelne deutsche Klosterherrschaften erhoben, geht ebenfalls aus dem Pommerschen Urkundenbuch hervor. Danach erhob das Kloster Grobe in den Jahren 1159 und 1173 ein Drittel vom Warenwert der an der Burg Fiddichow vorbeifahrenden Oderschiffe – etwas, das sich nur Slawenschiffer gefallen lassen mußten. Daß solch ruinöser Zoll ganz auf der Linie der Sachsen lag, denen schon der Adam von Bremen mehr Interesse für das Geld als für die Ausbreitung des Christentums bescheinigt, ist klar, und man kann sich denken, daß Heinrich der Löwe die deutschen Neubürger mit einem lachenden und einem weinenden Auge kommen sah. Sie entrichteten ihre Abgaben zwar regelmäßig, aber es war eben viel weniger, und man konnte ihnen darüber hinaus nichts mehr abpressen, hatten sie sich doch durch Verträge geschützt. »Heinrichs Leistung«, sagt Karl Hampe in einem Aufsatz, »ist für uns Rückschauende als nationale Tat von hohem Range zu werten. Trotzdem wird man nationale Beweggründe im heutigen Sinne nicht bei ihm voraussetzen dürfen. Die slawische Bevölkerung, die er mit Abgaben und Fronden ›zwackte und preßte bis zur Erschöpfung‹ wäre ihm, geldwirtschaftlich betrachtet, vielleicht sogar willkommener gewesen, als die freien deutschen Kolonisten.«

Die Klosterkirche von Doberan in Mecklenburg, ein Bau aus dem vierzehnten Jahrhundert.

Rechte Seite: Das Dorf Lehde im Spreewald.
Folgende Seite: Volkstrachten, gesehen von dem Genre-Maler Albert Kretschmer (1815–91). *Links oben:* Böhmen; *rechts oben:* Mecklenburg; *links unten:* Schlesien; *rechts unten:* Pommern.

Auf dem Weg nach Berlin

Rentierjäger an der Spree – Deutsch-wendische Doppelstadt, geteilt bis 1709 –
Stendal, Tangermünde, Werben: uralt, aber klein geblieben –
Die Askanier und wen sie heiraten – Der Templerorden in Berlin –
Der falsche Woldemar – Troja in Spandau

Man schreibt ihn so hin, den vertrauten Namen einer Stadt, ohne die man sich Deutschland nicht vorstellen kann, nicht heute und nicht gestern, nicht in neuen und nicht in alten Zeiten. Und doch lesen wir in den alten Chroniken, ob sie nun Helmold von Bosau oder Thietmar von Merseburg oder Widukind von Corvey zum Verfasser haben, von allen möglichen Märkten, Burgen und Städten, nur eben nicht von Berlin. Es gibt Spreebrücken; die Havel ist ein vielbefahrenes Gewässer, an den Havelseen erheben sich Burgen, und auf den Dämmen durch das Sumpfland ziehen Kaufmannsgeleite dahin; in Köpenick, in Brandenburg residieren Fürsten, in Spandau, in den alten Mühlen von Stralau herrscht reges Leben, nur von Berlin steht noch nichts auf den Pergamenten.

Bis vor hundert Jahren machte es sich die Geschichtsschreibung noch ziemlich einfach. Eine Stadt begann zu existieren, wenn sie von einem Fürsten oder Bischof nach Fug und Recht gegründet worden war. Was vorher war, interessierte niemanden. Die *Fidicinsche Chronik von Berlin,* im Auftrag des hochlöblichen Vereins für die Geschichte der Reichshauptstadt zusammengestellt, sagt es klipp und klar: »Berlin ist von den Markgrafen Johann und Otto, den Urenkeln Albrechts des Bären, gegründet worden. Dieselben traten um das Jahr 1225 die Regierung an, welche sie bis zum Jahr 1266 gemeinschaftlich führten. Sie erwarben von einem slawischen Fürsten Barwin oder Barnim die Lande Barnim und Teltow und mit diesen die Gegend Berlins. Dies muß vor dem 7. März 1232 geschehen sein, denn an diesem Tage ordneten sie den Rechtszustand in diesen Landen, indem sie bestimmten, daß alle Städte in denselben ihr Recht von der Stadt Spandau holen sollten; diese aber wurde angewiesen, ihr Recht von Brandenburg zu holen.«

Nichts gegen die beiden Markgrafen; wie sie in Krieg und Frieden wahrhaft brüderlich zusammenstanden,

Alte Darstellung des Schlosses von Köpenick und der Wasserlandschaft, die dem an sich kleinen Ort schon in vorchristlichen Zeiten des frühen Mittelalters eine wichtige Position gab. Köpenick hatte lange Zeit seine eigenen Fürsten und spielt in der Sagenüberlieferung des Berliner Raums eine wichtige Rolle.

ist einzigartig in der deutschen Geschichte und wird uns noch gebührend beschäftigen. Aber Berlin, ihre Stadtgründung, ist als Siedlung sehr viel älter, ja so alt, daß man meinen möchte, die Gunst dieser Stadt-Lage habe sich schon den Neandertalern offenbart. Die nach dem Zweiten Weltkrieg emsiger einsetzende Bodenforschung ist nämlich im Raum des heutigen Tegel, im Bereich des sogenannten Fließtales, auf sichere Hinweise altsteinzeitlicher Jägerlager gestoßen. Im zehnten vorchristlichen Jahrtausend müssen hier verschiedenen Kulturen angehörende Rentierjäger wiederholt, wenn auch in unregelmäßigen Abständen, gelagert haben, weil ihnen der Platz günstig erschien, an dem große Rentierherden das Fließtal überquerten. Das war also am Ende der letzten Eiszeit, als die Eisränder bereits bis auf die Höhe von Stockholm zurückgewichen waren und der Raum Berlin einer Tundra glich, mit kleinen Gehölzen von Birken und Kiefern (Feuersteingeräte, ausgegraben von Horst Sembach).

Auch die nächste Epoche, die Mittlere Steinzeit, findet sich vertreten, diesmal nicht nur mit einem Lagerplatz durchziehender Jäger, sondern einer Siedlung aus dem sechsten und fünften vorchristlichen Jahrtausend am Titusweg in Berlin-Tegel, dort wo eine Kleingartenkolonie ans Tegeler Fließ stößt, 400 Meter von der S-Bahn-Strecke. Wegen der unmittelbar bevorstehenden Bebauung des Geländes wurde 1962 eine Notgrabung durchgeführt, die außer zahlreichen Feuersteinwerkzeugen auch Reste von Herdstellen, Steinpackungen, Pfostenlöcher und andere sichere Hinweise auf die Besiedlung ergab. In seinem Kommentar zu den Sembachschen Funden sagt Alfred Kernd'l: »Infolge der Erwärmung wurde die Tundrenlandschaft von dichten Wäldern abgelöst. Damit änderte sich auch die Fauna. Standwild wie Elch, Hirsch, Reh und Wildschwein trat an die Stelle der ziehenden Rentierherden. Die neue Art der Jagd sowie die durch die Bewaldung eingeschränkte Beweglichkeit des Menschen führten zu einer stärkeren Seßhaftigkeit. Der Fischfang wurde zu einem wichtigen Nahrungsmittelerwerb. Gleichzeitig wurden die Gewässer, durch die Erfindung des Bootes, als Wegenetz innerhalb der dichten Wälder erschlossen.«

Während in der älteren Bronzezeit, also im zweiten Jahrtausend vor Christus, die Besiedlung im Raum Berlin schwächer wird, nimmt sie in der späteren Bronzezeit stark zu. Wir finden ausgedehnte Dörfer, etwa fünfzig Gräberfelder und gegen Westen und

Unten links: Das älteste Siegel aus dem Raum des heutigen Berlin stammt von etwa 1230.

Unten rechts: Münzprägungen des Slawenfürsten Jaxa von Köpenick (Silbermünze aus dem 12. Jh.).

Rechte Seite: Havellandschaft bei Berlin-Grunewald.

Norden gerichtete Befestigungsanlagen einer Bevölkerung, die fast ausschließlich Brandbestattungen vornimmt, so daß der Menschentyp dieser ersten seßhaften Berliner nur unzureichend ermittelt werden konnte. Hingegen ist die darauf folgende Jastorf-Kultur in den letzten vorchristlichen Jahrhunderten eindeutig germanisch, die erste und älteste germanische Kultur in diesem geographischen Raum. In der römischen Kaiserzeit überwiegen im heutigen Berliner Raum die großen Einzelhöfe germanischer Prägung, die sich in den Bereich westlich und südwestlich des heutigen Stadtzentrums etwa im Raum Nauen und Kablow ausdehnen – und dann kommt eine Fundlücke.

Der archäologische Befund stimmt also sehr gut überein mit der allgemeinen historischen Entwicklung in der Völkerwanderungszeit und ihrer Vorbereitungsepoche, in der die Nordgermanen, über die Ostsee nach Süden vorgedrungen, sich noch im deutschen Gebiet aufhalten, den Raum zwischen Elbe und Weichsel dann aber kampflos freigeben und weiterwandern. In diesen leeren Raum rücken zögernd, in friedlichem Vordringen von Osten und Südosten her, die Slawen ein. Ihre Siedlungsreste im Raum Berlin sind bis zur Stadtgründung nachweisbar, aber bereits auch durch zahlreiche Urkunden belegt. Eindrucksvolle Wehranlagen haben sich nicht nur in Spandau und an der Havel bei Potsdam erhalten, sondern vor allem in Köpenick. Hier herrschte in der zweiten Hälfte des zwölften Jahrhunderts ein Verwandter unseres Pribislaw-Heinrich, der (bei verschiedenen Namensschreibungen) überwiegend Jaxa von Köpenick genannt wird. Er ist eine der rätselhaftesten Gestalten an diesem Übergang vom Heidentum zu Christentum, nennt sich auf seinen Münzen *knes* und verwendet damit eine in Polen nicht vorkommende, den Ostseeslawen zugehörende Bezeichnung für »Fürst«. Lateinische Quellen kennen ihn als *Dominus et Princeps,* also als Herr(scher) und Fürst, und seine Münzen lassen gewisse Verbindungen nach Magdeburg erkennen. Sie wurden auch meist in Verbindung mit Münzen des berühmten und

Albrecht von Brandenburg-Ansbach (1490–1568), der letzte Hochmeister des Deutschen Ordens und danach erster Herzog von Preußen.

tatkräftigen Magdeburger Erzbischofs Wichmann aufgefunden.

Nach den Ausführungen des Chronisten Heinrich von Antwerpen trauerte Jaxa nach dem gewaltsamen Tod Pribislaw-Heinrichs, »und weil er dem Verstorbenen im nächsten Grade der Blutsverwandschaft verbunden gewesen war, klagte er erbärmlich, weil er sich auf immer von der Erbschaft an der Burg Brandenburg ausgeschlossen sah (die Albrecht der Bär besetzt hielt). Aber es verstrich nur kurze Zeit, da hatte er die Bewohner mit Geld bestochen, und sie verrieten die Burg. So rückte er in nächtlicher Stille – die Pforten der Burg taten sich freundschaftlich auf – mit einem großen Polenheer ein, und die Leute des Markgrafen, die die Burg übergeben hatten, führte er nach Polen und hielt sie zum Schein in Gefangenschaft.«

Es ist vermutlich kein Zufall, daß die von Jaxa durch Verrat eher der deutschen als der wendischen Burginsassen eroberte Brandenburg bis in den Sommer 1157 in seinem Besitz blieb, in dem sich auch das Reichsheer gegen Osten aufmachte. Albrecht von Brandenburg erobert die wichtige Festung zwischen den Berliner Gewässern am 11. Juni nach langer Belagerung, und im August desselben Jahres beginnt der große Feldzug gegen Polen, zu dem sich das kaiserliche Heer im Raum Halle versammelt. Es hat die Einnahme der durch die Natur gut geschützten Burg zweifellos erleichtert, daß die polnischen Truppen an anderer Stelle beansprucht waren und Jaxa nicht zu Hilfe kommen konnten. Daß Jaxa selbst aber ein Wendenfürst war und ein Mitglied der im Havel-Spree-Raum regierenden Familie der Tugumir, darf man als sicher annehmen. Er erhielt gewiß gelegentlich polnische Hilfe, denn das alte polnische Herrschergeschlecht der Piasten war schon seit beinahe zweihundert Jahren an dem strategisch und verkehrsmäßig so wichtigen Raum um Berlin interessiert und ist es geblieben. Die Piasten aber waren seit Mieszko I. und erst recht mit Boleslaw Chrobry Christen geworden, ja Boleslaw förderte die Christianisierung so energisch wie kaum ein anderer Fürst seiner Zeit – und daß Pribislaw-Heinrich ebenfalls dem Christentum zuneigte, haben wir auch schon gehört. Der Raum um Berlin präsentiert sich uns also in der entscheidenden vorkolonialen Epoche des elften und zwölften Jahrhunderts in einem gewissen Zwielicht: Die Wenden sind politisch und militärisch noch eine beachtliche Kraft, ihr Abwehrwille gegen das Christentum ist jedoch nicht mehr sehr stark und läßt sich mit dem der Ostseeslawen nicht vergleichen. Die großen Slawenaufstände haben auch im Havelraum viel Missionsarbeit zunichte gemacht und damit auch die Kolonisation zurückgeworfen, aber es sind »keineswegs alle Regungen und Auswirkungen christlichen Lebens jenseits der Hoheitsgrenzen des Reiches verschwunden und ausgelöscht... Daß es in diesem sächsisch-hevellischen Grenzgebiet im ersten Drittel des elften Jahrhunderts vornehme Slawen gegeben hat, die sich als Christen bekannten, ist daher durchaus nicht verwunderlich und wird durch verschiedene Eintragungen in den Magdeburger und Merseburger Nekrologen klar bezeugt« (Ludat).

Brachte auch das zwölfte Jahrhundert mit den großen Heidenaufständen weitere Rückschläge, so mußte die zielbewußte Arbeit so mächtiger Bistümer wie der von Magdeburg und Brandenburg doch nach und nach ihre Früchte tragen. Das entscheidende Faktum aber, jene historische Wendung, die das Vordringen der Deutschen hier außerordentlich beschleunigte, ist darin zu erblicken, daß Albrecht der Bär sich hier sein Reich schaffen mußte. Albrecht hatte vom Vater und von der Mutter her Erbansprüche auf Sachsen, mit denen er aber Heinrich dem Löwen unterlag und sich als Herr relativ kleiner Besitzungen mit einem Vergleich zufriedengeben mußte. Erst 1134 mit der Nordmark belehnt, sah er seine große Chance in seiner Freundschaft mit dem christlichen Hevellerfürsten Pribislaw-Heinrich, eroberte 1157 die Brandenburg zurück und trat als erster Markgraf von Brandenburg, als christlicher und deutscher Fürst, das Erbe des slawischen Fürstenhauses der Tugumir an. Der Chronist Helmold von Bosau feiert diesen Vorgang in Ausführungen, die heute als weit übertrieben gelten, aber zumindest die Stimmung jenes zwölften Jahrhunderts wiedergeben:

»In jener Zeit hatte das östliche Wendenland Markgraf Albrecht inne... der auch dank Gottes Gnade in dem ihm zugefallenen Gebiet außerordentlich von Glück begünstigt wurde. Das ganze Land nämlich der Brizaner, der Stoderaner und vieler Völker an Havel und Elbe schickte er unter das Joch, und den Aufsässigen unter ihnen legte er Zügel an. Schließlich, als die Wenden ermatteten, schickte er nach Utrecht und ins Rheinland, vor allem zu denen, die an der Küste des Ozeans wohnen... nämlich den Holländern, Seeländern und Flamen, und er führte aus ihrer Mitte eine überaus große Menschenmenge herbei und ließ sie wohnen in den Burgen und Flecken der Wenden. Und mächtig gestärkt ward mit dem Einzug der Ankömmlinge das Bistum Brandenburg wie das von Havelberg, weil die Kirchen sich vervielfachten und ein ungeheurer Zehntbesitz (also eine große Menge an Abgaben) heranwuchs... Jetzt sind die Wenden allüberall vernichtet und vertrieben, und gekommen sind, herbeigeführt von den Grenzen des Ozeans, starke Menschenmassen ohne Zahl, und sie haben das Gebiet der Wenden in Besitz genommen, haben Städte und Kirchen gebaut und an Reichtum zugenommen, mehr als man für möglich halten sollte.«

Wir kennen diese Klosterzellen-Begeisterung, diese Euphorie, wie sie die ja nicht selbst handelnden Kleriker und Chronisten aller Völker und in jedem der frühen Jahrhunderte gelegentlich überkommt. Aber wir fühlen auch, daß dies alles echt und naiv ist und den Wert der Chronik selbst darum nicht mindert – man erkennt ja schon aus der rhetorischen Steigerung, daß hier eher ein Hymnus gesungen als ein Bericht gegeben wird.

Die Wirklichkeit sah anders aus: Die Wenden wurden nicht völlig vertrieben oder gar erschlagen, und die ins Land kommenden Siedler ließen sich zählen. Es blieb für die alten slawischen Dorfschaften bitter genug, und da einige Austreibungen urkundlich bezeugt sind, muß man annehmen, daß der Vorgang nicht ganz selten war. Andererseits fällt auf, daß sich vor allem in Fischersiedlungen die Slawen halten: die Einwanderer waren an dieser Art des Erwerbs offensichtlich nicht sonderlich oder noch nicht interessiert, sie waren schließlich Bauern. Darum sind im ganzen Alt-Köpenicker Sagenschatz die Fisch- und

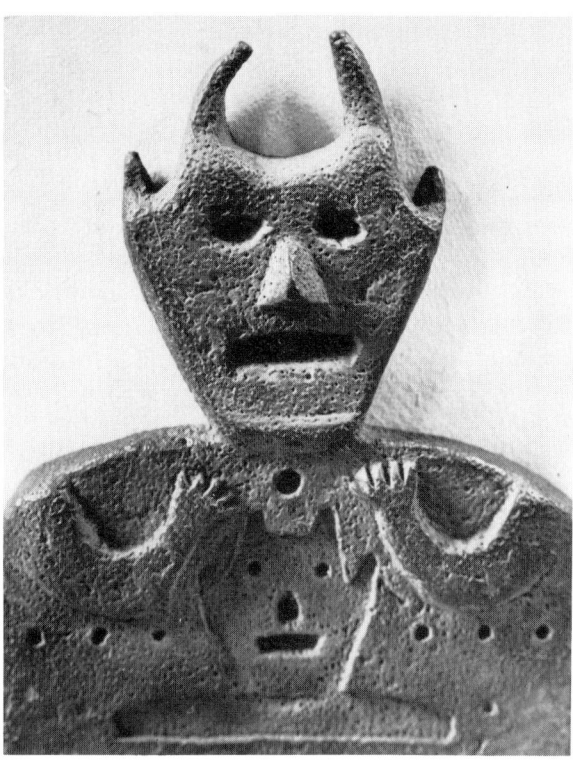

Oben: Teufelsdarstellung aus Blei. Sie wurde als Grabbeigabe neben einem Skelett in einem frühmittelalterlichen Grab in der Uckermark gefunden und sollte wohl den bei Lebzeiten der Zauberei verdächtigten Toten im Grab festbannen.

Links: Schulmädchen in der Tracht wendischer Dörfer der Oberlausitz.

Rechte Seite oben: Lübben im Spreewald. Der alte Ort ist heute wieder ein beliebtes Ausflugsziel.

Unten links: In der in Europa einzigartigen Wasserlandschaft des Spreewalds ist das Boot bis heute das wichtigste Verkehrsmittel geblieben.

Unten rechts: Bauernmädchen aus Heinersbrück (Spreewald) im Sonntagsstaat.

Fischermotive zahlreich, ja der Name Köpenick selbst, slawisch auf den Münzen Kopnik geschrieben, ist der Sage nach durch einen großen Krebs entstanden: Ein Fischer wurde eines Tages von einem auffallend großen und schönen Krebs angeredet, der war ans Ufer bei Köpenick geschwommen und bat den Mann, ihn aus dem Wasser zu nehmen und jenseits der Spree wieder einzusetzen; dafür werde er ihn zum reichen Mann machen. Der Mann tat das schöne Tier in einen Korb und machte sich auf den Weg. Als er über den Markt kam, sah eine Hausfrau den prächtigen Krebs, bot schönes Geld dafür, und der Fischer war gerade im Begriff, nachzugeben, als der Krebs plötzlich den Kopf erhob und rief »Kööp nich! Kööp nich!« worauf die Frau natürlich so erschrak, daß der Kauf nicht zustandekam. Der Mann ging weiter bis Stralau, also über die Spree, und verkaufte den Krebs dort. Die kleine Geschichte enthält slawische Nachklänge, war die Spree doch lange Zeit die Grenze zwischen Christen und Heiden und ein Flußgott in Tiergestalt im christlichen Bereich – also etwa nach einer Eroberung von Köpenick – auf feindlichem Gebiet. Ähnliche Slawenwurzeln hat die Geschichte vom Frauentog (nicht -trog!) vor der Schloßkapelle: Da hatten die Köpenicker Fischer schon seit geraumer Zeit nichts mehr gefangen, als ein Mädchen den bis dahin unbeachteten Wasserarm zwischen Kietz und Schloß, einen Teil der sogenannten Wendischen Spree, mit anderen Frauen und Mädchen nächtlicherweile leerfischte und reichen Ertrag brachte. Während die Slawenmänner vertrieben oder erschlagen worden waren, überlebten die Frauen und Mädchen; sie überlieferten das Wissen der slawischen Vorbevölkerung, sie kannten die besten Plätze für den Fischfang.

Zwischen zwei kleinen Wasserarmen, nördlich der späteren Maulbeer-Plantage, lag die Scharfrichterei von Köpenick; dort regierten durch Generationen die Barwich, früher auch Berwich geschrieben, eine der wenigen großen Scharfrichtersippen slawischen Ursprungs. War der Beruf auch einer der sogenannten unehrlichen und darum nicht beliebt oder nur aus finanziellen Gründen begehrt, so achteten die neuen Herren des Landes doch meist darauf, daß er in den Händen der Deutschen blieb. Es ging schließlich nicht an, daß einer der Slawen einem Deutschen den Kopf abschlug. Die Scharfrichterknechte freilich kamen oft aus der slawischen Unterschicht. Gegenüber der »Scharfrichterey« am anderen Ufer der Spree lag die sogenannte Totenecke, ein unheimlicher Platz, aber nicht, wie die späteren Fassungen der Sage es deuten, wegen der hier angetriebenen Ertrunkenen: Die Totenecke bildet ein leichtes Flußknie, und die Ertrunkenen konnten, wenn überhaupt, nur am anderen Ufer landen. Es waren die Geister der vor der Stadt erschlagenen oder im Austreibungskampf getöteten slawischen Männer, die hier umgingen und in den Nächten versuchten, zu ihren Frauen und Kindern zu kommen.

Nicht überall sind die Vorgänge und ihre Folge so deutlich wie in der Miniaturresidenz Köpenick, die dank ihrer bevorzugten Lage besondere Aufmerksamkeit der Zeitgenossen fand und eine besondere Rolle im Hinundherwogen der Kämpfe spielte. Es sind immer nur punktweise Erhellungen, wie sie uns Urkunden aus den letzten Lebensjahren Albrechts des Bären bringen. Wie so mancher andere Fürst denkt er an seinem Lebensabend der vielen Erschlagenen seiner Kriege und tut nun einiges für sein Seelenheil: Eine Stiftung an den Johanniterorden in Werben an der Elbe und einem zweiten Dorf, oder an das Bistum Havelberg (die Dörfer mit den späteren Namen Dalchau, Drüsedau und das halbe Losse). In Wörlitz und Pratau bei Wittenberg werden Kirchen erbaut, bei welcher Gelegenheit sich herausstellt, daß in diesen Orten inzwischen nur noch Deutsche wohnen. Die Mission findet kein Publikum mehr: die Deutschen sind schon lange Christen, und die Heiden sind bereits ins Jenseits befördert.

Hinsichtlich der Städte hielt es Albrecht ganz ähnlich wie Heinrich der Löwe, vielleicht nicht mit der gleichen unbändigen Energie und Zielstrebigkeit, denn an den Küsten lebten die Städte ja leichter von Handel und Verkehr. In der binnenländischen Mark mußte Albrecht warten, bis die bäuerliche Durchsetzung des Umlands dicht genug war, um Städte zu tragen. Die Slawen hatten zwar eine sehr extensive Landwirtschaft betrieben, häufiger Waldwirtschaft und daneben eben die Fischerei, das Honigsammeln, ein wenig Pech-Export, aber es war doch produktiv gewesen und hatte die Natur nicht angekratzt. Die neuen Siedler mußten roden, eindeichen, Dämme bauen, Raum für Feldwirtschaft schaffen, und das brauchte Zeit. Erst nach 1170 entwickeln sich winzige Gemeinwesen wie Werben, Arneburg oder Osterburg zu kleinen Städten. In Havelberg hilft das Bistum zu einiger Bedeutung, in Brandenburg das feste Schloß, in Salzwedel der Transithandel. Stendal bleibt lange Zeit eine *Villa,* also nach dem Urkundenlatein ein Mittelding zwischen Weiler und Dorf,

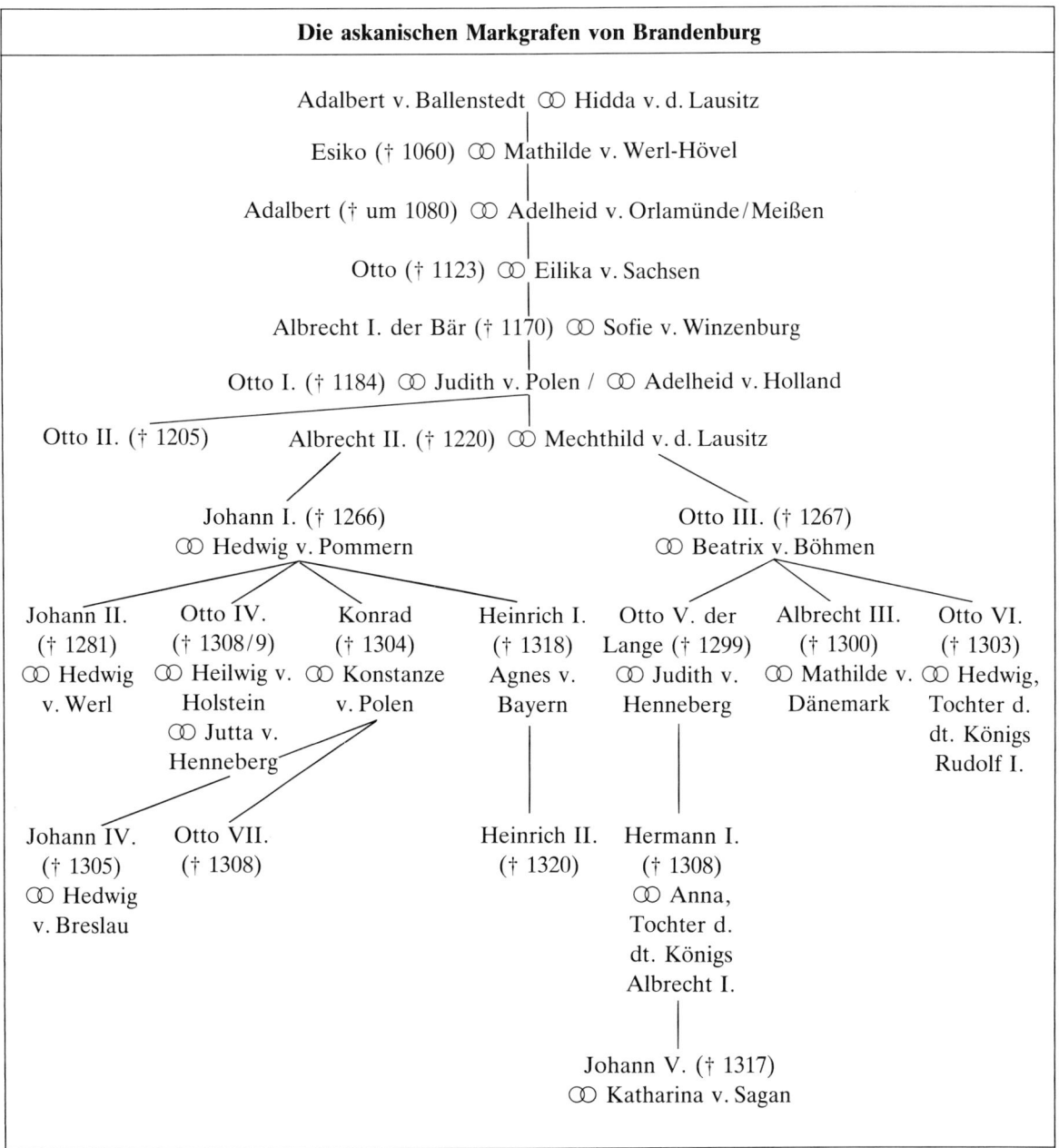

ehe es zum Markt wird. Das deutsche Dorf stammt hier schon aus dem zehnten Jahrhundert, es lag neben der Wendensiedlung (an die noch eine Wendstraße erinnert) im Schutz der askanischen Burg, die wegen der Uchte-Furt hier errichtet worden war. Im Stadtviertel-Namen Schadewachten erkennen wir noch die einstige Burgmannensiedlung. Zwischen dem Dom, der hier 1188 errichtet wurde, und der Burg breitete sich seit 1160 eine Marktsiedlung aus. Die Zollprivilegien von 1164 beschleunigten dann den Aufschwung der aus verschiedenen Siedlungskernen zusammengewachsenen Stadt und schufen ihr Verbindungen zur Ostseestadt Lübeck. Später wurde, zum Teil auf dem Landweg, auch der Handel über Hamburg in die Niederlande und nach England aufgenommen.

In einer Art Schicksalsgemeinschaft mit Stendal lebte das wenige Kilometer südöstlich dieser Stadt an der Elbe liegende Tangermünde. Es wird vom Chronisten Thietmar schon um 1009 erwähnt, war in seiner Entwicklung aber empfindlich gehemmt durch die ausgedehnten Sümpfe, die Uchte und Tanger hier bilden. Dennoch reichte die Elbfurt aus, dem Ort schon früh eine gewisse Bedeutung zu geben, und die trockene Hochfläche, die von Westen her auf die Elbe zuführt und dann steil zum Flußtal abfällt, trug schon einen vorgeschichtlichen Handelsweg. Wir dürfen annehmen, daß es erst hundertfünfzig Jahre nach der ersten Erwähnung neben der Burg auch einen Ort Tangermünde gibt, aber er wächst nicht; im Gegenteil, das Domkapitel wird von Tangermünde nach Stendal verlegt, und erst um 1200 – ein genaues Datum kennen wir nicht – läßt sich sagen, daß Tangermünde Stadt geworden ist.

Obwohl Tangermünde später manche Förderer findet – Karl IV. zum Beispiel oder den Hohenzollernfürsten Albrecht Achilles –, zählt man noch um 1550 nur 2600 Einwohner. Die Burg in der prächtigen Lage über der Elbe aber verlockte manchen Fürsten, hier zu residieren. Karl IV. dachte daran, Tangermünde zum Mittelpunkt eines weit nach Osten ausgreifenden Reiches zu machen, und die Gemahlin Friedrichs I., Kurfürsten von Brandenburg, die schöne Else von Bayern, residierte auf Burg Tangermünde viele Jahre bis 1426, dann floh sie vor der Pest nach Süddeutschland. Von seiner starken Burg Tangermünde aus hatte ihr Gemahl in der Mark den langjährigen und aufreibenden Kampf gegen die rebellischen und räuberischen Quitzows geführt und schließlich gewonnen. Irgendwie mußte man also der Sümpfe Herr geworden sein, die bis ins zehnte Jahrhundert hinein die Stadt einengten.

Eine ähnlich wichtige Lage, nicht an einer Elbfurt, aber an einem uralten Fährplatz, hatte die schon erwähnte kleine Stadt Werben, wo schon am Ende des zehnten Jahrhunderts neben einer kleinen slawi-

Links: Stendal im Bezirk Magdeburg: Das Rathaus aus dem fünfzehnten Jahrhundert mit den Türmen von Sankt Marien.

Rechte Seite: Die Burg von Tangermünde an der Elbe, einem Binnenhandelsplatz der frühen Hansezeit.

schen Siedlung eine deutsche Grenzburg entstand. Der durch seine Lage an der alten Straße aus der Altmark in die Priegnitz wertvolle Ort beherrschte die Havel-Einmündung und wurde von deutschen Königen bei verschiedenen Gelegenheiten besucht: von Heinrich II. im Jahr 1005, von Konrad II. dann 1032 und 1034. Kämpfe haben hier ebenso oft stattgefunden wie Verhandlungen und friedliche Zusammenkünfte mit den ostelbischen Slawen. Nach dem Zurückdrängen der Slawen kam der Kornhandel auf, daneben die Elbschiffahrt und die Erträge aus der Fähre. Groß wurde die alte Stadt Werben davon freilich nicht, sie erreichte niemals mehr als höchstens 1800 Einwohner.

Man sieht, bei allem Respekt vor Helmold von Bosau: Die Kolonisation war ein sehr langsamer Vorgang, und sie nahm unter den Askaniern nach Albrecht dem Bären eine behutsamere Entwicklung als unter den kühneren Welfen. Otto I., Sohn Albrechts des Bären, ließ seine deutschen und flämischen Kolonisten erst in das Viereck zwischen Potsdam, Brandenburg, Kremmen und Rathenow einrücken, das vordem slawische Land von deutschen Bauern besetzen und von den Flamen trockenlegen, ehe er sich neuen Aufgaben zuwandte. Diese fand er nicht an der Spree, wo ihm das Wasserdickicht wohl ungeeignet schien für militärische Operationen, sondern im Norden, wo er schon einmal gegen die Pomoranen vorgestoßen war, gemeinsam mit Heinrich dem Löwen. Dort versuchte er es im Herbst 1180 noch einmal. Es war die Zeit, da die Markgrafen noch vor ihren Männern her in die Schlacht ritten, und Otto I. erhielt drei Verletzungen, ehe ihn der Burggraf Siegfried von Brandenburg heraushauen konnte: »Da wart Marggreve Otto nedder gestochen und wart drier wunden gewundet«, erzählt die sächsische Weltchronik. Auf der anderen Seite fiel Herzog Kasimir von Stettin mit vierzehn slawischen Großen.

Der Vorstoß nach Pommern war eine Notwendigkeit, wenn das junge Brandenburg an Eigenstaatlichkeit und Selbständigkeit dachte, wenn es einen eigenen Zugang zum Meer haben wollte und damit zur Welt, die sich damals ja nur dem Schiffsverkehr erschloß. Die Wagenkolonnen der Kaufleute knarrten allzu mühsam und oft gefährdet auf elenden Wegen durch Deutschland.

Blickten die Polen mit Mißtrauen und Neid auf die Machtausweitung der Brandenburger, so fühlte sich das seit alters mächtige Dänemark durch diese Für-

sten, die zwischen Slawenburgen hausten und von ein wenig Salzhandel und Fischfang lebten, zutiefst gekränkt und herausgefordert. Es war der Bischof Peter von Roeskilde, der gegen Brandenburg nach alter Dänenart zu Felde zog, nämlich stromaufwärts auf der Oder, vermutlich bis auf die Höhe von Freienwalde und Küstrin.

Im Askanierland herrscht nun schon Otto II., aber er ist so tapfer und umsichtig wie Albrecht der Bär und wie Otto I. Die Dänen werden geschlagen, der kriegerische Bischof kommt in Gefangenschaft, und wenn er auch aus ihr entweicht (nachdem er sich krank gestellt und einen Wächter bestochen hat), so findet Otto II. doch einen tüchtigen Verbündeten in Holstein, und auch das Reich anerkennt Brandenburgs Interessen in Pommern: Nach manchem Hin und Her gegen Dänemark und gegen den Deutschen Orden wird Pommern, dessen slawisches Fürstenhaus im Mannesstamm ausstirbt, endlich brandenburgisches Lehen und als letztes Land der Ostseeslawen im dreizehnten Jahrhundert auch christianisiert.

Im Raum um Berlin ist hingegen die Natur noch immer stärker als die Heere, und wenn es auch nicht so wird wie im Spreewald, wo die heidnischen Geister noch bis ins achtzehnte Jahrhundert nur den großen Bannern, den zauberkundigen Scharfrichtern, gehorchen, so müssen sich die Markgrafen zwischen Albrecht I. und Albrecht II. doch zum Beispiel von der nationalsozialistischen Geschichtsschreibung mit herben Worten vorwerfen lassen, wie zaudernd sie gegen die Slawen vorgegangen seien und daß es (wie entsetzlich) um 1700 im Raum Berlin noch Wenden gegeben habe. Man hätte mit den Slawen ganz anders verfahren müssen: »Die Aufsaugung der wendischen Bestandteile setzt natürlich die Blutmischung voraus, sie aber wurde abgelehnt und war verpönt. Darum wurde das dem deutschen Menschen verständliche deutsche Recht auch nicht auf die slawischen Völker angewandt, darum standen diese außerhalb jedes Rechtes, waren rechtlos und damit ehrlos. Man litt noch nicht an Humanitätsduselei, man vertrat ganz einfach und klar den Gedanken der Germanisierung des Bodens (sic). Hätten sich damals die Völker vermischt, so wäre unser deutscher Osten nie germanisiert, wohl aber bastardisiert (sic) worden. Was das für die Betrachtung der Politik und der Kultur bedeutet, braucht hier nicht erörtert zu werden... Man wird zugeben müssen, daß es leichter sei, ein Volkstum im Kampfe mit den Waffen aufzureiben, als es dem großen Germanisierungsprozeß anzugleichen... Einmal kommt irgendwann die Stunde, in der das Blut aufspringt und Worte des Friedens in seinem Fluß ertränkt.«

Man könnte über dieses Buch eines Herrn Arno Jaster zur askanischen Kolonisation hinweggehen, wäre es nicht bei dem berühmten und in vielem verdienstlichen Verlag Ferdinand Hirt in Breslau erschienen; und wenn auch 1934, als dieses gedanklich wie sprachlich sehr merkwürdige Buch gedruckt wurde, viele Deutschen schon sehr gut wußten, was unser Volk und seine Kultur gerade der Begegnung und Vermischung mit den Wenden verdankt, so schwingt bei Jaster, einem Gymnasiallehrer aus Köpenick, doch eben jene Brutalität in allen Urteilen mit, die zwischen 900 und 1200 die Ostpolitik noch so deutlich kennzeichnet. Ihre Wurzel freilich liegt keineswegs dort, wo Jaster und seine Gesinnungsgenossen sie sehen wollen. Gerade die deutschen Fürsten, also Männer, die ihre Herkunft kannten und hochschätzten, fürchteten die Bastardisierung keineswegs, sondern verbanden sich häufig mit Fürstentöchtern aller Slawenstämme, ja sie gaben auch ihre eigenen Töchter Slawenprinzen zur Frau. Dieser Vorgang ist so häufig, daß er sich in jedem namhaften Geschlecht belegen läßt, und es ist nicht einzusehen, warum der deutsche oder flämische Bauer in den Kolonistendörfern mit dem starken Männerüberschuß an den Mädchen und Frauen aus der slawischen Restbevölkerung vorbeigehen sollte. Man kann sich auch nicht vorstellen, daß eine konsequente Diskriminierung der »slawischen Bestandteile«, wie Jaster sich ausdrückt, durchzuführen war angesichts der zahlreichen deutsch-slawischen Fürsten- und Grafenhochzeiten, die ja nicht nur eine einzelne Prinzessin an den deutschen Hof holten, sondern stets auch Verwandte, Höflinge und Freunde.

Die Askanier selbst gingen offensichtlich ohne Zaudern solche Verbindungen ein: Bernhard III., Bruder des Markgrafen Otto I., heiratete die polnische Prinzessin Judith. Albrecht, Sohn von Otto I., nahm Mechthild, eine Tochter des Pommernherzogs Barnim zur Frau. Aber selbst in den königlichen Familien wurde beinahe in jeder Generation die eheliche Verbindung zu den großen slawischen Familien gesucht: König Heinrich III. heiratete 1088 eine Tochter Herzog Wladislaw I. von Polen; Heinrich IV. ehelichte am 14. August 1089 Eupraxia, Tochter des Großfürsten Wsewolod I. von Kiew. Kann man bei den Markgrafen der Ostmark noch die räumliche Nähe als Erklärung dafür heranziehen, daß zum Beispiel Leopold II. gleich zwei seiner Töchter an

Friedrich I., Kurfürst von Brandenburg, mit seiner Gemahlin.

Slawenfürsten gab (an Borzewoy II. von Böhmen und und an Bretislaw II. von Mähren), so hätte es für Kunigunde, Tochter des Herzogs Philipp von Schwaben aus dem süddeutschen oder burgundischen Umkreis gewiß attraktive Bewerber gegeben – sie wurde aber im Jahr 1224 an Wenzel I., König von Böhmen, verheiratet und ehelichte nach dessen Tod den wilden Zawisch von Rosenberg (1290 hingerichtet). Wenzel I. war, wie übrigens auch manche andere Fürsten von Pommern, Rügen, Polen, Kiew und so weiter, ein hochgebildeter Monarch, Freund des berühmten Minnesängers Reinmar von Zweter und Verfasser eigener Minnelieder in deutscher Sprache. Erinnern wir zum Schluß noch daran, daß Heinrich der Löwe seine allerdings außereheliche Tochter Mathilde an Heinrich Borwin, Fürsten von Pommern verheiratet hat.

Es zeigt sich schon damals jene Internationalität des

Professor Adriaan von Müller bei den Ausgrabungen von Spandau: Freilegung eines slawischen Burgwalls.

Adels, die sich in der europäischen Geschichte sowohl positiv als auch negativ auswirken wird. In den slawischen Herrschaftsbereichen bringt sie zunächst eine gewisse Distanzierung des einheimischen niederen Adels von den regierenden, westlich versippten Familien, was sich zum Beispiel in Polen sehr negativ auswirken wird: Der niedere Adel resigniert und sinkt ab, die Erbschaftsansprüche, die aus westlichen Verbindungen herrühren, bringen Fürsten auf den polnischen Thron, die – wie Heinrich, später als dritter seines Namens König von Frankreich, oder auch die beiden Auguste von Sachsen, im polnischen Lebens- und Kulturbereich keine echte Basis für ihre Herrschaft haben.

Ernster zu nehmen ist, was Jaster über das deutsche Recht ausführt; es schränkt vor allem in den Städten die Existenzmöglichkeiten der Slawen bedenklich ein und drückt sie zum Teil in den rechtlosen Untergrund, in dem sie freilich besitzlose Deutsche als Leidensgefährten haben. Auf dem Land ist der kleine Mann, sofern er nicht einen schützenden Kolonistenvertrag hat, im ganzen Mittelalter ohnedies schlecht dran, das gilt für die Deutschen ebenso wie für die Slawen. Aber das schon zitierte Urteil des Thietmar von Merseburg zeigt uns doch, daß die verbliebenen Slawen in ihren Dörfern oder in der Lebensgemeinschaft mit deutschen Bauern praktisch keine Chance hatten, ihren Besitz zu bewahren und gleichberechtigt in eine neue Gemeinsamkeit mit den Siedlern aus dem Westen hineinzuwachsen. Damit blieb eine einzigartige Gelegenheit ungenutzt, eine Symbiose zwischen den seit Generationen mit dem besonderen Charakter der Havel-Spree-Landschaft vertrauten Wenden und den Neuankömmlingen herbeizuführen.

Ausgrabungen der jüngsten Zeit, genauer gesagt der Jahre 1967 bis 1970 im Raum Berlin, haben nun allerdings die Beweise dafür erbracht, daß wenigstens zeitweise solch eine Symbiose doch zustandegekommen war, daß sie mancherorts bis zu eineinhalb Jahrhunderte lang funktionierte und erst aufgegeben wurde, als im dreizehnten Jahrhundert große neue Siedlerschübe aus dem Westen eintrafen. Für den Raum der alten Landschaften Barnim und Teltow hat dies Adriaan von Müller in der Zeitschrift »Ausgrabungen in Berlin« (I/70) wie folgt formuliert:

»Nach der bisher vorherrschenden Auffassung ist die hochmittelalterliche Siedlung in unseren Landschaften getragen worden ausschließlich oder doch ganz vorwiegend von einer aus dem altdeutschen Gebiet eingewanderten deutschen Bevölkerung. Die slawische Vorbevölkerung sei dagegen teils in kleinen Gruppen mit schlechterer sozialer und wirtschaftlicher Stellung den neuen deutschen Dörfern eingefügt worden, teils in ihren alten Kleinsiedlungen sitzen geblieben. Kennzeichnend für die deutsche Siedlung des hohen Mittelalters waren nach dieser Meinung hochentwickelte Dorf- und Flurformen und, als ihre Voraussetzung, komplizierte Wirtschafts- und Verfassungsstrukturen, die in Altdeutschland ausgebildet und von deutschen Siedlern in die neue Heimat übertragen worden seien... In einem überraschenden Widerspruch zu dieser Auffassung stehen nun archäologische Beobachtungen, die in den letzten fünf Jahren an einer Reihe verlassener Siedelplätze (›Wüstungen‹) im Westberliner Raum gemacht worden sind. Es handelt sich um Dörfer, die nach dem gegenwärtigen Forschungsstand schon im späten zwölften Jahrhundert angelegt und bereits in der ersten Hälfte des dreizehnten Jahrhunderts wieder aufgegeben worden sind. Damit scheint eine bisher unbekannte frühe Phase der hochmittelalterlichen Siedlung in unserem Raum faßbar zu werden. Nach den archäologischen Feststellungen waren diese frühen Siedlungen nicht nur von deutscher, sondern in gewissem Umfang jedenfalls auch von slawischer Bevölkerung bewohnt. Dagegen scheinen die historischen Dörfer mit ihren charakteristischen Formen nach den bisher vorliegenden Beobachtungen erst im zweiten Drittel des dreizehnten Jahrhunderts angelegt worden zu sein und somit eine spätere Siedlungsphase zu repräsentieren.«

Es waren Strafgefangene, die in Berlin-Zehlendorf und an anderen Plätzen diese Grabungen durchführten, und der Vergleich der Ausgrabungsfunde mit den Grabbeigaben eines Slawenfriedhofs in Spandau zeigt im Verein mit anderen Beobachtungen und Überlegungen, daß es Deutsche und Slawen immerhin einige Generationen lang miteinander versucht haben. Als sie aufgaben, herrschte in Brandenburg Markgraf Otto III. in bestem Einvernehmen und gleichrangig mit seinem älteren Bruder, dem Markgrafen Johann. Daß die beiden einander nicht befehdeten, sondern sich im Gegenteil durch all die Jahre ausgezeichnet verstanden, ist eine der erfreulichsten Episoden in der blutigen Geschichte des deutschen Hochmittelalters. Die große Frauengestalt, die den schon als Kindern zur Herrschaft gelangten Fürsten dieses im besten Sinn brüderliche Zusammenleben abverlangte, war ihre Mutter Mechthild. Diese bemerkenswerte Frau hatte nach dem Tod ihres Mannes, des Markgrafen Albrecht, zwei Möchtegernvormündern, einem geistlichen und einem weltlichen, die diesbezüglichen Ansprüche gegen erhebliche Summen abgekauft und die Söhne allein aufgezogen. Sie blieb am Leben, bis beide die Vierzig überschritten hatten.

Werner Goez, Ordinarius für mittelalterliche Geschichte in Erlangen, hat Otto III., dieser merkwür-

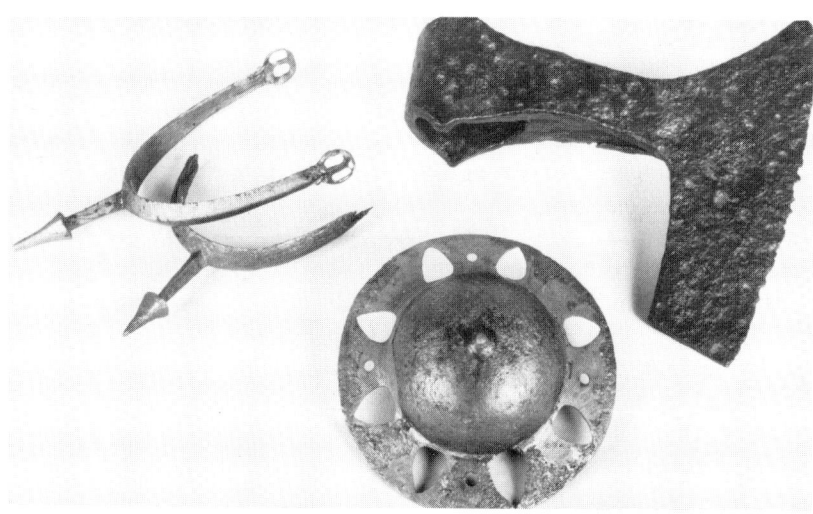

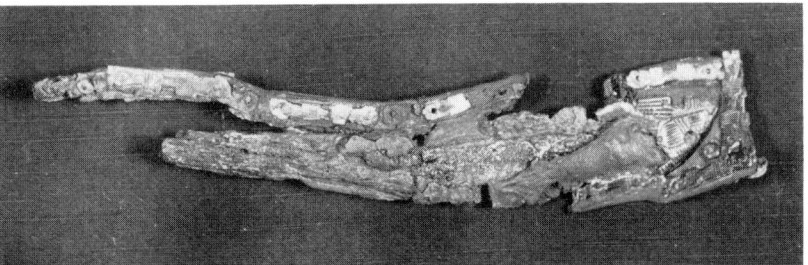

Linke Seite: Hölzerne Stabilisierungselemente aus den Fundamenten eines Spandauer Burgwalls.

Rechts oben: Erzeugnisse des slawischen Metallhandwerks vom Spandauer Burgwall: Axt, Schildbuckel und Sporen.

Unten: Eisernes Messer und eiserner Beschlag einer Messerscheide mit Lederresten: Beigaben slawischer Bestattungen aus dem Raum Spandau.

dig aus tiefster Frömmigkeit und rücksichtslosem Kämpfertum lebenden Fürstengestalt, eine eigene Studie gewidmet, die uns den Gründer der Stadt Berlin, aber auch seine Epoche mit so manchem überraschenden Einzelzug näherbringt. Beinahe noch als Knaben gerieten die noch gar nicht zu Rittern geschlagenen Brüder aus Bündnistreue in kriegerischen Gegensatz zu den streitbaren Bischöfen von Halberstadt und Magdeburg, die ihnen jedoch nach der Niederlage Leben und Freiheit schenkten und einen Versöhnungsfrieden gewährten. Vielleicht war es die frühe Todesangst, die so manche Illusion begrub und den Ernst des Lebens beiden auf einmal klar machte. Jedenfalls wurde Brandenburg kaum je besser regiert als von dem Brüderpaar, denen freilich die kluge und furchtlose Mutter lange als Beraterin erhalten blieb:

»Unter dem Geschwisterpaar vollzog sich der Aufstieg Brandenburgs zu einem der bedeutendsten Machtfaktoren in Nordostdeutschland«, sagt Goez. »Die Landesteile – erheblich ausgeweitet – gewannen Zusammenhang, ihre Bewohner ein dynastisch vorbereitetes Gemeinschaftsgefühl, wenngleich Adelsherrschaften und geistliche Enklaven dem Ausbau der Markgrafschaft im Innern vielerorts Schranken setzten.«

Mit den Bischöfen hatten die beiden Herren ja schon früh unangenehme Erfahrungen gesammelt; sie gingen darum mit größter Behutsamkeit vor, aber Otto unterlag doch noch einmal, als es gegen den Bischof von Halberstadt um die Burg Alvensleben ging, und diesmal mußte Otto doch in Gefangenschaft, saß in einer Turmstube im Harz, mußte auf Alvensleben verzichten und ein hohes Lösegeld bezahlen. Die jungen Bistümer verdankten ihre Existenz zwar den Waffen der Askanier, aber das hinderte sie nicht, nun ihrerseits ihre Ansprüche geltend zu machen, und die Truppen der Herren Ludolf von Halberstadt und Wilbrandt von Magdeburg hausten im Brandenburgischen nicht weniger schlimm als vierhundert Jahre später die Schweden. Als die Brüder siegten, lernte Bischof Ludolf die Gefangenschaft kennen und mußte sich um die gleiche Summe freikaufen, die er Otto III. zuvor abgenommen hatte; so sprangen damals Fürsten und Prälaten miteinander um, und nicht nur einmal, sondern in Abständen von wenigen Jahren immer wieder...

Es war die Zeit, da die Päpste und die Kaiser einander blutig bekriegten, und so mancher deutsche Bischof nahm sich offenbar an Papst Alexander III. (1159–1181) ein Beispiel, der dem großen Friedrich Barbarossa so lange Paroli geboten hatte. Oder die geistlichen Herren aus den Grenzmarken entsannen sich der karolingischen *Reichsannalen,* in denen man regelmäßig lesen kann, mit welchem Mut und mit welcher Selbstverständlichkeit die Bischöfe und ihre Mannen neben den Rittern gegen die heidnischen Sachsen ins Feld gezogen waren.

Heiden gab es inzwischen nicht mehr allzu viele, und als Johann und Otto in einem Zweifrontenkrieg gegen Halberstadt wie Meißen einen eindrucksvollen Sieg errungen hatten, endeten auch die lächerlichen innerbrandenburgischen Fehden um Alvensleben. Selbst der unversöhnliche Wilbrandt von Magdeburg sah ein, daß er allein gegen die markgräflichen Brüder zu schwach sei, und Brandenburgs Kräfte konnten sich endlich wieder nach außen wenden. Die slawischen Herren von Barnim und Teltow traten diese Landschaften an Brandenburg ab, und Pommern anerkannte – wenn auch widerwillig – die Lehnshoheit Brandenburgs. Stargard und Uckermark wurden hinzugekauft, Lebus mit Gebietsteilen am rechten östlichen Oder-Ufer durch Erbschaft hinzugewonnen. »Im ganzen konnten Johann und Otto das Erbe, welches sie von Albrecht II. übernommen hatten, der Fläche nach mehr als verdoppeln«, bestätigt Werner Goez, aber er staunt zugleich über die merkwürdigen und unmenschlichen Vergnügungen, denen sich der fromme Otto III. in der nun anbrechenden Friedenszeit hingibt, über die wegen der Sümpfe und der Mückenplage nur im kältesten Winter möglichen Heidenjagden in den letzten pruzzischen und litauischen Gebieten. Auch Otto verschmähte es nicht, viermal »gegen die unglücklichen Heiden aufzubrechen, denen bei ihrer militärischen Rückständigkeit kaum eine Chance zu erfolgreicher Gegenwehr verblieb. Unter dem Zeichen des Kreuzes genoß der christliche Adel das fröhlich-ausgelassene Lagerleben, erschlug zur Ehre Gottes die Ungläubigen oder unterwarf sie einer oberflächlichen, rein äußerlichen Zwangstaufe. Überdies machte man Beute, und wenn sie nur aus einigen wertvollen Pelzen oder einer Anzahl von Sklaven beiderlei Geschlechts bestand. Die ältesten preußischen Chroniken geben Einblicke in dieses schändliche Treiben, bei dem sich eine irregeleitete Frömmigkeit mit allen üblen Instinkten der Menschennatur verband.«

Rechte Seite: Motiv aus Heilsberg, das lange Zeit Sitz des Bischofs von Ermland war.
Folgende Seite: Marienwerder, Schloß des Deutschen Ordens.

Die von Goez erwähnten preußischen Chroniken sind von Christen geführt und nicht etwa Anklageschriften des Gegners: der litt stumm, und wenn man heute auf diese Feldzüge hinweist, erntet man noch immer Unglauben bei der älteren Forschung. Mehr als siebenhundert Jahre kennen wir nun Berichte wie den folgenden, aber weder meine Hinweise von 1961 noch Hans Kühners großer Aufsatz über den »Deutschritter-Orden ohne Heiligenschein« (1968) haben eine neue Sicht dieser und ähnlicher Ostlandritte bewirken können: »Eine Niederlage des Deutschritterordens veranlaßte den Markgrafen von Brandenburg im Winter 1248 und 1249 erstmals zu einem derartigen Unternehmen... Sein Beispiel machte Schule; schon im Folgejahr erschien eine Gruppe von thüringischen Rittern ›und sie verbrannten das Land und schlugen viele tot – Männer wie Frauen – und verwüsteten alles so lange, bis die Heiden keine Zuflucht mehr fanden. In dieser Zwangslage gaben jene, die in der Heimat bleiben wollten, ihre Irrtümer und Gebräuche auf und unterwarfen sich völlig dem Joch des christlichen Glaubens‹« (zitiert nach Goez).

In einem armen Land und im Winter zu brennen und zu verwüsten, das kam einem Massenmord gleich: wer nicht erschlagen wurde, starb an Hunger; aber das hat große Glaubensstreiter nie gestört, nicht Ottokar von Böhmen, nicht Simon von Montfort, nicht den Herzog von Cumberland, der im schottischen Hochland die Herden wegtrieb und das Futter verbrannte. Bei den askanischen Brüdern mutet es gleichwohl seltsam an, denn ihre Eintracht, ihre Liebe zu ihrer Mutter, ihre Frömmigkeit, dies alles ist echt, und wenn Otto seine Gemahlin, die Tschechenprinzessin Beatrix, wegen ihrer Mildtätigkeit und kundigen Armenfürsorge rühmen hörte, dann ging ihm das Herz auf – bizarre Ambivalenzen, die wir bis in unser Jahrhundert bei so manchem christlichen Familienvater finden werden.

Ungleich erfreulicher als diese zeitbedingten, aber eben darum auch charakteristischen Verirrungen ist die städtebauliche Aktivität der beiden Brüder. Neben der Intensivierung der Landwirtschaft und der Gewinnung fruchtbarer Anbauflächen waren es vor allem anderen die Städte, die dem Leben in der Markgrafschaft Brandenburg ein neues Gesicht und neue Formen gaben. Erst mit den Städten gelang es, über die in einfachen Formen gut funktionierende slawische Wirtschaft hinauszugelangen und eigene Handelsbeziehungen an die Stelle des ausgedehnten Fernhandels zu setzen, der die Ostseeslawen, die Nordgermanen und den Orient bis ins Hochmittelalter so lohnend beschäftigt hatte. Es war vor allem Markgraf Johann, der sich für Städtegründungen einsetzte, die jenes alte Erbe antreten könnten, während Otto III. in seiner sich bis zu Bußübungen steigernden Frömmigkeit bei seinen Stadtgründungen eng mit der Kirche zusammenarbeitete und dem jungen Land geistige und religiöse Zentren zu geben trachtete.

Wenn Otto aber als der Begründer des städtischen Berlins gilt, so hat auch er guten Gründerblick bewiesen, denn das Urstromtal der Spree ist hier, zwischen den Hochflächengebieten von Barnim und Teltow, relativ schmal, weswegen wir ja auch weit in die Vorgeschichte reichende Siedlungen an diesem Platz feststellen konnten. Die erste Nennung Berlins als *Civitas* stammt aus dem Jahr 1251, als die urbanistische Zusammenfassung der Dörfer am Spreeübergang gewiß schon mehr als zwanzig Jahre lang Tatsa-

Berlin war lange eine Doppelstadt. Zur Verbrüderung der beiden Hälften Berlin und Cölln wurde 1690 ein Pokal gefertigt, der in seinem Fuß diese Zweiheit symbolisiert.

che war. Man sprach jedoch noch lange von Berlin *und* Cölln, weil neben dem wendischen Fischerdorf Berlin Neusiedler vom Rhein ihren Rode-Vorort Cölln angelegt hatten, so daß es schließlich eine Doppelstadt gab.

Wie aussichtsreich die Lage dieser Neugründung beurteilt wurde, geht aus der Tatsache hervor, daß die Ritter des Templerordens sich in Berlin-Cölln niederließen, noch ehe das Doppelstadt-Gebilde richtig zum Leben erwachte. Der Ort Tempelhof erinnert noch an den Orden, der sich von den Johannitern und Malteserrittern dadurch unterschied, daß er nach dem Abebben der Kreuzzüge vornehmlich wirtschaftliche Aufgaben wahrnahm. Die Templer genossen einen ausgezeichneten Ruf als große, fromme Herren, ein wenig von Geheimnissen umwittert, aber eben Ritter, die ihren Eid geleistet hatten und Gott dienten; darum vertraute man ihnen in Frankreich, England und auch östlich des Rheins gerne Gelder und Guthaben an. Der Umgang mit Geld galt als nicht ehrenvoll; die Wechsler waren darum meistens Juden. Für den internationalen Geldmarkt aber brauchte man eine Institution, die über die Grenzen hinausgriff und unbedingt vertrauenswürdig war, und diese hatte sich in den Templern gefunden. Le Temple in Paris war eine Stadt in der Stadt, eine Zone des Freihandels, die der Gerichtsbarkeit der städtischen Behörden und ihren Schergen entzogen war. In Berlin ließ sich der Templerorden unter anderem in einer wendischen Siedlung nieder, deren Namen wir nicht mehr kennen; sie wurde nach einem deutschen Ritter Richardsdorf genannt, woraus dann Rixdorf wurde. Im Süden von Berlin soll es jedenfalls schon um 1230 Templerkirchen gegeben haben, also noch vor der offiziellen Ausstattung von Berlin-Cölln mit dem Magdeburgischen Recht in der brandenburgischen Abwandlung. Für Richardsdorf, als dessen erster Templer Dietrich von Sastro(w) gilt, wird die Jahreszahl 1360 genannt. Oskar Schwebel, dessen *Culturhistorische Bilder aus der deutschen Reichshauptstadt* vermutlich das beliebteste der älteren Berlin-Bücher ist, deutet sich dieses auffällige und erstaunlich frühe Interesse des mächtigen Ordens für die als Stadt noch gar nicht existente Spreeuferkombination Berlin-Cölln aus dem Bestreben mächtiger Adelsfamilien, hier, an der Grenze zwischen Heidentum und Christentum, zwischen Wenden und Deutschen eine Enklave zu

schaffen, eine beinahe exterritoriale Schlüsselstellung an einem wichtigen Flußübergang, die keinem Fürsten, sondern nur einer republikanischen Adelsgemeinschaft untertan sein sollte. Diese aus Urkunden schwer zu stützende Theorie ist gleichwohl nicht von der Hand zu weisen, fühlte sich doch der Templerorden in seiner Gesamtexistenz vor allem durch die Geldgier und den absolutistischen Machtanspruch der französichen Könige bedroht. Etwa zugleich mit Berlin kann man auch für Küstrin starkes Interesse des Templerordens feststellen, und der Orden wurde schließlich, auch wenn er sein Zentrum auf Zypern und danach in Frankreich hatte, östlich des Rheins von namhaften deutschen Geschlechtern getragen, unter anderem von den Esebeck (die schon 1433 wieder ausstarben), den Alvensleben, den Veltheim und anderen.

Otto III., der seinen kundigen Blick für zukunftsreiche Plätze bei vielen Stadtgründungen, nicht zuletzt bei Königsberg, bewiesen hat, setzte sich freilich über diese älteren Ansprüche hinweg: »Die fürstliche Macht hatte die Wichtigkeit Berlins für die weitere Entwicklung der Mark gleichfalls erkannt und diesen Platz der eigenen Bestimmung vorbehalten, mit anderen Worten: Berlin, der nicht unbedeutende wendische Markt, welcher schon, ehe er in die Hände der Deutschen gelangte, eine christliche Kirche besessen haben muß, war von den Fürsten des ballenstädtischen Hauses bereits vor seiner Erwerbung dazu ausersehen, eine deutsche Stadt zu werden, und ward dies sofort, nachdem der (Slawen-) Fürst Barnim die Spreelande abgetreten hatte« (Oskar Schwebel).

Tatsächlich scheint Berlin mit Cölln in den letzten fünfzig Jahren vor der rechtlichen Begründung durch Otto III. eine Art Musterexistenz für das deutschslawische Nebeneinander geführt zu haben. Es gab eine eher einem heidnischen Holztempel als einem christlichen Gotteshause gleichende Nikolaus-Kirche, geweiht jenem heiligen Bischof von Myra, der aus nicht immer ganz einleuchtenden Gründen Schutz-

Linke Seite: Ansicht von Berlin aus dem Jahr 1650, als die Stadt sich eben von den Nöten des Dreißigjährigen Krieges zu erholen begann.

Unten: Bildplan der Doppelstadt Berlin-Cölln auf beiden Spree-Ufern. Links unten das Kurfürstliche Schloß mit dem Lustgarten.

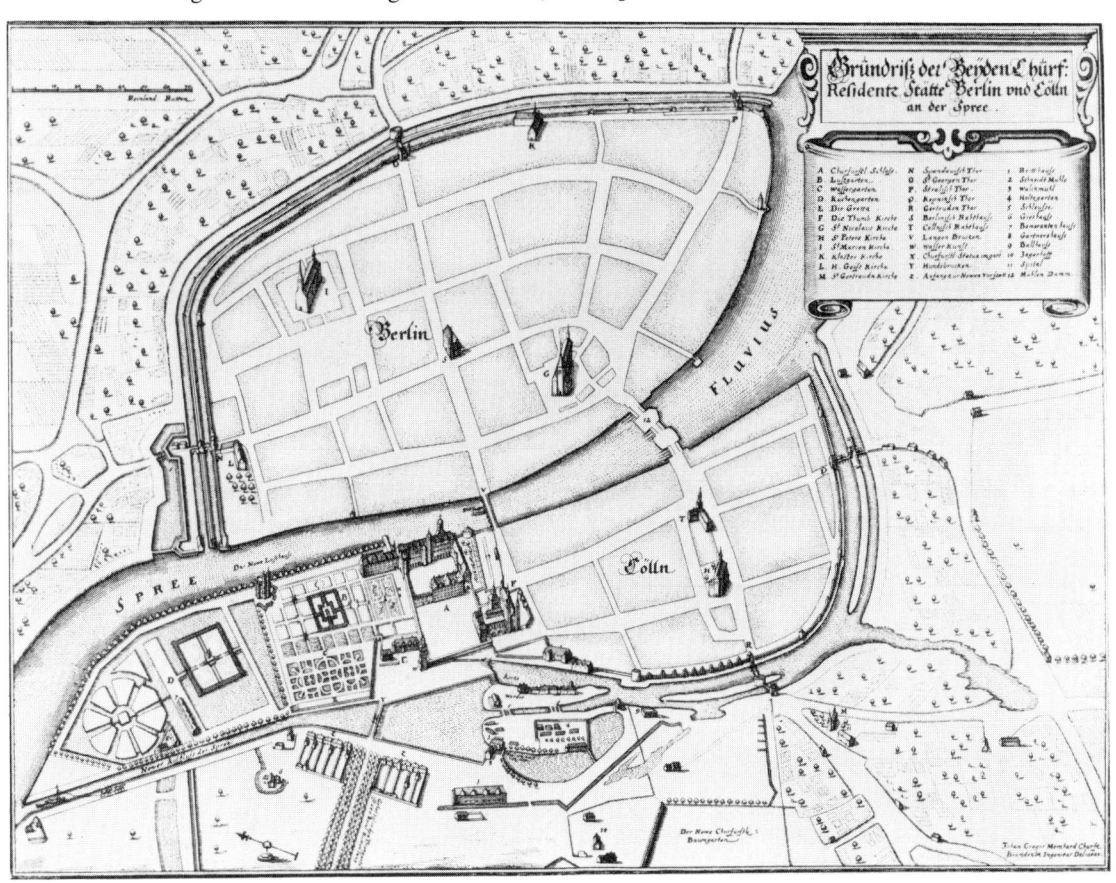

herr der Binnenschiffer, der Kaufleute, der Bierbrauer und der Tuchmacher wurde. Im Orient, aber auch bei den Normannen seit ihrer Christianisierung besonders verehrt, wurde Nikolaus auch bald im dazwischenliegenden slawischen Bereich zu einem besonders beliebten, gelegentlich sogar der eigentlichen Christianisierung vorauseilenden Heiligen, dem man das Eigentum anvertraute und von dem man sicher war, daß er es den Dieben wieder abnehmen würde. Daß die erste, zunächst aus Holz, danach aber von sächsischen Steinmetzen aus Granit errichtete Kirche diesem Heiligen geweiht war, ist der sicherste Beweis dafür, daß Berlin schon für den vorchristlichen Handel besondere Bedeutung besaß. Das Bild jenes wendischen Ufermarktes hatte freilich mit dem, was wir uns unter einer mittelalterlichen Stadt vorstellen, noch herzlich wenig gemein, aber solche Erscheinungsformen sind vorübergehend – was bleibt und zum Schicksal einer Stadt wird, ist die Gunst ihrer Lage. Sie war in jenen frühen Zeiten, in denen der Landverkehr mühsam, zeitraubend und wenig leistungsfähig war, vor allem durch die zahlreichen Gewässer gegeben, durch eine Flüsse- und Seenplatte, die zwischen Elbe, Oder und Ostsee bald zu einer Art Handels-Drehscheibe wurde.

Aus den östlichen, noch slawischen Bereichen wurden Agrarprodukte angeliefert, aber auch Erzeugnisse der Waldwirtschaft; aus dem deutschen Bereich im Westen und Norden kamen Heringe, Textilien und Güter des gehobenen Verbrauchs. Zwei Jahr-

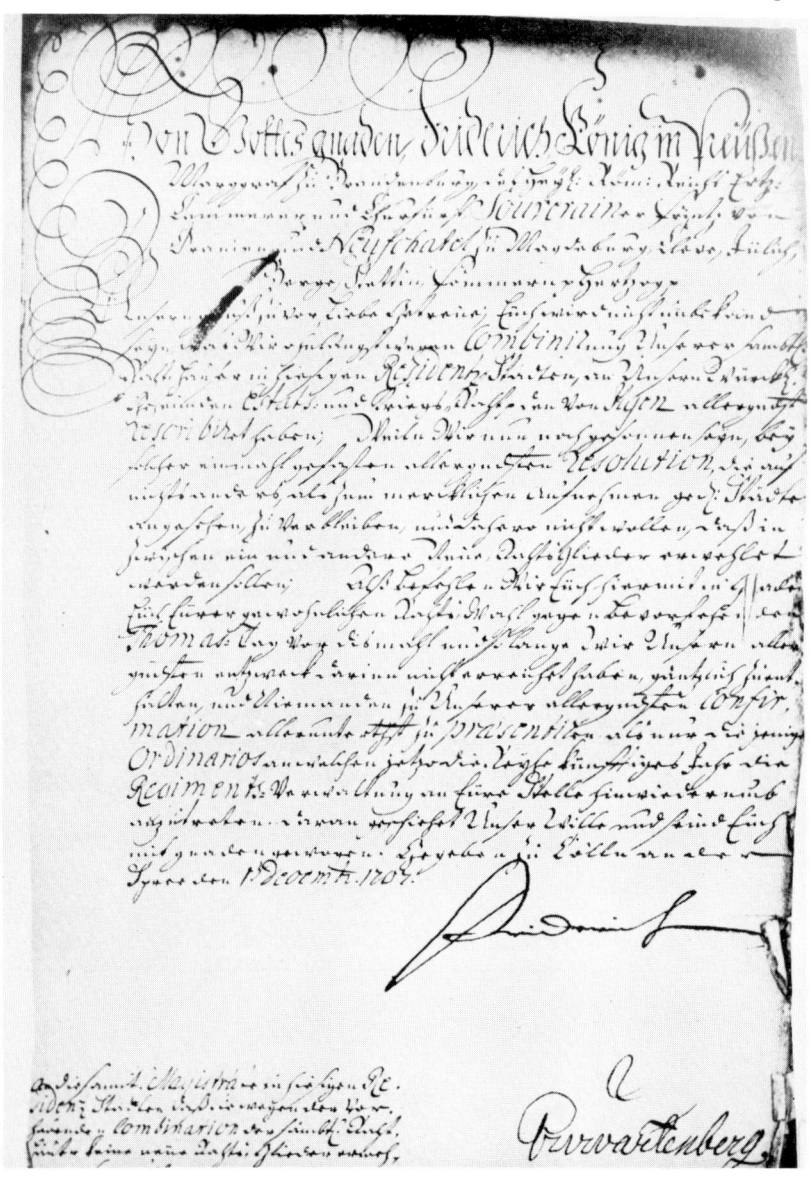

Links: Im Jahr 1707 diktierte König Friedrich I. den Erlaß zur Vereinigung der beiden Residenzstädte, aber gegeben wurde er »zu Cölln an der Spree«.

Rechte Seite: Die Nikolaikirche am Berliner Spreeufer deutet auf vorchristlichen Händlerverkehr am Spree-Übergang hin, denn der heilige Nikolaus wurde auch von slawischen und jüdischen Kaufleuten geachtet.

märkte trugen dazu bei, die Einwohner der vielen kleinen Dörfer ringsum und der dreißig neuen Städte, wie sie Johann und Otto gegründet hatten, an das junge Zentrum an der Spree zu gewöhnen. Die Übermacht dieses Handels zeigt sich auch darin, daß das bodenständige Handwerk sich nur zögernd entwickelte und sehr langsam gedieh.

Einen indirekten Beweis dafür, daß Berlin zunächst eine Handelsstadt war, ehe ihm andere Existenzgrundlagen zuwuchsen, darf man darin erblicken, daß schon wenige Jahre nach der Stadtgründung eine blühende Judengemeinde in Berlin festzustellen ist. Vermutlich gab es jüdische Händler schon in der voraskanischen Zeit in Berlin (weniger wahrscheinlich ist ihre Anwesenheit in der Kolonistensiedlung Cölln). Auch die frühen Freiheiten, deren sich die Juden erfreuten, erweisen Berlin als eine Stadt des vorchristlichen Handels: es gab kein Ghetto, die Juden lebten in ihren Wechslerbuden, bildeten also ein Element der übernationalen Händlerschaft, wie sie in Wikinger- und Slawenstädten ihren Platz hatte, weil jene Gemeinwesen religiös noch neutral waren. Als das kriegerische Christentum der Askanier ihnen auf den Leib rückte, flüchteten sie alle, heidnische Sklaven und gläubige Juden, unter den Schutz des heiligen Nikolaus, des gütigen Bischofs aus dem vorderen Orient, dem sie alle vertrauten, der ihnen näher war als die offizielle, wehrhafte und anspruchsvolle Kirche, wie sie die deutschen Bischöfe von Brandenburg, Havelberg, Magdeburg und Halberstadt vertraten.

Sankt Nicolai, wie die Kirche oft in eher russischer als deutscher Schreibweise genannt wird, spielt auch in den nicht eben zahlreichen Versuchen eine Rolle, diese reizvoll zwielichtige, christlich-heidnische Frühzeit der später so großen und berühmten Stadt literarisch zu erfassen. Um die Mitte des vorigen Jahrhunderts hatte ein Herr August Braß einen gewissen Erfolg mit der Novelle *Die Glocke auf Sankt Nicolai,* die den Untertitel »Historische Erzählung aus Berlins *Vor*zeit« führte. Das frühe Berlin, wie es das deutsche Bürgertum kennenlernte, ist allerdings hundert Jahre älter: die Doppelstadt an der Spree im vierzehnten Jahrhundert, als ein bis heute nicht identifizierter Betrüger sich mit Geschick, ja mit Genie als der im Heiligen Land festgehaltene und endlich wiedergekehrte Markgraf Waldemar ausgibt. Der unsterbliche Willibald Alexis, dessen vorbildlich von Detailstudien untermauerten großen historischen Romane (*Der falsche Woldemar, Die Hosen des Herrn von Bredow*) das Entzücken des vergangenen Jahrhunderts waren, hat jenen Woldemar und das Berlin seiner Zeit breitflächig dargestellt und ihn uns so nahegebracht, daß wir uns heute noch darüber freuen, diesen gewiß bemerkenswerten Betrüger nicht gehenkt sehen zu müssen: Obwohl ihn schließlich selbst der Kaiser fallenließ, der ihn vorher für seine Zwecke benützt hatte, hielt ihm die Uckermark die Treue, und er konnte sein Leben in Frieden und wohlgeachtet zu Ende bringen.

Romane sind, trotz der professoralen Gewissenhaftigkeit eines Willibald Alexis, eines Karl Friedrich von Kloeden (*Die Quitzows*) und anderer Berlin-Enthusiasten, doch immer noch der vage schöne Schein, verglichen mit der heute wieder auflebenden akribischen Bodenforschung, die mit modernsten Methoden den Berliner Untergrund durchprüft, wann und wo immer dies möglich ist. Leicht ist es nicht; die geteilte Stadt wächst vor allem in ihrem Westteil sehr schnell mit neuen Vierteln, und nicht selten arbeiten die Archäologen im Wettlauf oder im toten Rennen neben den Baggern, die eine Tiefgarage ausheben sollen. Dies gilt auch für die verdienstliche Bodenforschung im Raum Spandau; sie hat diesen heute von Industrie und Wohnvierteln in

Links: Eines der sichersten Kennzeichen für blühenden Handel war die Bildung von Judengemeinden, die mitunter (z. B. in Magdeburg) zahlenmäßig stärker waren als die deutsche Kaufmannschaft. 1446 aus der Mark vertrieben, durften die Juden als unentbehrliche Wechsler und Geldverleiher jedoch bald wieder zurückkehren.

Rechte Seite: Der Dom zu Halberstadt hatte eine ähnlich langwierige Entstehungsgeschichte wie der Kölner Dom. Das Bild zeigt den kunstreichen Bau kurz nach seiner Vollendung im Jahr 1896.

Anspruch genommenen einstigen Vorort zum inzwischen am besten bekannten Teil des slawischen Berlins werden lassen, also zu einer Art Wissens-Sonde hinab in die Vorgeschichte.

Da wir Schriftdenkmäler aus der slawischen Zeit von Spandau erst aus dem elften Jahrhundert zur Verfügung haben, machte es in gewissem Sinn Sensation, daß Adriaan von Müller nicht weniger als acht verschiedene Burgen von Spandau archäologisch lokalisierte und datierte und an der Einmündung der Spree in die Havel somit gleichsam ein neues Troja aus Keramikscherben und anderen Funden in den Wallaufschüttungen erstehen ließ. Dabei zeigte sich, daß die erste Slawenburg auf einer kleinen Insel zwischen zwei Havelarmen lag, relativ gut erhalten ist und (entgegen früheren Annahmen) nur etwa 30 Meter im Durchmesser groß war, weil die Insel oder Sandbank eine Ausdehnung zur Fluchtburg gar nicht gestattete. Die darüberliegenden Burgreste waren weniger gut erhalten, weil in den höheren Siedlungs- und Bauschichten naturgemäß die Eingriffe von der Oberfläche her mehr zerstörten. Die erste, unterste und älteste Burg stammt aus der Zeit vor 800, die letzte, achte und oberste Burg ist bereits askanischen Ursprungs.

Schon im zehnten Jahrhundert siedelten sich im Schutz dieser Burg Handwerker, vor allem aber Kaufleute an. Das ist ein typischer Vorgang, der in diesem Fall noch weniger überrascht, weil die Lage am Kreuzungspunkt von Wasserstraßen und Landverkehr ja besonders günstig war und die Landschaft rund um Berlin noch vergleichsweise wenig andere Überquerungsmöglichkeiten bot. Andererseits barg solch eine günstige Lage auch Risiken, und die Brandschichten zeigen uns, daß die Burgen auch auf ihrer Insel keineswegs sicher waren. Burg 1 wurde bis zur Grundwasserebene niedergebrannt. Burg 2 war besser geschützt, es gab Vorwälle, Palisaden und Hauptwälle, und trotzdem wurde auch diese Burg durch Brand vernichtet, weswegen die Burgen 3 und 4 höhere Wallaufschüttungen erkennen lassen und eine fortlaufende, von Jahrhundert zu Jahrhundert aufwendiger werdende Verstärkung der Befestigungen. Auch Burg 4 ist noch vor das Jahr 1000 zu setzen. Selbst die sechste Burg ist noch slawisch, wie nicht nur die Keramik ausweist, sondern auch eine tiefe Opfergrube, die sich nur durch heidnische Riten erklären läßt (die Grube war ausgekleidet, so daß man sie kaum als Abfallgrube ansehen kann).

In der Siedlungsphase acht, die in die zweite Hälfte des zwölften Jahrhunderts datiert wird, ergaben sich vergleichsweise ausgedehnte Bauten für eine zivile

Bevölkerung im Vorfeld der Burg und eine Mischung von spätslawischer Keramik mit deutscher Kugeltopfware.

Obwohl sich der Lauf der Havel leicht verändert hat, gibt er noch immer die besten Anhaltspunkte für die Grabungsorte, und deswegen sind die archäologischen Untersuchungen im Spandauer Boden auch besser vorangekommen und im ganzen in ihren Ergebnissen schlüssiger als die Bodenforschung im übrigen Großraum Berlin. Dank der Arbeiten von Adriaan von Müller, Raimund Maczijewski, Klara Mucis und der Keramik-Datierungen durch Vladimir Nekuda vom Mährischen Museum in Brünn haben wir in den letzten zehn Jahren fesselnde Einblicke in das Altspandauer und somit Altberliner Leben in voraskanischer Zeit gewonnen. Man hat Schafställe freigelegt, in denen auch Webstühle aufgestellt gewesen sein müssen, denn es fanden sich Spinnwirtel und Webstuhlgewichte, dazu Glättsteine aus Glasfluß, eiserne Schafscheren und Schermesser. Neben diesen eisernen Gerätschaften waren auch bronzene in Verwendung. Weitere handwerkliche Tätigkeiten ergaben sich aus dem Vorhandensein von Gerberbecken und kalkiger Holzasche, während ein Eisenschmelzofen leider nur stark zerstört ausgegraben werden konnte. Immerhin erweisen Schlakken, angebackene Holzkohle und die schüsselförmige Sohle des Schachtofens, daß die Spandauer Slawen sich Gerätschaften und Waffen teilweise selbst herzustellen vermochten. Es wurde auch ein Steigbügel aus Eisen gefunden, dazu ein halbes Hufeisen, verschiedene Messer und Klappmesser (!), zum Teil in ziemlich kunstfertiger Ausführung mit Griffschalen aus Knochen. In einem Brunnen kam ein schöner Pokal aus weißem Ton mit grüner Oberflächenglasur zum Vorschein, der einen Durchmesser von 14,5 Zentimeter hatte, aber auch sehr viel weitere Geschirre, die so gut wie alle zerbrochen

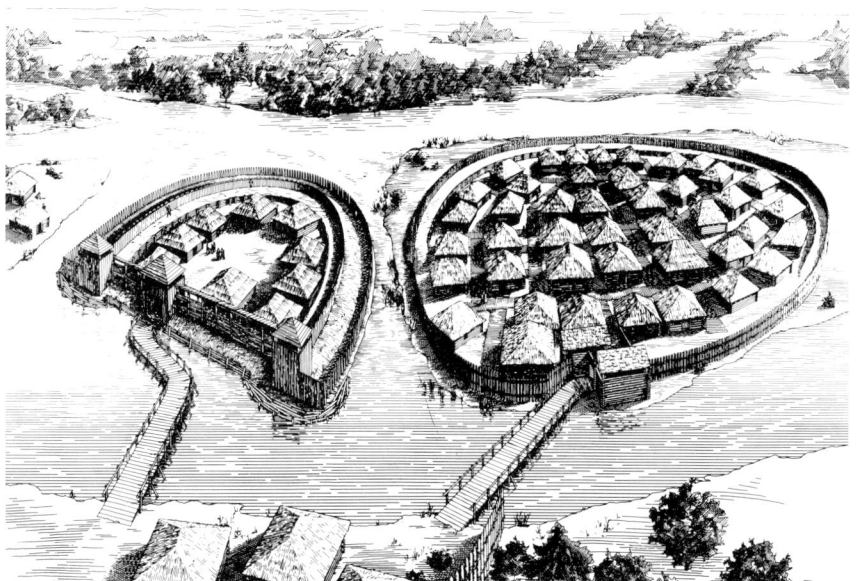

Burg und Siedlung von Spandau um 800, also in heidnisch-slawischer Zeit.

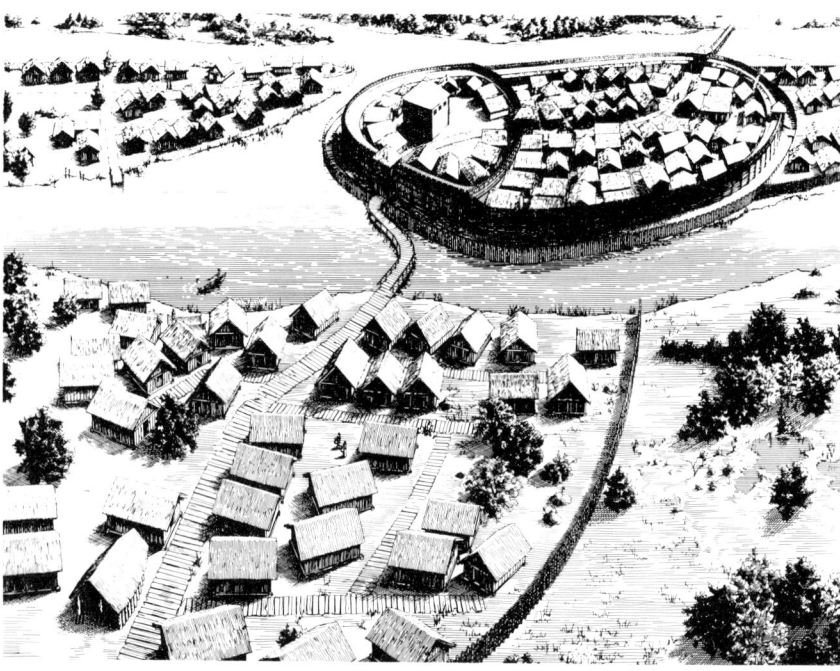

Die Burg von Spandau mit der Burgstadt in der slawisch-deutschen, heidnisch-christlichen Übergangsphase des zwölften Jahrhunderts.

waren, und ausgedehnte Faschinenwege als Vorläufer des Berliner Pflasters.

Ein besonders interessanter Einzelfund gelang am 17. September 1970 im Spandauer Burgwall: ein Stein zu einem Brettspiel, aus einem Hirschgeweih geschnitten und einen Trappenhahn in Balzstellung darstellend. Aus den Funden von Würfeln, aus Knochen geschnitten, wußte man schon, daß die Besatzungen der Slawenburgen sich auf diese Weise die Zeit vertrieben (es gibt auch bildliche Darstellungen, allerdings aus späterer Zeit, die Herren und Damen bei Brettspielen und beim Würfeln zeigen; sie sind über den ganzen osteuropäischen Bereich ebenso verbreitet wie im Westen).

Der Brettspielstein von Spandau wich vom Material her von den zahlreichen Spielsteinen aus Walroßzahn und Elfenbein ab, die man bisher kannte: das Hirschhorn war zweifellos auch dem einfachen Slawen zugänglich, es stellte keinen besonderen Wert dar. Die Balzstellung des Trappenhahns hingegen ist

Rechts: Miniatur aus der Manessischen Liederhandschrift (um 1300): Markgraf Otto IV. von Brandenburg beim Schachspiel mit seiner Gemahlin Hedwig.

Unten: Einer der interessantesten Funde aus Spandau: Slawischer Brettspielstein, aus Hirschhorn geschnitzt, mit dem Bildmotiv eines balzenden Trappenhahns.

Seite 114: Die Kirche des ehemaligen Zisterzienserklosters Lehnin, das 1180 von Markgraf Otto I. gestiftet worden war. Lehnin wurde durch die nach ihm benannte Weissagung des Mönches Hermann berühmt und viel diskutiert.

Seite 115: Friedrich von Hohenzollern, Burggraf zu Nürnberg (kniend) wird am 18. April 1417 durch Kaiser Sigismund mit der Mark Brandenburg belehnt, die er bereits seit 1411 verwaltete.

besonders gut getroffen, hier hatte offenbar jemand geschnitzt, der das vorwiegend östlich der Elbe und von dort bis nach Asien vorkommende Tier wiederholt in dieser Stellung beobachtet hatte. Der Stein war also vermutlich nicht rheinischen Ursprungs, wie man zunächst annahm, und mit deutschen Siedlern an die Havel gekommen, sondern von einem slawischen Jäger geschnitzt worden, vielleicht sogar für den eigenen Gebrauch.

Günter Rau, der sich in einer eigenen Studie (Ausgrabungen in Berlin 4/73) mit diesem Spielstein beschäftigte, vermutet eine Herstellung in einer östlichen Werkstatt oder in Spandau selbst, und zwar um das Jahr 1100. Er sagt auch, daß sich aus allen Funden von Brettspielsteinen im Osten noch keine Spielgarnituren zusammenstellen ließen, so daß wir

nicht mit Sicherheit sagen können, ob die Spandauer Wachsoldaten oder Kaufleute oder auch die Schafscherer in ihrer freien Zeit Mühle oder Dame oder etwas ganz anderes spielten. Glasspielsteine kennt man aus dem römisch nicht besetzten Germanien aus der Zeit um 300, auch die dazugehörigen Holzbretter wurden in Gräbern gefunden. Für Elfenbein-Spielsteine im Rheinland vermutet man orientalische Vorbilder. »Für die slawischen Spielsteine aus Hirschgeweih ist eine Anregung aus dem Rheinland nicht auszuschließen; im wesentlichen überwiegen aber einheimische Zierelemente, wie sie jahrhundertelang Tradition der Werkstätten für sonstige Geräte wie Kämme, Messergriffe, Anhänger etc. sind. Die Vogelplastik des Spandauer Spielsteins ist von besonderer Qualität und kann als eines der schönsten Erzeugnisse spätslawischer Handwerkskunst angesehen werden« (Günter Rau).

Es ist wichtig, sich darüber klarzuwerden, daß zwischen den relativ kurzen Phasen der Feldzüge, der Aufstände und der Strafexpeditionen nicht selten jahrzehntelange friedliche Perioden lagen, in denen die Burgen natürlich erhalten blieben, in denen aber doch die Handwerker und die Bauern, die Tuchscherer und die Kaufleute wichtiger waren als die paar Wachsoldaten. Die markgräflichen Brüder Johann und Otto hatten, als sie in noch kindlichem Alter die Thronfolge antraten, nur fünf Städte im Brandenburgischen vorgefunden und im Lauf ihres Lebens dreißig weitere gegründet. In einer Zeit, in der auch große Dörfer oft schnell wieder verlassen wurden, war auch die Städtegründung nicht ohne echtes Risiko durchzuführen; man muß sich wundern, daß die beiden Fürsten die großen Investitionen von Städtegründungen so oft auf sich nahmen.

Otto scheint ein wenig vorsichtiger gewesen zu sein als Johann, oder es war seine tiefe, von Goez als düster bezeichnete Frömmigkeit, die ihn dazu bewog, neben den Städten verhältnismäßig viele Klöster zu begründen, wobei die Dominikaner, aber auch die Franziskaner seinem Herzen am nächsten standen. Bei den Klöstern war die Unsicherheit über das künftige Schicksal geringer; er überantwortete die Gründung ja in einen großen Orden mit einer eigenen Organisation; andererseits aber kam ein Kloster den Fürsten nicht selten teurer zu stehen als eine sich selbst tragende und Abgaben entrichtende Stadt. Dennoch zeigte sich, daß die Oberhirten der ersten bedeutenden Diözesen in diesen neugewonnenen Landstrichen keineswegs nur kriegerische Ener-

gien an den Tag legten. Die Orden waren in den ersten Jahrhunderten der deutschen Ostsiedlung, im zwölften und im dreizehnten, zum größten Teil von einem besonderen Tatendrang und auch von Pflichteifer erfüllt. Die lang anhaltenden Krisen des Papsttums hatten vor allem in Frankreich Reformbewegungen entstehen lassen, die nicht aus der Kirche hinausstrebten wie etwa die Waldenser oder später die Hussitten, sondern die sich auf das Mönchtum stützen und eine Erneuerung der Kirche von innen heraus bewirken wollten. Den Zisterziensern aus dem Reformkloster Citeaux und den Prämonstratensern aus Coucy bei Reims kam die schwere Arbeit im sumpfigen Grenzland, hart an den ausgedehnten heidnischen Lebensbereichen, gerade recht, um sich den Sinn und den Nutzen des Mönchtums zu beweisen und der Welt Christen zu zeigen, die nicht wie die Umgebung des Papstes und die Adelsparteien in und um Rom Beispiele der Verrohung und des Sittenverfalles gaben.

Es war Bischof Anselm von Havelberg, der Kolonisten aus dem Umkreis von Reims ins Brandenburgische holte, und bald folgte der uns schon oft aufgefallene, unbeugsam tätige Bischof Wichmann nach, der von Naumburg nach Magdeburg ging, wo die Prämonstratenser im Marienkloster einen für die ganze Kirchenarbeit in Mitteleuropa sehr wichtigen Schwerpunkt bildeten. Von den frühesten Klöstern sind einige so gut wie vergessen, etwa Kapenberg oder Leitzkau, wo die brandenburgischen Bischöfe darauf warteten, daß die Truppen der Askanier ihnen ihre Diözesen freikämpften und die Slawen vertrieben. Brandenburg selbst, die Stadtgründung an der Stelle der vielumkämpften Burg des Heinrich-Pribislaw, wurde ein Prämonstratenserkloster mit ausgedehnten Ackerbaukolonien, deren Felder dank alter Sachsendämme und neuer Deichbauarbeiten

Oben: Bei den nicht sehr zahlreichen Aufständen leibeigener Bauern machte sich die Not von Generationen in Mord und Brand Luft. Tod des Abtes Ziebold von Lehnin in einem Ausschnitt aus einem Gemälde des sechzehnten Jahrhunderts.

Rechte Seite oben: Motiv vom Großen Stechlinsee nordöstlich von Rheinsberg.

Unten: Miniatur aus einer Handschrift des Sachsenspiegels mit Darstellung des Wappens von Brandenburg.

der holländischen Siedler bald besseren Ertrag brachten.

Auch die Zisterzienser mußten ins Sumpfland: Bischof Wichmann schickte sie nach Zinna, wo sie 1171 ein erstes Kloster bauten, damit aber nur die Wenden anlockten, die alles niederbrannten. Als der Wiederaufbau gelang, gab es dann auch schon eines der berühmtesten der gegen die Wenden gegründeten Klöster, nämlich Lehnin, dessen Name, wie Herbert Ludat nachgewiesen hat, aus einem wendischen Vornamen abgeleitet ist. Lehnin, zwischen Waldstücken und Wasserflächen gelegen, arbeitete seit 1180 emsig und mutig und hatte auch manchen Slawensturm zu bestehen, und eben darum hatten die Markgrafen an diesem Ort zunächst wohl auch eine Burg errichten wollen. Dann aber gab das Vertrauen der Fürsten in die Arbeit der Mönche den Ausschlag, und sie erwiesen sich auch als tüchtige Männer. Zuerst hatten sie Waldarbeit zu leisten, zu roden und auch noch die Wurzeln aus dem Boden zu ziehen, ehe Felder angelegt und die Saaten ausgebracht werden konnten. Zweifellos aber hatten sie auch Erfahrung im Trockenlegen von sumpfigem Ge-

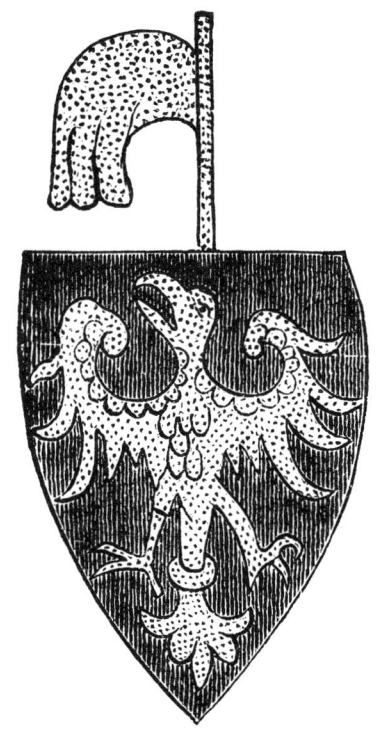

lände, denn die Ackerwirtschaft rund um Lehnin wäre ohne kunstvollen Grabenbau und geschickte Wasserableitung nicht möglich gewesen.

An einzelnen wichtigen Stellen wagten die Bischöfe mehr als die Markgrafen und griffen über die politischen Grenzen hinaus nach Osten. Denn für die Kirche war heidnisches Gebiet ja Niemandsland, und der Nachbar der Bischöfe von Magdeburg war nicht irgendein slawischer Fürst in den Wäldern, sondern der christliche König von Polen. Arrangierte man sich mit ihm, so war der Landgewinn zumindest auf dem Papier und für den kirchlichen Anspruch gesichert; durchsetzen mußten ihn dann die Soldaten.

Schon 1133 hatte sich Erzbischof Norbert von Magdeburg an Rom gewandt, um sich von Papst Innozenz II. die Oberhoheit des Stuhles von Magdeburg über die pommerschen und polnischen Bistümer bestätigen zu lassen. Papst Innozenz II., von dem scharfsinnigen jüdischen Gegenpapst Anaklet aus Rom vertrieben, hatte offensichtlich nicht alle Informationen, um eine so schwerwiegende Entscheidung gültig und zukunftsträchtig zu treffen. Er unterstellte das alte Gnesen, eine Gründung des deutschen Kaisers Otto III. und des Polenkönigs Boleslaw Chrobry, dem Magdeburger Erzbistum und damit auch die anderen polnischen Bistümer Plock, Posen, Krakau und Breslau. Das gleiche galt für das pommersche Bistum Kammin, das freilich nicht einfach magdeburgisch wurde, sondern unter Umgehung von Gnesen Rom unmittelbar unterstellt sein sollte.

Ließen sich deutsche Ansprüche bis nach Krakau hinein auch auf die Dauer nicht verwirklichen, so wurde die magdeburgische Oberhoheit über das Oderkloster Lebus doch folgenreich für die deutsche Politik, die sich bald aus dem brandenburgischen Raum und aus der Lausitz heraus in Richtung Schlesien Chancen weiteren Landerwerbs ausrechnete. Lebus war zunächst ein Missionsbistum zur Ausbreitung des Christentums im Sinn der großen Heidenapostel wie des heiligen Adalbert, später wurde es in seiner Lage zu beiden Seiten des Oderstroms auch wirtschaftlich wichtig – im Verein mit der Gründung der Stadt Frankfurt an der Oder, die der jungen Spreestadt Berlin manchen Kaufmannszug und manche Warenniederlage wegnahm. »Freilich erinnert hier nichts mehr an die Tage früheren Glanzes und Ruhmes«, schreibt Theodor Fontane in seinen *Wanderungen durch die Mark Brandenburg*. »Die alte Kathedrale, das noch ältere Schloß, sie sind hin, und eines Lächelns kann man sich nicht erwehren, wenn man in alten Chroniken liest, daß um den Besitz von Lebus heiße Schlachten geschlagen wurden...«

Oben links: Schon während seines Aufenthalts in England faßte Theodor Fontane den Entschluß zu seinen Wanderungen durch die Mark Brandenburg; ihr literarisches Ergebnis wurde so populär, daß es sich sogar in Karikaturen niederschlug.

Oben: Sankt Marien, die evangelische Hauptkirche von Frankfurt an der Oder: Nordportal mit Skulpturenschmuck vom Ende des vierzehnten Jahrhunderts.

Schlesiens Ruf nach den Deutschen

Die fünfhundert Jahre der Vandalen an der Oder –
Die heilige Hedwig und ihre Klöster – Mongolensturm und plötzliche Umkehr –
Das mittelalterliche Breslau – Oppeln, die Stadt auf zwei Inseln –
Fünf Herren einer kleinen Stadt – Die Weberdörfer in den schlesischen Wäldern

Wir haben es in unserem Jahrhundert erlebt und erleben es noch, die friedlichen und die weniger friedlichen Völkerwanderungen, die Arbeiterströme, die ins Land kommen, die Vertriebenenströme, die eine neue Heimat suchen müssen, endlich die Heimkehr nicht mehr gebrauchter oder saturierter Arbeitskräfte und die Internationale der Flüchtlinge in offenen Booten oder Großraumflugzeugen. Die Menschheit ist im zwanzigsten Jahrhundert nicht in Bewegung geraten, sie ist in Bewegung geblieben, und wenn es auch nicht mehr ganze Völker sind, die heute wandern, so ist rein zahlenmäßig die moderne Menschenwanderung doch gewiß nicht weniger umfangreich als im frühen und im hohen Mittelalter.

Es hat angesichts dieser Mobilität unseres Geschlechts nicht allzuviel Gewicht, aus Skeletten und Grabbeigaben Besitzansprüche abzuleiten: die Madagassen dürften sich dann daran erinnern, daß ozeanische Völkergruppen von ihrer großen Insel aussegelten, um den pazifischen Raum zu erobern, und die Nachfahren der Phöniker dürften nostalgische Gefühle nähren in den Felsentempeln der Insel Malta. Aber es gibt ja auch ein kulturgeschichtliches Interesse ohne Besitzansprüche, und darum haben die zwar absichtsvollen aber wissenschaftlich redlichen Skelett- und Schädeluntersuchungen des Anthropologischen Instituts der Universität Breslau auch heute, trotz der Zeit des Dritten Reiches, in der sie angestellt wurden, noch ihren Wert. Egon Frei-

Rechts: Alte Kirche aus Eichenstämmen, auch im heutigen Schlesien ein vielbesuchtes Wanderziel.

Folgende Seite: Waldenburg in Schlesien: Blick vom Heidelberg zu den kärglichen Resten des Hochwaldes, der seit etwa 1850 rücksichtslos als Grubenholz und für die Industrien ausgebeutet wurde.

herr von Eickstedt und Ilse Schwidetzki haben, unterstützt von zahlreichen studentischen Helfern, anhand von 67 000 Erwachsenenuntersuchungen nachgewiesen, daß sich rund um den heiligen Berg Zobten eine Bevölkerung erhalten hat, die nach ihren anthropologischen Merkmalen in hohem Maß auf die vorslawische germanisch-vandalische Siedlungsepoche zurückgeht.

Diese Feststellung ist nicht kurzerhand als phantastisch oder als nationalsozialistisches Wunschdenken abzutun, denn die Vandalen waren nicht weniger lang in jener Gegend als die anderen an der Bevölkerung Schlesiens beteiligten Stämme. Man darf zwischen etwa 100 vor Christus und 400 nach Christus mit Vandalenbevölkerung in Schlesien rechnen, und auch, als die Hauptmasse der kriegerischen Wanderstämme nach Ungarn und später nach Spanien abwanderte, blieben die Silingen zurück, jener Vandalenstamm, der die religiösen Traditionen besonders treu bewahrte. Zu ihnen, die um den Siling oder Zobten siedelten, stießen später in vermutlich friedlichem Zustrom slawische Einwanderer, die im fruchtbaren Schlesien angesichts der Abwanderungen Platz genug vorfanden und Ansässige nicht umbringen mußten, um zu gutem Land und zu Hofstellen zu kommen.

Diese Abfolge gilt heute als gesichert, auch wenn die polnische Wissenschaft auf die Vandalenforschung nicht sonderlich gut zu sprechen ist und die vereinzelten, aber sehr aufschlußreichen und gut ausgestatteten Fürstengräber nicht immer als germanisch gelten lassen will. Selbst Schriftdenkmäler erhärten die Bedeutung der vandalischen Epoche Schlesiens, wie zum Beispiel der Runentopf aus dem dritten nachchristlichen Jahrhundert, der sich in einem Grab bei Sedschütz in Oberschlesien gefunden hat. Sehr zahlreich waren auch die Funde römischer Münzen, denn die Vandalen leisteten eifrig Söldnerdienste für die Römer, unter anderem für Cäsar und gegen Vercingetorix im schicksalshaften Endkampf der Gallier bei Alesia im heutigen Burgund. Die reichen Grabbeigaben zum Beispiel von Sackrau nordwestlich Breslau beweisen, daß die vandalischen Oberschichten in Schlesien in ihrem Lebenszuschnitt auf der Höhe der Zeit standen, nicht schlechter lebten als die besitzenden Familien Galliens oder am Rhein und erhebliche künstlerische Ansprüche an die Gegenstände des täglichen Bedarfs stellten. Es fand sich auch ausgesprochene Luxusware, wie sehr schöner Schmuck (Halsringe, Schnallen, Fibeln, Ketten) und kunstvolle Brettspiele aus schwarzem und weißem Glas. Nicht wenige der schönsten Stücke waren Einfuhrgut

aus dem Südosten, viele andere aber stammten zweifelsfrei aus einheimischen Werkstätten, in denen Vandalen und Goten tätig waren. Wieder anderes war Auftragsarbeit, das heißt, vandalische Offiziere hatten es sich während ihres Söldnerdaseins im Mittelmeerraum nach eigenen Angaben anfertigen lassen: zusammenlegbare, raffiniert gearbeitete Trinktische aus Bronze mit schmückenden Halbreliefs zum Beispiel, die sich auf Feldzügen leicht mitführen ließen.

Da solche und ähnliche Funde bis weit hinein nach Polen vorkommen und weil sogar die junge polnische Archäologie die ererbte Angst vor deutschen Territorialansprüchen noch in den Gliedern hat, ist aus dem pommerschen Lübsow (bei Greifenberg an der Rega) nun eine eigene Lubieszow-Gruppe geworden. Je mehr man nämlich zusammenfaßt, desto leichter kann man einen an sich eindeutigen ethnischen Befund verwischen und die Germanen in die Parenthese abdrängen. Das liest sich dann, wenn das Soziale gebührend in den Vordergrund gerückt wird, bei Jan Filip folgendermaßen:

»Durchwegs Körperbestattungen, ausnahmsweise auch Brandgräber. Die Bestattungen lagen zumeist in größeren, über zwei Meter tiefen, mit großen Feldsteinen überdeckten Holzkammern, gelegentlich in Hügeln mit Steinkranz, in deren Innerem der Baumsarg mit dem Toten und seinem persönlichen Schmuck beigesetzt war. Neben dem Sarg befand sich eine Gruppe von Silber-, Bronze-, Glas- und Tongefäßen. Gräber dieser Gruppe treten im Raum von Norwegen und der Ostsee südwärts bis Böhmen auf. Unter ihnen kommen sowohl weibliche Bestattungen als auch Männergräber vor. Sie verraten einen fürstlichen Lebensstil und gehören nicht einem bestimmten Stammesgebiet an, sondern sind, besonders im germanischen Milieu, eine zeitliche Erscheinung, welche die gesellschaftliche Differenzierung widerspiegelt (Hochadel oder Herrscher).«

Eine von dem baltischen Gelehrten Hans Jürgen Eggers ausgearbeitete Verbreitungskarte führt nur vier westlich der Elbe gelegene Fundstellen auf, zeigt die größte Funddichte zwischen Elbe- und Oder-Unterlauf und vereinzelte Gräber noch im Quellgebiet von Elbe, Oder, Warthe und Weichsel. Bedenkt man, wie kostbar der Völkerwanderungsforschung jener einzelne gotische Speer aus dem Pripjetgebiet ist, dann muß man sagen: Während der römischen Kaiserzeit, also in den ersten drei oder vier Jahrhunderten unserer Zeitrechnung, war das östliche Mit-

Oben: Goldene Fibel und goldene Anhänger aus dem Fürstengrab von Sackrau nordwestlich von Breslau. Es handelt sich um drei im Jahr 1886 entdeckte Gräber aus dem vierten nachchristlichen Jahrhundert. Die Grabbeigaben sind hauptsächlich römischen Ursprungs und wurden von vandalischen Offizieren in deren schlesische Wohnsitze gebracht.

Unten: Die Oder war der Hauptimportweg für italienische Gebrauchs- und Luxusgegenstände. Das Bild zeigt kostbare Grabbeigaben des Fundortes Lübsow (Pommern).

teleuropa im wesentlichen von germanischen Stämmen besiedelt, deren Oberschicht kulturelle Ansprüche stellte und sie sich auch leisten konnte. Es waren also Stämme, die eine gewisse soziale Ordnung entwickelt hatten und diese auch in ihren neuen Heimatländern südlich der Ostsee aufrechterhielten. Die oftmals beklagte germanische Rastlosigkeit ließ sie alle, bis auf die erwähnten seßhaften Reste, abermals aufbrechen und weiter nach Süden ziehen. Daß damit die Slawen aus dem Osten einrücken konnten, wird von so manchem wilhelminischen Forscher lebhaft bedauert. Diese Einwanderung hat sich aber bis weit in unser Jahrhundert hinein eigentlich nur positiv ausgewirkt, eben weil die deutsch-slawische Gemeinschaftsleistung des Hoch-und Spätmittelalters dem altdeutschen Raum Entlastung gebracht hatte und den Stämmen des alten Reichsgebietes neue, fruchtbare und anregende Möglichkeiten bot. Eher wird man bedauern dürfen, daß so hochbegabte Völkerschaften wie die Goten, die Vandalen, die Skiren und die Gepiden in den Randländern des Mittelmeers zugrundegingen. Waren sie auch noch keine Deutschen im heutigen Sinn, so zeigen doch ihre Sprache und ihre kulturelle Leistung, daß sie die Deutschenmischung, die wir heute darstellen, um wesentliche Elemente hätten bereichern können: der sächsisch-alemannisch-bajuwarische Cocktail hätte die Würzen einer höheren Geistigkeit, wie sie die Goten repräsentieren, ebensogut vertragen können wie den temperamentvollen Impetus der Vandalen und Gepiden.

Die zweite Deutschenwelle, die Schlesien nach 1170 erreichte, die ersten, die sich nun ohne Zweifel Deutsche nennen durften und nicht mehr nur Stämme mit vordeutschem Charakter waren, bildete sozial nicht mehr jene Oberschicht, die uns die Fürstengräber präsentieren. Diese Deutschen waren, um es modern auszudrücken, Gastarbeiter des ansässigen polnischen Adels, der sich freilich inzwischen auch so manche Gemahlin aus Österreich oder Deutschland geholt hatte und gelegentlich sogar einen deutschen Schwiegersohn.

Es begann also, wie man so sagt, auf höchster Ebene, womit aber eben nur die Weichen gestellt wurden; der Dialog wurde fruchtbarer, weil der Adel sich ja vermöge seines weiteren Horizonts über Grenzen leichter hinwegsetzte. Wladislaw I. von Polen heiratete in dritter Ehe eine Tochter Kaiser Heinrichs III., hatte aus dieser Verbindung aber nur weibliche Nachkommenschaft. Sein Enkel Wladislaw II. nahm jedoch eine Tochter des Markgrafen Leopold III. von Österreich zur Frau und herrschte mit ihr über Schlesien. Damit kündigte sich für manche schon jenes österreichische Schicksal Schlesiens zumindest an, das als die glücklichste Zeit des vielumworbenen Landes gilt. Damit es so weit kommen konnte, damit sich Schlesien, wenn auch unter Fürsten aus dem polnischen Hause der Piasten, von der polnischen Krone distanzieren konnte, mußte Kaiser Friedrich I. Barbarossa allerdings ein Heer gegen Polen führen. Der Entschluß mag ihm nicht leichtgefallen sein, denn er wußte natürlich (Chronist Thietmar von Merseburg hat es festgehalten), wie kläglich Kaiser Heinrich V. vor Burgen wie Beuthen oder Glogau ohne Erfolg blieb. Aber das Jahr 1157 dieses Feldzugs wurde dennoch im positiven Sinn bedeutsam für Schlesien und für Deutschland, denn mit dem Rotbart zogen Heinrich der Löwe, Albrecht der Bär und Erzbischof Wichmann von Magdeburg, also große Herren, deren jeder des anderen erbitterter Gegner wurde, wenn die Stunde es gab: hinsichtlich Schlesiens waren sie jedoch einig.

Der Freisinger Chronist Rahewin († um 1177), dem wir eine Schilderung dieses Feldzugs verdanken, hat von den Slawen noch eine sehr ungefähre Vorstellung, wenn er schreibt: »Das Land Polen, das jetzt (!) Slawen bewohnen, liegt nach der Meinung derer, die sich darauf verstehen, an der Grenze von Obergermanien und wird im Westen begrenzt durch die Oder, im Osten durch die Weichsel, im Norden durch die Rus (d. h. die Wikinger) und die Ostsee, im Süden durch die böhmischen Wälder. Es ist überall durch natürliche Schutzwehren stark geschützt. Das Volk nun, das dort wohnt, ist sowohl seiner eigenen Art nach wild, barbarisch und streitsüchtig, aber es könnte ebensogut durch den Einfluß seiner Nachbarstämme so geworden sein. Man erzählt nämlich, die Küstenstämme brächten es fertig, bei Hungersnöten einander selbst aufzufressen, und solche seien dort nicht selten, da es in jenen Ländern, welche vom Meere bespült werden, so kalt sei, daß (die Menschen) an manchen Stellen überhaupt keinen Ackerbau treiben können. Deswegen leben die Männer dort von Jagd und Mord und sind sämtlich Seeräuber. Sie plündern die Inseln des Meeres, Irland zum Beispiel und Britannien, auch Dänemark, obwohl sie doch weit entfernt von der andern Küste des Meeres leben. Von diesen wilden Nachbarn also sollen die Polen viel an Wildheit angenommen haben...«

Rahewins Kenntnisse sind also noch ziemlich pauschal. Von den kühnen Ostseeslawen weiß er mehr,

Die Herrscher Schlesiens (vereinfachte) Stammtafel

Wladislaw II. († 1159) ⚭ Agnes, Tochter v. Markgraf Leopold III./Österreich
|
Boleslaw I. († 1201) ⚭ Adelheid, Tochter v. Pfalzgraf Berengar/Sulzbach
|
Heinrich I. († 1238) ⚭ Hedwig (die Heilige), Tochter v. Herzog Berthold/Meran
|
Heinrich II. († 1241) ⚭ Anna, Tochter d. Böhmenkönigs Ottokar I.

Boleslaw II.   Heinrich III.   Konrad I.
(† 1278)   († 1266)   († 1274)

Schlesien zerfällt in Teilherzogtümer

---

weil ihre Taten sich stärker einprägen und mehr von sich reden gemacht haben als die Vorgänge in Polen. Die seefahrerische Tüchtigkeit, die er den Liutizen und Pomoranen, den Obotriten und anderen Ostseeanrainern bescheinigt, ist wichtig, weil alle diese Eigenschaften sich ja später bei anderen binnenländischen Slawenvölkern nicht mehr finden, sondern in der hansischen Städtegemeinschaft aufgegangen sind: Die Wendenstädte Wismar, Rostock und Stralsund waren wichtige Stützen der Hanse. Den Polen bescheinigt Rahewin eine gewisse, lediglich durch diese nördlichen Nachbarn zu erklärende Wildheit. Das ist eine sehr schonende Erklärung, die der Domherr von Freising und Notar des berühmten Geschichtsschreibers und Bischofs Otto (1111–1158) vielleicht gewählt hat, weil dieser Otto von Freising ein Schwager des Königs Wladislaw II. von Polen ist. Rahewin, der nach Ottos Tod ehrfurchtsvoll die *Gesta Friderici* (Die Taten Friedrichs I.) fortsetzt, schildert dann den Feldzug in Schlesien, den Oderübergang vom 22. August 1157 und Barbarossas Vordringen nach Breslau und nach Posen. Obwohl der besiegte Boleslaw seine Zusagen nicht hielt, kam es sechs Jahre später, auf dem Reichstag zu Nürnberg von 1163, praktisch doch dahin, daß die Piastenherzöge von Schlesien die Oberhoheit des Heiligen Römischen Reiches Deutscher Nation anerkannten.

Am schnellsten reagierte immer die Kirche auf neue Konstellationen, ging es doch jedem Bischof darum, seine Diözese zu vergrößern und ihr Suffraganbistümer mit weiteren Gebieten anzugliedern. Dort, wo der Raum für solche Expansion zu eng wurde, zogen die geistlichen Herren mitunter auch gegeneinander vom Leder. Ging es hingegen nach Osten, in jenen Raum jenseits der Oder, der für die Prälaten noch als Niemandsland galt, waren sie um so schneller zur Stelle.

Noch im gleichen Jahr 1163 kamen Mönche aus dem thüringischen Pforta nach Polen. Boleslaw von Schlesien, genannt der Lange, hatte Thüringen

Otto Bischof von Freising aus dem herzoglichen Geschlecht der Babenberger; er war einer der bedeutendsten Geschichtsschreiber des Mittelalters.

schon in seiner Jugend kennengelernt, weil er mit seinem Vater Wladislaw I. dorthin vertrieben worden war. Vielleicht trug diese Beziehung zu einem Land und seiner Klosterkultur dazu bei, daß die Thüringer Zisterziensermönche nun die Erlaubnis erhielten, nicht nur ein Kloster zu gründen, sondern zu ihrer Hilfe auch Bauern und handwerklich geschickte Laien nachzuholen. Dadurch wurde Leubus in Niederschlesien, erstmals hundert Jahre zuvor von König Kasimir I. begründet, nun unter den deutschen Zisterziensern zu neuem Leben erweckt und eines der berühmtesten Klöster Schlesiens überhaupt.

Daß der deutsche Einfluß schnell wuchs, erklärt sich daraus, daß die Deutschen nicht nur in Klöstern und Pachthöfen zahlreicher wurden, sondern auch in der Fürstenfamilie selbst. Boleslaw der Lange hatte mit Adelheid, der Tochter des Pfalzgrafen von Sulzbach, bereits eine deutsche Frau geehelicht, sein Vater Wladislaw II., wie erwähnt, eine Österreicherin. Henryk I., den man Heinrich den Bärtigen nannte, hatte damit drei deutsch sprechende Großelternteile und heiratete selbst wieder eine Österreicherin, nämlich Hedwig – Jadwiga –, die Tochter des Grafen Berthold von Meran, die später heiliggesprochen wurde und Schlesiens Landespatronin blieb.

Hedwig kam um 1174 zur Welt, als achtes Kind des

Rechts: Heinrich der Bärtige und seine Gemahlin Hedwig betrachten mit ihrem Gefolge den Bau der Kirche im schlesischen Trebnitz (Hornigauer Handschrift).
Unten: Die Wallfahrtskirche von Trebnitz, in der Hedwig beigesetzt wurde. Sie starb 1243 und wurde 1267 heiliggesprochen.
Rechte Seite: Grüssau, aus dem 1242 gegründeten Kloster erwachsene schlesische Kleinstadt, war auf seine barocke Klosterkirche besonders stolz.

Grafen Berthold VI. von Andechs, Markgrafen von Istrien, Herzogs von Meran und Dalmatien, eines großen Herrn also, dessen Kinder in Herrscherhäuser einheirateten. (Eine ihrer älteren Schwestern wurde Königin von Frankreich, eine andere Königin von Ungarn.) Hedwig, von den Polen »Jadwiga die Deutsche« genannt, wurde Herzog Heinrich I. schon in ihrem dreizehnten Lebensjahr angetraut und schenkte ihm im Lauf der Jahre sieben Kinder. Sie war als Mutter wie als Landesmutter gleichermaßen vorbildlich und nahm sich der traditionellen Aufgaben, die damit verbunden waren, nicht nur mit weiblicher Milde und Frömmigkeit an, sondern auch mit bemerkenswertem Organisationstalent und einem Weitblick, wie ihn das entwicklungsbedürftige Land auch sehr brauchte. Sie pflegte die Zusammenarbeit mit den Orden weiter und gründete unter anderen Klöstern das der Zisterzienserinnen in Trebnitz, nördlich von Breslau gelegen. In dieses Kloster zog sie sich auch zurück, als ihr Gemahl 1238 starb. Sie überlebte Henryk nur um fünf Jahre und wurde bereits vierundzwanzig Jahre nach ihrem Tod heiliggesprochen.

Der Hedwigskult ist einer der lebendigsten, trotz der langen Zeit seit ihrem Tod und trotz des Verlustes von Schlesien; ja er hat seit 1945 vor allem durch die Anhänglichkeit der vertriebenen Schlesier noch an Intensität zugenommen. Nicht weniger als siebzehn Gemeinden können sich rühmen, seit siebenhundert Jahren zu ihren Ehren alljährlich nach Andechs zu pilgern. Da sich die Herzogin vor allem der Brautleute annahm, gilt sie nicht nur als die Landespatronin Polens und Schlesiens, sondern als die heilige Schutzherrin der Brautleute überhaupt. Sie war also offenbar um die Familiengründungen in den neuen Siedelgebieten besonders bemüht und darum, daß die Rodekolonien in den schlesischen Wäldern nicht aus verrohenden Männergemeinschaften bestanden, sondern von Bauernfamilien getragen wurden.

Dank Hedwig und Herzog Heinrich vollzog sich in diesen Zeiten auch ein Übergang, der für die ganze deutsche Siedlungsbewegung in Schlesien wichtig wurde: Nachdem zunächst vor allem wallonische und französische Einwanderer gekommen waren, folgte nun eine große Welle von Deutschen. Wallonen und Franzosen waren ins Land gekommen, weil in jenem zwölften Jahrhundert, dreihundert Jahre nach Karl dem Großen, der alte Reichsbegriff noch stark und gegenwärtig genug war, um diese Einwohner des nördlichen und nordwestlichen Frankreichs nicht als Ausländer erscheinen zu lassen. Vor allem die Klosterkultur dieser Landschaften zwischen Saar und Ärmelkanal war dank der großen karolingischen Traditionen der so manchen deutschen Klosters beträchtlich überlegen. Es ist darum nicht verwunderlich, daß es Mönche aus dem Artois waren, die schon 1140 den Reigen der Einwanderer eröffneten – sie kamen aus der Augustinerabtei Arrouaise und begaben sich in das Zobten-Kloster. Im Jahr 1155 gingen Prämonstratenser aus Frankreich auf die Insel Usedom an der Odermündung, aber auch nach Breslau. Dänische Mönche arbeiteten im Kloster Kolbatz in Pommern und gründeten 1178 das später so berühmte Kloster Oliva bei Danzig. Andere Dänen, Prämonstratenser aus der Stadt Lund, ließen sich in Belbuck bei dem Städtchen Treptow an der Rega nieder, ein Stück landeinwärts von jenem Greifenberg, bei dem germanische Fürstengräber lagen. Die Nonnen, die Herzogin Hedwig ins Land rief, kamen hingegen aus dem fränkischen Bamberg, ein gut Stück von Andechs und erst recht von Hedwigs Heimat Meran entfernt. In Trebnitz begann, vielleicht, weil die Nonnen nicht in dem Maß wie die Mönche zu harter Landarbeit eingesetzt wurden, das deutsche geistige Leben auf schlesischem Boden mit einer Psalmenfolge in deutscher Sprache. Die Hedwigslegende selbst, also die Vita der Heiligen in der zeitüblichen frommen und verehrungsvollen Ausschmückung, ist hingegen ein Werk der Mönche von Kloster Leubus an der Oder und wurde in lateinischer Sprache abgefaßt.

Die Zisterzienser gründeten, vom Herzogspaar tatkräftig unterstützt, fleißig weiter, wobei Heinrichsau und Grüssau die wohl bekanntesten Klöster wurden; aber auch Kamenz, Keimzelle einer blühenden Stadt, Rauden und das Kloster mit dem seltsamen Namen Himmelwitz taten, was von den kleinen mönchischen Gemeinschaften mit ihren Laienhelfern erwartet werden konnte. Hedwig zauderte nicht, diesen Gründungen Landbesitz und Einkünfte aus ihrer eigenen Mitgift zuzuwenden oder von ihrem Gemahl bedeutende Schenkungen zu erwirken. So erhielten die Templer, die in Schlesien ähnlich wie in der Mark Brandenburg tätig wurden, die besonders ertragreiche Herrschaft Klein-Öls.

Aus dem Gründungsbuch von Heinrichsau geht hervor, daß auch hier, ähnlich wie in Leubus, bereits Ansiedlungen bestanden; sie waren nur angesichts

Kolorierte Federzeichnung aus der mittelalterlichen Hedwigslegende: Deutsche und polnische Ritter verteidigen Liegnitz gegen den Mongolenansturm. Auf einer Lanze der Kopf des gefallenen Herzogs Heinrich II.

der Weiträumigkeit des polnischen Landes und des geringen Bevölkerungsdrucks am Südwestrand des polnischen Lebensbereiches noch nicht voll genutzt worden:

»Von Heinrichsau ist zu bemerken, daß es zuerst Janusow hieß. Weil nämlich dort, wo der durch das Dorf fließende Bach entspringt, vor alters zwei Kleinadelige saßen, leibliche Brüder, von denen der ältere Janus hieß, nannte man den Ort damals Janusow. Der jüngere hieß Dobrogost. Dieser wurde, weil er vom Straßenraub lebte, außer Landes vertrieben, noch bevor er ein Weib nahm; sein Bruder Janus aber starb dahin ohne Erben. Daher erbat unser (Lokator) Nikolaus, der in den Tagen dieser Ereignisse dem Herzog diente und jenes Gut Janusow erledigt sah, es vom Herzog für sich. Es wurde als erstes in dieser Gegend dem Herrn Nikolaus in Besitz gegeben und war von bescheidenem Umfang.«

Nikolaus – in Schlesien später ein sehr häufiger Familienname – war offenbar ein tüchtiger Mann und in seinen Methoden nicht sehr wählerisch. Als ein Raufbold namens Krepis und sein im gleichen Ort Sukuwitz ansässiger Gegner Such einander totschlugen, brachte Nikolaus die verwaisten Äcker an sich, und ähnlich ging es bei dem alten Kolas, der seit Generationen auf einem weitläufigen Besitz an Wald- und Buschland saß, das man darum Kolassow nannte. Da es seine Kräfte überstieg, den ausgedehnten Grundbesitz zu bewirtschaften, hatte Nikolaus nicht viel Mühe, dem Alten das Ganze gegen eine Leibrente abzuschwatzen, ein paar Geschenke taten das übrige. Blieb noch ein Deutscher, der sich für einen Ritter hielt, also zwei Tatsachen, die zur Vorsicht mahnten. Aber Herr Nikolaus war auch diesem sonst nicht weiter bekannten Abenteurer namens Heinrich gewachsen. Nikolaus bewog ihn zu einem Grundbesitztausch zur Arrondierung des Klosterbesitzes. Heinrich willigte ein, weil er natürlich mit dem künftigen Nachbarn, der herzoglichen Stiftung, im Guten auskommen wollte. Die Nachfahren dieses Heinrichs nannten sich übrigens Zesselwitz (so die Namensform im Gründungsbuch, später Zeschwitz). Immerhin war Heinrich schon lange genug im Land, um der ganzen Flur den Namen Heinrichsau zu geben. Es muß also deutschen Grundbesitz in Schlesien, wenn auch vereinzelt, schon vor dem Jahr 1200 gegeben haben.

Das Gründungsbuch von Heinrichsau schließt mit einer Reverenz vor Heinrich I., dem Bärtigen, und

dessen heldenhaftem Sohn, der 1241 noch als junger Mann in der mörderischen Mongolenschlacht bei Liegnitz fiel. Das Buch betont aber auch, daß es jener Herr Nikolaus war, der so recht eigentlich die Gründe für das Kloster zusammengebracht habe.
Diese Lokatoren repräsentierten einen Menschentyp, den es bis dahin offenbar gar nicht gegeben hatte, den aber die besonderen Bedingungen der Ostsiedlung geradezu verlangten. Er entstand, weil er unentbehrlich war, so wie sich ja auch in den großen Siedlertrecks des neunzehnten Jahrhunderts in Nordamerika immer wieder eine führende Persönlichkeit aus der Gruppe herausschälte und dann für Wochen und Monate die Geschicke von Dutzenden, ja nicht selten von Hunderten Familien in der Hand hielt. Da die Lokatoren in den Urkunden stets genannt sind – zum Unterschied von den Familien, die sich ihnen anvertraut haben –, können wir sagen, daß sie überwiegend Deutsche waren, auch wenn sie holländische oder wallonische Gruppen führten. Man darf annehmen, daß es sich um Männer von großem Verantwortungsgefühl gegenüber den ihnen anvertrauten Familien gehandelt hat, die sich aber eben darum in der Fremde mit allen Mitteln durchsetzen mußten. Wir wissen aus der Geschichte aller Wanderungen, von den Römern, die vielen Germanenstämmen Siedelland anwiesen, bis herauf zu den Glaubensflüchtlingen des siebzehnten und achtzehnten Jahrhunderts, daß trotz aller obrigkeitlichen Regelungen und Genehmigungen die Situation am Siedelort selbst entscheidend war. Wie Nikolaus zielbewußt die Grundstücke für Kloster Heinrichsau zusammenbrachte, ist ein Lehrstück. Allerdings wird eine solche Verfahrensweise nicht immer nötig gewesen sein, doch lassen auch andere Urkunden erkennen, daß in diesem bereits besiedelten Schlesien der Raum für die tüchtigen deutschen Bauern und ihre Ansprüche sehr oft mit fürstlicher Billigung am Ort erst geschaffen werden mußte:

»Im Namen des Heilands, Amen: Wir, Heinrich, von Gottes Gnaden, Herzog von Schlesien, tun dem gegenwärtigen und künftigen Geschlecht kund, daß wir dem Menold das Dorf Bautze gegeben haben, damit er es auf fünfzig Hufen besetzen solle (locare). Als Entschädigung dafür soll die sechste Hufe frei sein von aller Einhebung an Steuern und Zehnten. Wenn von dem Wald etwas übrig bleibt, nachdem die fünfzig Hufen ausgemessen sind, so haben wir das (Verbleibende) diesem Dorf zu gleichem Recht zugeschlagen.
Wir haben dem Menold auch eine Mühle und einen

Joseph Freiherr von Eichendorff (1788–1857) im Alter von 44 Jahren von Franz Kugler porträtiert. Das Eichendorff-Schloß Lubowitz wurde im Zweiten Weltkrieg zerstört.

Kretscham zugewiesen, ihm, seinen Erben, und, wenn er sie künftig mag verkaufen wollen, samt der erwähnten sechsten Hufe zu ewigem erblichen Besitz. Als Unterstützung oder sogenannte Erholung räumen wir dem Dorf eine Steuerfreiheit von vierzehn Jahren ein und wünschen, daß dieses Dorf in demselben Recht und in derselben Steuerpflicht steht, wie sie als Bevorrechtung der Dörfer um Salzbrunn bekannt sind.
Geschehen in Nimptsch im Jahr der Gnade 1221.«
Wir sehen, wie sich Sprachen und Bevölkerungen mischen. Salzbrunn klingt uns schon vertraut, das sind Ortsnamen, die bis herauf in die schlesischen Bücher Gerhart Hauptmanns unverändert geblieben sind, Stätten seiner Kindheit und Jugend, in denen er als deutscher Dichter aufwachsen, sich an deutschen Schulen bilden, ein deutsches Schlesien kennenlernen konnte. Nimptsch ist ein Ortsname aus altslawischer, nicht polnischer Wurzel und weist auf jene westslawische Bevölkerung hin, die in Schlesien die Vandalen ablöste. Die Polen interessierten sich für das schlesische Vorland erst seit der Zeit, als ihr Fürst Boleslaw Chrobry es gegen Deutsche und Liutizen so erfolgreich verteidigt hatte. Noch ist das

Land ein polnisch-böhmischer Zankapfel, aber Heinrich und Hedwig – Henryk und Jadwiga – haben ein neues Volk an die reichgedeckte schlesische Tafel gebeten, die deutschen Bauern, Lokatoren und Handwerker.

Ein Ereignis von großer Bedeutung für die Schlesier jeder völkischen Zugehörigkeit und damit für die Ostsiedlung überhaupt war der Mongoleneinfall von 1241. Nach dem Sieg auf dem Lechfeld im Jahr 955 gegen die Ungarn, nach dem Ende der seeräuberischen Wikingereinfälle durch die Christianisierung der skandinavischen Halbinsel, zeigte sich eine neue Bedrohung Europas in den Reiterheeren der Mongolen. Diese Steppenvölker hatten durch ihre Schnelligkeit und den Schwung ihrer Angriffe schon in früheren Jahrhunderten überraschenden Schrecken verbreitet; aber da unter Otto dem Großen (936–973) das Reich stark war, hatten die Einfälle schließlich ebenso aufgefangen werden können wie zuvor die der Awaren zur Zeit Karls des Großen. Man hielt diese Gefahr für beseitigt, man verließ sich auf das erstarkende Christentum im vordem so unruhigen Ungarn, als innerasiatische Veränderungen einen neuen Nomadensturm gegen Westen auslösten.

Es war Batu Khan, ein Enkel des großen Eroberers Dschingis Khan, unter dem der Angriff der mongolischen Stämme über Mittelasien hinaus nach Westen ausgriff, durch die große Steppe nördlich des Kaspischen Meeres zunächst das junge russische Reich überrannte und sich zwischen 1237 und 1240 zu einer neuen Macht von ungeheurer Dynamik entwickelte. Es ist erstaunlich, wie planvoll die Mongolen gegen einen Erdteil vorgingen, von dem es zumindest im Osten damals noch nicht einmal Landkarten gab. Die Hauptarmee unter Batu Khan stieß in die ungarische Tiefebene hinein. Ein anderer Feldherr, Baidar Khan, hatte die Aufgabe, diese Hauptarmee gegen Norden zu, also in der rechten Flanke, abzuschirmen, weil in Böhmen und Polen starke Abwehrkräfte vermutet wurden. Die Mongolen hatten den

Gerhart Hauptmann, geboren 1862 im schlesischen Obersalzbrunn, gestorben im Juni 1946 in seinem prächtigen Haus in Agnetendorf (Bild). Der Dichter der *Weber* wurde auch von Russen und Polen mit größter Hochachtung behandelt.

Zeitpunkt auch insofern günstig gewählt, als gerade Kaiser Friedrich II. und Papst Gregor IX. einander in Italien bekriegten, so daß die Masse der Ritterschaft aus dem alten Reich für eine Abwehr der Mongolen gar nicht zur Verfügung stand. Schlesien war im wesentlichen auf sich selbst angewiesen, ein Herzogtum gegen ein Weltreich.

Die Umgebung von Liegnitz, die Täler des Flüßchens Schwarzwasser und des Flusses Katzbach, ist zu späteren Zeiten noch oft Aufmarschgebiet und Schlachtort gewesen; aber wenn auch der Marschall Vorwärts, wie man Blücher nannte, dort Napoleons Truppen schlug, so ging es für Deutschland am 9. April 1241 doch zweifellos um mehr als am 26. August 1813, aber auch um sehr viel mehr als in den Schlachten des Dreißigjährigen und des Siebenjährigen Krieges.

Baidar Khan hatte am 24. März Krakau erobert und in Flammen aufgehen lassen, eine große und ehrwürdige Stadt, eine Stadt auch mit vielen Kaufleuten und schönen Häusern, in denen man schon wesentlich besser wohnte als im ganzen Herzogtum Schlesien. Die mongolischen Reiterscharen drangen schnell weiter vor, ließen sich durch die nun bergig werdende Landschaft von Oberschlesien nicht behindern und strömten, an beiden Ufern der Oder flußabwärts ziehend, an Brieg und Breslau vorbei nach Nordwesten.

Erst an der Westgrenze seines Herzogtums vermochte der junge Heinrich II. die versprengt Fliehenden zu sammeln. Um ein paar hundert Ritter aus dem zerstörten Krakau scharten sich die Templer, aber auch eilig herbeigerufene Ritter anderer im Siedelland tätigen Orden, und den Rückhalt der kleinen, heute auf insgesamt 10 000 Mann geschätzten Streitmacht, bildete das befestigte Liegnitz. Neben dem Herzog kommandierte Popp von Osterna, der Landmeister des Deutschen Ordens, und je mehr die Mongolen niederbrannten, desto mehr Bauern aus dem ganzen Oberschlesien vereinigten sich mit dem kleinen Heer der christlichen Streiter.

Zur offenen Feldschlacht kam es auf der Wahlstatt bei Liegnitz, einem Ort, der seither zum Begriff wurde. Die Mongolen waren mindestens dreifach überlegen, und die erfahrenen Reiterkrieger bewegten sich in der Ebene schnell und geschickt.

Das schlesische Heer dagegen war nur zum geringsten Teil mit Pferden ausgerüstet, und die Ackergäule, die man eilends herangeholt hatte, erwiesen sich im Getümmel der Schlacht für die eigenen Leute gefährlicher als für den Feind. Die zweckmäßig ausgerüsteten, mit ihren Waffen vertrauten und mit wilder Tapferkeit angreifenden Mongolenscharen brachten dem deutsch-polnischen Ritterheer eine schreckliche Niederlage bei. Allein die Tempelritter verloren fünfhundert Herren, das heißt, daß nicht einmal jeder zweite lebend entrann, was diesem Orden und seinem Einsatz für Schlesien ein Zeugnis größter Tapferkeit ausstellt. Der junge Herzog schonte sich ebensowenig und fiel. Nun konzentrierten sich die siegestrunkenen Mongolen auf das befestigte Liegnitz:

»Das Haupt des Herzogs wurde abgeschlagen«, berichtet Barthel Stein in seiner *Beschreibung Schlesiens* aus dem fünfzehnten Jahrhundert, »und auf einer Lanze rings um die Liegnitzer Burg getragen, um die Furchtsamen in Verzweiflung zu setzen und zur Übergabe zu bringen, den Standhaften aber Schmerz zu bereiten. Der ihn überlebenden Mutter Hedwig schuf der Tod nicht so großen Schmerz, weil sie das Kommende, den Tod des Sohnes für seinen Glauben, schon im Geist vorausgesehen hatte. Sein Grabmal ist mit dem des Hochmeisters des Marienordens in der von ihm erbauten Minoritenkirche zum heiligen Jakobus in Breslau zu sehen.«

Barthel Stein (1476–1521), Rektor der Domschule zu Krakau, später in Wittenberg und in Wien tätig, zeigt in seiner Person und seinem Schaffen die schlesischen Verflechtungen in Richtung Sachsen, Großpolen und Österreich, und in seiner schönen Schrift über Schlesien schwingt mehr als zweihundert Jahre nach den Ereignissen noch die große Trauer mit. Freilich wußte er längst, daß diese Niederlage nach einem harten Kampf und nach der Einnahme von Liegnitz doch noch zum Guten geführt hatte: Zwar hatte Batu Khan mit der Hauptmacht zwei Tage nach dem Fall von Liegnitz, und natürlich in Unkenntnis der schlesischen Ereignisse, in Ungarn eine große Schlacht geschlagen und den ungarischen König Bela ebenso besiegt wie Baidar den schlesischen Herzog Heinrich II. geschlagen hatte. Da kam aus dem Osten die Nachricht vom Tod des Großkhans Ügedei im fernen Karakorum. Während noch die Mongolen Baidar Khans in Richtung auf die Lausitz vordrangen, ehe sie nach Südosten einschwenkten, überlegte wohl Batu Khan, was ihm die ganze europäische Beute nützen würde, wenn Ügedei einen ihm feindselig gesinnten Nachfolger erhalten sollte. Es war für den Dschingis-Khan-Enkel gewiß wichtiger, bei der Neuverteilung der Macht und der Herrschaftsbereiche dabei zu sein, als gegen den wachsenden Wider-

stand der Ritterheere in Deutschland weiter vorzudringen. So geschah, was im schutzlosen Deutschland, vor allem, da Kaiser Friedrich II. noch immer in Italien weilte, niemand für möglich gehalten hatte: Die siegreichen Reiterscharen aus dem Osten zogen so schnell ab, wie sie gekommen waren...

In Schlesien wurde eifrig wiederaufgebaut; vor allem Breslau, das im Mongolenjahr noch nicht groß gewesen sein kann, erholte sich sehr schnell. Sieben Jahre nach Baidar Khan hatte das Bistum Breslau schon wieder Muße genug, sich mit einer Klage der schlesisch-deutschen Bauernschaft zu befassen: Die frommen slawischen Katholiken fasteten, was das Zeug hielt, vielleicht auch, weil sie zu arm waren, um sich viel Fleisch leisten zu können. Die deutschen und flämischen Siedler hingegen, die es zu einem gewissen Wohlstand gebracht hatten, legten auf jenes gute Leben wert, das später dem ganzen Land so wichtig werden sollte. So beschloß im Jahr 1248 die Breslauer Synode in jener schönen Toleranz, die man selbst bei so nebensächlichen Themen recht selten feststellen darf, »mit Rücksicht auf das Wort des Apostels Paulus, daß Speise uns nicht fördere vor Gott, und angesichts der Menge Volkes, um die es sich auf dieser wie auf jener Seite handelt, daß Ihr die, so während jener Zeit Fleisch essen, wie jene anderen, die kein Fleisch essen, in dieser Beziehung ihrer Gewissensentscheidung überlasset und dafür sorgt, daß im übrigen niemand zum Unterlassen des Fleischessens oder zur Nichtunterlassung während dieser Zeit gedrängt wird«.

Man hatte also bereits wieder durchaus friedliche Probleme, und zu ihnen gehörte das Leben in den jungen schlesischen Städten. Alte Städte im eigentlichen Sinn hatte es hier ohnehin nicht gegeben. Die festen Burgen des Königs Boleslaw Chrobry hatten zweifellos Märkte an sich gezogen, und der Fernhandel von Krakau bis zur Odermündung hatte in ganz Schlesien für Kaufmannssiedlungen und die Oderschiffahrt für einigen Verkehr gesorgt. Aber es war erst Herzog Heinrich I. der Bärtige gewesen, der begonnen hatte, sich um die Entstehung von wohlgeordneten Städten nach dem Muster der alten Handelsstadt Magdeburg anzunehmen.

Heinrich wie Hedwig hatten für sich den Ruhm in Anspruch nehmen dürfen, ein rechtschaffenes, persönlich bescheidenes und ehrlich bemühtes Herrscherpaar zu sein, und doch schienen ihnen die städtischen Rechte, die sie gewährt und deren Wortlaut sie sich aus Magdeburg hatten kommen lassen, bisweilen zu weit zu gehen. Immerhin sollte der Herzog trotz allem Herr des Landes bleiben.

Es war bei Streitfällen üblich, die Stadt um Rat zu fragen, deren Recht für die neu gegründete Stadt

Seite 131: Beim Sturm auf Magdeburg im Mai 1631 brachen Brände aus, und die kaiserlichen Truppen, denen dadurch ein Teil der erhofften Beute entging, rächten sich durch maßlose Grausamkeiten an den 36 000 Einwohnern. Unser Bild zeigt Magdeburg zwanzig Jahre nach der Eroberung.

Links: Der Dom von Magdeburg, von der Elbe aus gesehen.

Unten: Erzbischof Wichmann (gestorben 1192), nach der Bronzeplatte auf seinem Grab im Magdeburger Dom.

zum Vorbild genommen worden war. So schrieben eines Tages die Magdeburger Schöffen zwar voll Reverenzen, aber wie uns scheinen will doch in ungebührlicher Ironie an den schlesischen Herzog über die Rechte des Stadtbürgers auf freien Warenverkehr: »Es wisse also Eurer Edlen Güte, daß jeder Bürger oder Hauseigentümer oder Hofbesitzer die Dinge, die er zu verkaufen hat, in seinem eigenen Hause verkaufen oder gegen andere Ware vertauschen darf. Was das Haus anlangt, das auf dem städtischen Markt nach Eurer Anordnung zur Mehrung Eurer Zinseinkünfte besucht und in einzelnen Verkaufsständen besetzt werden muß, so müßt Ihr Euch darüber klar sein, daß unser Herr, der Erzbischof, völlig scheitern würde, wenn er dergleichen in unserer Stadt versuchen wollte. Ferner dürft Ihr das Eigentum, das Ihr der Bürgergemeinde mit schenkender Hand in Feldern, in Wäldern oder sonst irgend übertragen habt, nicht gegen den Willen und die Ehre der Bürgerschaft mit Gräben oder anderen Bauwerken schmälern und auch jemand... der sich dies zu tun untersteht, nicht gewähren lassen.«

Dieses Schreiben von 1232 räumt immerhin ein, daß die Bürger verpflichtet sind, für die Bekämpfung von Wegelagerern (unter denen ja auch der bürgerliche Handel und er vor allem gelitten hätte) vierzig bewaffnete Knechte abzustellen und die Stadt selbst gemeinsam mit dem Heere zu verteidigen oder doch Wachdienste zu tun. Im ganzen zeigte sich aber, daß

in der älteren Handelsstadt Magdeburg die Entwicklung, die sich bald auch im Siedelland abzeichnen wird, schon sehr weit vorgeschritten ist: der Bürger belehrt den Herzog und vermerkt selbstgefällig, daß auch die Machtausübung eines Erzbischofs gegen die

bürgerlichen Freiheiten keine Chance hätte – und das in Magdeburg, der Stadt der streitbaren, sich Königen an die Seite stellenden Erzbischöfe.
Die schlesischen Städte und andere Neugründungen bis hin zur Weichsel erhielten überwiegend magdeburgisches Recht. Man muß sich fragen, warum die Fürsten, die den Gründungsakt doch weitgehend in der Hand hatten, keine andere Stadtverfassung für jene Siedelstädte ausarbeiten ließen, die doch nicht, wie Magdeburg, vom Fernhandel und der Grenzposition lebten, sondern aus dem bäuerlichen Umland. Magdeburg nämlich hatte eine einzigartige, eigentlich nur mit Köln, Paris oder Rom zu vergleichende Lage als Brückenstadt. Unter dem Domfelsen bestand schon eine vorgeschichtliche Siedlung, und sie war an diesem Flußübergangsplatz so bedeutend geworden, daß schon Karl der Große zur Überwachung des Osthandels hier einen eigenen Zollgrafen einsetzte.

Magdeburg bezeichnet den am weitesten nach Westen vorspringenden Punkt des Elblaufes, und die Elbe war ja nicht ein Strom unter anderen, sondern seit dem Abzug der Germanen aus Ostmitteldeutschland, erst recht nach dem Abzug der Langobarden

Rechts: Das Rathaus der Weichselstadt Kulm im ehemaligen Westpreußen.

im fünften und sechsten Jahrhundert, die große Völkerscheide zwischen Slawen und Deutschen, also ein Strom, der in höherem Maß Grenze wurde als zum Beispiel der Rhein oder die Oder oder die Donau. Die uralte Salzhandels- und Heerstraße von Hameln über Hildesheim und Braunschweig traf bei Magdeburg auf die Elbe, und der weitere Handelsweg zur Oder verlief über den Fläming, der meist trocken und gut passierbar war, über die Lausitzer Platte zur Oder – ein Handelsweg, der für älteste Güter wie Salz geeigneter war als die weiter nördlich liegende Sumpf- und Seenplatte von Havel und Spree. Wenn also Otto der Große seiner schönen Gemahlin Editha Magdeburg als Morgengabe überreichte, dann war dies keinesfalls erst eine von ihm begründete und auszubauende Flußufersiedlung, sondern bereits ein Handelsplatz von internationaler Bedeutung an einer West-Ost-Straße, die vor und nach Otto immer wieder für die großen Heerzüge gegen die Wenden benutzt wurde.

Magdeburg war, als es zum Durchgangsort für die deutsche Ostsiedlung in Richtung Schlesien wurde, längst eine berühmte Stadt, durch zahlreiche Reichstage dem Adel in Nord und Süd bekannt, durch das Grab der Kaiserin Editha eine Stätte des Gedenkens, Erzbistum seit dem Oktober 968. Selbst der große Wendenaufstand von 983 hatte der durch einen ganzen Kranz von Burgen und durch die Elbe geschützten Stadt keinen nennenswerten Schaden gebracht. Unter Erzbischof Wichmann (1152–1192) war dann aber Magdeburg geradezu sensationell erstarkt. Wichmann hatte in einem auch technisch hochinteressanten Privatkrieg gegen Haldensleben durch die Ableitung der Ohre die von dem Grafen Bernhard von der Lippe herzhaft verteidigte Konkurrenzstadt unter Wasser gesetzt und den Krieg gewonnen. Wichmann war es gewesen, der nicht nur die Niederländer in seine Diözese holte, sondern auch die uralte Händlersiedlung Burg(k) bei Magdeburg – schon Ibrahim Ibn al Jaqub erwähnt sie – mit Magdeburg versöhnte und verschmolz, indem er den Kaufleuten von Burg Verkaufsbuden und -stände für die Herbstmesse am Moritztag im Herzen von Magdeburg schenkte. Das waren die Schenkungen, auf die der Brief der Magdeburger an Herzog Heinrich den Bärtigen von Schlesien anspielte.

Ein Privileg dieses außerordentlichen Kirchenfürsten ist denn auch der älteste Kern des nachmals so berühmten magdeburgischen Rechts. Es erging 1188, und die weitere Entwicklung beruhte dann darauf, vor allem, weil die berühmte Aufzeichnung sächsischen Gewohnheitsrechts, der *Sachsenspiegel* des Eike von Repgowe, nirgends anders entstand als eben in Magdeburg (1225 und später). Die erste Abwandlung für den Gebrauch der Umgründungen von Städten im slawischen Bereich erfolgte 1233 durch den Ordenshochmeister Hermann von Salza und wurde nach der alten Weichselstadt die Kulmische Handfeste genannt. Beide Verfassungen sind ihrer ganzen Natur nach für bereits bestehende Städte gedacht. Magdeburg war längst Stadt und Bistum, als es sein Recht erhielt, Kulm war durch Herzog Konrad von Masowien dem Bischof Christian geschenkt worden, also Bischofssitz, lange bevor Hermann von Salza die Kulmische Handfeste ausarbeitete. Dennoch werden Gründung einer Stadt und Rechtsverleihung bis heute immer wieder verwechselt, als ob man Hütten oder leeren Parzellen Rechte verleihen könne oder auch nur gewußt hätte, wie solch ein Recht für eine noch gar nicht existierende Siedlung aussehen soll.

An der Spitze der schlesischen Städte stand nach der Übernahme des Magdeburger Rechts nicht mehr der vom Herzog eingesetzte Vogt, auch nicht mehr der Lokator, sondern der Rat, dessen Mitglieder lateinisch *Consules* genannt wurden. Er ergänzte sich durch die alljährliche Wahl der Nachfolger, doch blieben die aus Altersgründen ihren Sitz abgebenden Herren als Seniores weiter tätig, vor allem in gewissen Fachbereichen (Mühlen, Spital, Wälder). In klei-

Linke Seite: Motiv aus der Festungsstadt Glatz, dem ältesten geschichtlich bezeugten Ort Schlesiens: Brücke über den Mühlgraben, dahinter die Minoritenkirche.

Links: Altstadtstraße in Breslau – die Weißgerber Ohle nach einer Fotografie von der Jahrhundertwende.

Seite 136: Der Ring in Breslau hatte die Funktion eines Stadtplatzes. Das Bild zeigt ihn um das Jahr 1840.

Farbseite 137: Patrizierhäuser am Langen Markt in Danzig.

neren Orten stellten sehr bald auch die Zünfte Ratsmitglieder; in den größeren Städten ließ das Patriziat die Zunftherren nicht so schnell an die Krippe, was vor allem in Breslau, Görlitz und Schweidnitz zu Auseinandersetzungen führte. Als die immer weitergehenden Erbteilungen in Schlesien immer kleinere Herrschaften entstehen ließen und von einem großen, geschlossenen Herzogtum nicht mehr die Rede sein konnte, bildeten sich Interessengemeinschaften der Städte, um die Nachteile dieses Zerfalls zumindest praktisch aufzufangen (hinsichtlich des Verkehrs, des Handels, der Zollschranken usw.). Der 1346 gegründete Oberlausitzer Städtebund wurde die wichtigste dieser Vereinigungen; Breslau und Krakau schlossen sich später dem norddeutschen Städtebund der Hanse an, was aber nur noch eine kurze Blüte mit sich brachte: Im Dreißigjährigen Krieg, in dem Schlesien wiederholt und schwer heimgesucht wurde, ging das schlesische Städtewesen in seiner mittelalterlichen Prägung endgültig zugrunde.

Es hatte danach nur noch eine kurze Erholungsphase unter den Habsburgern, ehe nach der preußischen Eroberung von 1740 eine neuerliche Verarmung einsetzte, die alten wirtschaftlichen Verbindungen mit Böhmen und Wien abgeschnitten wurden und das durch seine Kriege immer mehr ausblutende Brandenburg-Preußen das einst reiche schlesische Land zwar straff organisierte, aber nicht wohlhabend machte.

Unter den wenigen schlesischen Städten, die wir hier nennen können, muß Breslau an erster Stelle stehen, eine Stadt, die schon Thietmar von Merseburg kennt, die also um das Jahr 1000 schon existiert hat, mit dem slawischen – nicht polnischen – Namen Wortizlawa, der 1189 verändert als Wratislau auftaucht. Die heute gültige polnische Bezeichnung Wroclaw ist aus schlesischen Quellen nicht zu belegen.

Breslau liegt an einer Wasserstraßen-Kreuzung (Ohle, Lohe, Weistritz, Weide) an beiden Ufern der Oder, die hier feste Inseln bildete und darum einen Flußübergang begünstigte. Chronist Thietmar kennt die Stadt bereits als Bischofssitz, so daß man – auch aus der Namensform – annehmen darf, daß der tschechische Fürst Wratislaw, der im Jahr 921 starb, hier, im natürlichen Mittelpunkt Schlesiens und an den wichtigen Verkehrslinien quer über die Oder, eine Burg begründet hat. Der lateinische Name der Stadt in alten Urkunden lautet Wratislavia.

Die eigentlich städtische Entwicklung muß im elften und zwölften Jahrhundert erfolgt sein; die Verleihung magdeburgischen Rechts nach dem Mongolenkrieg im Jahr 1241 anerkannte eine längst existierende Metropole, in der seit einem Vierteljahrhundert auch Deutsche lebten. Sie hielten sich vor allem am linken Oderufer auf, wo zwei ältere Kaufmannsdörfer oder Märkte bald mit Breslau verschmolzen. Seit 1226 gab es auch Sankt Maria Magdalena, die Kirche der Deutschen (neben verschiedenen Pfarrkirchen der ansässigen slawischen Bevölkerung). Nach dem Abzug der Mongolen wurde der später so berühmte Große Ring als Zentrum der neueren Kaufmannstadt aufgebaut, während die verschont gebliebenen Altstadtteile als Handwerkersiedlung weiterbestanden und städtebaulich mittelalterlicher wirken, was auch in der Bezeichnung als Altstadt (im Osten und Norden des Gesamtstadtgebietes) zum Ausdruck kommt.

Ostpreußen

Westpreußen

Posen

Schlesien

Wappen aus dem deutschen Osten

Pommern

Brandenburg

Danzig

Memelland

Böhmen

Mähren

Bukowina

Siebenbürgen

Livland

Estland

Kurland

Siegel der Stadt Gottschee

Die Frömmigkeit des Herzogspaares zeigte sich darin, daß jene Grundstücke, die Heinrich I. und Hedwig bei der Stadtanlage für sich behalten hatten, vorwiegend kirchlich genutzt wurden (Heiliggeistkirche, Sankt Jakob, Sankt Klara, Sankt Matthias). Eine erste steinerne Verteidigungsmauer erhielt Breslau erst 1260, wobei offensichtlich zu knapp geplant wurde, denn schon dreißig Jahre später mußte eine weitere, äußere Mauer gebaut werden, um die nach Süden und Westen gewachsene Stadt auch in diesen neuen Teilen zu schützen.

Dieses schnelle Wachstum drückte sich auch in den Einwohnerzahlen aus: Für das Jahr 1400 vermutet man die für jene Zeiten beträchtliche Zahl von etwa 13 000 Breslauern, 1550 waren es dann 15 500 und im ersten Jahr des Dreißigjährigen Krieges 30 000. An diesem Zuwachs sind Nieder-, Mittel- und Oberdeutschland etwa gleichmäßig beteiligt, und zwar mit jeweils 25,5 bis 27,5 Prozent, soweit sich dies nach den Familiennamen der deutschen Einwanderer ermitteln ließ; ein Rest von 20 Prozent entfällt auf andere deutsche Stämme, vor allem am Rhein. Später, nach dem Dreißigjährigen Krieg, wurde die Zuwanderung aus Deutschland durch Zuzügler aus den habsburgischen Kronländern abgelöst.

Kennzeichnend für das alte Stadtbild von Breslau waren die drei imponierenden Marktplätze (Großer Ring, Salzring, Neumarkt), aus denen schon hervorging, daß die Stadt vom Handel lebte. Er hatte eine erstaunlich großes Einzugsgebiet und über die deutschen Seestädte Anschluß an den Weltverkehr, so daß Gewürze, Drogen, Südfrüchte, Reis und andere Kolonialwaren zu den Erzeugnissen der Landschaft und des Hinterlandes (Salz, Häute, Pelzwerk, Wachs, Tuche, Bier) hinzukamen und früh ein stolzes und wohlhabendes Patriziat entstand. Aus ihm bildete sich nach Landkäufen in der Umgebung ein junger Adel, der eine solide wirtschaftliche Basis hatte und schöne Herrensitze erbaute.

Wenzel I., Herzog von Schlesien, war seit 1341 mit Anna, einer Tochter des Herzogs von Teschen verheiratet, und dieses heute völlig vergessene Herzogtum war in seiner Pfortenlage zwischen den Beskiden und dem Altvatergebirge, zwischen den Oberläufen von Weichsel und Oder eine verkehrsmäßig wie wirtschaftlich ungemein förderliche Ergänzung für Schle-

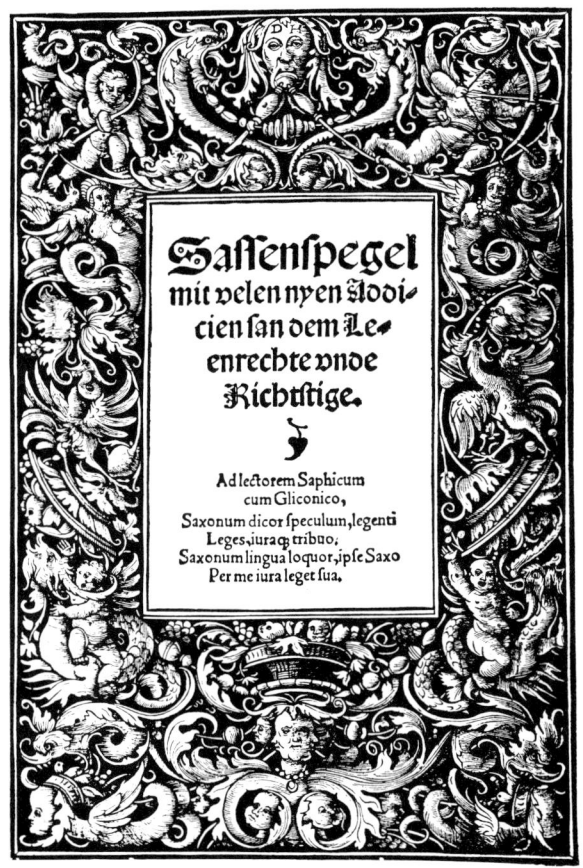

Oben: Ausschnitt aus einem bleigefaßten Kirchenfenster im Dom zu Breslau mit der Darstellung jüdischer Händler (um 1350).

Links: Reichverziertes Titelblatt einer der ersten gedruckten Ausgaben des Sachsenspiegels, des alten deutschen Rechtsbuches.

sien, was naturgemäß dem aufstrebenden Breslau zugute kam. Die Stadt, die lange Zeit Zankapfel zwischen Polen und Böhmen gewesen war und endlich unter die Oberhoheit des Reiches gelangte, erwarb sich damit gleichsam ein viertes Vaterland und rückte über Teschen näher an das alte Krakau heran, die ehrwürdige Krönungs- und Universitätsstadt. Als ein zusätzlicher Beweis für das Aufblühen von Breslau im hohen Mittelalter und am Ausgang dieses Zeitalters des Binnenhandels sei erwähnt, daß sich seit 1200, also noch vor den deutschen Kaufleuten, die ersten jüdischen Händler in Breslau einfanden. Um 1300 waren sie schon so viele, daß der Rat der Stadt sich darüber Gedanken zu machen begann; die Kirche hatte ihrerseits schon 1267 die ersten Judengesetze erlassen, um den Umgang der christlichen Einwohner mit den Juden einzuschränken. Eine Ausweisung, die so mancher einheimische Handelsmann nur zu gerne gesehen hätte, scheiterte an einem Schutzbrief Herzog Heinrichs IV. (1273–1290). Die ersten Versuche, die wirtschaftlichen Aktivitäten der Juden von Breslau zu beschränken, fallen in das gleiche Jahr wie die Gründung einer Deutschenvorstadt (1226) und hängen vielleicht damit zusammen. Zweihundert Jahre später, 1455, erließ die Stadt ein Niederlassungsverbot für jüdische Kaufleute, das sich aber praktisch kaum auswirkte: zwischen Krakau und Stettin waren auf der Oder so viele jüdische Händler unterwegs, daß sie sich ohne weiteres als Durchreisende bezeichnen konnten, und man reiste noch sehr gemächlich in jenen Zeiten. Andererseits waren die sprachkundigen jüdischen Händler vor allem für die Verbindung in den Osten, über Krakau hinaus und nach den Schwarzmeerländern, so gut wie unentbehrlich, da Griechen ja doch nicht nach Breslau kamen.

Stromaufwärts von Breslau lag das kleine Brieg, eine

Links: Herzog Heinrich IV. von Breslau erhält nach einem Wettstreit der Minnesänger den Siegerpreis aus der Hand adeliger Damen (Miniatur aus der Manessischen Liederhandschrift, um 1300).

Rechte Seite: Das Rathaus der schlesischen Stadt Brieg. Es wurde nach dem Stadtbrand von 1569 in den Jahren 1570/72 neu errichtet.

Stadt, deren slawischer Name Wisokebrzeg soviel wie »hohes Ufer« bedeutet, weswegen der lateinische Name auch *alta ripa* lautete. Sechzig Meter über dem Strom vor Hochfluten geschützt, wuchs Brieg dennoch sehr, sehr langsam, weil der Keim der Siedlung, die schon vor 1200 bestand, nicht der Handel war, sondern eine herzogliche Verwaltungsstelle mit einer späteren Burg (um 1300). Bald befestigt, hatte Brieg noch dreihundert Jahre nach der Ausstattung mit deutschem Recht eine nur schwache Verbauung innerhalb des Mauerrings und noch 1756 nur 36 Ziegeldächer. Der Durchmesser zwischen gegenüberliegenden Toren betrug 650 Meter! Eine gewisse Bedeutung verdankte die Stadt weniger dem durch das nahe Breslau geschädigten Handel als vielmehr der Tatsache, daß Brieg zeitweise Residenz war. Interessant ist, daß die Stadt, in der die Kaufleute nicht so dominierten wie in Breslau, sehr früh auch die Handwerker an der Verwaltung beteiligte: Der Rat umfaßte nur sechs Mitglieder, der Bürgermeister hieß Ratsmeister, und es war die Regel, daß aus jeder der Zünfte ein bis zwei Meister an den Beratungen teilnehmen durften.

So alt wie Breslau – und darum auch bei Thietmar von Merseburg erwähnt – ist Glogau, unweit der Bartsch-Einmündung stromabwärts von Breslau an der Oder gelegen. In der zweiten Hälfte des zehnten Jahrhunderts hatten die polnischen Herzöge hier eine Oderinsel befestigt, welche die durch Aufschwemmungen entstandene Oderfurt beherrschte. Der Merseburger Bischof bezeichnet Glogau schon im Jahr 1010 als *urbs,* obwohl damals auf der Insel nicht viel mehr vorhanden gewesen sein dürfte als die Burg und eine Kirche aus der Zeit der Slawenmission. Später entstand am linken Oderufer ein herzogliches Schloß, weil auch Glogau nach einer der vielen Teilungen zeitweilig Residenz wurde.

Man möchte viele, ja alle Namen nennen, eben, weil

sie nur noch so selten genannt werden und weil so mancher gar nicht mehr weiß, wie man sie schreibt. Aber auch wir müssen uns fragen, was es denn heißt, wenn alte Quellen von der gefildigen Oberlausitz sprechen: gefildig, reich an Feldern, fruchtbar, das alles war das Land um Görlitz, wo es etwa seit 1215 neben dem altwendischen Dorf eine Deutschensiedlung gibt. Die Lage im Neißetal zielte auf die Stadt Prag, denn es gab und gibt keine kürzere Linie von Prag zur Ostsee als über Gablonz und Reichenberg durch die Zittauer Pforte und weiter hinaus nach Görlitz, Frankfurt an der Oder, Stettin... Man mag es kaum glauben, daß alles Vergangenheit sein soll, die alte Handelsstraße quer durch das Riesengebirge, die Laubengänge am Untermarkt von Görlitz, der Goldene Baum in der Peterstraße 8, das älteste Bürgerhaus Deutschlands, mit seinem alten Namen Schönhof genannt. Das östliche Görlitz, die Brückenkopf-Vorstadt an der rechtsufrigen Neiße-Böschung mit ihren etwa 9000 Einwohnern von 1945, ist schnell gewachsen und hat heute mit 30 000 Einwohnern die typische Grenzstadtblüte zu verzeichnen. Der Verkehr über die Neißebrücken dürfte zum Kuriosesten gehören, was sich zwischen Ostblockstaaten in der gemeinsamen Zwangsjacke überhaupt abspielen kann...

Da kehrt man schon lieber ins Mittelalter zurück in die merkwürdige, über zwei Oderinseln liegende Stadt Oppeln, in deren Namen sich das altslawische Wort Opole erhalten hat, das einen kleinen Stamm, eine territoriale Gemeinschaft bezeichnet. Der von uns schon zitierte, namentlich unbekannte Bairische Geograph, ein gut unterrichteter Kleriker aus dem neunten Jahrhundert, schreibt diesen Opolini, also einem altslawischen Stamm, nicht weniger als zwanzig *Civitates* zu, worüber naturgemäß heftiger Gelehrtenstreit entbrannte. Inzwischen aber haben deutsche Ausgrabungen (bis 1933) und polnische (1947–69) auf einer der Oderinseln, unter den Fundamenten des alten Piastenschlosses und in ihrer nächsten Umgebung den Grundriß einer altslawischen Stadt freigelegt, wie es so eindeutig und umfassend bisher noch nirgends gelungen war. Es ergab sich, daß hier seit karolingischen Zeiten eine im wesentlichen vom Handwerk lebende Bevölkerung, »mit weit über dörfliches Maß hinausgehenden Leistungen« (Walter Kuhn), gemeinsam mit Kaufleuten, eine Stadt erbaut hatte, die Handel im großen Stil betrieb und Verbindung einerseits mit dem Mittelmeerraum, andererseits aber nach Osten zu bis nach Mittelasien hatte. Die Stadt war an der Nordspitze der heute Pascheka heißenden Insel eng zusammengedrängt, die hölzernen Häuser waren oft nur durch Gassen von einem Meter Breite voneinander getrennt.

Gegenüber dieser altpolnischen Stadt, die Holzpflaster hatte und auch sonst manche Seltsamkeit aufwies, tauchen etwa dreihundert Jahre nach ihrer Begründung »Hospites« auf, eine Bezeichnung, wie sie nur für Einwanderer aus dem Westen üblich war und die sich darum wohl auf Deutsche bezog. Ihnen gewährt eine Urkunde von 1217, die Herzog Kasimir

Links: Görlitz ist seit 1945 eine durch die Demarkationslinie an der Neiße geteilte Stadt. Das Bild zeigt den Blick vom Rathausturm auf den Obermarkt.

Rechte Seite: Der Schönhof zu Görlitz, ein Bürgerhaus aus der Renaissance, der älteste private Wohnbau Deutschlands.

sehr wortkarg abfaßte, das Niederlassungsrecht gegenüber von der Inselstadt, am östlichen Oderufer. Schon sechs Jahre später besitzen diese Zuwanderer eine eigene, die Kreuz-Kirche, und nach dem Mongoleneinfall von 1241 wird die Deutschenstadt neu und erheblich vergrößert aufgebaut mit 16 Hektar Fläche, einer Stadtmauer mit zwölf Türmen und fünf Toren. Die Mauer umschloß 250 Bürgerhäuser, doch standen sie auf einer Fläche, die mehr als zwanzigmal so groß war wie die der polnischen Inselstadt mit ihren fünfzig aneinandergedrängten Holzhäusern. »Diese Zahl macht an einem der wenigen voll durchschaubaren Beispiele den grundsätzlichen Unterschied zwischen altslawischen und ›modernem‹ deutschrechtlichem Städtebau deutlich« (Kuhn). Die Listen für den Peterspfennig (ein Pfennig jährlich von jedem Erwachsenen an die römische Kurie) aus dem Jahr 1447 ergeben etwa 3000 deutsche gegen 1000 polnische Einwohner. Diese haben sich anscheinend gut miteinander vertragen. Gegen Ende des Mittelalters allerdings brachte es die in ganz Schlesien zunehmende Polonisierung von Stadt und Land mit sich, daß die Deutschen von Oppeln in die Minderheit gerieten.

Die Stadt hatte politisch allerhand durchzustehen, denn die immer weiter gehenden schlesischen Teilungen schufen nicht nur Miniaturstaaten, sondern führten im Jahr 1382 sogar zu einer Zweiteilung von Oppeln – eine Hälfte gehörte Herzog Wladislaw II., die andere seinen vier(!) Neffen. Damals erbaute der Herzog das sogenannte Bergschloß, eine neue Burg innerhalb der Mauern, aber in erhöhter Lage neben dem Berg- (Goslawitzer) Tor. Noch undankbarer war die Situation der Stadt unter den Habsburgern, also nach dem Tod des letzten Piastenherrschers von Oppeln im Jahr 1532. Die Habsburger verwendeten die Stadt mit Umland nämlich als Pfand- und Tauschobjekt, sooft ihnen dies passend erschien, und das vielgeprüfte Oppeln hatte bald ungarische, bald siebenbürgische, bald polnische Herren. Daß unter solchen Umständen eine Stadt nicht gedeihen konnte, war klar, und als die genauen Preußen 1751 mit einer Häuserzählung begannen, stellte sich heraus, daß die Stadt gegenüber ihrer mittelalterlichen Gestalt geschrumpft war und um ein halbes Hundert Häuser weniger hatte. »Auch der Übergang an Preußen 1742 brachte keine grundsätzliche Wandlung, obwohl Oppeln Kreisstadt wurde« (Kuhn).

Zum Herzogtum Oppeln gehörte im Mittelalter die winzige, aber alte Stadt Rosenberg nahe der Stober-Quelle, also an einem rechten Nebenfluß der Oder gelegen. Rosenberg ist bemerkenswert, weil die Altstadt an dem frühgeschichtlichen Handelsweg von Mähren nach Norden lag, auf viel älteren Siedlungen aus der Bronze- und der frühen Eisenzeit. Auch vandalische Funde wurden hier geborgen, seltsamerweise aber kein slawisches Fundgut. Hier folgten also die Deutschen – nach einer archäologisch nicht zu erfassenden Pause – auf die letzten am abgelegenen Talende zurückgebliebenen Silingen. Eine Splitterbevölkerung war hier offenbar durch Jahrhunderte unbehelligt geblieben. Um 1200 ist der Ort erstmals als Zollstation des Herzogs Kasimir von Oppeln erwähnt. 1310 wird Rosenberg dann unter diesem deutschen Namen verzeichnet, vorher war Olesno häufiger.

Dort, wo es überhaupt keine Siedlungen gegeben hatte, wo die neuen Bürger sich ihre Baugründe erst aus dem Wald heraushauen mußten, waren die Verhältnisse natürlich klar. Schlesische Städte wie Hirschberg oder Waldenburg hatten keine altslawischen oder altpolnischen Vorläufer, sie entstanden aus dem Vordringen deutscher Siedler in die ausgedehnten Mittelgebirgswälder. Allerdings ist die mittelalterliche Schreibweise von Hirschberg – Hyrzberc – so abenteuerlich, daß man sie beinahe für slawisch halten könnte. Die Stadt entstand im dreizehnten Jahrhundert als Zentrum eines großen

Rodungsbezirks, in dem die Johanniter von Striegau mit Genehmigung Herzog Bernhards von Löwenberg tätig waren. Die Stadt blieb noch in vielem vom Herzogshaus abhängig, zum Beispiel mußte 1288 für den Betrieb einer Schenke in Bad Warmbrunn die Genehmigung des Souveräns eingeholt werden. Erst 1455 ist das Wappen der Stadt belegt, das offenbar auf eine Quelle und das nahe Bad Warmbrunn Bezug nimmt. Ein Hirsch, der nach der Sage waidwund die heilende Quelle aufsucht und sie damit dem verfolgenden Jäger verrät, steht in diesem Hirschberger Wappen stolz auf einem Felsen.

Die Lage in ausgedehnten Wäldern und auf einer Anhöhe gestattete den Einwohnern, wiederholte Angriffe, zum Beispiel während der Hussitenkriege, erfolgreich abzuwehren; im Dreißigjährigen Krieg wurde das kleine Hirschberg nicht weniger als dreimal belagert. Das idyllische Städtchen lebte jahrhundertelang mehr schlecht als recht von der Leineweberei, bis der Schuhmacher Joachim Girnth von einer Hollandreise die Technik der Schleier-Weberei mitbrachte: Deren Erzeugnisse belebten den Absatz, und Hirschberg kannte sogar eine gewisse Prosperität, bis die drei Schlesischen Kriege neue Krisen schufen. »Die Abtrennung von Österreich«, schreibt Professor Dr. Günther Grundmann, Hamburg, »und die damit neue Grenze im Gebirge schufen völlig veränderte Verhältnisse für den alten Leinen- und Schleierhandel, der trotz aller Bemühungen durch den preußischen König Friedrich II. nicht mehr die alte Höhe erreichen konnte.« Es waren Hirschberg und die umliegenden Weberdörfer, in denen der in Bad Salzbrunn geborene Gerhart Hauptmann das Elend der Heimatindustrie kennenlernte, das ihm seinen ersten großen Bühnenerfolg eingab und der

Oben: Vorkriegsaufnahme des an Florenz erinnernden kühnen Rathauses der schlesischen Stadt Oppeln.

Links: Hirschberg im Riesengebirge, im dreizehnten Jahrhundert in einem Rodungsbezirk entstanden, war einst ein sehr beliebtes Reise- und Wanderziel.

Königsbergerin Käthe Kollwitz ihren unsterblichen Weber-Zyklus.

Es sind Gemeinwesen von wenigen tausend Menschen, Städtchen, die wegen der vielfältigen Bedrohungen hier an den Grenzen ihre paar Häuser mit doppelten Ringmauern umgeben, und doch führen aus jeder von ihnen schier unzählige Beziehungen hinaus in das große Deutschland und zu allen anderen Stämmen. In jedem dieser Orte, ob sie nun wie Hirschberg »aus wilder Wurzel« begründet wurden, wie der beinahe poetische Fachausdruck dafür lautet, oder aber angelehnt an ältere Slawendörfer entstanden, lebte irgendwie das ganze Deutschland in schicksalhafter Gemeinschaft mit den Slawen. Weder mit Dänen noch mit Ungarn oder Franzosen hat es vergleichbare Gemeinschaften gegeben. Nur mit den Slawen und an der Slawengrenze erfolgte dieses einzigartige Einanderdurchdringen, wie es in Schlesien besonders gut zu verfolgen ist.

Eine weitere Besonderheit Schlesiens, gelegentlich schon angesprochen, ist die Fülle deutlicher Hinweise auf spätgermanische Siedlungen, auf Orte und Burgen, in denen sich die vandalischen Silingen noch lange über die Völkerwanderungszeit hinaus hielten, weil sie den Abzug der Kriegerstämme nicht mitgemacht hatten. Man sieht es dem winzigen Nimptsch nicht an, daß es seit dem zwölften vorchristlichen Jahrhundert dauernd besiedelt ist, eine Tatsache, die nur für sehr wenige Plätze nördlich der Donau zutrifft. Seit etwa 1000 vor Christus ist der steil aufragende Nimptscher Stadtberg oberhalb des oberen Lohetales befestigt, im Jahr 1017, zweitausend Jahre nach den ersten Befestigungsanlagen, schreibt Bischof Thietmar von Merseburg in seiner *Chronik*, daß dort »unsrige Leute« gelebt hätten, bis die Sla-

Rechts: Im Juni 1844 rebellierten die Weber von Peterswaldau in Schlesien wegen unerträglicher Arbeitsbedingungen. Der blutig niedergeschlagene Aufstand regte Gerhart Hauptmann zu seinem berühmten Drama an und Käthe Kollwitz zu einem Zyklus von Zeichnungen bzw. Radierungen, ihrer ersten aufsehenerregenden Arbeit.

Oben: Käthe Kollwitz (1867–1945), die bedeutendste Frau der deutschen Kunstgeschichte, stammte aus Königsberg.

wen kamen, und es waren Westslawen aus dem mährischen Raum, die hier auf die letzten Vandalen stießen. Sie nannten die Berg- und Burgbewohner über der Lohe *Nemci,* die Stummen, die Fremden, denn sie verstanden ihre Sprache nicht, und daß dieser Ausdruck später die Bezeichnung für deutsch und die Deutschen wurde, sagt eigentlich schon alles. Die ersten slawischen Einwanderer täuschten sich keineswegs über die Art der hier lebenden Menschen, und auch die polnische Forschung bestreitet inzwischen nicht mehr einstimmig das Überleben der Germanenburg und die eindeutigen Keramikfunde. Nimptsch ist der älteste, aber auch der schwierigste aller schlesischen Ortsnamen und nach Jürgen Schölzel (*Handbuch der historischen Stätten*) die alte Hauptstadt Mittelschlesiens noch vor Breslau. Ihre Befestigungen weisen in der Technik seltsamerweise nach Mähren und nach Spandau (Holz-Erde-Wälle mit steinerner Außenfassade), nicht aber nach Polen, und sie kommen in dieser Art in Schlesien sonst nicht vor. Die winzige Stadt häuft weitere Merkwürdigkeiten: ein Herzogsschloß, das nie benützt wurde, eine radikale Entvölkerung im Dreißigjährigen Krieg – ganze sechzehn Besitzbürger blieben übrig –, eine wechselweise von Polen und Deutschen zu benutzende Kirche und Brau-Berechtigung für so gut wie jedes der Bürgerhäuser – man braute, wie man Brot buk.

Merken wir zum Schluß noch an, daß es in Schlesien außer dem geheimnisvollen, seit Urzeiten bewohnten Nimptsch auch das längste Dorf Preußens gab, das es wohl verdient, bei dieser kleinen Bestandsaufnahme mit dabei zu sein. Es hatte die Länge schon im Namen, hieß Langenbielau und begann auf 272 Meter Seehöhe zwei Kilometer südlich von Reichenbach, erstreckte sich aber acht Kilometer lang bis 443 Meter Höhe ins Eulengebirge hinauf. Langenbielau und Peterswaldau, rein deutsche Hufendörfer aus dem dreizehnten Jahrhundert, wurden die Zentren der sogenannten Freiweberei, die den Weber mit seiner Familie den Auftraggebern so gut wie völlig auslieferte. In Peterswaldau und Langenbielau kam es im Juni 1844 zu dem großen Weberaufstand, dessen Ereignisse in der ganzen Gegend sehr gut im Gedächtnis blieben, wenn auch die elf Toten und die Entrüstung ganz Deutschlands an der sozialen Lage der schlesischen Weber kaum etwas geändert hatten. Das alte Durchgangsland Schlesien, durch einen großen Fluß nach Norden orientiert, aber durch viele Überlandstraßen an den böhmisch-österreichischen Raum angeschlossen, hat mit Wäldern, Wiesen, Feldern, Bodenschätzen und Industrie die Begehrlichkeit aller seiner Nachbarn immer wieder erregt und darum nicht zur Eigenstaatlichkeit gefunden. Sie hätte seiner besonderen Landschaftsnatur zwischen Gebirgskämmen und Tiefebenen vielleicht ebenso entsprochen wie der hier im ganzen glücklich verlaufenden Vereinigung von altslawischen, polnischen, deutschen und österreichischen Bevölkerungen auf einem Boden, den seltsamerweise gerade die unsteten Nordgermanen fünfhundert Jahre lang urbar gemacht hatten.

Links: Motiv vom Flüßchen Bober in Schlesien.

Mission mit dem Schwert

Das hohe Ziel und die üblen Taten – Wohin mit den überzähligen Söhnen? –
Aus dem Pruzzenland wird Preußen – Das Debakel von Tannenberg
im Jahr 1410 – Königsberg, das Wunder einer Stadt – Das geheimnisvolle Truso –
Elbing, oder: eine Meeresbucht wird zum See.

Es gehört zu den bestürzenden Widersprüchen der Weltgeschichte, daß zur Erreichung der höchsten Ziele die niedrigsten Taten vollbracht werden: in Eroberungszügen gegen Naturvölker, in Bekehrungsoperationen gegen Menschen, die auf ihrem Grund und Boden ja weiß Gott auch das Recht haben mußten, auf ihre angestammte Weise religiös zu sein und zu bleiben. Wehren sich die Angegriffenen, so avancierten die erschlagenen Angreifer zu Blutzeugen, und die Priester unter ihnen wurden als Märtyrer heiliggesprochen.

Niemand wird den Glaubensboten des hohen Mittelalters persönlichen Mut und tiefe Religiosität absprechen; sie glühten für den Glauben, sie setzten ihr Leben für ihn ein. Es hat ja auch von Bonifatius, dem Apostel der Deutschen, bis zu Adalbert von Prag sehr viele unter ihnen gegeben, die für ihr Ziel, das Christentum auszubreiten und das Heidentum zu

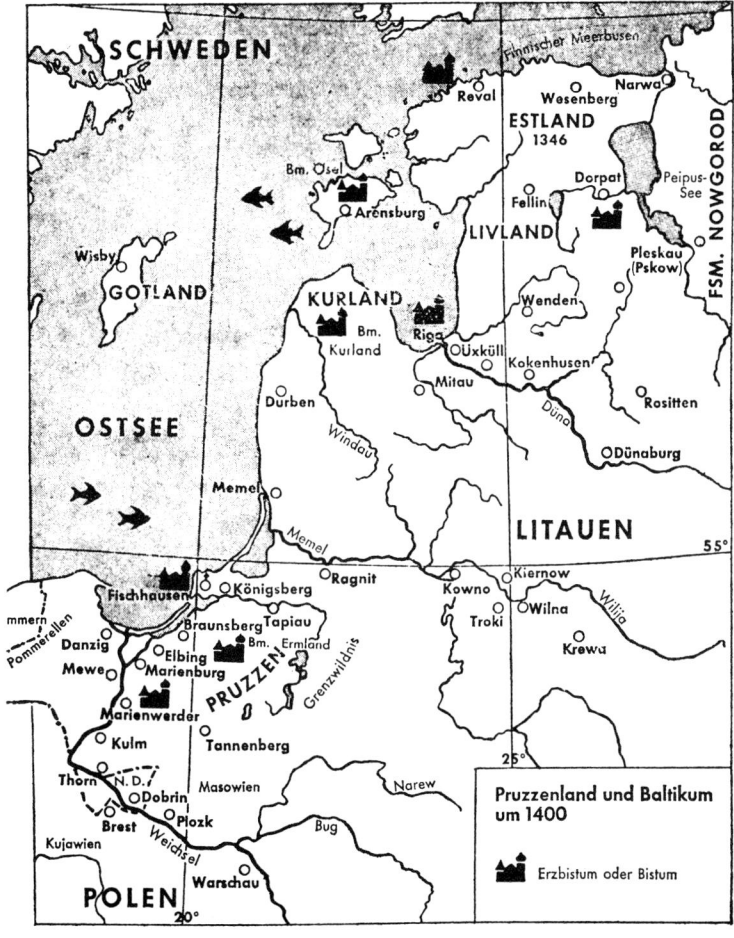

Rechts: Das Erzbistum Gnesen wirkte seit dem Jahr 1000 wie ein breiter christlicher Sperriegel vor der deutschen Ostexpansion. Deshalb richteten sich die Eroberungszüge der Ordensritter nach Nordnordost, ins Land der Pruzzen und ins Baltikum.

vernichten, in den Tod gingen. Betrachten wir freilich die Ereignisse genauer, studieren wir die Augenzeugenberichte in den Heiligenviten, die gewiß den Heiden nicht freundlich gesinnt waren, so zeigt sich jedoch, daß die waffenlosen Prediger des Christentums so lange mit heiler Haut davonkamen und allenfalls gewaltsam außer Landes gebracht wurden, als sie sich nicht selbst zu Aktionen gegen Heiligtümer oder Heidenpriester hinreißen ließen. Nicht immer herrschte bei den Heiden Einmütigkeit über solch glimpfliche Verfahren; wir wissen von Meinungsverschiedenheiten aus Niedersachsen, von Helgoland und von Birka in Schweden, wobei die junge Generation der Heiden meist für kurzen Prozeß war, während sich die Toleranz der Älteren schließlich so gut wie immer durchsetzte. Es ging dabei nicht nur um die Religion, sondern um einen gültigen Landfriedensgrundsatz nicht in Frage, waren die Räuber doch auch für ihr eigenes Volk Asoziale und Gesetzesbrecher. Wäre es anders gewesen in der Welt, weder Herodot noch Ibn Battuta, weder Marco Polo noch Roebroek hätten uns von ihren Reisen berichten können, und die viele Jahre währende waffenlose Pilgerschaft des Cabeza de Vaca quer durch die Indianergebiete des südlichen Nordamerika wäre ebenfalls unmöglich gewesen – um nur fünf aus Hunderten von Beispielen anzuführen.

Diese stille Übereinkunft, die allen Völkern nützte, schützte die Besucher der Orakelstätten ebenso wie die Reisenden, die nur eine warme Quelle aufsuchen wollten, und sie ließ die Pilger an die ihnen heiligen Orte gelangen, wo immer diese lagen, wie Jerusalem im Sarazenenland oder wie der Mont Saint Michel in dem von Briten eroberten Nordwestfrankreich. Es

Links: Die Ordensstadt Frauenburg am Frischen Haff nach einer Darstellung aus dem sechzehnten Jahrhundert.

Rechte Seite: Die Marienburg, das beühmteste Beispiel für den wuchtigen Baustil, wie ihn die Ordensritter bevorzugten.

uralten, merkwürdigerweise bei Völkern aller Sprachen und Rassen von Gibraltar bis Kamtschatka geachteten Grundsatz, daß der Waffenlose an Leib und Leben ungekränkt bleiben müsse, auch auf fremdem Territorium. Diese ungeschriebene Regel war zwar ursprünglich für die Wanderhändler geschaffen worden, weil die ja einfach ins Land kommen mußten. Und über die Händler hatte sich diese jahrtausendalte Duldsamkeit schließlich auch zugunsten der Missionare für die römische, für die griechische und für die arianische Kirche ausgewirkt, in Osteuropa auch für jüdische und islamische Missionare. Natürlich wurden Kaufleute gelegentlich von Räubern überfallen, aber das stellte den großen, ist tragisch, aber eine unbestreitbare Tatsache, daß es die Statthalter Christi auf Erden waren, die mit diesem Grundsatz brachen, die Kreuzzüge proklamierten und die kriegerische Eroberung eines Landes verlangten, nur weil dort die Heiligen Stätten lagen. Damit hatten sie den großen Frieden der Waffenlosen zerstört. Ja als einer der größten Herrscher des Abendlandes, als Kaiser Friedrich II. zur Waffenlosigkeit zurückkehrend, diesen Frieden im Gespräch mit einem ebenso einsichtigen Sultan wieder herstellte, drohte ihm der Papst sämtliche Höllenstrafen an und brandmarkte ihn auf einem Konzil vor der ganzen Christenheit als den großen Antichrist.

Wir haben am schlesischen Beispiel, aber auch aus Leben und Taten slawischer Fürsten wie Pribislaw-Heinrich von Brandenburg oder Gottschalk gesehen, daß dem in ganz Europa längst siegreichen Christentum nach und nach auch die Anrainerländer zufielen, gleichsam aus der Selbstwirksamkeit der Sachlage heraus, so wie sechs- oder siebenhundert Jahre zuvor die Germanenstämme auf der Wanderschaft ihre nordische Vielgötterreligion ablegten und das arianische Christentum annahmen, ohne daß man von massivem Einsatz von Missionaren wüßte: die drei oder fünf Namen, die uns bekannt geworden sind, hätten diesen Wandel bei Goten, Vandalen, Skiren, Gepiden und anderen Ostgermanen niemals bewirken können. Selbst die Sachsen zwischen Niederrhein und Weser wären Christen geworden, wenn sie nicht Karl der Große mit blutiger Gewalt hätte bekehren wollen, ja es wäre kampflos und ohne Frontenverhärtung vermutlich zu einer vollständigeren Christianisierung ohne Rückschläge gekommen, wenn die Gottesstreiter der Franken weniger gierig und ungeduldig gewesen wären. Cervantes hat uns sehr plausible Erklärungen zu all dem gegeben, als er auf die entsetzliche Beschäftigungslosigkeit des Ritters hinwies, der ja keine Arbeit anfassen, sondern nur Gott und dem König dienen durfte. Deshalb kamen ja auch nach dem letzten Mohammedaner in Granada die nackten Indianer in Amerika gerade recht, um die kampfgeübten Herren standesgemäß zu beschäftigen. Hält man sich dies vor Augen, so wird ganz klar, daß nach den schweren Niederlagen der Kreuzzugsheere im Heiligen Land und in Ägyp-

Oben: Das Banner des Ordens-Hochmeisters.
Darunter: Schwertritter vor einer Ordensburg in Livland (Holzschitt aus einer Chronik des 16. Jh).
Links: Das Siegel des Ordens-Hochmeisters Ulrich von Jungingen an einer Urkunde vom Juli 1397.
Rechte Seite: Ritter im hochmittelalterlichen Kettenhemd; es gestattete freiere Bewegung als der Harnisch und wurde diesem vorgezogen, wenn sich das Heer in unwegsamem Gelände vorankämpfen mußte.

ten nichts mehr die letzten Heiden Europas retten konnte.

»Was uns heute als der absolute Widersinn erscheint«, schreibt Hans Kühner, der hervorragende Historiker des Papsttums, »nämlich der christliche Krieg nicht im Sinne der Verteidigung, sondern des Angriffs, ist der Kirche des Mittelalters eine Selbstverständlichkeit. Die Ritter der Kreuzzüge stellen geradezu ein Ideal dar... Diese durch Krieg gewonnene Gnade Gottes, verbunden mit einem reichen Strom päpstlicher Privilegien, hindert die Ritterorden nicht, sich riesigen Feudalbesitz zu schaffen, ihre selbstlos-frommen Anfänge sehr rasch zu vergessen, in bedenkenloser Weise Staaten innerhalb der Kreuzfahrerstaaten zu bilden und große Reichtümer anzuhäufen.«

Es traf alles zusammen: Die Enttäuschung im östlichen Mittelmeer, der heilige Eifer, der sich gerade an den vielen Todesopfern der Kreuzzugsniederlagen entzündet hatte, die Landnot in Mitteleuropa, wo allenfalls ein Bauer noch einen Hof erhalten, aber ein Ritter nicht mehr mit angemessenen Adelsgütern rechnen konnte. Dazu kam – das wollen wir nicht vergessen – die verhängnisvolle Auffassung, der Nichtchrist sei rechtlos und dies vor allem dann, wenn er einem zivilisatorisch zurückgebliebenen und unzureichend organisierten Volk oder Stamm angehörte.

Die Ritterorden waren aus einer bitteren Notwendigkeit entstanden: Das reliquien- und wundergläubige Mittelalter sah Pilgerscharen auf allen seinen Straßen. Der hilflose, rastlose, ausgebeutete und oft kranke Mensch suchte sein Heil bei den Heiligen, aber die Straßen zu ihnen waren lang und schlecht, und die längste dieser Pilgerstraßen war nicht nur die meistbegangene, sondern auch die unsicherste – die Straße zu dem fern in Westspanien liegenden Wallfahrtsort Santiago de Compostela. Europa war so arm, daß selbst durch Pilger Räuber angelockt wurden; die wehrhaften Männer aus den adeligen Familien taten sich also zusammen, um diese Pilgerzüge zu schützen. Der Papst hieß diese Zusammenschlüsse gut und erhob sie zu Orden, der Kaiser unterstützte ihre Bemühungen durch die Errichtung von Hospizen auf den Paßhöhen.

Als die Kreuzzugszeit das Augenmerk der Christenheit in den Südostraum lenkte, erwuchs den geistlichen Ritterorden eine Fülle neuer Aufgaben. Teils kämpften sie in vorderster Linie gegen die Sarazenen, teils widmeten sie sich in den großen Etappenorten der Pflege von Verwundeten und Seuchenop-

fern. Die Templer, die Johanniter und die Deutschherren wurden die bekanntesten dieser Orden, in denen sich der europäische Adel zusammenfand, um hinter der Schar der namenlosen Kämpfer nicht zurückzustehen. Während die meisten Kreuzzugsteilnehmer aber, sofern sie überhaupt heimkehrten, wieder zu ihren Familien und Beschäftigungen zurückfanden, hatten sich die Ritter zum Beispiel des Deutschherrenordens zur Ehelosigkeit verpflichtet. 1190 im Heiligen Land als Hospital-Bruderschaft begründet, wurde die Vereinigung der Deutschherren 1198 zum Ritterorden, dann 1199 vom Papst bestätigt, von verschiedenen Seiten mit reichen

Schenkungen bedacht und war damit zur Institution geworden. Sollte er sich auflösen, als in der Friedenszeit nach 1204 die Verwundeten ausblieben? Und was hätten all die befehls- und kampfgewohnten Herren zu Hause tun sollen?

Wir wissen aus den Stammtafeln des Adels, wie viele Söhne es damals in den Familien gab. Sieben bis zehn Kinder waren beim Burgenadel durchaus keine Seltenheit, und wie eng das Land für all diese Erben dann wurde, zeigt unter anderen das Schlesische Beispiel mit den vielen Herrschafts-Teilungen. Der älteste Sohn konnte erben, aber nicht alle jüngeren Söhne konnten Bischöfe werden, und wenn sie es wurden, so blieben sie gleichwohl Ritter mit Schwert und Eroberungsgedanken, ihren alten Geschlechtern verbunden und für deren Besitz tätig. Es war eine unselige Auffassung vom Adel, eine an sich kaum haltbare Definition des Begriffes Ritter, die diesen tüchtigen, gesunden und ehrgeizigen Männern jede friedliche, sinnvolle Tätigkeit verwehrte, von den wenigen zugänglichen Hofämtern abgesehen. Gezwungenermaßen wurden sie zu schwertschwingenden Kampfmaschinen, um so mehr, als Papst und Kaiser diese Kämpfe abgesegnet hatten.

Als nun einer dieser Kaiser, der hochgebildete Friedrich II., ebenso wie vor ihm Heinrich der Löwe, die Überzeugung gewann, daß die Menschen, Kosten und Kräfte verschlingenden Kriegsfahrten nach Damiette oder Jaffa das Unglück des Heiligen Römischen Reiches Deutscher Nation seien und keinen Nutzen brächten, mußten die arbeitslosen, aber ihrem Kaiser verpflichteten Deutschordensritter die Gelegenheit, sich nun im Abendland zu betätigen, mit beiden Händen ergreifen. Es kam zu heute so gut wie vergessenen Anfängen der Ordenstätigkeit in Siebenbürgen, wo sich der Ritterorden, vom Mißtrauen des ungarischen Königs behindert, nicht entfalten konnte. Schon hier hatte der Deutsche Orden, wie er sich nun nannte, in den Jahren 1211–25 einen eigenen Kleinstaat zu gründen versucht, war aber durch Andreas II. (1205–35) schließlich aus Ungarn verwiesen worden. Schon aber winkte den von ihren großen Ansprüchen nicht lassenden Deutschherren der nächste Auftrag: Zu beiden Seiten der mittleren Weichsel und nördlich des dort einmündenden Bug lag das kleine Herzogtum Masowien, Erbgut des Herzogs Konrad (1119–1247), eines polnischen Königssohnes. Die nördlichen Nachbarn Masowiens waren die Pruzzen, ein baltisches Splittervolk, das seine Wohnsitze in mehr als zweitausend Jahren nicht nennenswert verändert und alle Angreifer – Germanen wie Slawen – erfolgreich abgewiesen hatten. Der Christianisierung widersetzten sie sich nur anfangs, nahmen den Abt Christian vom Kloster Lekno duldsam auf und ließen sich von ihm versichern, daß sie unmittelbar dem Papst und nicht dem König von Polen unterstehen würden, wenn sie sich zum Christentum bekehrten. Das war eine durchaus gesunde und verständliche Reserve gegenüber den

Reliefdarstellung aus der Marienburg: Ritterspiele bei Musikbegleitung.

übermächtigen Nachbarn, die hundert Jahre vorher ganz genau so auch die heidnischen Friesen angestrebt hatten. Karl Martell und nach ihm Karl der Große setzten sich über den Wunsch der Friesen hinweg, zwar christlich zu werden, aber frei zu bleiben. Ähnlich war es auch diesmal: Es gelang dem frommen Abt Christian nicht, seine Schäflein vor der unerwünschten polnischen Protektion zu bewahren. Obwohl die Pruzzen in mehr als zweitausend Jahren niemals aus ihren Wohnsitzen irgendwohin ausgebrochen waren, sondern nichts wollten, als in Ruhe gelassen zu werden, erklärte sich Herzog Konrad von Masowien für bedroht und rief die beschäftigungslose Eingreifarmee des Abendlandes zu Hilfe, die nach der Vernichtung der Kumanen nach neuen Heiden Ausschau haltenden Deutschordensritter.

Das war 1226/27, und es währte noch einige Jahre, ehe man sich völlig geeinigt hatte, denn die Ritter waren trotz aller Frömmigkeit keineswegs bereit, um Gotteslohn zu kämpfen. Sie verlangten Entschädigung in Ländereien, ja in ganzen Ländern: Nicht nur das Kulmer Ländchen sollte ihnen zufallen, sondern alles Land, das sie den heidnischen Pruzzen abnehmen würden. Nach dem Vertrag von Kruschwitz bei Bromberg, in dem der Herzog das Kulmer Land als Vorleistung an den Orden übereignete, begannen 1230 die ersten kriegerischen Aktionen. Daß es dabei um Mission und Bekehrung ging und daß die Bekehrten ja irgendwo leben müßten, war im Lauf der Ereignisse in Vergessenheit geraten...

Wir haben die winterlichen Preußenfahrten in früheren Kapiteln und anderen Zusammenhängen schon kurz erwähnt; nach dem Vertrag von Kruschwitz schreiben die Ordensritter nun Geschichte. Die Quellen über die Landnahmekämpfe des Ordens an der unteren Weichsel sind allesamt christlich; die Pruzzen hatten eine uralte und sprachgeschichtlich hochinteressante Mundart, aber keine Schrift. Wie es ihnen erging, als die Ordensritter kamen, erfahren wir also nicht von den Pruzzen, sondern von den Chronisten der Ordensgroßtaten, und allein dieser Umstand schließt eigentlich schon aus, daß dem Orden Ungerechtigkeit widerfahren könnte. Es war ein Priesterbruder des Ordens, ein Mann namens Peter von Dusburg, der in seinem *Chronicon terrae Prussiae* das Loblied der Eroberung anstimmte.

»Der Landmeister, Bruder Hermann Balk, und die übrigen Brüder versammelten zur Winterszeit, als alles tief in Eis erstarrt war, die Kreuzfahrer deren Herz danach brannte, den Mut der Preußen zu brechen. Sie betraten das Gebiet Reisen, töteten und fingen viele Leute und rückten zum Flusse Sorge vor, wo sie das erlebten, was sie lange gewünscht hatten. Denn sie trafen hier auf ein großes Heer der Preußen, das sich in Waffen gesammelt hatte und schon bereitstand zur Schlacht. Als sie dieses mannhaft angriffen, schlugen sie es in die Flucht. Doch der Herzog von Pommern und sein Bruder, die im Kampfe mit den Preußen erfahrener waren, besetzten die Wege rings um die Umzingelten mit ihren Bewaffneten, damit ihnen niemand entgehen könne, und dann vernichteten sie die Sünder in ihrem Zorn. Dort verzehrte das Schwert der christlichen Ritterschaft blitzend das Fleisch der Ungläubigen, und hier bohrte sich eine Lanze nicht vergebens verwundend ein, denn die Preußen vermochten weder hier noch dort dem Antlitz ihrer Verfolger zu entweichen. So erfolgte ein großes Blutbad im Preußenvolk, da an jenem Tag mehr als fünftausend getötet wurden. Die Kreuzfahrer aber kehrten alle voller Freude in ihre Heimat zurück und priesen die Gnade des Heilands.«

Eine halbe Seite nur, aber sie sagt gewiß mehr, als Peter von Dusburg sagen wollte. Um so verwunderlicher ist es, daß die Pruzzen erst nach dreiundfünfzig Jahren eines zweifellos heldenhaften Widerstandes schließlich unterworfen werden konnten, obwohl ganz Europa dieses kleine, tapfere Volk allein ließ. Sogar die benachbarten Pommernherzöge beteiligten sich an der Treibjagd. Immerhin – wie bitterarm diese Pommern waren, wie nahe am Verhungern, das haben wir schon gehört, und weil sie kein anderes Kapital anzubieten hatten als ihre harten Kriegsknechte, kämpften sie eben gegen Dänen und Pruzzen, wie immer die deutschen Herren es verlangten und gebrauchen konnten. Wären sie alle zusammengestanden, die Pommern, die Pruzzen, die Liven und Esten und Litauer, es hätte so bald kein Ordensland Preußen gegeben. Das Unglück der Heiden war die Uneinigkeit und der Winter, in dem Sümpfe und Seen zufroren. So folgten dem geschilderten Blutbad am Drausensee bald weitere, denn »bei dem unseligen Zusammenprallen tödlich verfeindeter Rassen ist die blutige Wildheit eines raschen Vernichtungskrieges menschlicher, minder empörend als jene falsche Milde der Trägheit, welche die Unterworfenen im Zustande der Tierheit zurückläßt«.

Das war nicht Alfred Rosenberg, das war Heinrich von Treitschke, und dieser bei aller nationalen Verranntheit doch auch sehr kenntnisreiche Historiker hätte eigentlich wissen können, wie begehrt zum Beispiel das Kunsthandwerk der Pruzzen schon in römischer Zeit war, daß die Pruzzen eine soziale Gliederung und Ordnung hatten und daß ihre einzige Todsünde darin bestand, bei den ritterlichen Gegnern ritterliche Tugenden zu vermuten: Als die siegreichen Ordensritter den wehrlosen Heiden die Kinder wegholen, um sie christlich zu erziehen, kommt es im Jahr 1260 zu einem großen Verzweiflungsaufstand und zu abermals vierzehn harten Kriegsjahren, nach denen die Ritter dann fünfzig edle Pruzzen zu Unterhandlungen zu sich laden. Auch hier müßte uraltes Gewohnheitsrecht gelten: Der Parlamentär genießt den Schutz ungeschriebener Konventionen. Aber die frommen Männer mit dem großen Kreuz auf dem Ordenskleid und dem alten Adel im Blut nehmen die Gelegenheit wahr, die Pruzzen führerlos zu machen und verbrennen die fünfzig Pruzzenführer bei lebendigem Leib. Gotthold Rohde, der Altmeister ostmitteleuropäischer Geschichte, eine über jeden Zweifel erhabene Autorität, stellt noch in seinem 1957 erschienenen Sammelwerk über die Ostgebiete des Deutschen Reiches fest, daß diese Blutschuld nicht allein auf deutsche Ritter falle: »Die Kämpfe, an denen sich auch polnische, böhmische und westeuropäische Ritter beteiligten..., wurden häufig mit Grausamkeit geführt, da nach der Zeitauffassung gegenüber Heiden keine Milde walten durfte, brachten aber durchaus keine vollständige Ausrottung der Prußen.«

Daß da und dort im unzugänglichen und ausgedehnten Pruzzenland ein paar Dörfer unversehrt blieben, daß vornehmlich Männer erschlagen wurden, die Frauen aber doch zum Teil am Leben blieben und die umerzogenen Kinder ebenfalls, das soll also die Blutschuld an den Tausenden von Toten löschen. Auch die Geisteshaltung der damaligen Zeit, die so gerne als Alibifaktor zitiert wird, ist durchaus nicht so einheitlich, wie man es oft dargestellt findet. So mancher große christliche Schriftsteller, etwa Petrus Damiani oder auch Anselm von Canterbury, haben unmittelbar vor diesen Vorgängen jegliche Gewalt in Glaubensdingen verboten, wie auch Thomas von Aquino die gewaltsame Bekehrung verurteilte.

Noch immer liegt ein Tabu über diesen Untaten, ein Tabu, dessen Brechung dem Verfasser dieses Buches wütende Angriffe der ganzen älteren Forschergeneration einbrachte, als er sich bereits 1961 kritisch über den Deutschritterorden äußerte. »Die Apo-

Die furchterregende Schlachtreihe der Ordensritter aus dem berühmten Eisenstein-Film *Alexander Newski* (1938), deutscher Titel: *Die Schlacht auf dem Eis.*

theose des Ordens geht weiter«, stellt *Hans Kühner* sieben Jahre später fest, »Apotheose aber hat nichts mit historischer Wahrheit zu tun.« Man muß also zwischen den Zeilen dieser Apotheosen lesen, wenn man herausfinden will, wie jene, die es wissen müssen, die Ordensangehörigen, die Ordenshistoriker, die großen Panegyriker, wie sie den Pruzzenfeldzug sehen. Da gibt es wohl keine bessere Adresse als den Pater Dr. Marjan Tumler, der in seinem mit Unterstützung der Österreichischen Akademie der Wissenschaften gedruckten Prachtwerk über den Deutschen Orden auf 750 Seiten im Lexikonformat nur wenige, von Anmerkungen überladene Zeilen findet, um über die Ordenskriege gegen die Pruzzen zu berichten. Von einer Beurteilung drückt er sich vollends: Er müsse »darauf verzichten, in seinem Werke, das eine historische Arbeit darstellt, zu entscheiden, ob die Kriege des Deutschen Ordens gerecht waren oder nicht«. Tumler verweist aber auf die ausführlichen, tiefschürfenden Ausführungen des heiligen Thomas von Aquin in seiner *Summa Theologica* ... (a. a. O. Seite 577). Selbst Apologeten haben manchmal ein schlechtes Gewissen, und deutlicher als hier hätte man es kaum zeigen können.

Man hat mir in den Diskussionen über mein Buch *Land im Osten* vorgehalten, daß ja immerhin einige Pruzzen am Leben geblieben seien und daß man später, im siebzehnten Jahrhundert, noch so viel pruzzisch gesprochen habe, daß die Lutherbibel in diese baltische Sprache übersetzt wurde. Gewiß, über Zahlen, die niemand kennt, läßt sich nicht streiten, auch darüber nicht, wie viele Leser ein Pfäfflein wohl erwartete, das in einer stillen baltischen Studierstube die Bibelübersetzung ins Pruzzische schuf, wohl mehr, um die Sprache zu retten als um einem noch existenten Volk eine Bibel zu geben. Aber es muß in einer Zeit, da für jeden Alleebaum demonstriert wird und jede Reiherart beklagt wird, die vom Aussterben bedroht ist, doch wohl gestattet sein, das Verschwinden dieses kräftigen und interessanten europäischen Urvolks zu bedauern und als ungerechtfertigt zu empfinden: Die Pruzzen waren auf dem besten Weg, Christen zu werden, man hätte ihnen nur ein wenig Zeit und die angestammte Selbständigkeit gönnen sollen. Wie man mit den Pruzzen verfuhr, brachte dem Christentum im Nordosten nur Nachteile, weil nämlich die Ordensritter »die Neubekehrten unterdessen mit schweren Belastungen drückten, so daß die benachbarten Heiden, ihre Beschwerden hörend, das süße Joch des Herrn auf sich zu nehmen fürchteten« (Preußisches Urkundenbuch I/1 28 in der Übersetzung von Pater Dr. Marjan Tumler).

Gewiß ist der Orden nicht einseitig so zu sehen, wie ihn Eisenstein in seinem Film *Alexander Newski* dargestellt hat, die Ritter als schwertschwingende Roboter, die alles vor sich niedermähen; sicher ist aber auch, daß das Vorbild dieser Landnahme, die auf dem Grundsatz der eigenen Höherwertigkeit und der angeblichen Minderwertigkeit der Heiden beruhte, sich durch Jahrhunderte verhängnisvoll ausgewirkt hat. Die Ordensritter haben für die osteuropäischen Völker das Deutschenbild mitgeprägt, das können wir in jenem berühmten Brief der polnischen Bischöfe an die deutschen Bischöfe nachlesen, der 1965, gelegentlich der Tausendjahrfeier der Christianisierung Polens, geschrieben wurde: »Die deutschen Ordensritter, die sogenannten Kreuzritter, die im slawischen Norden und in den preußischen und baltischen Ländern die dortigen Ureinwohner mit Feuer und Schwert bekehrten ... sind im Laufe der Jahrhunderte eine furchtbare Belastung geworden. Aus dem Siedlungsgebiet der Kreuzritter sind später jene Preußen hervorgegangen, die alles Deutsche in polnischen Landen in allgemeinen Verruf brachten.« Diese Äußerung ist verständlich und symptomatisch, in ihrem letzten Satz birgt sie dann aber wiederum ein Pauschalurteil, das sich sachlich nicht halten läßt. Die Ordensritter – bis zum geschlossenen Übertritt des Ordensstaates, der sich 1525 für das Luthertum entschied, zur Ehelosigkeit verpflichtet – repräsentierten nur persönlich ein kämpferisches Ideal, setzten aber keine neuen Generationen von Ordensrittern in die Welt. Das Preußentum in seiner rigorosen Korrektheit muß in seinen Einflüssen auf die staatliche Existenz ehemaliger Ordensgebiete eher als die Überwindung jenes ritterlichen Vorrechtsdenkens angesehen werden denn als seine Fortsetzung in spätere Zeiten. Nicht erst Friedrich der Große, sondern schon der Große Kurfürst, aber auch Friedrich Wilhelm I. in seiner beschränkten und zur Selbstanklage neigenden Frömmigkeit sind nicht mehr aus dem Ordensgeist motiviert und setzen völlig neue Maßstäbe. Schlüssiger ist die Beziehung, die Hans Kühner gestützt auf Alfred Rosenberg und auf die Erziehungskasernen des Nationalsozialismus herstellt, die sich ja bezeichnenderweise Ordensburgen nannten: »Ganz konsequent die Linie Treitschkes fortsetzend, pries Hitlers philosophischer Quacksalber Rosenberg den Orden als willkommenen Wegweiser zu den Eroberungen, die 1939 begannen – so wie zahlreiche Dramen seit 1933 der Glorifizierung des Ordens und der Propagierung des deutschen Dranges nach dem Osten dienten.«

So wie die Christianisierung des mitteleuropäischen Nordostens nicht rein deutsches Ereignis war, ist auch das Problem des Deutschen Ordens auf europäischem Hintergrund und als Problem des Rittertums überhaupt zu sehen. Hatten sich die Templer nach dem Ende ihrer Kreuzzugsmissionen der wirtschaftlichen Aktivität zugewandt, so entschieden sich die Deutschherren für die eigene Staatengründung, der naturgemäß eine Eroberung vorausgehen mußte. Obwohl es besondere Priester-Ritter gab, fühlten sich auch die anderen Ordensritter noch an das Kreuz gebunden, das ihre Ordenskleidung kennzeichnete. Aber »auch hier überwog das Machtstreben, nur um etliches militanter und staatlicher als bei den Templern... Selbst die Ritterorden, scheinbar vom idealen Schwung des ganzen Abendlandes beflügelt, verkörperten also die Idee des Miles christianus (des christlichen Soldaten) nur mit einer erheblichen Beimischung irdischer Ziele«. Es ist Arno Borst, der Mittelalter-Historiker, dessen Schriften widerholt mit Auszeichnungen bedacht wurden, der diese desillusionierenden Zeilen schreibt. In seinem Aufsatz über das Rittertum im Hochmittelalter legt er die wirtschaftlichen Lebensumstände des kleinen Adels bloß, aus dem der Ritterstand im allgemeinen herkam, und schließt nach einer Analyse der Situation in Frankreich und Deutschland mit der Aufforderung: »Sollten wir nicht endlich von dieser Gespensterbeschwörung ablassen? Die Historie hätte Besseres zu tun, als wehmütig verstaubte Traditionen zu pflegen. Die Geschichte des Rittertums könnte uns mehr lehren als ein paar Formalitäten und Kuriositäten, nämlich einige höchst aktuelle Maximen für die historische Erkenntnis und für die Bewältigung der Gegenwart: daß Herrschaft nur durch Dienst veredelt wird, daß Elite der Gesellschaft bedarf und vor allem, daß das Chaos der Realitäten und der Fanatismus der Macht nur zu bändigen sind durch geistige Zucht.«

Vergleicht man die Lage in Pommern und Mecklenburg, wo christlich gewordene einheimische Fürstengeschlechter regierten, mit der zivilisatorischen Leistung des Deutschen Ordens in Ostpreußen und im Weichselland, so wird klar, daß die organisatorischen Voraussetzungen, die der Orden mitbrachte, für die große Aufgabe ungleich geeigneter waren als das rudimentäre Herrschaftssystem, wie es sich bis dahin bei den Ostseeslawen, aber auch in Polen hatte ausbilden können. Der Orden hatte durch seine straffe Gliederung auf allen wichtigen Posten unterrichtete und fähige Männer, während die Slawenfürsten auf ihre Familien und auf den einheimischen Adel Rücksicht nehmen mußten und im Erbgang natürlich ebensowenig geeignete Persönlichkeiten produzierten wie die deutschen Fürstenhäuser. Darin bestand ja auch die Überlegenheit der anderen Orden, der Templer und der Malteser: ihre außerordentlichen Leistungen in den Kämpfen zu Lande, zu Wasser oder im friedlichen Bereich der Wirtschaft bewiesen die Tauglichkeit des Männerbundes für die Lösung solcher Aufgaben, die den schwachen Kleinstaat jener Tage noch überforderten.

Eine besondere Gunst der Stunde muß man darin erblicken, daß seit 1209 der Thüringer Hermann von

Salza († 1239) den Orden als Hochmeister führte. In dieses Amt wurde man auf Lebenszeit gewählt, und der bei seiner Wahl vermutlich noch nicht vierzigjährige, aus dem Beamtenadel stammende von Salza, erwies sich bald in seiner Tätigkeit für den Orden, aber auch als einer der wichtigsten Berater Kaiser Friedrichs II. als einer der bestenKöpfe seines Jahrhunderts. Hat der Hochmeister auch vermutlich niemals das Ordensland an der Ostsee selbst aufgesucht, so gestattete ihm die Nähe zum Kaiser doch, seine Hand schirmend über die schwierigen Anfangsjahre der Ordenstätigkeit in diesem Bereich zu halten. Das war wichtig, denn wenn auch nach dem Debakel in Siebenbürgen ein eindeutiger Ruf an den Orden ergangen war, der Ruf, nach Masowien zu kommen und gegen die Pruzzen zu ziehen, so kannte man inzwischen doch den Wankelmut so mancher Fürsten. Den schweren Kampf gegen die tapferen Pruzzen und ihre baltischen Nachbarn gedachte der Orden jedenfalls nur auf sich zu nehmen, wenn er sicher sein durfte, nicht abermals um die Früchte vieler Schlachten und kolonisatorischer Bemühungen betrogen zu werden.

Kaiser Friedrich II., der Hermann von Salza sehr oft bei Verhandlungen und heiklen Missionen einsetzte, bestätigte seinem vertrauten Berater schon 1226 die Belehnung des Ordens mit dem Pruzzenland. Papst Gregor IX. hingegen zauderte bis 1234, weil sich die Pruzzen ja über Bischof Christian unmittelbar an ihn gewendet hatten. Als die eigene Ordensgründung des Bischofs Christian sich dem Deutschen Ritterorden jedoch als hoffnungslos unterlegen erwies,

Linke Seite: Hermann Balk (gestorben 1239) begründete die Herrschaft des Ordens in Ostpreußen mit Umsicht und Milde. Der harte Kurs seiner Nachfolger führte zu Aufständen und schweren Rückschlägen und brachte den Orden in Mißkredit.

Rechts: Hermann von Salza, Hochmeister des Deutschen Ritterordens und einflußreicher Berater Kaiser Friedrichs II.

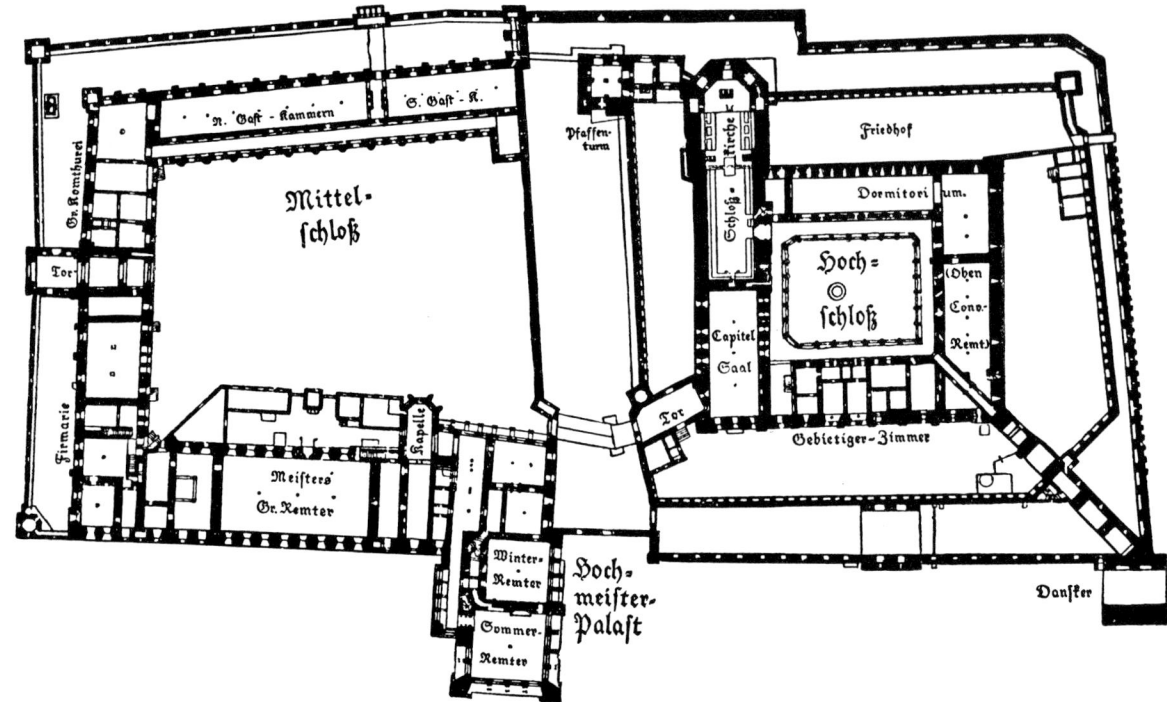

mußte der Papst, wenn er den Fortschritt der Christianisierung nicht hemmen wollte, die Pruzzen den Schwertern der Ordensritter preisgeben. Kaiser wie Papst scheinen freilich keine volle Information über das besessen zu haben, was in Preußen vor sich ging; vor allem der Papst vermochte wohl keinen Unterschied zu sehen zwischen dem Kreuzzug gegen die Pruzzen und dem 1234 eben beendeten blutigen Niederwerfungskampf des Erzbischofs von Bremen und Hamburg gegen die aufständischen Stedinger Bauern in der oldenburgischen Wesermarsch. Warum auch sollte der Papst für die heidnischen Pruzzen mehr empfinden und sie besser schützen als etwa die französischen Ketzer, die er drei Jahre zuvor mit der Konstitution *Excommunicamus...* der Inquisition ausgeliefert hatte.

Hermann Balk, der erste Landmeister des Ordens in Preußen, hatte die päpstliche Genehmigung auch gar nicht abgewartet, sondern 1231 mit energischen Vorstößen begonnen, schnell die Küste erreicht und damit nicht nur das Pruzzengebiet durchschnitten, sondern es auch von den Pommern getrennt, die ja schon wiederholt die Fronten gewechselt hatten und eines Tages ebenso mit den Pruzzen in den Krieg ziehen konnten, wie sie zunächst gegen sie aufmarschiert waren. In allen eroberten Gebieten wurden – ganz in der Technik der Kreuzzüge im Nahen Osten – sogleich Burgen angelegt, in deren Schutz sich die ersten deutschen Siedlergruppen niederzulassen wagten. Das war zwar, wie der bereits erwähnte Pruzzenaufstand von 1260 zeigen sollte, da und dort entschieden verfrüht, aber die Bauern vertrauten eben den Rittern und die Ritter ihren Schwertern, und diese Schwerter bestimmten für hundert Jahre das Geschehen:

Im März 1226 verlieh Kaiser Friedrich II. dem Hochmeister Hermann von Salza Preußen und das Kulmer Land, also noch nicht eroberte Gebiete, und sagte sie für den Fall erfolgreicher militärischer Operationen dem Orden als Reichslehen zu.

1230 entsandte Hermann von Salza den Landmeister des Ordens, also die höchste regionale Autorität, gegen die Pruzzen. Dieser Landmeister war der bereits erwähnte Hermann Balk und entstammte einer teils in Niedersachsen, teils in der Mark beheimateten Familie, gab 1238 wohl aus Altersgründen sein Kommando auf und starb 1239.

Nach dreißigjährigem hartnäckigem Kampf gegen die Pruzzen schien die Ordensherrschaft zusammenzubrechen, als 1260 ein allgemeiner Aufstand der Unterworfenen auch für sicher gehaltene Positionen der Ritter, Verwaltungszentren und Burgen, beinahe über Nacht in die Hand der Pruzzen brachte.

Erst 1283, nach beinahe einem Vierteljahrhundert eines erbitterten Vernichtungskrieges, war der Aufstand niedergeschlagen. Die Grausamkeiten auf beiden Seiten hatten nun aber ein völlig anderes Klima geschaffen als zu Zeiten des versöhnungsbereiten, missionarisch gestimmten Hermann Balk. Auch die relativ milden Bestimmungen eines ersten Friedensschlußes vom Februar 1249 in der neugegründeten Ordensstadt Christburg waren damit bedeutungslos geworden. Die Rechte der Pruzzen, um die sich in Christburg vor allem die Kirche angenommen hatte, wurden nun drastisch beschnitten. Mit diesem blutigen Sieg wurde Preußen zur Existenzgrundlage des Deutschen Ordens, und die hochmeisterliche Residenz kam von Venedig in das Ordensschloß Marienburg im Mündungsgebiet der Weichsel, das darum in den darauffolgenden Jahrzehnten prächtig ausgebaut wurde.

Die hohen Abgaben der unterworfenen Pruzzen und die straffe Verwaltung der eroberten Gebiete hatten den Orden so reich gemacht, daß er weiteres Land nicht nur durch Kampf, sondern auch durch Kauf an sich bringen konnte, bis sich Litauen und Polen gegen den nun allzureichen und mächtigen Ritterstaat einigten. Der mit einem Angriff von Osten her rechnende Orden wurde durch den polnisch-litauischen Vormarsch aus südlicher Richtung völlig überrascht und am 15. Juli 1410 bei Grünfelde und Tannenberg vernichtend geschlagen. Etwa 15 000 Deutschen des Ordensheeres und aus dem Reich verpflichteten Soldtruppen standen 20 000 Polen, Litauer und andere Völkerschaften gegenüber, womit die Schlacht als eine der größten des Mittelalters bezeichnet werden kann. Auch der Einsatz von Geschützen auf seiten des Ordens (was damals noch eine große Seltenheit war) macht sie geschichtlich bemerkenswert. Jede der kämpfenden Parteien hatte etwa vier- bis fünftausend Mann an Toten zu beklagen; der Ordenshochmeister Ulrich von Jungingen fiel mit 200 Ordensrittern und wurde vom polnischen König mit allen Ehren in die Marienburg überführt. Diese aber konnten die Polen nicht erobern: Der Hochmeister Heinrich von Plauen (etwa 1370 bis 9. 11. 1429) verteidigte sie so heldenhaft, daß die Hilfe aus dem Reich Zeit zum Eingreifen fand und der Orden schließlich mit erträglichen Gebietsverlusten davonkam. Die finanziellen Lasten allerdings des im Februar 1411 auf einer Weichselinsel bei Thorn abgeschlossenen Friedens waren ungeheuer und vernichteten für Jahrzehnte die Wirtschaftsmacht des Deutschen Ordens. Der daraus entstehende innere Zwist im Orden kostete den tüchtigen Heinrich von Plauen sein hohes Amt und führte zu verstärktem polnischem Einfluß auf die mit dem Orden unzufriedenen ostpreußischen Städte. Auch der weltliche Ordensstaat, den Markgraf Albrecht von Brandenburg dank verwandtschaftlicher Beziehungen zu Polen 1525 errichten konnte, blieb unter der Oberhoheit der polnischen Krone und wurde erst 1618 mit Brandenburg vereinigt, vierhundert Jahre nach dem Beginn der Pruzzenkämpfe an der Weichsel.

Damals, im dreizehnten Jahrhundert, hatten die Pruzzen nur eine einzige Schutzmacht, nämlich die Kirche, und auch diese machte ihren Einsatz für das kleine, von allen Seiten bedrohte Volk davon abhängig, daß es zum Christentum übertrete und diesem treu bleibe. Dafür scheint es schon früh eine wenn auch noch nicht sehr starke Partei gegeben zu haben,

Linke Seite: Grundriß der Marienburg in ihrer endgültigen Raumaufteilung nach verschiedenen Erweiterungen.

Links: »... dieselbe erstiegen die Ordens-Brüder unter dem Landmeister Heinrich von Wida/etwa umb das 1242ste Jahr/erschlugen alles/was drinnen war/ und nandten sie CHRISTBURG/weil sie in der Christ-Nacht/da sich die Preussen schon zur Ruhe begeben/erstiegen war.« (Hartknoch)

ganz ähnlich wie bei den Sachsen unter Karl dem Großen; und es müssen die Häupter dieser prochristlichen Partei gewesen sein, die nach den militärischen Niederlagen gegen den Deutschen Orden und den Pommernherzog in den Friedensverhandlungen eine entscheidende Rolle zu spielen begannen.

Der Pruzzenfrieden von Christburg vom Jahr 1249 schenkt uns eines jener mittelalterlichen Dokumente, die die Kurie als die oberste moralische Instanz auch des politischen Geschehens erweisen. Es ist so eindrucksvoll, daß sich Kaiser Friedrich II., in vielen Jahren seines Lebens ein Gegner der Päpste, bald darauf bemüht, für das Reich eben jene Schutzverpflichtungen gegenüber den Pruzzen zu übernehmen, zu denen sich die Kirche im Frieden von Christburg bekennt. Der Metternich des wichtigen Friedensschlußes heißt Jacobus von Lüttich, war Archidiakon und hatte schon den als Vorbedingung wichtigen Vergleich zwischen Pommern und dem Deutschen Orden herbeigeführt. In Christburg tritt er als Anwalt der Pruzzen auf und schließt für sie den Vertrag mit dem Orden, womit zwar die Unmündigkeit der Pruzzenhäupter im Rahmen so komplizierter Rechtsgeschäfte erwiesen ist, aber auch der Umstand, daß mindestens ein Großteil des Pruzzenvolkes nun hinter dem Gesandten des Papstes steht. Man darf sagen, daß er die Pruzzen nicht enttäuscht hat: Es kam zu keinem Diktat, und das, was bis heute an diesem Vertrag am erstaunlichsten ist, die Freiheit von Fron und Willkür für alle bekehrten Pruzzen, ist zweifellos ein Verdienst des Legaten.

»Der Versuchung, die unterworfenen Heiden als Personen minderen Rechtes zu betrachten, war der deutsche Adel naturgemäß am meisten, aber nicht allein ausgesetzt. Durch unmittelbare Nachbarschaft war er zum Heidenkampf, an dem sich im Spätmittelalter Franzosen und Engländer bekanntlich gleichermaßen beteiligt haben, aufgerufen. Zudem verband sich für ihn mit dem Heidenkampf die Möglichkeit der Besiedlung schwach bevölkerter Räume,

Unten: Die Stadt Thorn im ehemaligen Westpreußen war ein wichtiger Handelsplatz an der Weichsel mit wechselvoller Geschichte. Der Astronom Kopernikus wurde hier geboren.

und Herrschaft über Leute eigenen Volkstums zog solche über die Angesessenen nach sich. Die Einwanderer hatten das Risiko der Siedlung gegen Gewährung von Vorrechten auf sich genommen. Schon dadurch, ungeachtet des fremden Volkstums und Heidentums, ergab sich eine Rechtsabstufung, bestand eine solche doch auch im Mutterland zwischen rodenden Neusiedlern und auf Ansiedelboden ansässigen Bauern. Daneben ist nicht zu leugnen, daß der erobernd vordringende Adel versucht hat, diesen natürlichen Rechtsabfall (gemeint ist: *gefälle*) zu verstärken... Die Kurie hatte es nicht leicht, solche Auffassungen dem Adel auszutreiben und seinen Schwertdienst, den sie brauchte, an der entscheidenden Stelle Einhalt zu gebieten. Sie hat damit einen wichtigen Beitrag zur modernen Kriegsethik geleistet« (so der Göttinger Ordinarius Dr. Hans Patze über den Christburger Frieden).

Es war Papst Honorius III., der sich nicht scheute, auch Herren mit großen Namen und bedeutenden militärischen Erfolgen mit Kirchenstrafen zu belegen, wenn sie die Versklavung der Unterworfenen für wichtiger erachteten als die Bekehrung (weil der Neubekehrte als Christ dann frei war). Im päpstlichen Auftrag verhängte der Bischof von Preußen solche Kirchenstrafen keineswegs nur gegen deutsche, sondern auch gegen polnische, böhmische, mährische und dänische Ritter. Und während es sich König Waldemar II. von Dänemark gefallen lassen mußte, seiner rücksichtslosen Unterwerfungspolitik wegen verwarnt zu werden, erließ Kaiser Friedrich II. zugunsten der Völker von Preußen, (Samland und Semgallen werden besonders erwähnt), aber auch von Estland und Livland eines seiner berühmtesten Manifeste. Er bestätigt damit den Zusammenhang zwischen Heidenmission und Herrschaftsanspruch und betont, daß es nur die Sorge um die eigene Freiheit und die Zukunft des Volkes sei, die so manchen heidnischen Stamm an der Ostsee noch vom Übertritt zum Christentum abhalte. Die vom Papst wie vom Kaiser postulierte Voraussetzung für die persönliche Freiheit und die Freiheit von drük-

Rechts: Nikolaus Kopernikus (1473–1543), konnte, von seinem Onkel, dem Bischof von Ermland gefördert, ein relativ ruhiges Gelehrtenleben führen, trotz der gewaltigen Revolution der Himmelskunde, die auf seine Erkenntnisse und Schriften zurückgeht – sein Denkmal in Thorn.

Oben: König Jagiello von Polen bereitete in der Schlacht von Tannenberg (1410) der Machtpolitik der Ordensritter ein Ende.

Rechts: Ulrich von Jungingen, Hochmeister des Ordens, fiel in der Schlacht von Tannenberg am 15. Juni 1410.

kenden Dienstleistungen war die Bekehrung, aber die Pruzzen und andere Völker zweifelten aus gutem Grund daran, daß die beiden fernen Mächte – Kaiser und Papst – imstande sein würden, sich gegen den am Ort siegreichen Adel durchzusetzen.

Daß diese Zweifel berechtigt waren, daß die Pruzzenaufstände auch die päpstlichen Garantien zunichte machten, weil sie ja einen Abfall vom Christentum mit sich brachten, das hat den Untergang eines der begabtesten europäischen Urvölker besiegelt, einen Untergang, der als Schicksal und Tragik auch dadurch nicht gemildert wird, daß ihm ein paar hundert Familien entgingen. Sie haben an den Bräuchen, denen sie in Christburg abschwören mußten, noch jahrhundertelang festgehalten, wie Prozesse über Grabbeigaben und Grabschändungen noch im neunzehnten Jahrhundert beweisen. Sie haben heidnische Opferbräuche zu christlichem Brauchtum werden lassen, ohne darum doch ihren ältesten Feld- und Fruchtbarkeitsgott Curche völlig zu vergessen. Sie hatten auf manchen barbarischen Brauch verzichtet, wie die Tötung von neugeborenen Mädchen, und sie hatten nun endlich Kirchen gebaut. Dennoch sind sie nicht so willig und stumm in die Unterschicht deutscher Städte und Gemeinden eingezogen wie die Wenden, sondern ein geheimnisvoller Alt- und Restbestand aus dem Mittelalter geblieben, bis das große Unheil von 1944/45 über ihr Land hinwegging.

Das, was sich durch die Jahrhunderte am besten behauptet hatte – die Städte – erschien den Pruzzen zunächst als der schlimmste Pfahl im Fleisch, und doch haben schließlich die Städte auch pruzzische Traditionen bewahrt, lagen sie doch oft an pruzzischen Burgplätzen.

In den ersten Jahrzehnten der heißesten Pruzzenkämpfe hatte der Deutsche Orden neben den für die Kriegführung wichtigeren Burgen nur zehn Städte begründen können. Die wichtigste, Königsberg, entstand seit dem Jahr 1255; ihr Name erinnert an den großen Böhmenkönig Ottokar II. Přemysl und seine Mitwirkung im Pruzzenkampf.

An der für eine Siedlung außerordentlich günstigen

Stelle hatten bereits die Pruzzen eine Burg mit Markt und Handwerkerhäusern gebaut, denn der Pregel-Fluß teilt sich hier vor der Mündung ins Frische Haff in zwei Arme, die verschiedentlich untereinander verbunden, mehrere Inseln bilden, den Flußübergang erleichtern, natürliche Becken füllen und Siedlungen geschützte Lagen bieten. Der Hafen – auf alten Karten Portus Lipze genannt – wurde von skandinavischen Händlern angelaufen und hatte schon vor der Ordenszeit Schiffsverkehr mit Lübeck. Auf der höchsten Erhebung des besiedelten Gebietes ragte die Pruzzenburg Tuwangste auf, am Wasser lag noch das Fischerdorf Lipnick. Dies alles war so gut bekannt, weil es ja einige Generationen friedlichen Handels zwischen christlichen Ostseeslawen, deutschen Kaufleuten und Pruzzen gegeben hatte. Die pruzzischen Ortschaften wuchsen indessen nicht zusammen, es gab keine Stadt, die der Gunst der Lage entsprochen hätte. Diese wollten die Lübecker um 1242 hier erbauen, doch setzte sich der Orden mit seiner militärisch abgesicherten Gründung Königsberg gegen diesen Kaufmannsplan durch und hatte damit die Pruzzen auch zutreffender eingeschätzt: Während die Kaufmannssiedlung 1262 von den aufständischen Pruzzen vernichtet wurde, konnte die Burg sich halten, und nach der Niederwerfung des Aufstands wurde sie zur Keimzelle eines neuen, nunmehr aus drei Städten bestehenden Königsberg: Die Altstadt zwischen Burg und Fluß, der Löbenicht als Handwerker- und Ackerbürgersiedlung mit Stadtrecht von 1300, und endlich die Fernhändlerstadt internationalen Zuschnitts, genannt Kneiphof. Erst 1506 verfügte der Ordenshochmeister Friedrich von Sachsen, daß diese Städte sich bei gemeinsamem Auftreten nach außen alle kurz Königsberg nennen sollten, und erst 1724 befahl der ordentliche Friedrich Wilhelm I. die volle Vereinigung.

Nach Lage, Gründungsweise und frühen wie späten Schicksalen ist Königsberg an der Pregel und am Frischen Haff die interessanteste Stadt des ganzen deutschen Ostens, und daß man nun ein »gewesen« dazusetzen muß, legt den Finger auf eine offene Wunde. Denn Deutschland ist ohne Königsberg nicht mehr dasselbe Deutschland. Das unverwechselbare Gemeinwesen vereinte die alten Pruzzendörfer Tragheim und Sackheim mit dem seit frühesten Zeiten bebauten Burgberg; es schuf an seinen Was-

»Der Schimmelreiter«; ermländischer Weihnachtsbrauch: Mummenschanz und Einsammeln von Gaben (nach einem Gemälde von Ehrhard Abramowski, 1935)

serläufen eine Verbauung von großer Originalität, von jenen zum Wasser offenen Hinterhöfen, die uns Käthe Kollwitz in ihren Erinnerungen geschildert hat, bis zu der charakteristischen Speicherfront der Lastadien (von *lastagium,* der alten Bezeichnung für den Schiffsballast).

Für den Orden war Königsberg lange Zeit der zu Land und zur See gut erreichbare Hauptort mit dem Sitz des Ordensmarschalls auf der Burg; seit 1457 residierte hier auch oft der Hochmeister des Ordens. Und da so manche Kampftruppe zur See anreiste, brach man immer wieder von Königsberg aus zu weiteren Kreuzzügen auf wie zum Beispiel gegen Litauen – wobei sich niemand darum kümmerte, daß die Litauer inzwischen längst Christen geworden waren, nur eben ein wenig abergläubischer als andere. Wie günstig die Verkehrsverhältnisse waren, geht schon daraus hervor, daß Königsberg bis zum Anfang unseres Jahrhunderts mit seinem einfachen Flußhafen auskam; die drei Hafenbecken der modernen Anlage wurden erst später ausgebaut, obwohl Königsberg Güterumschlagplatz für ein riesiges Hinterland war.

Zwischen See und Land führte die originelle, den Fremden offene Stadt durch Jahrhunderte eine fruchtbare, ihrer Entwicklung sehr günstige Sonderexistenz.

Im Siebenjährigen Krieg war Königsberg 1758 von den Russen und einem kleinen österreichischen Kontingent besetzt: Die deutsch sprechenden adeligen Balten der Zarenarmee und die für den Charme der geheimnisvollen Ostseestadt besonders empfänglichen österreichischen Offiziere trugen dazu bei, daß die durch allzu viele Kaufmannsfamilien großbürgerlich erstarrte, von den frommen Hugenotten um ein Gutteil ihrer natürlichen Fröhlichkeit gebrachte Stadt Königsberg zur Freude an weltoffener Existenz und zum Verständnis für die Aufklärung erwachte.

Das geistige Leben in Königsberg ist in seiner Dauerhaftigkeit und Fülle um so bemerkenswerter, als das ganze Deutschland damals ja in noch höherem Maße dezentralisiert war als heute. Eine Konzentration schöpferischer Kräfte und anregender Talente, wie wir sie in Königsberg feststellen können, war selbst in viel größeren Städten nicht anzutreffen und brauchte Vergleiche mit Hamburg oder Wien nicht

zu scheuen. München und Berlin gar befanden sich, als Königsberg längst ein Mekka der Geister war, noch in vergleichsweise zaudernder Entwicklung. Nach dem Wirken der Ordenschronisten Peter von Dusburg und Nikolaus von Jeroschin im Königsberg des vierzehnten Jahrhunderts verzeichnete das geistige Leben in der Stadt und anderen Zentren des Ordenslandes einen ersten Höhepunkt unter dem selbst dichterisch begabten Markgrafen Albrecht von Brandenburg-Ansbach, letzter Hochmeister des Deutschen Ritterordens und erster Herzog in Preußen (1490–1568). Er entstammte einer brandenburgisch-polnischen Verbindung, hatte König Kasimir IV. von Polen zum Großvater und führte gegen heftigen Widerstand des Ordens Preußen zu echter Eigenstaatlichkeit und zum Frieden, indem er sich zur Reformation bekannte und die Lehnshoheit Polens in einem Staatsakt in Krakau anerkannte. Im hohen Alter hinfällig und durch den Gelehrtenstreit unduldsamer Reformatoren wie Osiander und Melanchthon zermürbt, hatte Albrecht doch durch seine konsequente Schulpolitik jahrhundertealte Versäumnisse des Ordens gutgemacht und den deutschen Anspruch, Kultur in den Osten getragen zu haben, endlich erfüllt. Zwar kostete es eine Menge Geld, in allen Städten weiterführende Schulen einzurichten und in Königsberg selbst 1544 die Universität zu begründen; aber erst durch diese das ganze Ordensland erfassenden Maßnahmen wurde auch der bis dahin so gut wie rechtlosen Unterschicht der Pruzzen und Slawen zumindest auf lange Sicht der Weg nach oben eröffnet. Kaspar von Nostitz, ein Schlesier, durchforstete für Albrecht die bis dahin im argen liegende Verwaltung des Ordensstaates und hat in einem heute sehr rar gewordenen kleinen Buch unter dem Titel *Haushaltung des Fürstenthums Prüssen* dargelegt, welchen Wust von Intrigen, Privilegien und Unterschleifen das neue Preußen zu beseitigen hatte, eine Aufgabe, die freilich unter Albrecht nicht völlig gelöst werden konnte.

Mit Albrecht, der sich vom Ordenshaupt zum weltlichen Fürsten wandelte, hielten auch die Frauen im Ordensland Einzug. Luther selbst hatte den Herzog bei all diesen Veränderungen beraten und verlangt, daß die Ordensritter »die falsche Keuschheit meiden und zur rechten ehelichen Keuschheit greifen« sollten, und im Sommer 1526 verehelichte sich Albrecht mit Dorothea, einer Tochter des Dänenkönigs. Da es für das Leben adeliger Damen im frauenlosen Ordensstaat keinerlei Traditionen gab, erließ Albrecht eine ausführliche Frauenzimmerordnung, die uns ziemlich klösterlich anmutet, aber durch die lebenstüchtige Herzogin Dorothea in der Praxis gemildert wurde. Albrechts zweite Frau, die junge Anna-Maria von Braunschweig-Kalenberg, durchbrach die alten Gesetze schließlich völlig durch Verschwendungssucht und entschuldbare Anfälle von hektischer Lebensgier. Beide Damen aber nahmen – jede zu ihrer Zeit – Einfluß auf die Kultivierung des zunächst ein wenig grobianisch anmutenden höfischen Lebens und den Platz der Künste in der Lebensgestaltung.

Ließ Albrecht in der frühen Zeit seiner Regierung so manches Kunstwerk im alten Reich fertigen und dann ins Ordensland transportieren, so berief er bald ausländische, das heißt aus anderen deutschen Staaten oder aus Italien stammende Künstler an die Ostsee. Endlich vergab er viele Aufträge an einheimische Talente, die durch diese fremden Vorbilder gefördert worden waren. Hauptbauplatz bei diesen architektonisch wie in der Ausstattung künstlerisch anspruchsvollen Aufträgen war naturgemäß Königsberg mit dem Schloß, dem Domgelände im Kneiphof und der neuen Universität; aber auch die Instandsetzungen und Neubauten in Labiau und Memel, in Balga, Ortelsburg und an anderen Orten erreichten großen Umfang. Albrecht war gezwungen, drückende Steuern auszuschreiben für diese Aufwendungen, vor allem aber, weil schließlich ein Staatswesen aufgebaut werden mußte.

Zur Ausstattung der neuen Gebäude und um sich eine Gemäldegalerie zu schaffen, erbat sich der Herzog, dessen umfangreiche Korrespondenz wir weitgehend besitzen, Porträts bekannter Persönlichkeiten, gab Aufträge an die Werkstatt der Cranachs, aber auch nach Leipzig und Wilna. So ganz steil scheint das vielberufene west-östliche Kulturgefälle also nicht gewesen zu sein. Hofmaler war seit 1555 der Cranach-Schüler Heinrich Königswieser aus Königsberg, doch wurden für Einzelaufträge natürlich auch Künstler aus den Niederlanden, Sachsen und Italien verpflichtet.

Nicht minder umfangreich als die Künstlerkorrespondenz war jene, die sich mit dem höfischen Musikleben beschäftigte. Albrecht schaffte es, »in diesen weitgelegenen Landen und vhast in der wiltnus

Der Fischmarkt von Königsberg nach einer Photographie der Jahrhundertwende; Königsberg hatte bis kurz vor dem Zweiten Weltkrieg ein im wesentlichen intaktes Altstadtbild.

(Wildnis)« blühendes Musikleben entstehen zu lassen mit Sängern, Organisten und Kapellen. Da war vor allem der Schüler des kaiserlichen Hofkomponisten Isaak, Ludwig Senftl, aber auch Musiker aus München und Augsburg und Luthers Freund Johann Walther. Dieser spätere sächsische Hofkapellmeister ist bekannt als der Herausgeber des ersten protestantischen Gesangbuchs. Das berühmteste Gesangbuch wurde »der Lobwasser«, ein Band, in dem Ambrosius Lobwasser die frommen Lieder des Calvinisten Théodore de Bèze verdeutscht und den er Herzog Albrecht gewidmet hatte.

Die Musikinteressen des Herzogs und seine diesbezügliche Korrespondenz mit Breslau, Wilna, Danzig, München und anderen Orten ist ein eigenes, reiches Thema. Hier interessiert uns besonders, daß der Herzog offensichtlich selbst ein begabter Liederdichter war, den insbesondere seine zweite Ehe mit der schönen jungen Deutschen Anna-Maria zu einer Reihe fromm-verzückter Gesänge inspirierte. Die ersten dieser Liedergedichte fallen in die Jahre 1521/22, andere gingen in das Wittenberger Gesangbuch von 1529/30 ein. Im »Geistlich Lied wider den Türken« setzt sich Albrecht mit der Türkengefahr auseinander, in einem »Königsberger Festlied-Zyklus« (der vielleicht nicht in allen Teilen von Albrecht stammt) spricht sich der Herzog als Mensch und als Landesherr über seine Probleme aus.

Albrecht interessierte sich nicht nur leidenschaftlich für das politisch-reformatorische Geschehen in Deutschland, sondern überhaupt auch für die Meinungskämpfe der Zeit. So konnte es nicht ausbleiben, daß er sich vor vielen anderen deutschen Fürsten der jungen Buchdruckerkunst annahm, eines neuen Mediums, das vor allem für ein entlegenes Land, das sein eigener Herr »fast eine Wildnis« nannte, größte Bedeutung erlangen mußte. Denn neben dem Buch waren es gedruckte Flugblätter oder sonstige Ein-Blatt-Drucke, die mit ihren Neuigkeiten auch die größten Distanzen überbrückten. Zweihundert Jahre nach Albrecht sollten die großen Königsberger Buchläden und Zeitungsverkaufsstellen an den Tagen, da die Post aus dem Reich kam, zu Treffpunkten des ganzen geistigen Königsbergs wer-

den. Luther hatte die Schwarze Kunst der Drucker als eine Gnadengabe des Herrn in letzter Stunde angesprochen, ein Medium, das gerade für den Urheber des Neuen, für den Ideenbringer und Reformator die Breitenwirkung erst möglich mache; für das noch dünn besiedelte Preußenland lag die Bedeutung der Erfindung aber auch auf politischem Gebiet. Der große Pruzzenaufstand von 1260 hatte dem Orden den Vorwand geliefert, alle Zusagen aus dem Christburger Vertrag (vgl. S.) zurückzunehmen. Selbst Adelige, deren Besitz bestätigt worden war, verloren nach der Niederwerfung des Aufstands ihre Freiheit. Nun, nach dem Ende der Ordensherrschaft, erwachte das Land wieder zu sich selbst, und Papiermühlen wie Druckerzeugnisse wurden ein Mittel des geistigen Selbstfindens, nach dem die Unterworfenen wie die Erben der Sieger verlangten. Entscheidend wurde freilich auch die segensreiche Schulpolitik Herzog Albrechts: In jeder Gemeinde mußte mindestens ein kundiger Mann sitzen, der die Erstunterweisungen vornehmen konnte (meist war es der Küster); begabte Knaben erhielten Stipendien; studierende Söhne von Unfreien wurden mit den Abschlußprüfungen zu freien Männern, und höhere, auf die Universität vorbereitende Schulen in Königsberg wie in Rastenburg ebneten den Weg zu den akademischen Lorbeeren.

Nach der Niederlage des Deutschen Ordens bei Tannenberg hatte der polnische Einfluß auch im Geistigen stets zugenommen, während die Deutschen in ihren Aktivitäten durch Querelen innerhalb des Ordens zurückgeworfen waren. Das dadurch drohende Vakuum überwand die Bildungspolitik Herzog Albrechts auf allen Gebieten geistigen Lebens in Preußen, so daß man die umfassenden Interessen dieses Fürsten bewundern muß, und das um so mehr, als er keine Mauer gegen die polnischen Einflüsse errichtete, sondern lediglich trachtete, das einseitige Einströmen früherer Jahrzehnte in einen echten Austausch zu verwandeln. Polnische und litauische Adelige durften in diesem Sinn in Königsberg wirken, und für die Pruzzen wurde der Katechismus gleich dreimal übersetzt. Der erste Druck stellte pruzzischen und deutschen Text gegenüber, spätere, »gecorrigierte« Fassungen bemühten sich, auf örtliche Dialekte des Pruzzischen einzugehen, die sich wegen des Fehlens einer Schriftsprache in verschiedenen Gegenden herausgebildet hatten. Die ersten Druckerzeugnisse in pruzzischer Sprache kamen aber leider zu spät, um noch etwas zu retten. Es war für die Betroffenen offensichtlich einfacher, nach und nach das Deutsche zu erlernen.

Natürlich konnten die Königsberger Druckereien nicht den Bücherbedarf eines zunächst noch buchlosen Landes decken; darum und für den Bedarf der herzoglichen und der Universitätsbibliothek kamen die Büchertransporte in Gang, die in Zukunft noch so große Bedeutung erlangen und eine Straße des Geistes zwischen Leipzig und Reval entstehen lassen sollten. Lukas Cranach der Ältere, der nicht nur Maler, sondern auch Verleger und Versandbuchhändler war, belieferte Herzog Albrecht einmal mit einer ganzen Wagenladung neuer Bücher im Gewicht von zwölf Zentnern, die zu einem Gutteil der Herzog selbst geordert hatte. Im übrigen berieten ihn bekannte Humanisten wie Crotus Rubeanus oder der Augsburger Speratus, später ein niederländischer Kartäusermönch namens Felix König. Er wurde bei Hofe seltsamerweise Polyphemus genannt und mußte die ja noch nicht existente Bibliothekstechnik für Königsberg erfinden, um die angewachsene Bücherflut zu bändigen.

Es braucht nicht verschwiegen zu werden, daß sich in dem erlauchten Königsberger Humanistenkreis, wo Rubeanus, Bugenhagen, Poliander und andere dem Fürsten beistanden, ihn anregten, ermahnten und berieten, auch manche taube Nuß fand, was weiters nicht schlimm war. Unfrieden stifteten hingegen bissige Doktrinäre wie Osiander, die schließlich die ganze Atmosphäre vergifteten und freiere Geister vertrieben. Es gab sogar Hochstapler wie jenen kroatischen Abenteurer Skalich, der dem Herzog erzählt hatte, er stamme von den Scaligern zu Verona ab, also einem der ehrwürdigsten europäischen Geschlechter. Paul Skalich, Dr. theol. und Hofkaplan Kaiser Ferdinands, Jesuitenzögling und Kabbalist, schlug mit seiner Beredsamkeit, seiner ausgebreiteten Kenntnis geheimnisvoller Lehren und Bücher den inzwischen zweiundsiebzigjährigen Herzog völlig in seinen Bann und übte schließlich, den greisen Fürsten beherrschend, eine unwürdige Nebenregierung aus, bis 1566 die schlichter, aber verläßlicher denkenden Königsberger Stände dem Spuk ein Ende bereiteten.

Auf sie, auf die Herren aus den Hansestädten und England, aus dem Baltikum und aus Hugenottenfamilien, stützt sich später die bekanntere und darum

Der Memelfluß in der Nähe des litauischen Städtchens Druskininkai.

Oben links: Immanuel Kant (1724–1804), Philosoph, Hochschullehrer und Mann von Welt, nach einem Porträt von 1775.
Oben rechts: Theodor Gottlieb von Hippel (1741–96), Reiseschriftsteller, Romancier und liebenswürdiger Causeur in der Königsberger Gesellschaft.
Unten links: Johann Georg Hamann (1730–1778), auch der Magus aus dem Norden genannt, einer der großen Anreger seines Jahrhunderts und von großem Einfluß auf Herder, Goethe und die ganze Sturm-und-Drang-Zeit.
Unten rechts: Johann Gottfried (von) Herder (1744–1803) aus Mohrungen in Ostpreußen; er sammelte »Die Stimmen der Völker in Liedern« und dichtete den deutschen *Cid*.

Rechte Seite oben: Hermann Sudermann (1857–1928), der Dichter aus dem Memelland. Sein Roman *Der Katzensteg* und seine *Litauischen Geschichten* sind, anders als seine Theaterstücke, bis heute lebendig geblieben und mehrfach verfilmt worden.
Rechts: Das Königsberger Schloß nach einer Handzeichnung von 1844.

nur kurz zu schildernde geistige Blüte der Pregelstadt, jenes achtzehnte Jahrhundert, aus dem ein Kant nicht nur Königsberg, sondern den Geist der Zeit überhaupt überragt. Gegen Ende der langen Kriegszeiten unter dem großen Friedrich und in gewissem Sinn als Antwort auf seine teils frankophile, teils militärisch orientierte Geistigkeit brach aus den Siedelstämmen auf dem alten Pruzzengrund die Vielfalt deutschen Geistes so überzeugend auf wie niemals zuvor seit den Tagen Luthers und der großen schlesischen Barockdichtung. Es sind nun Namen, die jeder noch kennt: der des Johann Georg Hamann, des großen und vielseitigen Anregers, dem der junge Herder aus Mohrungen lauscht; es ist der elgante Theodor Gottlieb von Hippel, Weltmann von Geist, mit liberalen Ambitionen, ein ostpreußischer Wieland vielleicht und Vorläufer Jean Pauls. Und es ist Immanuel Kant selbst, als Persönlichkeit keineswegs trocken oder distanziert, sondern gesprächiger Mittelpunkt eines geselligen Kreises, in dem auch schöne Frauen nicht fehlen. Sie bringen ein wenig französischen Charme in die Männerrunde, denn die Hugenotten haben am Pregel Einzug gehalten, sie bilden aber auch das reizvolle Gegengewicht zu dem soliden britischen Nüchternsinn, wie ihn gebildete Kaufleute aus Kants Umkreis immer wieder im Gespräch leuchten lassen. Damals begann der Osten mit vollen Händen zurückzugeben, was er bis dahin aus dem deutschen Süden empfangen hatte.

Die Ideen und Gedankengänge, die ein Hamann in genialer Dunkelheit formuliert, bringen ihm den Ehrennamen eines *Magus des Nordens* ein, und was er schreibt, wird in ganz Deutschland gelesen. Goethe hat ihm in *Dichtung und Wahrheit* liebevoll ein Denkmal gesetzt und sich zu den starken Einflüssen dieses »rein-kräftigen« Geistes bekannt, von dem er mehr gelernt habe als von irgend jemand anderem. Über den Ostpreußen Herder wirkte Hamann aber nicht nur auf Goethe ein, sondern auch auf die nächstfolgende Generation, die großen deutschen Romantiker, von denen die genialsten Erscheinungen – Novalis und Eichendorff, Schlegel und Tieck – ja ebenfalls aus ostdeutscher Wurzel, aus den Siedelstämmen herkommen.

Königsberg als Schauplatz des deutschen Geistes und als Quellenort für die ins Deutsche zurückführende Erneuerung nach dem französisierenden achtzehnten Jahrhundert, das wäre allein das Thema für ein dickes Buch; da es noch nicht geschrieben wurde und wohl auch nicht mehr geschrieben werden wird, greift man am besten nach der wohldokumentierten und dennoch leicht lesbaren Abhandlung von Stavenhagen über *Kant und Königsberg*, wird aber vieles auch in erzählerischen Darstellungen finden, in Paul Fechters unvergeßlicher *Fahrt nach der Ahnfrau* oder in dem *Bilderbuch meiner Jugend* von Hermann Sudermann. Rarität geworden und wohl nur noch in großen Bibliotheken vorrätig: *Zürich und Königsberg im 18. Jhdt; Hamann, Kant, Goethe* und *Goethe und der deutsche Osten*, drei Reden des Königsberger Ordinarius Josef Nadler im Verlag der Corona, Zürich 1937. Dort stehen die goldenen Worte, die so mancher Ostland-Reiter des zwanzigsten Jahrhunderts dem als national verschrienen Literarhistoriker nicht zugetraut hätte:

»Das neue Herzogtum Preußen von 1525, das den alten Deutschordensstaat in sich verwandelte, wurde durch den großen Kurfürsten und vor allem durch die Königsberger Krönung von 1701 zu einer neuen politischen und geistigen Ideologie: der außerhalb des Deutschen Reiches, frei vom Reiche... aus sich lebende Preußenstaat. Der Staatsgedanke floß aus dem autonomen Rund des Landes, nicht aus dem Teilhaben am Reich. Die altpreußischen Vorbewohner wurden in das Ahnenbewußtsein mit einbezogen. Von ihnen leitete sich in gerader Linie das Daseinsrecht dieses Staates her. Die drei Jahrhun-

Rechte Seite: Talblick vom Reifträger im Riesengebirge.

Unten: Die Stadt Danzig nach einem Kupferstich von 1632.

derte Ordensgeschichte wurden als gewaltsame, widerrechtliche Störung empfunden. Man lese darüber die ostpreußischen Schriftsteller des achtzehnten Jahrhunderts, vorab Herder und Hippel, nach. Man hob die Vorbewohner und anderssprechende Mitbewohner in den Gefühlsbereich landesbrüderlicher Teilnahme. Und da man sie als Ahnen empfand, so umgab man ihre Überreste und Nachlässe mit der verehrungsvollen Scheu vor dem Ursprünglichen, das Urväterzeit bezeugt. Gegenüber der Ordenszivilisation war bei diesen Vorbewohnern das Elementare und Echte. In dieser Stimmung begann man seit dem frühen achtzehnten Jahrhundert den heimatlichen Boden nach ihnen aufzubrechen, begann man, ihre Sprachen zu erforschen, ihr Brauchtum und ihre Lieder zu sammeln. So haben Hamann und Kant, Herder und Hippel das Pruzzische, Lettische, Litauische als elementare Ursprachen, die Dichtung dieser Völker als Urdichtung empfunden. So erzeugten gerade in Ostpreußen ein eigentlicher Staatsgedanke und das als familienhaft gefaßte Zusammenwohnen mit anderssprechenden, Ursprachen redenden Völkern eine ganz neue Ideologie des Volkstümlichen und Offenbarungsnahen, die sonst nirgendwo in Deutschland möglich war ... In diesem Erdreich wurzelte und brach auf wie das Erlebnis der elementaren Sprache und Dichtung auch der Wunschgedanke des verinnerlichten, bindungsfreien, unökonomischen Menschen ... Der Kern von Hamanns geistiger Welt ist östliches Erlebnis.«

Die zweite große Stadt am Haff schaltete ebenfalls im deutschen Schicksal, und nicht erst 1939: Danzig, das uralte Gothiscandza, einer der ersten Landungsplätze der nordgermanischen Auswanderer in vorchristlicher Zeit. Jordanis, der Geschichtsschreiber aus Italien, kennt den Namen schon im sechsten Jahrhundert. Daß Danzig bereits in heidnischer Zeit Bedeutung hatte und eine Residenz der Pruzzen war, bezeugt die Vita des heiligen Adalbert von Prag, der hier im Jahr 997 eintraf und mit Billigung des Landesfürsten (wohl eines lokalen Oberhaupts) die ersten Pruzzen taufen konnte. Die Siedlung jener Zeit lag vermutlich an der Mottlau, die unweit von

Linke Seite: Böhmische Gläser aus berühmten Werkstätten.
Links unten: Zylindrischer Becher mit Rokokoszenen (18. Jh.); *Rechts unten:* Ranftbecher mit erotischem Motiv in Transparentmalerei (Ende 19. Jh.); *links oben:* Bechervase aus farblosem Glas, rot und schwarz überfangen (um 1915); *rechts oben:* Vase aus Südböhmen, Aufschmelzungen irisierend (um 1900).
Rechts: Die Kirche des Zisterzienserklosters Oliva bei Danzig.

Danzig in die Weichsel mündet. Diese Keimzelle der späteren Großstadt wuchs nach Westen weiter, in dem Maße, als sich Handwerker und Fischer um den Fürstensitz und die schützende Burg herum niederließen. Die ersten Deutschen kamen im zwölften Jahrhundert, also noch vor der Eroberung und in friedlicher Absicht, und niemand krümmte ihnen ein Haar; sie durften sich sogar eine eigene Kirche errichten, die der heiligen Katharina geweiht wurde. Gegen Ende des Jahrhunderts herrschte ein offenbar dem Christentum zuneigender Fürst namens Sambor in Danzig; mit seiner Billigung ließen sich Mönche aus dem Kloster Kolbatz bei Stettin in Oliva nieder. Die zunehmende Zahl deutscher Kaufleute trug auch zum Unterhalt dieses Klosters bei. Die Deutschengemeinde erstarkte weiter und erhielt um 1240 Stadtrecht, aber nicht vom Deutschen Orden, der am rechten Weichselufer eine Burg um die andere

Links: Das Danziger Rathaus, rechts daneben der prächtige Artushof, in dem sich jedoch nicht Ritter, sondern Kaufleute trafen.

Rechte Seite oben: Der Frieden von Oliva beendete im Jahr 1660 den Krieg zwischen Schweden und Polen und begünstigte fortan preußische Einflüsse auf das Baltikum.

Rechte Seite unten: Der Danziger Dichter Max Halbe (1865–1944) hinterließ lesenswerte Erinnerungen, die seine einst vielgespielten Dramen (Jugend) überlebten.

baute, sondern von Herzog Swantopolk von Pomerellen. In der Folge traten unruhige Zeiten ein, weil die Herzöge verschiedener Teilreiche, die zwischen Ostsee und Netzeniederung Besitz hatten, einander bekriegten. Brandenburg erkannte schon damals den Wert von Danzig, aber der junge Staat war zu schwach, die Hafenstadt zu erwerben. 1309 beendete dann der reiche Deutsche Orden die Kämpfe zwischen Pomerellen, Polen und Brandenburg, indem er sich für 10 000 Mark Silber den Besitz von Danzig sicherte. Nun setzte eine starke Zuwanderung aus den Gebieten zwischen Elbe und Weichsel ein, doch wurden nur Deutsche als Neubürger aufgenommen. An der Mottlau entstanden ausgedehnte Speicher ähnlich wie in Hamburg oder Königsberg. Die Ausfuhrgüter waren Getreide, Holz, Pech und Bernstein, die wichtigsten Einfuhrgüter kamen aus England, wo schon früh begehrte Wollstoffe hergestellt wurden, aber auch aus Flandern. Aus Frankreich wurden Salz und Wein eingeführt, das Salz aus dem später von Richelieu zugeschütteten, einst aber berühmten Hafen Brouage.

Das reiche Danzig, das schon im fünfzehnten und sechzehnten Jahrhundert eindrucksvolle öffentliche und kirchliche Bauwerke ausführte, erhielt seine Stellung als Freie Stadt, noch ehe der Deutsche Orden seine Besitzungen verlor. Die Schwäche des Ordens nach der Niederlage von Tannenberg nützten die Stadtväter zu Verhandlungen mit Polen, das eine lediglich nominelle Oberhoheit durch die Abtretung einiger für die große Stadt sehr nützlicher Landstücke erkaufte. Danzig durfte mit fremden Mächten eigene Verträge schließen und hatte deren ständige Vertretungen in seinen Mauern. Auch nach 1466, als der Orden auf die Herrschaft im Weichsel- und im Ermland verzichten mußte, blieben Danzig, Elbing und Thorn völkerrechtlich selbständig. Das freilich verlangte dauernde Abwehrbereitschaft und kostspielige Rüstungen, mußte sich Danzig doch nicht nur gegen König Stephan Bathory von Polen weh-

ren, sondern auch gegen die Schweden, die vereinigten Sachsen und Russen und nicht zuletzt gegen die Brandenburger. Zu Brandenburg-Preußen kam Danzig dann doch, und zwar 1793, doch hatte Friedrich der Große schon vorher die Neutralität der Stadt nicht sonderlich geachtet, sondern sich zum Beispiel – dies ist nur der spektakulärste, nicht der einzige

Fall – des Freiherrn von der Trenck bemächtigt und ihn dann in einen seiner Kerker geworfen.

Nach den Napoleonischen Kriegen blieb Danzig von 1814 bis 1920 bei Preußen beziehungsweise dem Deutschen Reich und wurde schließlich unter Mißachtung des Selbstbestimmungsrechtes eine freie, im wesentlichen von Polen bevormundete Stadt inmitten westpreußischer Gebiete, die – ebenfalls ohne Volksabstimmung – unter polnische Oberhoheit gekommen waren.

Die reiche Geschichte Danzigs und seiner Menschen ist ein Stoff, an dem die deutschen Autoren nicht vorbeigehen konnten; Paul Fechter, Hans Franck in seiner berühmten Novelle *Mutter, Tod und Teufel*, aber auch Hans von Hülsen, Max Halbe, Oskar Loerke und in unseren Tagen Günter Grass haben aus ihr geschöpft. Für den Historiker ist die zeitweise in die Nähe der Eigenstaatlichkeit gelangte Stadt wegen zweier Konstanten ihrer Geschichte besonders interessant. Die eine ist die entschlossene Wehrhaftigkeit ihres Bürgertums, vergleichbar eigentlich nur mit der jahrhundertelang unterhaltenen Verteidigungsbereitschaft, die wir aus der kleinen zentraleuropäischen Schweiz kennen. Selbst überlegene Angreifer gelangten oft nicht zum Erfolg, und wenn ein solcher errungen wurde wie 1734, als die Stadt von den Russen eingenommen wurde, waren so lange Belagerungen vorangegangen, daß die Bürgerschaft günstige Bedingungen aushandeln konnte. Als Danzig 1807 in einem längst von den Franzosen überrannten Brandenburg-Preußen gegen die Armee Lefèbvre kapitulierte, entschloß sich der Kommandant von Kalckreuth zu diesem Schritt erst, als ihm die Munition ausgegangen war.

Der zweite Grundzug Danziger Selbstbehauptungs-Politik war die Vorsicht gegenüber fremdem Zuzug, ganz so, als habe das Gemeinwesen an der Weichselmündung schon von frühesten Zeiten an seine Bedrohtheit und die Schwierigkeiten der eigenen Lage zwischen den Völkern erkannt. Die Ausländergesetze Danzigs lassen erkennen, daß die Stadt sich stets als deutsch verstand, bei aller gesunden Distanz zum allzunahen Preußen. Fremde Kaufleute durften sich niederlassen, konnten aber nicht das Danziger Bürgerrecht erwerben, und darin tun sich bemerkenswerte und kennzeichnende Unterschiede gegenüber der Praxis im nahen Elbing und in Königsberg auf. Konnte in Königsberg der später zum Kant-Kreis gehörende Schotte Robert Motherby als junger Mann und ohne ein Wort deutsch zu sprechen in der Pregelstadt seßhaft werden, eine Hugenottin hei-

raten und 1799 hochangesehen, wohlhabend und als Vollbürger sterben, so machte man in Danzig offensichtlich nur für die Niederländer gewisse Ausnahmen. Und während in Elbing die Engländer schon seit 1337 willkommen waren und sich in großer Zahl niederließen, blieben die Danziger Angelsachsen eine kleine, auf sich gestellte Gemeinde. »Sie... kauften gar ganze Häuser unter fremdem Namen... richteten Keller, die eigentlich nur Lagerräume sein durften, als Verkaufsstände ein, lockten die Käufer mit Zeichen und Fähnchen und trieben Kleinhandel.«

Die abwehrende Haltung der Danziger löste annähernd zweihundert Jahre währende handelspolitische Auseinandersetzungen zwischen England und Danzig, England und dem Deutschen Orden und auch zwischen der Hanse und den Briten aus. Karlheinz Ruffmann, dessen Aufsatz über *Engländer und Schotten in den Seestädten Ost- und Westpreußens* wir oben zitierten, weiß immerhin von acht Einbürgerungen britischer Kaufleute in Danzig bis 1537 und von einer starken Einwanderungswelle im sechzehnten und siebzehnten Jahrhundert, die auf dem Umweg über Einheiraten und Verschwägerungen 135 Schotten zu Danzigern machte (aber nur achtzehn Engländer: die alten Vorbehalte waren also noch wirksam).

Es ist klar, daß so starke Kolonien wohlhabender, weltweit agierender Ausländer aus alten Kulturnationen den Horizont einer Stadt und ihrer Bürger nachhaltig beeinflussen mußten. Für Hamburg und die hugenottischen Kaufleute hat dies Percy Ernst Schramm nachgewiesen, für Königsberg Fritz Gause, aber auch Kurt Stavenhagen. In Danzig bezeugen zwei seiner berühmtesten Stadtkinder die wohltuende Wechselwirkung: der große Astronom Hevelius und der große Philosoph Schopenhauer. Hevelius wurde 1611 aus einer 1434 aus Cuxhaven zugewanderten Brauerfamilie Danzigs geboren, empfing seine wissenschaftliche Ausbildung aber wie selbstverständlich in Leyden und an britischen Universitäten, und Schopenhauer entstammte väterlicherseits einer zunächst bäuerlichen, dann aber kaufmännisch tätigen Familie. Schon sein wohlhabender Großvater besaß eine berühmte Gemäldesammlung und hatte mit Anna Renata Soermans, der Tochter des niederländischen Residenten in

Linke Seite: Innenansicht der Danziger Marienkirche.

Oben: Ordensschloß Labiau an der Deime, unweit des Kurischen Haffs.

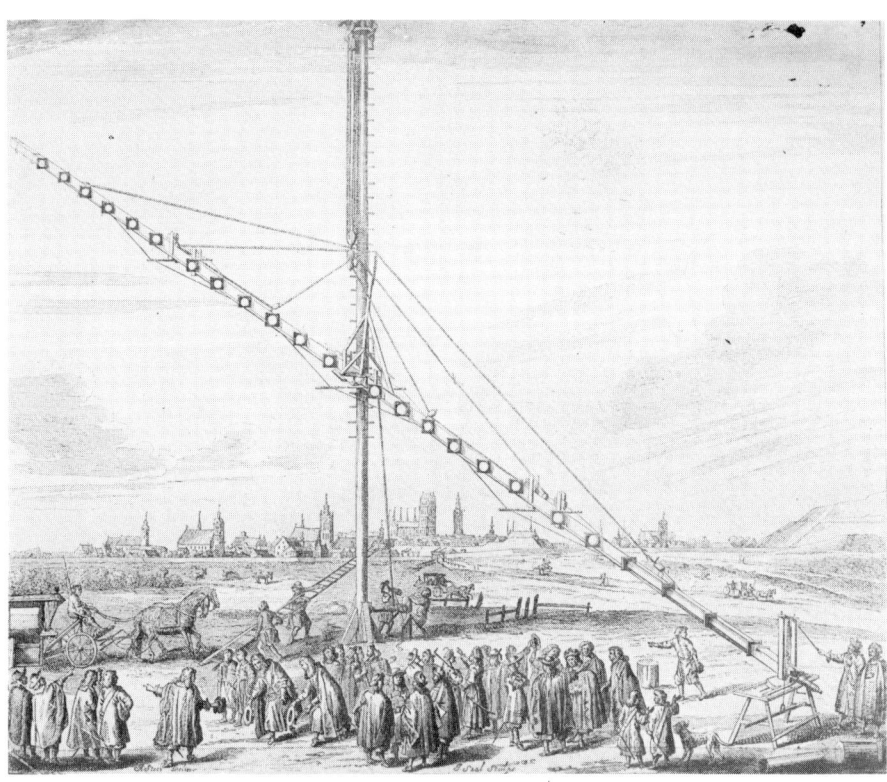

Links: Johannes Hevelius (1611–87), Astronom aus einer wohlhabenden Brauerfamilie in Danzig, baute sich dieses mit Recht bestaunte Fernrohr.

Unten: Arthur Schopenhauer (1788–1860) stammte von angesehenen Danziger Kaufmannsfamilien ab.

Rechte Seite: In den Jahren 1709/10 wurde Preußen durch eine furchtbare Pestepidemie entvölkert, die auch Danzig nicht verschonte.

Danzig, eine der besten Partien aus der holländischen Kolonie erheiratet. »Zu jener Zeit unterhielt der souveräne Stadtstaat Danzig immer noch lebhafte Handelsbeziehungen zu Holland; sie führten zu vielfachem Austausch von Künstlern, der in der baukünstlerischen Gestaltung des Danziger Stadtbilds zum Ausdruck kam. Die Mischung fremder Erbmassen in dieser Ehe mag zum Ursprung und Durchbruch des Genialen in Arthur Schopenhauer geführt haben. Stellten die Schopenhauer Bauern und Kaufleute, so kam aus der Soermans-Linie das Geistige hinzu: Theologen und Gelehrte« (August Goergens). Aus der reichen schriftstellerischen Tätigkeit von Schopenhauers Mutter kennen wir auch ihre und ihres Gatten Anglophilie, und hält man all dies zusammen, so muß man Schopenhauer zweifellos eher für Danzig in Anspruch nehmen als für Frankfurt, die Stadt, mit der er gemeinhin in Verbindung gebracht wird. »Als er nach Frankfurt kam, hatte er längst sein Hauptwerk vollendet. Sein Lebenszuschnitt blieb der des Danziger Patriziers, sein eckiger Schädel mit der Schifferfräse ist typisch für die Danziger Waterkant. Aber auch geistig: wie gehört seine Konzeption ... durch ihre anschauliche Sprache, durch den eleganten, fast – im besten Sinne – journalistischen Fluß und sinnlichen Anreiz zur Danziger Überlieferung« (Willi Drost).

Der reiche Kindersegen auch bürgerlicher Familien im sechzehnten und siebzehnten Jahrhundert brachte familiäre Verflechtungen zustande, die weit über den Kleinraum einer einzigen Stadt hinausreichten. Waren zahlreiche Danziger einst aus dem Nordseeraum Deutschlands und Hollands eingewandert, so kam es dann auch wieder zu Rückwanderun-

gen und zu familiären Verbindungen mit niederländischen Familien, die niemals in Danzig gewesen waren. Eine besondere Gruppe der niederländischen Kolonisten bilden jedoch die Mennoniten, also Angehörige einer Sekte, die nach 1539 in Holland zu einiger Bedeutung gelangte, sich aber bald spaltete: Die weniger Strenggläubigen, genannt die »Feinen« (später auch die Danziger) zog es nach Westpreußen, wo dieser schutzlosen Gemeinschaft, die keine ein-flußreichen Fürsprecher hatte, die Landstriche überlassen wurden, die niemand anderer hatte haben wollen. Einige Mennonitengebiete lagen im Bereich des Drausensees bei Elbing, und durch ihre ausdauernde Eindeichungs- und Landgewinnungsarbeit ist dieser einst schiffbare, große See heute sehr viel kleiner als zu den Zeiten der Handelsstadt Truso, deren Name im Namen des Sees weiterlebt.

Dieses Truso ist der altpruzzische Vorläufer von

Links: Johanna Schopenhauer, die geistvolle Mutter des Philosophen, war eine zu ihrer Zeit vielgelesene Schriftstellerin, in deren Weimarer Haus Goethe gern verkehrte. Aus jener Zeit stammt unser Bild, das sie mit ihrer Tochter Adele zeigt. Die Malerin Karoline Bardua gehörte ebenfalls zu Goethes Kreis.

Rechte Seite oben: Die Memelstadt Tilsit nach einer Lithographie von 1840. Hier kam es nach den Niederlagen von Jena und Auerstädt im Juli 1807 zu den denkwürdigen Friedensverhandlungen zwischen Preußen, Rußland und Napoleon, in denen auch die Königin Luise eine Rolle spielte.

Rechte Seite unten: Siegel der Stadt Elbing, wie es um 1400 verwendet wurde.

Elbing, eine wichtige Hafenstadt, in der die Wikinger ein eigenes Quartier hatten und offenbar friedlich mit den Pruzzen zusammenlebten in einer Symbiose aus Handwerk und Handel. Der 901 verstorbene große englische König Alfred war sehr wißbegierig und hatte die Gewohnheit, fremde Reisende nach ihrem Weg und den Ländern, die sie kannten, auszufragen. Einen solchen Bericht aus dem neunten Jahrhundert hat er dann – wie erwähnt – in seine Übersetzung der Weltchronik des Orosius eingearbeitet und auch den Namen des Reisenden, des Seefahrers Wulfstan genannt. Der Name hat in der Frühgeschichte des Ostseeraumes den gleichen Klang wie der des Ibrahim Ibn al Jaqub, und Wulfstan ist es, der dem König »sagte, daß er von Haedum (Haithabu-Schleswig) abfuhr, daß er in Truso nach sieben Tagen und Nächten eintraf, wobei das Schiff dauernd unter Segel fuhr. Weonodland (Wendenland) lag an seiner Steuerbordseite (also zur Rechten), an der Backbordseite lagen Langaland, Loeland (Laaland), Falster und Schonen. Diese Länder gehören alle zu Dänemark. Und dann lag Burgendaland (Bornholm) auf unserer Backbordseite, und dieses hat einen eigenen König... Und Wendenland war den ganzen Weg über, bis Wislemutha (Weichselmündung) an unserer Steuerbordseite. Diese Wisle ist ein sehr großer Strom und trennt Witland und Wendenland. Witland aber gehört den Aesten (antiker Name der Pruzzen)... Dann kommt ostwärts der Ilfing (Elbingfluß) in das Aestenmeer geflossen, aus dem See heraus, an dessen Ufer Truso liegt.«

Der erst achthundert Jahre nach seiner Niederschrift von Hakluyt aufgefundene alte Bericht – genauer gesagt: eine Segelanweisung – beschäftigt die Gelehrten wie wenige andere alte Schriften und schildert eine andere Mündungsgestalt, als wir sie heute kennen, weil sich in der Geographie ja nichts so schnell und ständig verändert wie die Mündungen großer, viele Arme bildender Ströme. Nicht das aber ist für uns wichtig, und auch die Erwähnung zahlreicher Burgen bei Wulfstan bringt heute, nach so vielen Ausgrabungen, nicht mehr die Sensation von einst: Wir wissen längst, daß die Pruzzen nicht die Wilden waren, als die der Rittersmann aus dem Westen sie gerne hinstellte. Für uns ist die sichere Erwähnung und Lokalisierung des alten Welthafens Truso wichtig. Im Bereich des Bahnhofs von Elbing fanden sich altpruzzische und skandinavische Gräber. Der Drausensee aber war, wie man heute weiß, vor 1300 nichts anderes als eine Südbucht des Frischen Haffs und gab damit der Siedlung Truso die gleiche außerordentlich günstige und geschützte Lage, wie sie etwa Birka (zwischen der schwedischen Seenplatte und der Ostsee) oder Ladoga oder Alt-Nowgorod (Holmgard) hatten. Es ist daher auch nicht überraschend, daß die Ausgräber im Raum des Dorfes Meislatein bei Elbing Siedlungsreste aus der vorrömischen Eisenzeit und der römischen Kaiserzeit fanden, ohne Fundlücke bis herauf in spätpruzzische Zeiten.

Die im ganzen Pruzzengebiet häufigen Funde römischer Importwaren sind im Raum Elbing-Truso besonders dicht, weil wir hier das Nordende der sogenannten Bernsteinstraße annehmen dürfen, die sich über Carnuntum (östlich von Wien) an die Adria hinunterzog und deren Handelsverkehr ja den römischen Geschichtsschreibern die Kunde von den Aesten oder Aisten, unseren Pruzzen, brachte.

Als 1231–1237 der Deutsche Orden die Eroberung dieser Siedlungsgruppe begann, waren Hafen und

Oben: Blick auf den Marktplatz der ostpreußischen Stadt Angerburg, 1335 in der Nähe des Ordensschlosses Angetete um 1335 angelegt.

Unten: Blick auf die Stadt Ragnit an der Memel. Wegen politischer Unzuverlässigkeit ans dortige Amtsgericht versetzt, sammelte Jodokus Temme (1798–1881) seine unschätzbaren Bände preußischer und litauischer Sagen und Geschichten.

Oben: Die evangelische Kirche von Gerdauen in Ostpreußen; hier wurde Theodor Gottlieb von Hippel geboren.

Unten: Stadtplatz mit Kirche der Stadt Lyck in Masuren. Der dort 1926 geborene Schriftsteller Siegfried Lenz hat seine Heimat wiederholt in Romanen und Erzählungen dargestellt.

Die Hafenstadt Elbing, an der Stelle der pruzzischen Handelsniederlassung Truso, mit der Nikolauskirche.

Eine Seite aus dem Elbinger Wiesenbuch – einer Art Grundbuch – mit Miniatur von 1421.

Burg an dieser Stelle wohl schon eineinhalb Jahrtausende lang dauernd bewohnt und dem vorgeschichtlichen Ostseehandel bekannt. Das geht auch daraus hervor, daß sich die Lübecker nirgends so engagierten wie gegen Truso; sie schicken dem Orden ihre Schiffe zu Hilfe, und das nun nach deutschem Recht gegründete, nach dem Fluß benannte Nachfolgestädtchen Elbing erhielt nicht kulmisches Recht, wie die anderen Ordensgründungen, sondern die lübische Verfassung. Das Heiliggeistspital von Elbing wurde 1291, als Akkon gefallen war, das Hauptspital des Deutschen Ordens. Auffällig ist auch, daß Elbing bald der Gerichtshoheit des Ordens entrann und bei Berufungsverfahren nach Lübeck appellierte. Im vierzehnten Jahrhundert gehörten Elbings Bürgermeister zu den führenden Politikern der Hanse, dann aber, etwa ab 1390, begann sich die Konkurrenz des günstiger gelegenen Weichsel- und Ostseehafens Danzig ruinös auszuwirken. Nach dem Niedergang der Ordensmacht schuf sich Elbing eine ähnliche Stellung wie Danzig, als Stadtstaat unter polnischer Oberhoheit. Die Ordensburg wurde zerstört, damit nicht ein Polenfürst von ihr aus über die Stadt herrsche.

Die Polen liebten denn auch Elbing nicht, kamen der Stadt in ihren wiederholten Schwedennöten niemals zu Hilfe und verpfändeten sie endlich an das junge Königreich Preußen, das Elbing 1703 endgültig in seinen Besitz übernahm. 1772, unter Friedrich dem Großen, endete Elbings relative Selbständigkeit, sie teilte seither voll Preußens Schicksale und hatte schwer an ihnen zu tragen.

In einer Zeit, da uns die vielen unwiederbringlichen Verluste besonders schmerzlich bewußt werden, in der wir Abschied nehmen von einer intakten Schöpfung und eine Welt anvisieren müssen, die der Mensch zugrundezurichten im Begriffe ist, gehört dem verschwundenen Volk der alten Preußen oder Pruzzen naturgemäß unser besonderes Interesse. Man hat dem Verfasser Sentimentalität vorgeworfen und er vergieße Krokodilstränen. Es ist natürlich richtig, daß den Eroberervölkern des Mittelalters – den Deutschen und den Polen – inzwischen ebensoviel Unglück widerfahren ist wie seinerzeit den Pruzzen. Aufzurechnen, zu summieren oder zu subtrahieren, hat vor der Geschichte ohnedies keinen Bestand und wenig Sinn; eher sollten wir uns mit dem Versuch der Erkenntnis und der Erinnerung über das beugen, was von den Pruzzen bekannt geworden und bewußt geblieben ist, und dazu hat vor allem der Raum Elbing einige Möglichkeiten geboten, denn hier lag die einzige uns mit Sicherheit als Stadt bekannte, eine internationale Rolle spielende Siedlung des Pruzzenvolkes.

Hätten die Pruzzen einen König gehabt, er hätte hier residiert, und die Gesandten aus Skandinavien, aus Polen, aus Pommern und Litauen wären zu ihm gereist. Aber wenn wir in alten Quellen auch von *reges* lesen, wenn auch die frühesten Seefahrts-Handbücher für die pruzzische Ostseeküste Burgen erwähnen, auf denen ein Rex sitzt, so ist darunter doch stets nur ein Großgrundbesitzer und Sippenoberhaupt zu verstehen. Neben ihm gab es noch die in den Urkunden als *nobiles* bezeichneten Freien und dann eben das Volk. In Kriegszeiten tritt noch der Dux auf, natürlich kein Herzog in unserem Sinn, sondern eben der Anführer der von einem Sippenverband gestellten Truppe. Wäre es anders gewesen, wären die Pruzzen einig gewesen, sie hätten vielleicht ein zweites Baskenland an der Ostsee bewahrt, eine Unabhängigkeitsinsel inmitten der Interessen mächtiger Staaten.

Pommerland ist abgebrannt

Wo der Hunger zu Hause ist – Thomas Kantzow aus Stralsund –
Der Riese Bogislaw – Universitäten in Rostock und Greifswald – Das Recht der Ersten
Nacht in Mecklenburg? – Der Münzenfund von Voßberg – Wismar,
oder: ein Seeräuberschlupfwinkel wird Hansestadt –
Der letzte Herzog fand kein Grab

Es ist die traurige Aufgabe dieses Buches, überwiegend mit Namen zu operieren, die kaum jemand noch nennt und die schon heute nur noch alten Leuten wirklich vertraut sind – wobei man den nachwachsenden Generationen ihre Unwissenheit weniger anlasten kann als ihren Mangel an historischem Interesse. Unter der großen Decke dieses Vergessens ist das riesige Pommern die ausgedehnteste *terra incognita* geworden, das unbekannteste Land, von dem bei uns weniger die Rede ist als von Südpolarexpeditionen oder von Papua-Neuguinea. Dabei beginnt Pommern nur 120 Kilometer östlich der innerdeutschen Grenze und reicht bis nahe an die Danziger Bucht heran; es ist das längste Stück deutscher Küste überhaupt und war der breiteste Meeresanstoß des Deutschen Reiches bis 1945.

Noch näher war den römisch zivilisierten, früh christianisierten Ländern des alten Reiches Mecklenburg. Es dehnt sich gleichsam als pommersches Vorland östlich von Hamburg bis in den Raum nördlich von Berlin aus und wurde darum auch schneller dem Heidentum entrissen als Pommern, trotz großer Heidenaufstände im zehnten, elften und sogar noch im frühen zwölften Jahrhundert. Die kurze Oberherrschaft der Dänen blieb ein Intermezzo. Sie endete nach nur dreizehn Jahren 1227 mit der Niederlage König Waldemars II. gegen ein deutsches Ritterheer bei Bornhövede im Kreis Segeberg. Für die deutsche Ostsiedlung hatte die dänische Herrschaft keine besondere Bedeutung erlangt, ebensowenig wie die dänischen und schwedischen Versuche, sich in Pommern festzusetzen – weder Dänemark noch Schweden hatten einen nennenswerten Bevölkerungsüberschuß. Es gab dänische Auswanderer, und es gab Jahrhunderte später schwedischen Adel unter den Besitzern in den baltischen Ländern; die Masse der Bauern aber kam auch in diesen beiden Ostseeländern in erster Linie aus dem alten Reichsgebiet und nur zum geringeren Teil aus den Niederlanden. Ihnen hatten der christliche Slawenfürst Gottschalk († 1066), sein ebenfalls christlicher Sohn und später Heinrich der Löwe Siedlungsmöglichkeiten geschaffen, die im Verhältnis zur Kolonisation in Ostpreußen und im mittleren Elberaum nur mit einigem Zögern genutzt wurden. Das hatte seinen Grund zweifellos in dem Umstand, daß Heinrich der Löwe wie auch sein Widersacher und Überwinder, der Staufer Friedrich I. (um 1125–1190), den christlich gewordenen einheimischen Dynastien zumindest den Kernraum ihrer Herrschaftsgebiete beließen. Die Staufer machten die christlichen Wendenherzoge zu Reichsfürsten, das Wendenland zum Reichsgebiet, ohne daß – wie etwa in Schlesien – eine schnelle Versippung mit deutschen Geschlechtern deutsche Fürstenhöfe entstehen ließ. Es gab Verbindungen, sie wurden auch gepflegt, aber die rauhe Landesnatur und das Alter der Wendenherrschaft an der Ostsee verhinderten doch eine schnelle und völlige Angleichung der pommerschen Verhältnisse an die des Raumes um Berlin oder Lübeck. Als 1249 im Frieden von Christburg gar Pruzzen und Ordensritter das Kriegsbeil begruben, erschien Pommern mit seinen verschiedenen Teilfürstentümern beinahe isoliert, eine langgestreckte wendische Herrschaftszone zwischen der Ostsee und den inzwischen von den Deutschen durchsetzten Siedelländern.

In einer pommerschen Sonderentwicklung, die durch immer neue Teilungen das Gesamtbild kompliziert, starben nach und nach die verschiedenen örtlichen Linien aus: Pommern-Demmin erlosch schon 1264, Pommern-Stettin 1464, und 1478 war Pommern, unter Herzog Bogislaw X., wieder in einer Hand. Das einheimische pommersche Herrschergeschlecht erlosch schließlich 1637, also mitten im Dreißigjährigen Krieg, der Pommern arg in Mitleidenschaft zog, obwohl es sich selbst gar nicht am Krieg beteiligt

hatte. Ein Erbvertrag machte Brandenburg zum Nachfolger der Pommernherzöge, aber um dies durchzusetzen, mußte – wie bekannt – der Große Kurfürst die Schweden mit Waffengewalt aus Pommern vertreiben. Und es bedurfte noch 1715–1720 der Siege König Friedrich Wilhelms I. über Karl XII. von Schweden und sogar der Beschlüsse des Wiener Kongresses nach Napoleons Niederlagen, ehe das vielbegehrte Land, arm, aber groß, karg, aber strategisch wichtig, mit Tauschgeschäften und Abfindungszahlungen endlich zur Gänze an Brandenburg-Preußen kam. Wie wenig Dänisch-Schwedisches sich in diesen deutschen Küstenländern findet, ist darum besonders erstaunlich; die Erinnerungen an die slawischen Fürsten des Mittelalters sind demgegenüber deutlicher.

Im wendischen Pommern hatte es lange Zeit an der wichtigen Mittelschicht des Bürgertums gefehlt. Den Herzögen, dem grundbesitzenden Adel und dem Klerus der ersten Bischofssitze standen nur Bauern gegenüber, die völlig rechtlos waren und die auch nur mit der einfachsten Bildung zu versehen niemandem einfiel. Der nicht gerade immerwährende, aber doch häufige Kriegszustand hemmte die Entwicklung der größeren Siedlungen zu echten Städten mit freien Bürgern; Seeräuberei und Strandraub verhinderten lange Zeit das Aufblühen des Handels. Die Bedürfnisse des Landes, die ausgedehnten Sumpflandschaften, die wegelosen Landstriche erst riefen Niederländer, Rheinländer, Niedersachsen und Westfalen zur Trockenlegungs- und Rodearbeit. Was sie fanden war – wir haben es oben berichtet – ein Land, in dem der Hunger zu Hause war, das seine Bevölkerung, so gering sie geworden war, kaum noch ernähren konnte. »Die Bevölkerung war jämmerlich zusammengeschmolzen«, sagt Konrad Mass in seiner treuherzig formulierenden Geschichte Pommerns von 1899, »und der Odem des Todes hatte das ganze Slawentum angeweht. Grausige und erschütternde Vorgänge mögen es gewesen sein, die die slawischen Ortschaften zu dem machten, wie sie sich jetzt unseren Blicken zeigen – aber die verzweifelten Klagen dieses untergehenden Geschlechts wurden überhört, ihre Leiden gerieten in Vergessenheit... das Deutschtum begann eben jetzt Wurzel zu schlagen, nicht nach einem kühnen, glücklichen Waffengange, sondern durch langsame, aber nachdrückliche und zielbewußte Arbeit..., so daß deutsche Ansiedler sich bald über das ganze Land bis zur Persante hin verbreiteten; selbst auf Rügen finden wir bald christlich-deutsche Höfe.«

Unter solchen Verhältnissen war die Kulturarbeit besonders schwierig und reich an Entsagungen. Gerade die neuere Forschung hat den großen Orden nicht selten vorgeworfen, daß die Mönche die gröbste Rodearbeit scheuten und sich lieber in Gegenden niederließen, wo die slawischen Vorbesitzer der Güter mindestens einen Anfang gemacht hatten. In Pommern war die Not so groß, waren der Aufgaben so viele, daß solche selektive Kulturarbeit nur sehr vereinzelt möglich war. Prämonstratenser, Zisterzienser und Dominikaner arbeiteten hier im zwölften und dreizehnten Jahrhundert aus dem Geist jener Reform heraus, der sich damals aller gesunden Bereiche der Kirche bemächtigt hatte. Es war zwar in Deutschland nicht so, daß »in den wahren Kulturgegenden die Geistlichkeit schon der Unsittlichkeit und Gleichgültigkeit anheimgefallen war« (Konrad Mass), aber es liegt nahe, anzunehmen, daß es die frömmsten und energischsten Mönche waren, die sich der harten Arbeit im pommerschen Land widmeten, einem erst zu gewinnenden Kulturboden und einem noch nicht lange christlichen Landvolk.

Es muß aber auch gesagt werden, daß die verschiedenen Linien der Fürstenfamilie nicht mehr nach dem alten Haudegen Niklot, den wir schon vom Wendenkreuzzug her kennen, zu beurteilen sind, in dem viele der christlichen Streiter gewiß ein nur zur Hälfte menschliches Wesen sahen. In dem Maß, als die Kulturarbeit der Einwanderer und der Mönche auch das einheimische Landvolk mitriß und das ganze Land ein wenig besser stellte als in den Jahrhunderten der Kriege, erwachte auch in den zweifellos noch sehr kleinen Hofhaltungen ein wenig von dem kulturellen und auf eine Steigerung der gesamten Lebensqualität gerichteten Appetit, wie wir ihn in der Frührenaissance auch im übrigen Europa feststellen können. Wir besitzen, um dies beurteilen zu können, die unschätzbare, niederdeutsch und abenteuerlich orthographierende Chronik des herzoglichen Privatsekretärs Thomas Kantzow aus Stralsund. Kantzow bestätigt uns einen Anstieg des Wohlstands, vor allem in den See- und Handelsstädten, doch habe das pommersche Volk »noch viel Grobheit an ihm. Denn es hält nichts von Studiis und freien Künsten... Es ist durchaus ein fressig zehrend und prächtig (einhergehendes) Volk und übernimmt

Linke Seite: Das Rathaus der Universitätsstadt Greifswald mit seinen offenen Hallen.

189

sich sehr mit Kleidung und Schmuck, also daß nun unter dem Adel bei den Männern Samt- und Seidengewand und bei den Weibern Gold- und Silberstücke, Perlen und große goldene Ketten ein gar gemeine Tracht sind«. Die Bürger, sagt Kantzow, eifern dem natürlich nach, und er kenne sogar Bauern, die englische Stoffe trügen und bei kirchlichen Festen sieben oder acht Tage nicht aus dem Fressen und Saufen herauskämen. Bei Taufen und Hochzeiten gebe es einen *Praß,* der bis zu fünf Tage dauern könne.

Bei all dem scheint man sich den Herzog zum Vorbild genommen zu haben, den 1523 im siebzigsten Lebensjahr verstorbenen zehnten Bogislaw, den Kantzow besonders gut kannte und meisterlich schilderte: »Er war eine sehr weidliche Person von Leibe und so groß, daß man ihn für einen Riesen ansehen mußte, hatte ein fein männlich Angesicht, schöne große Augen und glänzend wie bei einem Falken, und wenn er ging, trat er einher als ein Leue (Löwe). Er trug gern köstliche Kleider, und die mußten alle bunt sein bis an seinen Tod. Pferde und Hunde hatte er überaus lieb, und sonderlich hatte er gern Schekken. Er jagte gern, er trieb auch allerlei Ritterspiel mit Rennen und Stechen, und war bei seinen Zeiten kaum eines Fürsten Hof, da der Adel sich so viel in solchen Ritterspielen übte als in seinem Hof. Er vermochte viel zu essen und zu trinken, also daß er oft ohne die andere Koste (ohne Beilagen) einen ganzen Schinken oder eine gebratene Gans konnte aufessen, und wenn sich's bisweilen zutrug, daß er einen Gast hatte, dem er eins zutrinken mußte, so er demselben nur dasjenige zutrank, was er sonst zu seiner Notdurft (Minimum) trinken mußte, davon wurde jener voll, und der Herzog hatte kaum seinen Durst gestillt. Er war nicht gern allein, sondern stets in publico und ließ sich von jedermann gern anreden, dem Bauern sowohl als dem Edelmann.«

Dieses Zitat aus der vierten, nicht mehr mundartlichen Fassung der Chronik zeigt den Herzog als einen Renaissancemenschen hoch droben im Kolonialland Pommern, ja auf Rügen, wo zeitweise Hof gehalten wurde. Wir erfahren, daß Bogislaw 1497 ins Heilige Land pilgerte und daß er auf der Rückreise von einem anderen Renaissancefürsten empfangen wurde, nämlich von Alexander VI., Papst aus dem Hause Borgia. Aus Italien nahm sich Bogislaw auch zwei Rechtsgelehrte für seine junge Universität in Greifswald mit, an der bald darauf eine Größe des Jahrhunderts studieren sollte, der junge Ulrich von Hutten. Derlei ist dem genußsüchtigen und »in alle Wollust versenkten« Fürsten um so höher anzurechnen, als er nach Kantzows zuverlässigem Urteil selbst alles andere war als ein Gelehrter: »Der Verstand an ihm war ziemlich, aber doch nicht allzu scharf; er redete nur schlechtes Küchenlatein.«

Darum wohl ließen die Pommern sich ein halbes Jahrhundert mehr Zeit mit der Gründung ihrer Universität als die Mecklenburger, die seit 1419 in Rostock eine solche besaßen – wobei natürlich nicht so sehr die fürstliche Initiative die Gründung ermöglicht hatte als das Aufblühen des Hafens und des Handels in den Zeiten des Hansebundes. Richard Graf du Moulin-Eckardt stellt in seiner großen Geschichte der deutschen Universitäten aber gerade den Fürstenhäusern aus slawischer Wurzel ein anerkennendes Zeugnis aus: »Es war gerade für diese Herren, in deren Land der slawische Einschlag bei ihrem trotzigen Adel ein besonders starker war, kein leichter Entschluß, der Unwissenheit und dem Trotz gegen Wissen und Bildung durch eine Universität entgegenzutreten.«

Waren es in Mecklenburg die Herzöge gemeinsam mit dem Rat der Stadt, die eine der Widmung nach eher bodenständige Universität ins Leben riefen, so war es in Greifswald Herzog Wratislaw IX., der sich vom Greifswalder Bürgermeister, dem Doktor Heinrich Rubenow, zu solch einer Gründung ermutigen ließ. Rubenow hatte manche mecklenburgische Intrige abzuwehren, obwohl Rostock inzwischen blühte und zahlreiche Studenten auch aus Skandinavien anzog. Man brauchte ja, um im Ausland zu studieren, keine zusätzliche Sprache zu erlernen; Latein war die Gemeinsprache der Gebildeten, das Griechische kam bald hinzu. Die Pommern hatten bis dahin in Prag studiert, zum Teil auch in Krakau. Nun konnten sie im Lande bleiben, der Herzog garantierte die Universität finanziell, Rubenow wurde ihr erster Rektor (eine Karriere, die nicht allzu viele Bürgermeister machten), aber in einem so rauhen Land war das doch auch ein großes Risiko: Nach Streitigkeiten, die heute niemand mehr für möglich halten würde, nachdem die Universität den nächsten Herzog gefangengenommen und die herzogliche Familie zurückgeschlagen hatte, wurde Rubenow ermordet. Der Onkel des Mörders wurde neuer Rektor; erst später flocht man dann den zunächst unbestraften Mörder aufs Rad! Pommern hatte noch einen weiten Weg zu den Gefilden friedlichen Bildungserwerbs. Was soll man auch von einem Adel erwarten, der von den Städten höherer Kultur viele Tagereisen weit entfernt ist, der auf den Nachbargütern kaum Ansprache findet und auch für viel Geld (wenn er es hätte) sich eigentlich nur das verschaffen könnte, was ihm das heimische Gut ohnedies bietet – die leiblichen und die fleischlichen Genüsse. Nicht nur die bisweilen doch etwas furchtsamen Chronisten haben uns so manche drastische Einzelheit aus jenen Tagen bewahrt, sondern auch das Volk selbst, das ohne Schreiben zu können die Erinnerung an Übergriffe und Ungerechtigkeiten eben in der mündlichen Tradition von einer Generation zur anderen weiterreichte.

Im Kreis Lübz erzählte man sich: »Bi enen Ritter Kahlbütz is'n Scheper in Deenst...«, bei einem Gutsherrn namens Kahlbutz war also ein Schäfer im Dienst, der mit einer Magd auf dem Gut verlobt war. Die gefiel aber auch dem Herrn von Kahlbutz, und da der Schäfer ihm im Wege war, verschwand der Mann eines Tages. Vier Wochen später wurde er tot in einem Bach gefunden, und der Verdacht richtete sich natürlich gegen den verliebten Gutsherrn. Der schwor, wenn er den Schäfer erschlagen habe, solle Gott seinen Leichnam niemals verwesen lassen. Viele Jahre später, bei einer Renovierung der Kirche, wurden auch die Adelsgräber in dem alten Gotteshaus untersucht, und ein Professor aus Berlin fand Herrn von Kahlbutz unverwest. »De Sarg steht noch inne Kapell' un is vör twintig Pennig to sehn« (1910 aufgezeichnet von Richard Wossidlo). Aus der gleichen Quelle stammt die 1935 aufgezeichnete Notiz aus Barnerstück bei Schwerin über die Zeit, »as de Herren noch dat Ritterrecht hatt hebben«. Die Leute wußten von einem Ring in der Wand, an den die Widerspenstigen gekettet wurden. »De Fru sall de Diern mit't Sloetelbund in't Gesicht haugt hebben.« Die Gutsherrin schlug das Mädchen, dessen sich der Herr Gemahl zu erfreuen gedachte, mit dem Schlüsselbund ins Gesicht – eines der seltenen Zeugnisse über das Recht der ersten Nacht (*Ius primae noctis*) auf deutschem Boden, aber auch über die Eifersucht, die das Herrenrecht bei der Dame des Hauses auslöste. Die schlimmsten Grausamkeiten werden denn auch nicht von den Gutsherren berichtet, sondern von den in der Einöde dieser Klitschen verkümmernden adeligen Damen, und das Ziel ihrer Grausamkeiten waren nur zu oft die jungen Mägde auf dem Besitz:

»Noch schlimmer als der Herr (von Plessen) selbst war seine Frau. Wenn sie Mädchen hatte, die sie nicht leiden konnte, dann band sie sie an den eisernen Ofen, den sie sich hatte machen lassen, machte den Ofen glühend heiß und ließ die Mädchen so verbrennen« (In Parchim vor 1879 aufgezeichnet). Oder aus dem Kreis Waren: »Die uralte Gräfin auf Faulenrost ist nachts (als Gespenst) immer mit ihrem Kutscher gefahren. Sie hat im Grab keine Ruhe gefunden. Wenn die Mädchen (= Mägde) ihr Brusttuch vorne aufgehabt hatten, hat sie gesagt, das täten sie nur deshalb, damit die Mannsleute da hineinschauen sollten: dann hat sie das Tuch so zugesteckt, daß die Nadel ins Fleisch gegangen ist« (Aufgezeichnet von Richard Wossidlo 1910).

Das Motiv ist in beiden Fällen eindeutig, und die Geschichten von grausamen Strafen gegen Leibeigene gerade in Mecklenburg sind Legion. Es ist schließlich eine Tatsache, daß Friedrich der Große bis 1774 an die achthundert flüchtige Leibeigene aus Mecklenburg nicht auslieferte, sondern im Netzebruch ansiedelte. Auch die Bauernaufstände, verzweifelt, chancenlos und doch immer wieder unternommen, geben deutliche Hinweise auf die Verhältnisse auf dem flachen Land in Mecklenburg und wirkten mit ihren Brutalitäten in die Städte hinein, wo die Gutsherrensöhne studierten und die reicheren Adelsfamilien ihre Stadthäuser besaßen. Natürlich gab es Ausnahmen, gab es junge Herren von Stand, die selbst unter den Verhältnissen auf dem Gut litten oder sich mit dem Hauslehrer oder auch dem Pastor in der Ablehnung dieser Verhältnisse einig waren. Der pommersche Chronist Kantzow, aber auch Graf du Moulin-Eckardt machen es deutlich, daß es nicht der bodenständige Adel war, der zum Fortschritt und zum Bildungsaufstieg drängte, sondern das Bürgertum und die Landesfürsten. Darum wird es Zeit, sich mit den Städten zu beschäftigen, denn in ihnen kann diese neue Mittelschicht tätig werden, die so wichtig ist, sobald der Rodebauer nur erst die Säge aus der Hand gelegt hat und zum Produzenten geworden ist.

Die ersten Schritte sind beinahe überall die gleichen; für die weitere Entwicklung, für den Aufstieg über das ländliche Geben und Nehmen hinaus, brauchten auch die von Deutschen durchsetzten Landschaften östlich der Elbe das Stadtbürgertum. Brachte die Stadt also den kulturellen und allgemeingeistigen Aufstieg der Siedelländer zu einem gewissen Abschluß, das heißt zur Angleichung an die entsprechenden Verhältnisse im alten Reich, so muß doch auch gesagt werden, daß die damit wachsende Anziehungskraft der Städte das flache Land entvölkerte. Gerade die sozial und geistig anspruchsvolleren Teile der Landbevölkerung – im allgemeinen also die Einwanderer aus dem Westen – erlagen der

Versuchung, in die Städte zu ziehen, wodurch im Spätmittelalter und in der frühen Neuzeit eine gewisse Reslawisierung einsetzte, in Schlesien durch einwandernde Polen, in Pommern und Ostpreußen durch die Kaschuben und durch litauische Randstämme. Es ist vielleicht überspitzt formuliert, wenn Heinrich Reincke zu Lemgo vor dem Hansischen Gesichtsverein sagte: »Die Städte des Spätmittelalters wachsen auf Kosten der ländlichen Siedlungsbewegung – eine Erscheinung von säkulärer Auswirkung! Der Schwarze Tod und die Neuauffüllung der Städte haben das deutsche Ostwerk vor seiner Vollendung zerschlagen.« Aber daß aus der deutschen Ostsiedlung der Schwung entschwindet, daß die Söhne und Töchter sich dem leichteren Leben in den Städten zuwenden und die Blüte des Handels in jungen Gemeinwesen zur wachsenden Attraktion wird, das ist eine gesicherte Erkenntnis.

Man muß sich in diesem Zusammenhang auch klarmachen, daß beide Vorgänge – Städtewachstum und Siedlungsvorstoß – mit verhältnismäßig sehr geringen Bevölkerungszahlen vor sich gingen. Die antike Großstadt – Rom, Athen, Alexandria, Byzanz – war ein Monster-Kosmos verglichen mit der mittelalterlichen Stadt nördlich der Alpen, die in einem verkehrsarmen und noch unterentwickelten Umland zaghaft aufwuchs und durch jede Seuche bis zu einem Drittel ihrer Bevölkerung verlor. Seit sich die deutsche Ostforschung mehr für die Städte und ihr Leben selbst interessiert als für die überstrapazierte Begründungs-Leistung und die Stadtverfassung, sind die Bemühungen nicht abgerissen, verläßliche Methoden für die Ermittlung der Einwohnerzahlen zu entwickeln. Steuerlisten, Peterspfennig, Kontributionsleistungen, Wehrbeitrag und andere Unterlagen wurden herangezogen, und es steht nun wenigstens fest, daß die bis zur Jahrhundertwende kursierenden sechsstelligen Einwohnerzahlen selbst für die größten deutschen Städte zu hoch gegriffen waren. Mehr als 50 000 Einwohner zählten nur Köln, Wien und Prag – 50 000 Einwohner, das entspräche dem heutigen Rosenheim, einer muntern, betriebsamen, aber doch gewiß nicht großen Stadt. Für die deutsche Ostseeküste liegen die Zahlen mit Sicherheit niedriger: Lübeck zählte um 1400 maximal 28 000 Einwohner, Rostock höchstens 15 000, wobei interessant ist, daß diese Seestadt damit schon ebenso groß war wie Bremen und größer als Frankfurt an der Oder. Nach und nach sinken die Zahlen der mecklenburgischen Städte ab, die Bedeutung Danzigs nimmt zu. Die Generaltendenz ist nach wie vor die einer Ostwanderung, nur wandern nicht mehr Siedler, sondern Stadtbürger, weil nämlich die Städte allesamt vom Zuzug leben, von den Neubürgern, die sie immer wieder auffüllen, wenn Kriege und Seuchen tiefe Breschen gerissen haben. Lübeck ist der größte, aber keineswegs der einzige Durchgangsplatz für diese lautlose Migration aus dem alten Reich an die Ostseeküsten bis hinauf nach Reval.

Den Nachweis dafür liefern nicht nur die Ratslisten, die Sterbebücher und andere innerstädtische Aufzeichnungen, sondern jene vielgestaltige und reizvolle Wissenschaft, die als Hobby in Verruf geraten ist, ernsthaft betrieben aber nach wie vor unentbehrliche Hilfswissenschaft der großen Geschichte bleibt – die Genealogie. Keyser, Reincke und viele andere haben den Weg der deutschen bürgerlichen Geschlechter in den Osten verfolgt, einen Weg, auf dem viele erstmals Familiennamen erhalten, weil die Familie eben aus einer anderen Stadt oder aus einem Dorf im Westen zugewandert ist und diese Tatsache in Verbindung mit dem Ruf- oder Vornamen nun zum unterscheidenden Merkmal wird. Gelegentlich werden auch Zwischenstationen solcher Wanderungen im Namen festgehalten, seltener Zielorte des Handels, den ein Kaufmann pflegt oder der Fahrten, von denen ein Reeder lebt. Andererseits halten diese Namen die oft kleinen Heimatorte auch dann fest, wenn eine oder zwei Generationen Zwischenaufenthalte in größeren Städten genommen haben – nicht nur aus Anhänglichkeit, sondern auch, weil der große Durchgangshafen Lübeck dann eben Hunderte oder Tausende Familien mit dem Namen »Lübecker« produziert hätte, während das kleine Warendorf (Warendorp) bei Münster ebenso deutlich charakterisiert wie das kleine Selhorst bei Wiedenbrück. Aufgrund der Ratslisten der deutschen Ostseestädte verfügen wir über ein unvergleichlich reiches Namenmaterial, das noch keineswegs aufgearbeitet ist; für unsere Zwecke in diesem Buch genügt es aber, die Gesamtrichtung der Wanderung festzuhalten und die Generaltendenz des Städtewachstums durch Zuwanderung aus dem Westen und aus dem Umland.

Im einzelnen sind für uns die Seestädte als Basen der Hanse und der nun merkantilen Ostkolonisation interessanter als die Binnenstadt, die in Mecklenburg so gut wie völlig fehlt, in Pommern aber bis an die Schwelle unseres Jahrhunderts aus ihrem tiefen Provinzialismus nicht erwacht ist. Schreiten wir von Westen nach Osten voran, so ist nach Lübeck, einer Slawenstadt, aber doch wohl keiner Kolonialstadt, die erste der eroberten und danach neubegründeten Städte Wismar, an der Lübecker Bucht im Schutz der Insel Poel gelegen. Das Flüßchen Wissemer war zweifellos schon in slawischer Zeit aufgestaut worden, und die reichen Münzfunde zwischen der Lübecker Bucht und der Weichselmündung liefern uns eindeutige Beweise für einen vorchristlichen Handel zwischen Skandinavien, der slawischen Ostseesüdküste und dem Orient, wenn allein bei Voßberg östlich von Usedom nicht weniger als 8700 Münzen gefunden werden, die ältesten aus dem achten Jahrhundert. In der nordischen Gutasaga (Sammlung Thule Bd. 14) wird ein Angriff der Aisten (Pruzzen) auf den »hellhaargen König« erwähnt. Es blieb also offenbar nicht immer bei der friedlichen Arbeitsteilung, Handelsneid ließ zweifellos die Ostseevölker auch der vorchristlichen Zeit schon zu den Waffen greifen.

Seit 1200 etwa schalten sich auch deutsche Kaufleute in diesen Handel ein oder übernehmen ihn nach dem Verschwinden der christlich gewordenen Nordleute mit jenen Waren, die man auch unter den Augen der Bischöfe verhökern darf. Der heutige Spiegelberg mit der alten Nikolaikirche gilt als der Ort der ersten deutschen Kaufmannssiedlung, die wohl schon Verbindung zu deutschen und niederländischen Siedlern im südlichen Umland hatte. Bei der ersten Erwähnung in lateinischen Urkunden hat Wismar zwar Stadtcharakter, aber noch keinen Lübecker Status, 1229 ist Wismar bereits Stadt. Der große, beinahe ein Hektar messende Markt wird die Stadt durch ein Halbjahrtausend beherrschen, nachdem um 1300 das

Wismar, eine der wichtigsten Städte der sogenannten wendischen Hanse, hatte seine Kirche ganz nahe an den Hafen gebaut.

Schloß der einheimischen Slawenherzöge von den Stadtbürgern abgerissen worden ist. Als Baumeister für die öffentlichen Gebäude erscheinen an Fremden vor allem Italiener und Niederländer. Die Befestigungen entstehen seit 1275 und erreichen in der Schwedenzeit ein in ganz Deutschland bewundertes Ausmaß, was sich aus der mecklenburgischen Zeit Wallensteins erklärt: er gedachte hier eine dauernde Herrschaft aufzurichten. Nach der Einnahme der (schwedischen) Stadt durch die vereinigten Dänen, Hannoveraner und Brandenburger wurden die Befestigungen 1720 geschleift.

Wismar behielt seine wendische Bevölkerung als Unterschicht und in der Seefahrt und spielte, auf diese tüchtigen Matrosen und Küstensteuerleute gestützt, in der sogenannten wendischen Hanse bald eine große Rolle. Die Haupthandelsgüter waren freilich nicht sensationell und nicht für große Fahrt gedacht, aber sie nährten ihren Mann, ob nun Bier oder Heringe geladen wurden, Stockfisch, Salz oder auch Tuche. Von den alten Handelsgütern des slawischen Raumes spielten Teer, Holz und Felle noch lange eine Rolle, erst später kam der Ostexport mit Gebinden und Metallwaren auf. Unter den Schweden (1648–1803) trat zwar eine gewisse Isolierung vom mecklenburgischen Hinterland ein, andererseits aber brachte der starke Ausbau der Stadt zum Brückenkopf Arbeit und Wohlstand, nachdem sie in vorangegangenen Handelskrisen sogar bereit gewesen war, die Schmuggler- und Piratenbande der sogenannten Vitalienbrüder zu unterstützen, also Klaus Störtebecker, Godeke Michels und deren Gesellen. Darin darf man – gegen Ende des 14. Jahrhunderts – wohl ein letztes Aufflackern der starken ostseeslawischen Neigung zur Seeräuberei erblicken, und die Vitalienbrüder rekrutierten sich ja auch zum Gutteil aus der nicht aufgestiegenen slawischen Bevölkerung in den Wendenstädten der Hanse. Daß sie den frühen Handel Wismars mittrug, geht auch daraus hervor, daß der deutsche (lübische) Münzfuß erst in der zweiten Hälfte des vierzehnten Jahrhunderts eingeführt wurde.

Wismar war und ist in gewisser Hinsicht ein Unikum unter den deutschen Städten. Sie galt als besonders judenfeindlich, und obwohl sie weitgehend vom Handel lebte, scheint es nie mehr als zwei Dutzend Juden innerhalb der Stadtmauern gegeben zu haben. Entsprechend dürftig war es auch um das geistige Leben bestellt: Bedeutende Wismaraner finden sich in keinem Nachschlagewerk, und 1930, als die deutsche Literatur blühte wie seither nie mehr, gab es in Wismar einen einzigen Autor – die Operettenlibrettistin Lisa Burow, aus Parchim gebürtig. Ein wenig besser steht es um die Rolle der alten Seestadt in der Literatur; ihre bizarren historischen Schicksale haben manchen Verfasser geschichtlicher Erzählungen zum Schreiben verlockt, wurde Wismar rechtlich doch erst 1903(!) endgültig zur deutschen Stadt, als Schweden auf sein Recht verzichtete, das an Mecklenburg verpfändete Wismar auszulösen. Der einst häufig gedruckte Ottomar Enking schrieb in Wismar spielende Familienromane; ähnliches unternahmen die heute vergessenen Autorinnen Elisabeth von Maltzahn, die einen Roman aus Mecklenburgs Reformationszeit schrieb, und Irmgard Spangenberg mit *Jubilate*. Auf dem Umweg über die Vitalienbrüder kann man sich auch noch heute mit Alt-Wismar beschäftigen, sie werden in zum Teil sehr detaillierten modernen Untersuchungen behandelt, wenn sich auch der kleine Kreis der namhaften Hansehistoriker mit diesem reißerischen Thema weniger abgibt.

Mecklenburgs größte Seestadt aber war nicht Wismar, sondern Rostock und ist es inzwischen auch

Linke Seite: Alte Ansicht der Hansestadt Rostock – nach den Kostümen etwa um 1620, wobei die offensichtlich spanischen Einflüsse in dieser Ostsee-Handelsstadt besonders auffallen.

Rechts: Blick auf das Stein-Tor in Rostock.

wieder geworden, obwohl man nicht so recht sieht, worin die Lagevorteile dieser nördlicheren, von Lübeck und Hamburg weiter entfernten Hafenstadt zu erblicken wären, die obendrein durch die mecklenburgische Seenplatte von der direkten Verkehrslinie nach Berlin abgedrängt ist. Die Lage an der Warnow ist geschützt, was sich auch militärisch günstig auswirkte. Das nahe Warnemünde schuf seit alters eine der günstigsten Verbindungen zwischen der deutschen Ostseeküste und den dänischen Inseln, da die Ostsee an dieser Stelle nur 42 Kilometer breit ist – eine Strecke, die auch die vorgeschichtliche Seefahrt ohne weiteres zu überbrücken vermochte.

Die Wenden hatten am rechten Ufer des Warnow-Flusses eine Burg, zu der eine Siedlung von Fischern und Seefahrern gehörte, die gewiß auch Seeraub trieben, sonst hätte König Waldemar I. von Dänemark sich kaum die Mühe gemacht, in einer Strafexpedition von 1160 nach harten Kämpfen in der Flußmündung die Burg anzustecken. Ähnlich wie in Lübeck waren solche Ereignisse auch hier Anlaß, ja wohl auch Voraussetzung für die erste Niederlassung deutscher Schiffer und Händler, die immerhin so vorsichtig waren, das linke Warnow-Ufer zu wählen; der Fluß lag also zwischen ihnen und den Slawen. Im allgemeinen Übergang der Landschaft zu staatlicher Ordnung und christlicher Religion erhielten diese Deutschen etwa ein Halbjahrhundert später (1218) von dem Slawenfürsten Heinrich Borwin Stadtrecht nach dem Muster Lübecks. Er war ein Schwiegersohn Heinrichs des Löwen und ein Enkel des wilden Niklot.

Der Altstadtkern entstand auf einem Höhenrücken, der an seinem Ostrand ziemlich steil zum Fluß Warnow abfällt und im Westen durch einen weiteren, schmäleren Wasserlauf begrenzt wird; die erste Kirche hieß auch in Rostock Nikolaikriche, später kam im Nordteil der Altstadt die Petrikirche hinzu, noch im dreizehnten Jahrhundert auch die Marienkirche in der sogenannten Mittelstadt. Ihre Anlage im typisch regelmäßigen Gründer-Muster deutet auf schnelles Wachstum der deutschen Stadt schon in ihrem ersten Jahrhundert hin. Diese frühe Blüte läßt sich auch daraus erkennen, daß Alt-Rostock nicht weniger als drei Märkte besaß, den Alten Markt, den Neuen Markt und den dreieckigen Hopfenmarkt mit einem Rathaus, das 1819 abgebrochen wurde, nachdem es mehr als vierhundert Jahre lang verschiedenen Zwecken gedient hatte. Die drei Stadtteile verstanden sich jedoch nie als wirklich selbständige Städte, wie dies zum Beispiel in Königsberg der Fall war, und der Zusammenschluß unter Heinrich Borwin III. im Jahr 1262 hatte zweifellos nur noch rechtliche Bedeutung. Etwa um die gleiche Zeit waren auch die Wehrbauten und Tor-Anlagen im wesentlichen vollendet, die erkennen lassen, daß sich die drei Alt-Städtchen niemals gegeneinander abschlossen.

Obwohl die ausgedehnten Befestigungsanlagen des siebzehnten Jahrhunderts zweihundert Jahre später schon wieder weitgehend eingeebnet waren, hatte Rostock mit dem Stadtausbau nicht viel Glück. Weder die Steintor-Vorstadt noch die Häuser vor dem Kröpelintor gelten als städtebaulich gelungen; große moderne Wohnbauanlagen entstanden rund um Rostock schon seit 1933 und verstärkt seit der Begründung der DDR.

Wirtschaftlich lebte die Stadt stets vom Seehandel, und vor allem natürlich vom Verkehr mit Skandinavien; ja da die Stadt zeitweise unter dänischen und schwedischen Einfluß geriet, erscheint sie in gewissen Phasen ihrer Entwicklung aus dem deutschen Bereich herausgelöst: Schon im dreizehnten Jahrhundert genoß sie deutliche Handelsvorteile in Dänemark, die sie aus den anderen deutschen Ostseehäfen heraushoben, und 1364–89 waren die Rostocker Waffenfabriken und Werften geradezu eine Stütze des schwedischen Königstums. Darauf folgte die Zeit, in der Rostock Haupthafen der Vitalienbrüder wurde, was die Stadt naturgemäß in Gegensatz zu anderen Mitgliederstädten des Hansebundes brachte, aber ihre Sonderstellung und ihren Reichtum weiter aufblühen ließ. In der zweiten Hälfte des fünfzehnten Jahrhunderts scheint der gesamte deutsche Oslo-Handel über Rostock gelaufen zu sein. Erst der Dreißigjährige Krieg und die nach ihm in Warnemünde errichtete schwedische Zollstation brachten dem deutsch gebliebenen Rostock die ersten wirtschaftlichen Krisen; ein fürchterlicher Stadtbrand von 1677 vernichtete nicht nur die halbe Stadt, sondern auch die Reste aller Habe aus besseren Zeiten.

Selbst die Kontinentalsperre Napoleons ab 1806, die hier im Osten und fern von den französischen Hauptzentren doch eigentlich einträgliche Konterbande-Fahrten ermöglicht hätte, ließ Rostock nicht wieder aufblühen, und es waren die nahen Seebäder, nicht mehr so sehr der Seehandel, der im neunzehnten Jahrhundert eine gewisse Belebung des wirtschaftlichen Alltags in Rostock brachte. Dieser Fremdenverkehr kompensierte auch in unserem Jahrhundert den Einnahmenausfall aus dem weitgehend an die Nordsee verlagerten Überseehandel, bis die DDR Rostock zu ihrem Haupthafen ausbaute und die Hafenumschläge auf 6 Millionen Tonnen steigerte. Auch der Trajektverkehr nach Schweden ist heute trotz der beschränkten Reisemöglichkeiten für DDR-Bürger dreimal so stark wie 1939. Die ausgebauten Hafenbecken und Molen ermöglichten auch Massengüterumschläge, und die stark geförderte Stadt zählt heute 190 000 Einwohner. Ihr Hafenverkehr ist nun dreimal so hoch wie der von Wismar (die Vergleichszahl von 1938, dem letzten Friedensjahr, lautet für Rostock auf nur 400 000 Tonnen, trotz eines gewissen Interesses der NS-Regierung an den deutschen Ostseehäfen). Da Rostock schon im Reich des Obotritenfürsten Gottschalk eine große Rolle spielte, müßte die Stadt eigentlich als eine der ältesten deutschen Ostseestädte noch in diesem Jahrhundert ihre Tausendjahrfeier begehen.

In der Belletristik, die sich mit Rostock befaßt, sind Erzählungen in mecklenburgischem Platt auffallend häufig, womit sich die Stadt provinzieller gibt, als sie ist. Über die Zeit der Vitalienbrüder schrieb Carl Beyer seinen Roman *Um Pflicht und Recht;* die mittelalterlichen Slawenkämpfe hat Arnold Schneider in dem Roman *Scheiterhaufen* dargestellt. Von heute noch bekannten Autoren haben sich Hans Franck (in der Erzählung *Stietzjehann*) und Adolf Wilbrandt *(Novellen aus der Heimat)* mit Rostock beschäftigt. Heinrich Wolfgang Seidels Novelle *Der Vogel Tolidan* spielt zum Teil in dieser alten Stadt.

Während Wismar wie Rostock vor allem im Mittelalter beträchtliche Schwierigkeiten mit dem Binnenverkehr hatten, genoß die pommersche Hafenstadt Stettin seit alters den Vorzug, an einem der meistgenützten Wasserwege Mitteleuropas zu liegen, an der Oder. Die Exponiertheit des meernahen Vineta, sein Zugrundegehen durch skandinavische Angriffe, und die relative Sicherheit einer Hafenstadt mehr als sechzig Kilometer von der offenen See haben Stettin schon im zehnten Jahrhundert zum Rivalen und bald zum Nachfolger der legendären Slawenstadt an der Ostsee werden lassen.

Wir besitzen ein wertvolles Zeugnis über diese Frühzeit, das lange Jahre die einzige ausführlichere Aussage über Vineta und Alt-Stettin war und sich darum so manchen Zweifel gefallen lassen mußte: Die Vita des heiligen Otto von Bamberg, (1060 bis 1139) den man als den bedeutendsten Nachfolger des heiligen Adalbert von Prag und als den erfolgreichsten Pommernmissionar ansprechen kann. Otto bereiste 1124 und 1128, also vierzig Jahre vor dem Wendenkreuzzug, die slawische Ostseeküste und drang furchtlos in die Zone des skandinavisch-baltisch-slawischen Fernhandels ein, in der damals für alle Christen höchst undurchsichtige Gebräuche herrschten. Allerdings war Pommernherzog Wratislaw selbst

Stettin zwischen den beiden Weltkriegen.

bereits Christ und empfing den Bischof von Bamberg mit allen Ehren an der Grenze des Landes. Auch der Einzug in Pyritz am 5. Juni 1124 ging festlich vonstatten und gipfelte in einer Massentaufe in der Burgstadt, die an einer wichtigen Kreuzung von Straßen nach Stettin beziehungsweise nach Stargard lag. Wie unterschiedlich christliche und heidnische Sitte auch unter einem persönlich bereits Christ gewordenen Landesherrn noch waren, zeigen die besonderen und komplizierten Vorkehrungen, die Otto treffen mußte, damit bei der gleichzeitigen Taufe von Männlein und Weiblein, die im Freien an einem Mühlbach erfolgte, das Schamgefühl nicht verletzt werde. Otto taufte also nach der alten biblischen Sitte noch nackte Menschen, um die Weihe dieser Handlung zu betonen.

Otto von Bamberg blieb beinahe drei Wochen, doch konnte in dieser Zeit natürlich keine Kirche gebaut, sondern nur ein Bet-Zelt errichtet werden. Er ließ Priester zur Unterweisung zurück, zog weiter nach Stargard und Cammin, wo die herzogliche Residenz war und die christliche Herzogin Heila bereits viel Vorarbeit geleistet hatte, eine Bayernprinzessin, die sich unter den heidnischen Pommern mit christlicher Missionsarbeit getröstet haben mag. In nur fünfzig Tagen wurde eine Blockhaus-Kirche errichtet und geweiht, und »der Herzog bekannte offen seinen Glauben, den er freilich bisher aus Furcht vor den Heiden nicht öffentlich bekannt, ja sogar durch mancherlei sündhafte That verläugnet hatte. Er that also Buße, entließ seine vierundzwanzig (!) Nebenfrauen und versprach ein frommes, christliches Leben. Nach seinem Beispiel thaten die anwesenden Großen« (Stadler-Ginal). Bambergs Bischof begab sich dann nach Vineta, die Stadt umstrittener Lage an der Ostseeküste, am Rand des Mündungshaffs der Oder, und war nicht nur von ihrer Größe beeindruckt, sondern auch von der Intensität heidnischen Lebens in Wohlstand und wirtschaftlicher Betriebsamkeit. Otto und seine Helfer gerieten hier denn auch an eine durchaus unwillige Gemeinde, die sich freilich darauf beschränkte, den Heiligen zu vertreiben (und das, obwohl Vineta offensichtlich die Oberhoheit Herzog Wratislaws nicht anerkannte). »Endlich kamen sie glücklich über die Dievenow (die schmale Ostverbindung zwischen Großem Haff und Ostsee), deren Brücke sie hinter sich abbrachen, um einem neuen Angriff vorzubeugen. Alle, besonders aber der hl. Otto, waren über die erlittenen Mißhandlungen erfreut, und nur (der Priester) Sefried trauerte, weil ihn die Heiden, da er ohnedem krank war, mit Schlägen verschont hatten.« Schließlich deutete eine Gesandtschaft aus Vineta an, daß man sich auch dort nach dem Beispiel von Stettin richten wolle. Otto konnte nun zwei Monate lang keine weiteren Bekehrungen vornehmen, und auch die Stettiner, die durch Räte mit ihm verhandelten, zeigten sich dem Christentum nicht geneigt, vor allem aus politischen Gründen: Ein Übertritt würde die Privilegien der Stadt gefährden und Stettin dem Zugriff der Polen aussetzen. »Auch alles Beten schien fruchtlos zu seyn, denn die Einwohner sagten, daß unter den Christen größere Laster wären, als unter ihnen. Wirklich herrschte soviel Ehrlichkeit und Redlichkeit unter den heidnischen Pommern, daß man Betrug und Diebstahl kaum kannte.« Erst als Herzog Wratislaw diese Befürchtungen ausräumte und einen festen Tribut für die Stadt Stettin und ihren Handel mit 300 Mark Silber jährlich fixierte, erklärte man sich bereit, den Slawengöttern abzuschwören – eine Promptheit des Übertritts, die uns beweist, daß die klugen Stadtväter für ihn nur möglichst günstige Bedingungen aushandeln wollten. Das Heidentum hatte offensichtlich schon vor dem Eintreffen des heiligen Otto keine allzugroße Attraktion mehr ausgeübt, trieb man doch seit Jahrhunderten emsigen Handel mit anderen Nationen und auch mit den christlichen Polen.

Carl Ludwig Schleich (1859–1922), Arzt aus Stettin, wurde mit seinen Erinnerungsbüchern einer der meistgelesenen Autoren seiner Zeit.

Greifenberg, die kleine alte Stadt an der Rega, gewann unversehens Bedeutung, als Preußen in den Jahren 1807–1814 bis auf seinen Nordostrand französisch besetzt war.

Aus diesen für den Bischof von Bamberg und seinen Chronisten eher nebensächlichen Bemerkungen, die eben darum ganz gewiß nicht verfälscht wurden, geht deutlich hervor, daß Vineta und Stettin organisierte und regierte Städte waren, Älteste oder einen Rat hatten und Verträge mit dem Landesfürsten schlossen wie später dann die nach lübischem oder kulmischem Recht organisierten Städte des deutschen Ostens. Und da man eben dies nicht wahrhaben wollte, weil die Stadt eine abendländische, deutsche, der höheren Rasse zugehörige Bastion bleiben mußte, wurde dem armen Heiligen noch achthundert Jahre nach seinem Tod so allerlei nachgesagt, als ob ein Bischof des zwölften Jahrhunderts nicht gewußt habe, was eine Stadt ist.

Da Otto schon aus Zeitmangel überall Priester zurücklassen mußte, denen die weitere Unterweisung der Pommern im neuen Glauben überlassen

Rechts: Das berühmte Rathaus von Stargard in Pommern, ein Bau aus dem sechzehnten Jahrhundert; rechts daneben die Hauptwache.

Rechte Seite: Treptow an der Rega im Jahr 1938: Blick über den Fluß, um dessen kärgliches Wasser die Städte Greifenberg und Teptow – im Hintergrund die Stadtkirche – zeitweise erbitterte Fehden austrugen.

Seite 203: Der Mariendom der alten Salzstadt Kolberg; Fotografie von 1937.

blieb, darf man für das Jahr 1124 mit den ersten Deutschen in Stettin rechnen. Deutsche Kaufleute ließen sich dann südlich der Slawenstadt nieder und auf einer nahen Anhöhe über dem Fluß. Herzog Barnim I. (1220–78) von Pommern, der in dritter Ehe eine Tochter des Markgrafen von Brandenburg heiratete, war es schließlich, der magdeburgisches Recht auf die nun zusammengeschlossenen Stadtteile von Stettin übertrug (1243). An der Stelle, an der Otto von Bamberg 1124 eine Holzkirche gebaut hatte, wurde noch vor 1300 die Peter- und Pauls-Kirche errichtet; sie lag im Norden der Stadt und außerhalb der Wälle.

Die gleiche Entschlossenheit, mit der die ganze Stadt in einem geeigneten Augenblick vom Heidentum zum Christentum wechselte, finden wir auch in ihrer Handelspolitik. In den ersten dreihundert Jahren ihrer Existenz hat keine zweite Ostseestadt so rück-

sichtslos und zielbewußt um Handelsvorteile und Privilegien gekämpft und die Konkurrenz selbst dann ausgeschaltet, wenn es sich um pommersche Städte handelte. War auch Lübeck naturgemäß der wichtigste deutsche Partner, so erstreckte sich die Küstenschiffahrt bald auch nach den friesischen Häfen an der Nordseeküste und ergänzte damit die Haupthandelsstrecke, die Pommern mit dem nahen Skandinavien verband. Neben Fischen wurde Getreide gefahren, das aus der Kurmark kam; Holz aus Pommern und Salz aus Lüneburg, aber auch die auf der Oder herankommenden oder abfließenden Waren vergrößerten den Stettiner Hafenumschlag. Der sogenannte Baienhandel (Salz aus Südwestfrankreich) kam erst im sechzehnten Jahrhundert auf; die Hinfracht war in solchen Fällen oft pommersches Holz.

Die Blüte dieses energisch betriebenen, zu einem Gutteil auf eigene Flotten gestützten Handels endete mit den langanhaltenden Feindseligkeiten zwischen Schweden und seinen kontinentalen Gegnern Polen und Brandenburg. 1630 hatte Gustav Adolf von Schweden mit dem Bau ausgedehnter Befestigung rund um Stettin begonnen, 1720 aber war die Stadt dann doch dem preußischen Druck erlegen und blieb seither in dem Verband dieses Doppelstaates, dem sich ein altes und selbständiges Gemeinwesen wie die Oderstadt nur schwer einfügen ließ. So endete die Getreideschiffahrt 1736 völlig, erst der Handel mit Kolonialwaren bewirkte bis zum Jahrhundertende einen gewissen Wiederanstieg der Umschläge.

Angesichts einer stets nur kurzzeitig unterbrochenen, im ganzen aber beträchtlichen Aktivität in Handel, Schiffahrt und Schiffbau überrascht der nur langsame Anstieg der Einwohnerzahlen (1560 um 13 000, 1800 nur 18 400. Das Wachstum in einem Vierteljahrtausend liegt also unter 25 Prozent!) Dies beweist indirekt, wie geringfügig rein zahlenmäßig die in der ganzen Ostsiedlung bewegten Menschenmengen waren, was die Leistung dieser Wenigen noch bedeutender erscheinen läßt.

Erst im neunzehnten Jahrhundert wird Stettin als größte Stadt Pommerns in eine Sonderrolle gehoben und partizipiert am Aufschwung der schlesischen Wirtschaft, vor allem des Bergbaus und der Massengütertransporte auf der Oder. 1850 hat die Stadt schon 45 000 Einwohner, 1890 ist die Grenze zur Großstadtgeltung überschritten (116 000) und am Vorabend des Zweiten Weltkriegs werden schon 270 000 Menschen gezählt. Sieht man von den Gründungsvorgängen in der Slawenzeit ab, so ist es das neunzehnte Jahrhundert, sind es Oderschiffahrt, Eisenbahn und Dampfschiff, die Stettin groß gemacht haben. In dieser Zeit wird Stettin zum echten Mittelpunkt Pommerns und zu einem Begriff für ganz Deutschland, nicht zuletzt durch einige große Männer, die der ganzen Nation etwas zu geben haben – der Balladenkomponist Carl Loewe, die Historiker Giesebrecht und Kugler, der in fast allen seinen Büchern stark heimatbezogene Robert Prutz und vor allem wohl der Arzt und Schriftsteller Carl Ludwig Schleich (1859–1922), der in seinem ungemein verbreiteten Buch *Besonnte Vergangenheit* Alt-Stettiner Leben liebevoll und unvergeßlich schildert.

Während Stargard, Belgard und Stolp noch in ihren modernen Namen an ihre slawische Frühzeit erinnern, reihen sich an Rega und Persante einige kleinere Städte aneinander, die zwar heute völlig vergessen sind, aber in der pommerschen Vergangenheit doch eine gewisse Rolle gespielt haben. Kolberg wird schon im Jahr 1000 als Salsa Cholbergiensis in Thietmar von Merseburgs Chronik erwähnt, die alte Salzstadt, die König Boleslaw Chrobry dem damals gegründeten Bistum Gnesen zu dessen Unterhalt gibt. Nettelbeck und Schill haben 1807 durch ihre herzhafte Verteidigung auch nach den Niederlagen von Jena und Auerstedt die kleine Stadt gegen die Franzosen gehalten, bis der Friede geschlossen war, während das ungleich größere Stettin vor einer einzigen französischen Reiterschwadron von 800 Mann kapituliert hatte. Darum nahm sich der von Goebbels inspirierte Durchhaltefilm *Kolberg* natürlich auch das Schicksal dieser kleinen Salzpfannenstadt zum Thema, sowenig ihre zähe Verteidigung 1807 an der großen preußischen Niederlage zu ändern vermochte.

Greifenberg und Treptow machten einander in einem von ganz Deutschland belächelten Kampf das Rega-Wasser immer wieder streitig, weil das Flüßchen eben zu wenig davon führte. Treptow ist älter, es entstand neben einem slawischen Burgwall und wurde dem ganzen Preußen bekannt, als der Humanist Bugenhagen dort eine berühmte Lateinschule leitete, als Blücher dort residierte, Schill sich in Treptow aufhielt: Die Stunde der Niederlage, die Jahre von 1807 bis 1812, waren eben die große Zeit des entlegensten Pommernlandes, auch für Greifenberg, eine Gründung des Herzogs Wratislaw III. (gestorben 1264 in Demmin). Die Stadt hatte im achtzehnten Jahrhundert berühmte Leinenweber, gab ihren durch die wechselnden Wasserstände der

Rega behinderten Seehandel aber im Eisenbahnzeitalter auf. Dieses bedeutete für das ganze Hinterpommern – eine Landschaft, die den preußischen Beamten als Verbannungsgebiet galt und die unserm Land heute doch fehlt – den Anschluß an das Reich und die großen Städte, und nun wußten aus den Fahrplänen auch die stolzen Berliner, oder doch wenigstens ungefähr, wo Schlawe und Stolp und Treptow lagen. Von dem dritten Rega-Städtchen Labes ist zu sagen, daß es seit Anfang seiner Existenz im Besitz der Herren von Borcke war, die hier auf ihrer Stammburg saßen, und daß es »aus wilder Wurzel« entstand. Die in vierhundert Jahren mühsam gewachsene kleine Stadt mit ihren vielen Mühlen und Pferdemärkten brannte 1685 bis auf fünf Häuser ab. In Labes amtierte der letzte Scharfrichter Pommerns; er hieß Johann Friedrich August Schreiber und war der Großvater meines Urgroßvaters...

Es waren stets merkwürdige Schicksale und besondere Ereignisse, die dieses entlegene und schwer zugängliche Land ins Bewußtsein des ganzen Deutschland rückten, und es waren auch stets Notzeiten, denn wenn ein Feind in Pommern stand, dann hatte er alles andere eben bereits erobert oder doch besetzt. Im Dreißigjährigen Krieg waren es die kaiserlichen, also katholischen Truppen, die hier lange

im Quartier lagen und dem armen Land das wenige wegnahmen, was sich auf den Feldern hatte erwirtschaften lassen, und nicht viel besser erging es Pommern unter den Dänen und den Schweden. Die großen Herren – Wallenstein, König Christian und König Gustav Adolf – lachten nur unwillig, wenn Bogislaw, der letzte Pommernherzog aus dem alten slawischen Stamm, um Milde und Freiheit für sein Land bat. Als der bei Lützen gefallene Schwedenkönig in einem silbernen Sarg nach dem pommerschen Wolgast gebracht wurde, da hatte Herzog Bogislaw wohl gehofft, sein Land wieder zu bekommen; aber neben dem Sarg stand, damals noch zwölfjährig, schon der Kurprinz Friedrich Wilhelm, der als Bran-

Johannes Bugenhagen (1485–1558), genannt Doctor Pomeranus, war Rektor in Treptow an der Rega, ehe er zu Luther stieß. Er schrieb eine Geschichte Pommerns und hielt dem großen Reformator die Leichenrede.

denburgs Großer Kurfürst die machtvollsten Unternehmungen zur Gewinnung Pommerns führen sollte. Die ausgezeichneten Feldherren Banér, Torstensson und Wrangel, die auf Gustav Adolf folgten, verstanden es nicht, seine strenge Manneszucht aufrechtzuerhalten. »Von jetzt an«, schreibt Konrad Mass mit sichtlichem Kummer, »unterschied sich der schwedische Soldat an Wildheit und Roheit nicht mehr von den kaiserlichen Banden, jenen deutschen und spanischen Kriegsknechten..., die mit rohester Gewalt gerade die Alten und Schwachen, Frauen und Kinder erwählten, ihre gemeinen Lüste zu befriedigen. Hunger und Pest gesellten sich zu diesem Elend; ganz Pommern war bald nicht viel mehr als ein rauchender Trümmerhaufen, als ein einziges, blutiges Schlachtfeld.«

Der völlig gebrochene letzte Herzog dieses unglücklichen Landes wußte kaum mehr, wovon er leben sollte; es geht die Sage, daß ein treuer Hofbeamter ihn verpflegte, denn alle Güter waren von dem Schwedenkönig eingezogen worden oder in den Händen geiziger Verwandten. Das Kloster Eldena hatte zwar auch unter den Kriegsläuften und der Besatzung gelitten, war aber so gut bewirtschaftet, daß es noch einigen Ertrag abwarf. Statt dort oder davon zu leben, übereignete Herzog Bogislaw das Kloster jedoch der Universität Greifswald: Sie, die inzwischen berühmte hohe Schule, war der Stolz Pommerns und konnte aus den Erträgen der Klosterwirtschaft nun wenigstens die Gehälter der Professoren bezahlen.

1637 starb Herzog Bogislaw im Schloß zu Stettin, schon zu seinen Lebzeiten völlig ausgeplündert, ein gebrochener Mann, dessen Geschlecht das Mittelalter überlebt hatte, der kriegerischen neuen Zeit aber nicht mehr gewachsen war. Seine Schwester, eine Fürstin von Croy, rettete ein paar Erinnerungsstücke an Bogislaw für die Archive der Universität; der Leichnam des Herzogs aber stand in einem Kellergemach seines Schloßes nicht weniger als siebzehn Jahre unbeerdigt, ehe sich jemand fand, der die dazu nötige Summe aufbrachte. Bogislaws Neffe, Bischof Ernst Bogislaw von Croy, wurde der erste brandenburgische Generalgouverneur von Hinterpommern.

Die DDR besitzt zwar nur das westlichste Stückchen Pommerns und kann sich darum in die Forschungen nach Alt-Stettin, Vineta, Jumne und anderen Küstenplätzen der vorchristlichen Zeit nur unerheblich einschalten. Immerhin aber ist es gelungen, zwischen 1965 und 1969 an der Peene-Mündung, also im

Ostseevorfeld von Stettin, eine interessante vorgeschichtliche Siedlung auszugraben, den Handelsplatz Menzlin. Ulrich Schoknecht und Franz Joachim Ernst berichten in einem 1977 erschienen Band der Beiträge zur Ur- und Frühgeschichte der Bezirke Rostock, Schwerin und Neubrandenburg von jenem Hafen, dessen Bedeutung uns aus einem Gräberfeld mit etwa achthundert Bestattungen klar wird. Die Grabbeigaben zeigen uns eine jener nicht ganz seltenen wikingisch-slawischen Lebensgemeinschaften, bei denen die Skandinavier die Händler und Schiffer stellten, die Slawen aber die Handwerker und Werkstätten: Die Waffen sind schwedischen Ursprungs, die Keramik ist slawisch, die Steinsetzungen sind schiffsförmig, was erkennen läßt, daß die Oberschicht aus Wikingern bestand. Die Zusammenarbeit dieser gegensätzlichen Bevölkerungen muß durch längere Zeit funktioniert haben und entsprach dem Typ jener Ostseestädte, die den Händlern einen eigenen Lebensbereich einräumten, weil vom Fernhandel eben die ganze Bevölkerung, nicht nur die Fremden, leben konnte. Das Gräberfeld etwa fünf Kilometer nordwestlich von Anklam und ein zweites am Peene-Hochufer waren schon vor dem Zweiten Weltkrieg bekannt, doch verhinderte der Ausbruch des Krieges die Aufnahme von systematischen Grabungen. Sie sind auch heute noch schwierig, weil das größere der beiden Gräberfelder in Waldgebiete hineinreicht, die geschont werden müssen... Archäologie und Ökologie stehen hier gegeneinander.

Ein großer Bischof und viele Bürger

Die Preußenstraße in Alt-Nowgorod – Ein Bischof von
besonderer Art – Die Schwertritter und ihr Ende – Würzige Völkermischung
im Baltikum – Große Familien aus wilder Wurzel –
Deutsche Herren im Zarenreich – Swing im alten Rußlandhandel –
Riga, Reval und die Schwarzhäuptergilde

Als die russischen Armeen seit 1944 im Baltikum, in Ostpreußen und schließlich in alle ostelbischen Gebiete Deutschlands eindrangen, galt es für die Bevölkerung, das Leben und die nötigsten Habe zu retten. Angesichts der tiefgreifenden Veränderungen, die sich in den Vertreibungsgebieten vollzogen, hegte wohl niemand große Hoffnungen auf eine Bewahrung von Dokumenten, Archiven und alten Aufzeichnungen über Ratsgeschlechter, Hafenverkehr und Warenzölle. Um so erstaunlicher ist es, daß – nachdem das Thema über eine relativ kurze Zeit tabu war – inzwischen auch russische und polnische Historiker gemeinsam mit Wissenschaftlern und Instituten der DDR die hansische Lokalhistorie etwa dort wieder aufgenommen haben, wo sie 1944 abbrechen mußte. Wenn auch die Voraussetzungen jetzt andere sind, wenn mancher Forscher aus Riga oder Posen auch nur ein etwas ungelenkes Deutsch schreibt, so beugen sie sich doch alle mit der gleichen Akribie über die erhaltenen Quellen, die uns sagen, wie viele Schiffe zwischen Lübeck und Riga hin und her gingen, welche Waren von Königsberg nach Lübeck verschifft wurden und wie viele baltische Studenten an der Universität Rostock immatrikuliert waren.

Nach polemischen Anfängen, in denen nicht nur der nationalistische Historiker Treitschke zum Angriffsziel wurde, sondern etwa auch der ehrwürdige Dietrich Schäfer, weil er die Hansegeschichte vor den Propagandakarren des kaiserlich-wilhelminischen Großadmirals Tirpitz gespannt habe, sind die marxistischen Pflichtübungen insoweit abgeklungen, daß die neue Forschergeneration an der Ostsee sich wieder den Tatsachen zuwendet. Sie betont freilich dabei die wirtschaftlichen Voraussetzungen und Begleiterscheinungen der deutschen Ostexpansion aus Mecklenburg, Pommern und Preußen an die baltischen Küsten und ins Baltikum selbst.

Der Göttinger Archivdirektor Kurt Forstreuter hat im lesenswertesten Kapitel seines Buches über Preußen und Rußland darauf hingewiesen, daß es schon vor der Ordenszeit einen gut funktionierenden pruzzisch-russischen Handel gegeben habe, der sich allerdings weitgehend auf dem Landweg vollzog. In Alt-Nowgorod, der großen Handelsstadt nahe dem Ladogasee, habe es schon in vorhansischen Zeiten eine Preußenstraße gegeben, so manche alte Handelsstraße hätte das Pruzzenland mit Südwestrußland verbunden. Diese Landverbindungen verloren an Bedeutung, als der Orden unter Mißachtung seines kirchlichen Auftrages in einen schicksalhaften politisch-militärischen Gegensatz zu der christlichen Hauptmacht Ostmitteleuropas geriet, zu Polen. Dafür bestätigten bald die Seewege eine deutsche Überlegenheit, denn wenn sie auch von dänischen Raubschiffen bedroht waren, so ließ sich der Verkehr zwischen dem neubegründeten Lübeck und den ersten Niederlassungen deutscher Kaufleute in Lettland zu Schiff doch bedeutend schneller und mit größeren Warenmengen abwickeln. Dieser Verkehr war ebenfalls älter als die Deutschordensmacht in Preußen: Lübeck und Wisby auf Gotland waren sechzig bis siebzig Jahre vor den ersten Landnahmekämpfen des Ordens in Preußen bereits Stützpunkte deutscher Fernhändler und ihrer Schiffer, und um 1180 begann die deutsche christliche Mission an der Dünamündung unter dem Augustinerchorherrn Meinhard von Segeberg mit Billigung des Fürsten von Polock.

Die Vorgänge gleichen jenen, die wir aus Pommern

Die litauische Festung Troki westlich von Wilna, eine Anlage aus dem 14. Jahrhundert und 1953 bis 1961 restauriert.

Oben: Nowgorod am Wolchow, zur Zeit der Hanse und schon der Wikinger auch Naugard genannt. Die Stadt war seit dem frühen Mittelalter Hauptumschlagplatz für russische Waren und Importe ins alte Rußland (Kupferstich von 1656).

Rechte Seite: Miniatur aus dem fünfzehnten Jahrhundert mit Motiven aus einem Ostseehafen; im Vordergrund russische Kaufleute, damals Moskowiter genannt.

und Mecklenburg kennen: Die Fürsten neigen, in ihrer höheren Einsicht und besseren Kenntnis der Weltlage, dem Christentum zu. Das einfache Volk jedoch hört auf die Priester der alten heidnischen Religion und verweigert nicht selten mit der Waffe in der Hand den Gehorsam. Die Christianisierung vollzieht sich an den baltischen Küsten erstaunlich schnell, aber sie erreicht nur den dünnen Saum der Hafenorte, wo seit Jahrhunderten die christlichen Handelsfahrer aus Dänemark und aus Birka bekannt sind. Ein Livenkönig namens Caupo läßt sich taufen, ein Bischof für die kleine deutsche Niederlassung an der Dünamündung kann ernannt werden, ja sogar eine Kirche wird gebaut. Aber schon wenige Jahre nach diesen trügerisch-verheißungsvollen Anfängen kommt es zu Kämpfen, in denen 1198 Bischof Berthold, ein früherer Abt des Klosters Loccum, gegen die heidnischen Liven fällt.

Bremen und Hamburg, jenes Doppelbistum, von dem die tatkräftigsten Bemühungen zur Christianisierung der Ostseeländer ausgingen, handelte in dieser Krise so schnell und energisch, wie man es sich von manchem deutschen König gewünscht hätte. Erzbischof Hartwig, selbst ein rücksichtsloser Kriegsmann und Kirchenfürst, wobei der Ton auf der letzten Silbe liegt, ernennt seinen Neffen, den Domherrn Albert von Bekeshovede schon 1199 zum neuen Bischof von Livland, eine Wahl, die tatsächlich Geschichte gemacht hat und nach der sich die Ereignisse im Baltikum geradezu überstürzen.

Bischof Albert ist eine der stärksten, aber auch umstrittensten Persönlichkeiten der gesamten deutschen Ostbewegung, in seinen Methoden bedenkenlos wie kein anderer Kirchenmann seines Jahrhunderts, erfolgreicher als die Herrscher seiner Zeit, ein Mann von eher karolingischem Zuschnitt, dem die Chronisten, die ihn kennen, die Frömmigkeit und Lauterkeit ebensowenig glauben wie seine erklärten Gegner, die allerdings meist stummen Anführer auf der heidnischen Seite.

Albert von Bekeshovede muß bei der Weihe zum Bischof mindestens dreißig Jahre alt gewesen sein (erst später und vor allem in Rom wurde dieser Grundsatz der unteren Altersgrenze übergangen), kam also wohl um 1165 zur Welt und »entstammte jenem niederen Adel, der seit der zweiten Hälfte des

Isborsk in Estland: Burgberg mit Resten der Ringmauer und der Türme. Die Burg war im dreizehnten Jahrhundert oftmals heftig umkämpft.

zwölften Jahrhunderts seinen sozialen und rechtlichen Aufschwung nahm, der mit seinen unverbrauchten, aufstrebenden Kräften zur Entfaltung in politischen, kriegerischen und geistlichen Diensten drängte« (Gnegel-Waitschies). Und energischer drängen als Albert von Bekeshovede konnte man zweifellos nicht...

Albert ging nicht blind in das große Abenteuer seiner Aufgabe, sondern nutzte zunächst die diplomatischen Möglichkeiten des heimischen Erzbistums, um seine Mission politisch abzusichern. In verblüffender Schnelligkeit und wohl unter Ausnutzung bereits bestehender Kontakte führte er das Einvernehmen mit Dänemark herbei, wo in dem stürmischen Absalon, Bischof von Lund, eine ihm verwandte Persönlichkeit die Politik leitete. Außerdem sicherte er sich, was wohl schwieriger war, die Zustimmung des deutschen Königs Philipps von Schwaben. Bemerkenswert ist immerhin, daß ein offenbar entscheidendes Gespräch zwischen dem Staufer und Bischof Albert zu Weihnachten 1199 stattfand, und zwar in Magdeburg, der ehrwürdigen Pionierstadt der karolingischen Ostpolitik und im Beisein des Dichters Walther von der Vogelweide, aber auch aller Großen der staufischen Partei. Albert von Bekeshovede wird nicht allzuviel haben reden können mit dem sehr jungen König, der seine schöne Frau, eine byzantinische Prinzessin, dem Adel des Reiches vorstellte, aber es soll ihm gelungen sein, die wirtschaftliche Absicherung der Neugründungen im Baltikum zu erlangen, also etwas, war wir in heutiger Ausdrucksweise das Lübecker Modell nennen könnten.

Und dieses Modell hatte sich bewährt, bewährte sich noch, garantierte Albert die Mitwirkung der deutschen Kaufmannschaft bei der Gründung der Stadt Riga hart neben einem Hafenstädtchen der Livländer schon im Sommer 1201, wenige Monate, nachdem der Bischof an der Spitze einer Flotte von nicht weniger als 23 Schiffen seine Livlandfahrt angetreten hatte – die erste von nicht weniger als vierzehn Fahrten, ein Unternehmen, das der Landnahme Eriks des Roten in Grönland wohl ebenbürtig ist.

In Innozenz III. hat die Kirche zu jener Zeit einen ihrer großen politischen Päpste; die Bestätigung für die Anerkennung der Livlandfahrten als Kreuzzüge läßt darum bis 1204 auf sich warten. Aber schon 1201 trifft aus Rom ein, was Albert beinahe dringender braucht: das Dekret des Papstes, das jedem christlichen Seefahrer den allerhöchsten Bann androht, sollte er sich unterstehen, in das Flüßchen Aa einzulaufen und den dort liegenden sogenannten Semgallerhafen mit seinen Waren zu beglücken. Semgallen, der östlichste Teil Kurlands, war damit als Konkurrenz für Riga ebenso ausgeschaltet wie der livländische, also heidnische Handelsplatz Holme, in dem die Wikinger mit ihren flachen Booten verkehrt hatten, den aber die Neugründung Alberts nahe der Dünamündung nun abriegelte.

Auf dem Weg von der Küste nach dem vierzig Kilometer landeinwärts liegenden Uexküll (wo die erste Kirche stand), wurde der Heerzug des Bischofs mehreremale überfallen; endlich aber kam es zum Friedensschluß. Albert lud die Häupter der Heidenstämme zu sich, dorthin, wo Riga entstehen sollte, taufte jene, die dies akzeptierten, und gab den anderen reichlich zu trinken, bis er sie alle in seiner Gewalt hatte und nötigen konnte, ihre Söhne als Geiseln zu stellen und das Gelände für die Stadt an ihn abzutreten.

Dieser eindeutig bezeugte Bruch des freien Geleits und des Waffenstillstands bringt – im Verein mit einigen anderen Akten gleicher Willkür und Zweckmäßigkeit bei anderen Stadtgründungen an der Ostsee – die moderne polnische Forschung zu der Überzeugung, die neue herrschende Schicht deutscher Kaufleute habe, ähnlich wie ihre slawischen Vorgänger in den Stadtpatriziaten, neben dem Handel auch die Methoden der Seeräuberei zur Vergrößerung ihres Besitzes genutzt. Als dritte Einnahmequelle ergab sich die Immobilienspekulation; auf diese Art der Vermögensbildung deutscher Fernhändler haben die namhaftesten deutschen Hanseforscher hingewiesen. An der Spitze einer Schar von zu allem entschlossenen Handelsherren, die sich seit Jahren gegen dänische und slawische Piraten zur Wehr setzen mußten, entwickelte demnach Bischof Albert von Riga genau jene Rücksichtslosigkeit, die das Vorhaben verlangte und die man einem Kriegsmann kaum vorgeworfen hätte.

Bischof Albert entschloß sich jedoch, die blutige Arbeit so bald wie möglich von jenen verrichten zu lassen, die ohnedies nichts anderes gelernt und im Sinn hatten und die auch keinen anderen Lohn dafür begehrten als den höchst irdischen Gewinn von Land und Leibeigenen – also von einigen Tausenden jener Ritter, die inzwischen eingesehen hatten, daß man sich im Heiligen Land nur blutige Köpfe und Krankheiten holen und nichts gewinnen könne.

Wie wir aus einem Schriftstein in der Kirche von Dives die Ritter kennen, die Wilhelm den Eroberer nach England begleitet haben, so sind auch die ritterlichen Livlandfahrer namentlich bekannt. Sie betrieben Landnahme mit dem Schwert in Gebieten, die nach damaliger Auffassung Niemandsland waren, weil sie keine christlichen Bewohner hatten. Die Eroberung wurde nach einem damals noch neuen, aber nicht mehr einmaligen Muster von einem eigens dafür gegründeten Orden getragen, der sich den vielsagenden Namen *Schwertbrüder* gab. Reinhard Wittram nimmt in seiner sonst sehr ruhig wägenden und vor allem die Zusammenhänge klar herausarbeitenden *Baltischen Geschichte* an, die Gründung dieses Ordens sei »offenbar unabhängig von Bischof Albert« durch einen Zisterzienser namens Theoderich erfolgt, eine Annahme, gegen die so gut wie alles spricht: Der Zeitpunkt 1202/03, also im unmittelbaren Anschluß an die Gründung von Riga, noch während die ersten Maßnahmen liefen – dann die Person des angeblichen Gründers, in der man einen engen und tüchtigen Vertrauten Bischof Alberts sehen muß, den Mann, der in einer für mittelalterliche Verhältnisse blitzschnellen Romreise den Bannstrahl gegen den Semgallerhafen erwirkt hatte; drittens aber die Ordensgründung selbst, die undenkbar ist ohne den Befehl des Bischofs Albert, immerhin wird der Orden doch sehr bald die zweite Macht im Baltikum sein, die zweite Autorität neben dem Gründer von Riga. Derlei sollte sich der Bischof von einem Zisterziensermönch gefallen, ja zufügen lassen?

Es ist verständlich, daß ein Mann mit dem großen geschichtlichen Blick wie Wittram jenen Bischof Albert, den er eine monumentale Gestalt nennt, von dem Blut reinwaschen möchte, das nun vergossen werden wird. Die zahllosen Verbrechen der Schwertritter an einem unmündigen und unterlegenen, schlecht bewaffneten und schlecht geführten Bauernvolk sollen nicht über den großen Bischof kommen, die säkulare Erscheinung dieser Gründergestalt nicht beschmutzen. Aber die Konstruktion einer Ordensgründung ohne diese starke Persönlichkeit, die alles in der Hand hält, die Schiffe, die Kaufleute, den Dom, die Stadtrechte, die Handelsprivilegien, die Papstdekrete, diese Annahme ist nicht zu halten, soviel Ärger der Bischof auch später mit den selbstherrlichen Schwertrittern bekommen wird. Wie anders wäre es auch zu erklären, daß dieser Orden nicht etwa unmittelbar dem Papst untersteht wie die anderen ritterlichen Orden, sondern gegen jeden Brauch und gegen jede Regel einem bestimmten Bischof, eben Albert von Riga!

Das Jahr 1207 ist das erste wichtige Datum: Albert erreicht von König Philipp, daß er Livland als Reichslehen erhält. Als es soweit ist, melden sich die Schwertbrüder und verlangen Land für ihre bisherige Eroberungsarbeit, und zwar ein Drittel dessen, was bereits erobert ist und ein Drittel dessen, was noch zu erobern bleibt. Wie stark der Orden schon ist, zeigt der Umstand, daß Albert von dieser Forderung nichts abhandeln kann, sondern sie im vollen Umfang bewilligen muß. Unter Friedrich II., dem großen Stauferkaiser aus Sizilien, ändert sich hier im Nordosten des Reiches nicht viel: Der Friedrich ehrende Aufruf nach Schonung der Heiden (1224), das Gebot, die Unmündigen zu schützen, verhallt ungehört, und Bischof Albert wird 1225 den anderen Reichsfürsten ausdrücklich gleichgestellt, gebietet er doch über eine Mark des Reiches.

Wenn einer mächtig wird, so erwachsen ihm nicht nur Neider und Gegner; auch jene, die ihn bis dahin gefördert haben, beginnen nun zu zaudern und angesichts der Machtkonzentration zu überlegen, wie man diesen unbequemen und durch seine Werbereisen im ganzen Reich bekannten Bischof und Reichsfürsten an weiterem Aufstieg hindern könne. Daß er in der Schlacht fallen wird wie sein Vorgänger im Bischofsamt, ist nicht anzunehmen, denn nun führen die Schwertritter für ihn Krieg, und er selbst hat gezeigt, daß er vorsichtig ist: Als eine Pilgerflotte, von ihm geführt, estnischen Seeräubern begegnet – zunächst auf hoher See, danach abermals vor Gotland – bedarf es langer Bitten der Pilger, ehe Albert den Kampf gestattet, ihm aber nicht beiwohnt – er bleibt hinter den dicken Mauern von Wisby.

Die feinste Klinge gegen Albert führt, wie könnte es anders sein, die Kurie selbst. Man macht ihn nicht zum Erzbischof, obwohl er inzwischen sogar mehr Macht besitzt als ein Patriarch und in seiner Stadt Riga unumstrittener Herr ist als der Papst im oft gärenden Rom. Weiter bestimmt die Kurie, daß auch die Dänen von ihrer estnischen Position aus Bischöfe ernennen dürfen und daß die von Albert bereits ernannten Bischöfe von Leal in Estland, von Semgallen, von Dorpat und später auch von Ösel von Riga unabhängig sein und Rom unmittelbar unterstehen sollen. Damit endet nun also Alberts Macht an den Stadt- und Bistumsgrenzen von Riga, aber Albert ist kein Mönchlein, das man beiseiteschieben kann. Die

Links: Siegel der Universitätsstadt Dorpat in Estland.

Rechte Seite: Die Universität von Dorpat wurde 1632, in Estlands schwedischer Zeit, gestiftet, errang ihren großen Ruf dann aber vor allem durch deutsche Gelehrte.

von Bekeshovede halten zusammen, und sie haben, wie damals so manches Geschlecht, eine imposante Schar tüchtiger Männer. Sieht man, was Albert an Brüdern und anderen Verwandten aufbietet, um Livland, Estland und Kurland zu erobern, so denkt man unwillkürlich an Tancred de Hauteville, den Vater Robert Guiscards, der seine Söhne gegen Europa ausschickt, damit sie Könige von Sizilien, Apulien und Dalmatien werden. Wir wollen die Bekeshovede hier, in der gedrängten Darstellung eines großen Stoffes, nicht im einzelnen nennen; aber es ist doch sehr bezeichnend, daß sie Albert alle vertrauensvoll nachfolgen, Prälaten in Riga, Leal und Dorpat werden, ja daß der Älteste – der in adeligen Familien ja das Geschlecht fortsetzen und darum nicht Geistlicher werden soll – kein deutsches Edelfräulein heimführt, sondern im Jahr 1211 die Tochter des Fürsten Wladimir von Pleskau heiratet und mit ihr das noch heute blühende Geschlecht von der Ropp (de Raupena) begründet.

Albert sichert sich damit weltliche Hilfe im Rücken des Schwertbrüderordens, doch sind die Russen damit nicht einverstanden. Im unschätzbaren Bonellschen Sammelwerk, der *Russisch-Liwländischen Chronographie,* im Auftrag der Kaiserlichen Akademie der Wissenschaften von Petersburg 1862 erarbeitet, lesen wir: »In demselben Monat Februar (1212) oder schon vor dem Jahr 1212 war Mstislaws Bruder Wladimir aus Pskow (Pleskau) vertrieben worden, weil er seine Tochter dem Ritter Dietrich, einem Bruder des rigaischen Bischofs, zur Frau gegeben hatte. Darauf, noch während Mstislaws Abwesenheit in Estland, wurde Pskow (am 22. Februar?) von den Sakkalanen unter Lembit (und von Litauern?) überfallen und verbrannt.«

Wladimir findet beim Fürsten von Polozk keine hinreichende Unterstützung, flieht nach Riga, wird dort von dem eben mit neuen Pilgerscharen aus Deutschland ankommenden unermüdlichen Albert ermutigt, und schließlich heißt der Sieger Albert: »Im Frühling des Jahres 1212 hatte der rigaische Bischof eine Zusammenkunft mit dem Fürsten von Polozk, und beide schlossen unter Vermittlung Wladimirs von Pskow einen Handelsvertrag und ein Bündnis gegen die Litauer; zugleich verzichtet Wladimir von Polozk auf die Tributpflichtigkeit der Letten und Liven und räumte den Deutschen die landesherrliche Gewalt über dieselben ein.«

Im Bonnellschen Kommentar wird erläutert, daß die deutschen Kaufleute für die Überlassung von Livland eine schwere Gegenleistung zu erbringen hatten – den Kampf gegen die Litauer, das kriegstüchtigste

der baltischen Völker, das schließlich, am 22. September 1236 bei Schaulen, die Armee der Schwertbrüder in einer mörderischen Schlacht völlig vernichten und damit die Selbständigkeit des Ordens beenden wird.

Vertreten wir auch heute, nach jahrtausendealtem Kriegsunglück und Völkerleid, das Recht der Selbstbestimmung, von dem aus gesehen die Unterwerfungs- und Landnahmekämpfe der Ritterheere in Ostpreußen und im Baltikum zu verurteilen sind, so bleiben sie als Teil der deutschen Geschichte doch ein eindrucksvolles Kapitel organisatorischer und militärischer Leistungen. Die ritterlichen Eroberer begründeten auf pruzzischem, kurischem, lettischem und später auch estnischem Boden blühende Geschlechter, ohne die nicht nur die bunte Palette deutschen Adelslebens ärmer wäre: Stärker als im alten Reich hat sich der deutsche Adel im Siedelland auch am deutschen Geistesleben beteiligt, ganz ähnlich wie die schlesischen Geschlechter zwischen dem Barockdichter Daniel von Czcpko und dem Romantiker Freiherrn von Eichendorff. Diese besonders glanzvolle, später, durch schwedischen Adel verstärkt und in russischen Ämtern und Rängen zu höchsten Ehren aufgestiegene Oberschicht ist die geschlossenste, die der deutsche Adel jemals irgendwo bilden konnte, und die persönlichen Vorzüge dieser adeligen Balten sind bis heute unbestritten. In ihren großzügig geführten Gutsherrschaften fand so mancher Genius eine erste Heimstatt als Hauslehrer – denken wir nur an Kant oder Herder –, und wenn Dorpat zu einer berühmten deutschen Universität wurde, so ist dies auch in erster Linie dieser Oberschicht zu danken. Sie muß sich aber – eben wegen ihres eigenen Bildungsanspruchs und ihrer besonderen geistigen Beweglichkeit – den Vorwurf gefallen lassen, für das ihrer Führung und gutsherrschaftlichen Fürsorge anvertraute einheimische Bauernvolk nicht mehr getan zu haben als der im Geistigen weit weniger hervorgetretene mecklenburgische und pommersche Adel – nämlich praktisch nichts. Wurden auch da und dort nette und vorsorglich gewaschene Lettenkinder gemeinsam mit den Kindern der Herrschaft unterwiesen, entstand auch auf diesem oder jenem Adelsgut eine Schule, so blieb es in der Regel doch den braven deutschen Pastoren überlassen, sich um ein Bildungsminimum unter den Einheimischen zu bemühen. Hinzu kommt

die Feststellung – allerdings von der sowjetischen Forschung –, daß die Gutsherren aus ihren Brau-, Brenn- und Schankrechten hohe Einnahmen erzielten und daß die Hauptabnehmer der alkoholischen Getränke, die ja keine besondere Qualität haben konnten, die auf den Märkten einkaufenden oder im Gutskrug trinkenden einheimischen Bauern waren.

Oben: Das Schloß der Herzöge von Kurland in Mitau. Die kleine Residenz auf dem Weg nach Petersburg sah berühmte Gäste wie Cagliostro und Casanova.

Rechte Seite: Wehrhafte Mauern von Riga, der alten Kaufmanns- und Bischofsstadt in Lettland.

(V. V. Dorosenko: *Gutshof, Krug und Bauer im Livland des 16.–18. Jh.*, Leningrad 1972). Es hat allerdings wenig Sinn, aus dieser Geschäftemacherei nachträglich den großen Vorwurf einer systematischen Destruktion des Landvolks konstruieren zu wollen; kein vernünftiger Gutsherr kann und konnte sich Trunkenbolde als Arbeitskräfte wünschen. Aber der allgemeine Vorgang, Unmündigen und Leibeigenen bedenkenlos auch noch einem Teil des geringen Arbeitsertrags abzunehmen, ist so charakteristisch für die Kolonialherren zwischen Sao Domingo und Alaska, daß diese baltische Facette kaum überrascht. Die humorbegabten Balten haben den Sachverhalt auch weniger geleugnet als vielmehr behauptet, die Esten hätten sich auf ihre Weise gerächt, es gebe nur leider keine verläßlichen Zahlenangaben über jene adeligen Studenten in Dorpat, die der schönen estnischen Mädchen wegen an den Prüfungen oder verschiedenen Lustseuchen gescheitert seien.

Auf den nach der Abwehr der Dänen, der Russen, der Litauer und der lokalen Bauernaufstände endlich aufblühenden deutschen Gutsherrschaften zwischen Tilsit und Ösel entstand zweifellos ein höchst eigen-

Die Breitstraße von Reval mit ihren alten Fassaden.

artiger Menschenschlag, und es gibt für Germanisten wie Historiker nicht vieles, was reizvoller wäre als die Lektüre – ja die Lektüre – des *Deutsch-baltischen biographischen Lexikons*, wie es die Herren Welding, Amburger, Krusenstjern und Lenz für die Jahre 1710 bis 1960 erarbeitet und 1970 bei Böhlau herausgebracht haben. Auch die Geschichte der einzelnen Güter ist dank der eifrigen Reprint-Tätigkeit des immer noch baltisch getönt sprechenden Harro von Hirschheydt heute wieder zugänglich, dazu eine große Zahl von Erinnerungsbüchern aus verschiedenen Zeiten. Es ist eine ganze Welt, die uns diese Geschlechter bewahrt haben, weil sie sich selbst die Erinnerung bewahren wollten und weil sie so gut wie alle die Gabe des Erzählens, des Darstellens und der Selbstdarstellung besaßen und besitzen.

Die Nationalsozialisten haben in diesen Kreuzfahrergeschlechtern, die auf das dreizehnte Jahrhundert zurückgehen und seither lückenlose Ahnenreihen aufweisen können, den Paradetypus ihrer reinrassigen Führernaturen erblickt. Sie erkannten dabei nicht, daß es gerade die bedrohte Lage zwischen den Völkern und das Leben auf fremder Erde waren, die aus den schwertschwingenden Rittern von einst jene Familien entstehen ließen, die Hochschullehrer und Forscher, Philosophen und Dichter, Generale und große Reisende, Admirale und Politiker hervorbrachten wie kein anderer deutscher Schlag. Gerade der Umstand, daß sie nicht auf ihrer Klitsche sitzenblieben, sondern sich den Blick über die Grenzen bewahrten, erklärt mit den Verbindungen zu den frischen Blutquellen der Nachbarländer die außerordentliche biologische und geistige Vitalität dieser Adelssippen am Rande der degenerierenden europäischen Adelsgemeinschaft.

Von vielen Beispielen, die sich hier anführen ließen, nenne ich nur einige zu sehr bekannten Persönlichkeiten führende Geschlechter. Die *Wrangel* haben ihren Namen von dem deutschen Rittergut Warangalae in Estland; deutschbaltische Familien wie die Uexküll, Anrep und Rosen treten in ihrer Ahnenreihe zu schwedischen (Birger, Trolle, Brahe). Hermann Wrangel (1584–1643), Feldmarschall und Generalgouverneur in Livland, ist durch seine dritte Ehe Urgroßvater jenes genialen Feldherrn, der als Marschall von Sachsen in Frankreich Geschichte machte, ein natürlicher Sohn Augusts des Starken mit Wrangels Enkelin Aurora Gräfin von Königsmarck. Peter Ludwig von der *Pahlen* (1745–1826), russischer Innenminister und Hauptverschwörer gegen Zar Paul I., hat in seiner Ahnenreihe nicht nur die baltischen Taube, Rosen und Hastfer, sondern auch den württembergischen Landhofmeister von Helmstatt und das schwedische Grafengeschlecht von Fersen, das wir aus dem tragischen Ende der Marie Antoinette kennen. Sergius von *Witte*, (1849–1915) der Mann, der das Zarenreich vielleicht gerettet hätte, wäre er nicht 1915 erschossen worden, stammte von nichtadeligen kurländischen Vorfahren (Förstern), Bürgern aus Riga, Adelsfamilien von Ösel (von Cramer, von Buckow), von der russischen Offiziersfamilie Fadejew, den livländischen von Krause und der Hugenottensippe Bandré-du Plessis; über eine Urgroßmutter führt die Ahnenreihe gar zu den Rurikiden, also jenen Wikingern, die im neunten und zehnten Jahrhundert das erste russische Reich begründeten: das Verbindungsglied ist jene hochgebildete russische Fürstenfamilie Dolgorukow, in der es Offiziere wie Bibliophile, Diplomaten und Dichter gab...

Um mit einem Kuriosum zu schließen: Paul von Rennenkampf, der russische Oberkommandierende in der Schlacht von Tannenberg 1914, hatte hessische, schwedische, vor allem aber baltendeutsche Vorfahren, von denen vermutlich mindestens einer schon einmal bei Tannenberg unterlegen war, nämlich als am 15. Juli 1410 der Deutsche Ritterorden bei diesem Dorf seine schwere Niederlage gegen Litauer und Polen hinnehmen mußte.

Die Rolle, die baltische Familien im Lauf der Jahrhunderte in Rußland, Schweden, Deutschland und natürlich vor allem im Baltikum selbst gespielt haben, ist historisch ungleich wichtiger als die im Verlauf der Eroberungskämpfe. Was wir von diesen aus livländischen und Ordens-Chroniken wissen, läßt ein wüstes Schlachten unter schwierigsten Verhältnissen erkennen, wechselnde Bündnisse mit den unbeugsamen Litauern und Aufstände in dem Augenblick, da der Orden Niederlagen erlitt. Die bekannteste ist die Schlacht auf dem Eis des Peipussees, als der russische Großfürst Alexander Newskij am 5. April 1242 das Ritterheer schlug; folgenreicher aber war der Sieg der Litauer bei Durben am 13. Juli 1260. Litauen, dessen Fürst sich bereits hatte taufen lassen, mußte nun endgültig verloren gegeben werden und wurde zur Dauerbedrohung der deutschen Bastion an der Ostsee.

Es scheint, daß die Landesnatur und die Unwegsamkeit des Inneren zu den Schwierigkeiten der Ordensheere erheblich beigetragen haben, denn an der Küste vollzog sich die Besitzergreifung durch die

Deutschen wesentlich schneller. Um 1230 konnte auf dem Boden eines skandinavisch-baltischen Handelsplatzes die deutsche Kaufmannssiedlung Reval begründet werden, neben Riga die wichtigste und interessanteste, bis heute sehenswerteste Stadt der baltischen Länder. Sie wurde wie Riga ein von den Nachbarn vielbesuchtes und vielbegehrtes Zentrum wirtschaftlichen und kulturellen Lebens in einer an sich entlegenen Gegend, am Meeresrand vor ausgedehntem, unterentwickeltem Hinterland gelegen. Und es sind diese Städte, zu denen bald noch einige kleinere Hafenorte und Miniaturresidenzen kamen, durch die nicht nur das Deutschtum, sondern was mehr ist: die Zivilisation und die Kultur des mittleren und westlichen Europa schließlich im Baltikum tatsächlich gegenwärtig waren und eigenständig zu blühen begannen.

In der Börse der Hansestadt Bremen hing bis zu dem furchtbaren Luftangriff von 1944 ein Bild des Düsseldorfer Malers Peter Janssen, in dem dieser im Auftrag der Stadtväter *Die Colonisation der Ostsee-Provinzen durch die Hanse* 1201 darstellte. Das 1871/72 im Stil der großen Historienmalerei geschaffene Gemälde zeigte Bischof Albert, wie er auf freiem Feld eine Stadt gründet (das spätere Riga). Man sieht in der Hauptsache aber wohlhäbig in üppige Pelze gehüllte Handelsherren aus Deutschland, um die herum armselige Einheimische Kisten schleppen, während deutlich abseits ein Mönch einem kauernden wilden Livländer das Evangelium predigt.

Linke Seite: Reval, die Hansestadt im einstigen Estland, hat sich in vielen Teilen ihr historisches Stadtbild bewahrt. Das Bild zeigt die Stadtmauer mit Wehrgang und Türmen und im Hintergrund die Nikolaikirche.

Links: Wie in Skandinavien wurden auch in Rußland selbst Kirchen lange Zeit aus Holz errichtet, das noch reichlich vorhanden war; Alte Holzkirche in Nowgorod.

Um das Bild, das sich auf eine Skizze des baltischen Malers von Maydell stützt, hat es schon vor hundert Jahren manchen Streit gegeben, und heute weiß, wer es wissen will, daß der gute Janssen alles falsch gemacht hat. Man konnte um 1201 von der Deutschen Hanse noch nicht sprechen; man kann, da wir es inzwischen besser wissen, auch nicht von einer Kolonisation an der Ostsee sprechen; die Livländer an der Düna waren keine Wilden und zu einem Gutteil sogar schon getauft, wenn auch durch griechisch-orthodoxe Geistliche; und Bischof Albert gründete Riga nicht auf freiem Feld oder gar aus wilder Wurzel, sondern an der Stelle einer Siedlung, die man nach dem von Herbert Ludat vorgeschlagenen Sprachmodus als eine Burgstadt bezeichnen muß. Ausgrabungen, die seit 1952 durchgeführt werden, haben ergeben, daß die Bischofsstadt sogar den Straßenzügen der altlivischen Burgstadt folgte. Livländische Kaufleute waren von Anfang an zum Handel zugelassen, die livische Gewichtseinheit (talentum Livonicum) blieb weiterhin gültig, weil sich die Riga-Fahrer aus Dänemark und Schweden daran schon gewöhnt hatten, vor allem aber der Küstenhandel aus anderen baltischen Häfen.

Manfred Hellmann, heute wohl der beste Kenner des mittelalterlichen Baltikums, nennt in seinem Vortrag über die Anfänge des Städtewesens in diesem Raum zusätzlich zu jenem *locus Riga* an Düna und Rigebach die Burgsiedlung Asoten ebenfalls am rechten Dünaufer mit einer Ausdehnung von etwa einem Hektar und einem teilweise ausgegrabenen Gräberfeld, einen Ort, an dem Letten lebten und Handel wie Schiffahrt trieben. Aus den Funden waren Handelsbeziehungen nicht nur zu den Nachbarländern erkennbar, sondern bis nach Groß-Nowgorod. Die Fernhändler und die Oberschicht waren vermutlich griechisch-orthodoxen Glaubens. Diesem Glauben dienten auch die Kirchen von Gerzike, das gestützt auf den Burgberg von Dignaja beide Dünaufer beherrschte und den Strom somit zu sperren vermochte. Die ältesten Siedlungsschichten von Gerzike werden ins sechste nachchristliche Jahrhundert datiert.

Mit der Gründung von Reval hat sich vor allem der baltisch-dänische Forscher Poul Johansen eingehend beschäftigt und eine Burgstadt aus vordeutscher Zeit ermittelt, in der skandinavische Seefahrer ebenso verkehrten wie Kaufleute aus Nowgorod. Diese hatten ihre eigenen Kirchen und ihr Russenviertel, wie sie es auch in Wisby auf Gotland oder in Lübeck hatten. Die Deutschen kamen als letzte im Jahr 1230 und siedelten sich in der Nähe des estnischen Marktes an. »Wir ... halten fest«, schließt Manfred Hellmann, »schon vor der Ankunft der Deutschen gab es in den beiden nördlichen baltischen Ländern Vor- und Frühformen städtischen Lebens seit sehr alter Zeit. Nicht nur Skandinavier errichteten hier Stützpunkte; auch die einheimischen Völker, soweit sie Meeresanwohner waren wie die Kuren, die Liven, die Semgaller, die Esten ... trieben Handel über weite Entfernungen hinweg. Daß dies vielfach Raubhandel war, wie zum Teil auch der Handel der Wikinger, entspricht der Zeit.«

Die geschichtliche Rolle der deutschen Kaufleute setzte daher weniger mit der Besiedlung ein, denn sie waren ja eigentlich nur Zuzügler, als mit jenem großen hansischen Städtebund, der mit Hilfe seiner Kriegsschiffe die Ostsee von den Seeräubern freikämpfte und dem Handel Gesetze und Sicherheiten gab.

Die hansischen Geschichtsvereine der Bundesrepublik wie der DDR sind es auch, die in jahrzehntelanger und konsequenter Arbeit das komplexe Bild der Staaten und Städte rund um die Ostsee aufzuhellen suchen, wobei die in Köln und Graz regelmäßig erscheinenden *Hansischen Geschichtsblätter* in verdienstlicher Weise ihre Publikationsmöglichkeit auch der polnischen und baltischen Forschung öffnen. Die Akzente dieser Forschung erscheinen noch sehr unterschiedlich, und eine nennenswerte Abstimmung findet nicht statt. In der DDR interessiert man sich für jede Lehrlingsrevolte aus dem Spätmittelalter sehr viel mehr als für das geistig-kulturelle Bild der Hansestädte, und bei uns fehlt es noch oft an soziologischen Aufarbeitungen der nun schon sehr zahlreichen Daten aus der Bevölkerungs- und Wirtschaftsgeschichte. Immerhin lassen sich aus vielen neueren Einzeluntersuchungen auch für unsere begrenzte Aufgabe wesentliche Erkenntnisse gewinnen:

Der Posener Historiker Kazimierzk Slaski hat in einer 1973 veröffentlichten Studie über die Organisation der ostseeslawischen Schiffahrt dargelegt, daß die innerhalb der Ostsee flinken und küstenkundigen slawischen Handelsfahrer und Piraten den Weg durch das Kattegatt hinaus in die Nordsee gescheut haben, einmal, weil ihre Schiffe für diese Sturmfahr-

Rechts: Der Altstädter Ring in Prag; links das Rathaus, im Hintergrund die Teynkirche.

Nächste Seite: Breslau, ein beinahe zeitloses Flußufer-Motiv mit Brücke und Dominsel.

ten doch zu klein und zu leicht waren, zum andern, weil ihnen auf diesem Weg die Rückfahrt mit Waren oder Beute leicht verlegt werden konnte. Dieser Umstand erklärt, warum sich an den baltischen Küsten, vor allem dem vordeutschen Düna-Handelsplatz und im estnischen Reval, sehr früh schon Handelsfahrer anderer Nationen einstellten, vor allem der Niederländer mit ihren großen Schiffen, bald aber auch der Lübecker. Die Slawenschiffahrt nach Riga stützte sich in erster Linie auf Rostock, und es scheint sich zwischen den livischen Kaufleuten Rigas und den Mecklenburger Slawen eine Art Vertrauensverhältnis herausgebildet zu haben, das auch weiterbestand, als die lübische Konkurrenz übermächtig geworden war. Die Riga-Fahrt war manchen Rostockern offensichtlich ein moralisches Anliegen, eine Verpflichtung: Im Jahr 1267 errichtet der Kaufmann Ludbertus ein Testament zugunsten seines Sohnes Jordan mit der Klausel, daß Jordan ein Schiff nur dann erhalten werde, wenn er nach Livland oder ins Preußenland fahre; »andernfalls solle er das Schiff jemandem verkaufen, der dorthin zu fahren gewillt sei« (Teodor Zeids). In dem Testament eines Kaufmanns namens Guleke sind nicht nur Legate mit gleicher Zweckbestimmung ausgesetzt, es findet sich auch der Vermerk, daß ein Familienmitglied »um seiner Seele willen« nach Riga gehen werde.

Die Waren des Rostock-Riga-Verkehrs unterschieden sich nicht wesentlich von den Haupthandelsgütern des alten vordeutschen Baltikumhandels: Talg, Lederwaren, Kabelgarn, Hanf, Flachs, Wachs und Pottasche, während in der Gegenrichtung vor allem Heringe und Salz transportiert wurden. Für die Heringstonnen galten in Riga noch jahrhundertelang Rostocker Maße, ja die Geltung erstreckte sich seit 1434 sogar auf ganz Livland (nach Zeids). Für die wertvollen Tuche aus Flamland und England war Rostock nur Zwischenhandelsstation, aus dem Bierhandel wurde die Stadt bald durch die im Baltikum offenbar beliebteren Wismarer Biere verdrängt.

Vorgreifend können wir hier auch noch sagen, daß nicht nur der erste rigaische Handwerksmeister, dessen westlichen Herkunftsort wir kennen, ein Fleischer aus Rostock war, sondern daß die Handwerker aus Rostock auch im Sozialgefüge von Riga eine gewisse Rolle spielten. Sie treten bei Handwerkerunruhen auf, sie begründen 1588 die erste Buchdruckerei in Riga, und als die Reformation im Baltikum Einzug hielt, war einer der ersten Prediger der neuen Lehre der Rostocker Universitätslehrer Silvester Tegetmeier. Selbst die Wiedertäuferbewegung, die im sechzehnten Jahrhundert in Rostock ein lebhaftes Zentrum besaß, strahlte sehr zum Ärger des rigaischen Magistrats dorthin aus.

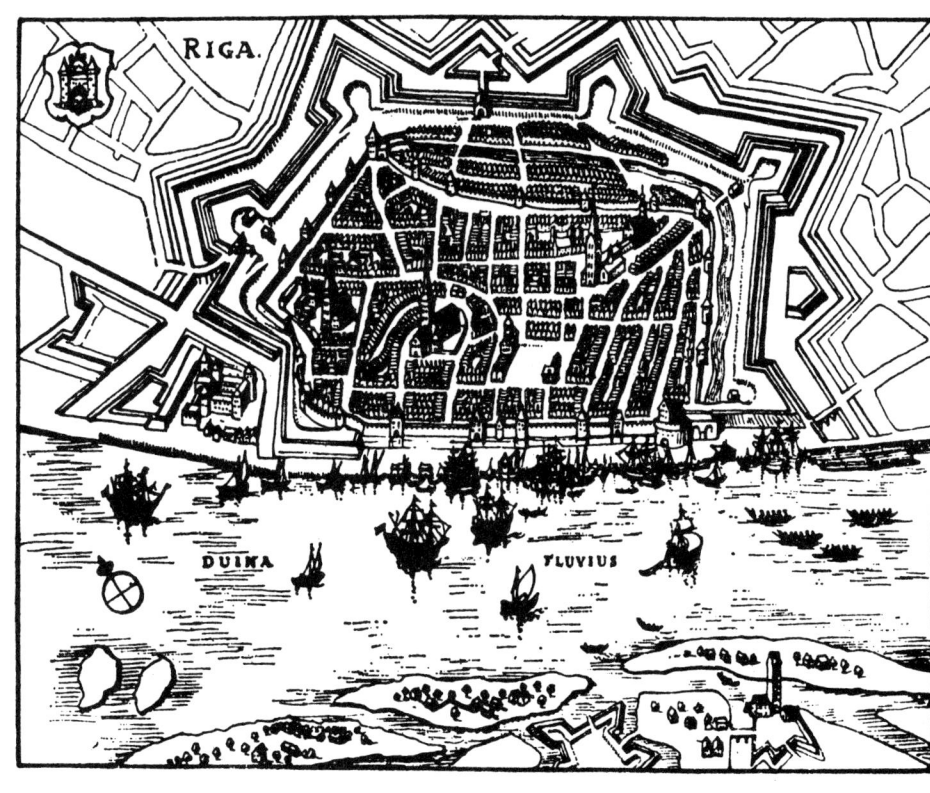

Links: Lageplan der Stadt Riga nach einem Kupferstich aus dem siebzehnten Jahrhundert.

Eine alte und offensichtlich auch emotional gestützte Kaufmannsverbindung zwischen zwei Städten erhielt, wie wir sehen, geistige Akzente, als die Konkurrenz größerer Städte und Schiffe den Küstenhandel bedrohte. Die Rostocker Universität hat der Stadt damit eine Beziehung gerettet, die sonst wohl zugrundegegangen wäre.

Für die harten Rechner in den Niederlanden und in Lübeck war Riga weniger eine Herzensangelegenheit als eine wichtige Möglichkeit, das gewaltige russische Reich zu beliefern und Waren von dort zu erhalten. Es ist mit Recht darauf hingewiesen worden, daß die begehrten Pelze, in denen uns etwa auf den Bildern niederländischer Meister die Kaufherren stets entgegentreten, nicht aus dem Baltikum selbst stammten, wo diese Art Jagd relativ selten war. Hingegen hatte die Dünamündung, hatte der Dünaweg seit alters, vermutlich schon seit der Mitte des ersten nachchristlichen Jahrtausends, vollen Anschluß an den Nowgoroder Handel, von dem wir wissen, daß er seinerseits bis in die Pelztier-Jagdgebiete Petschora und Westsibirien reichte. Der Markt der uralten russischen Handelsstadt war für den gesamten Hansebereich ungeheuer wichtig, weil ja sonst die Westeinfuhren in Geld hätten geregelt werden müssen, da die Schiffe mit Ballast, also ohne lohnende Rückfracht zurückgefahren wären. Und um diesen von Westen her anbrandenden Handel zu befriedigen, um an der Austausch-Steigerung durch leistungsfähige Zwischenmärkte wie Lübeck zu verdienen, erstreckten die Nowgoroder trotz aller damals schier unbezwinglichen technischen Schwierigkeiten ihr Waren-Einkaufsgebiet beinahe über das bekannte Rußland hinaus. »Die russischen Chroniken, besonders die Nowgoroder, enthalten recht zahlreiche Mitteilungen über Verbindungen Nowgorods zum Uralgebiet und Westsibirien im 12. Jahrhundert«, schreibt Bruno Widera in der Sproemberg-Festschrift (Ostberlin 1961). »Es handelt sich um Nachrichten über Expeditionen aus Nowgorod in das sogenannte Zavoloce, in das Petschora- und Jugraland und zu den Samojeden. Das ist ein Raum, der sich von Onega und Suchona im Westen bis zum Ob und Irtysch im Osten erstreckt.« Eine Birkenrinden-Urkunde (!) aus dem Jahr 1148 berichtet von Handelsfahrern, deren Schiffe auf der Wolga festgefroren seien, ein Beweis dafür, daß auch in diesem Bereich – wie wir ja auch aus den Berichten der vom Kaspischen Meer aus nach Norden vorstoßenden arabischen Händler wissen – vor allem im Winter gereist wurde, auf festgefrorenem Boden, mit schnellen Schlitten. Andere Berichte sprechen davon, daß Händler aus Nowgorod »über den großen Fels«, also die im wesentlichen nord-südlich verlaufende Gebirgskette des Urals, nach Osten gegangen seien. Neues archäologisches Material weist diesen Handel schon für das zehnte Jahrhundert nach. Am unteren Ob, also in der Dauerfrost-Zone am Südrand des nördlichen Eismeers, wurden in Burgwall-Schichten aus dem zehnten Jahrhundert Kettenhemden, Waffen, Äxte, Ringe und Keramik aus Nowgorod gefunden. Während die Nachrichten über die Nowgoroder Seefahrt ins Weiße Meer bis zum Augenblick noch umstritten sind, haben Funde von langen Schlittenkufen erwiesen, daß Lastschlitten, geschützt von bewaffneten Kaufleuten, in die Gebiete vordrangen, wo die Einwohner sich gegen jeden Fremden wehrten. Eine friedliche Lösung bahnte sich nicht selten durch den sogenannten stummen Handel an, bei dem die Beteiligten miteinander nicht unmittelbar in Verbindung traten, sondern jeder sein Angebot aufschichtete und sich dann zurückzog und, wenn es nicht genügte, das Häufchen

Oben: Ein »Fliegender Buchhändler« aus Wilna. Die unverdrossenen Handelsreisen dieser Verkäufer erlangten für die verstreuten Landgüter mit ihren geistig interessierten Familien große Bedeutung; sie wurden mit Neuerscheinungen aus Leipzig versorgt.

Rechte Seite: Das berühmte Schwarzhäupter-Haus zu Riga. Es war der Sitz einer einflußreichen Kaufmannsgilde.

der Waren ergänzte (!), ein Verfahren, das oft auch durch Dämonenfurcht begründet war.

Auf den Flüssen setzten die Nowgoroder hochbordige Lastkähne, sogenannte Nasady, ein, die gegen Pfeilbeschuß Schutz boten und mit denen sie bis in die Mündungen von Ob und Jenissei gelangten. Diese Behauptungen von W. G. Bakalew (in *Arbeiten zur Geschichte der Technik*, Moskau 1954), würden, wie ein Blick auf die Karte zeigt, bedingen, daß diese Spezialkähne vom Onega-See bis zum Weißen Meer zerlegt transportiert und dort dann zusammengesetzt wurden, sofern man sie nicht in Archangelsk selbst auf Kiel gelegt hatte. In dieser Stadt an der Dwinamündung ins Weiße Meer besaßen schon die Wikinger eine Handelsniederlassung, eben der Pelze wegen. Britische Kaufleute kamen erst um 1530 hierher.

Zwei andere Beweise für den Umfang und die Bedeutung des lübischen Nowgorodhandels über Riga kommen aus einem ganz anderen Bereich. Da ist einmal die Tatsache, daß es weder in Reval noch in Riga Dolmetscher gab. Man schloß daraus, daß der Handel schon so intensiv gewesen sein müsse, daß die Kaufleute die Sprache des anderen bereits beherrschten – eine etwas gewagte Annahme. Überzeugender ist das kleine Sprachlehr- und Übersetzungsbuch, das der Lübecker Kaufmann Tönnies Fonne 1607 herausgebracht hat, wobei er das in Pleskau (Pskow) gesprochene Russisch und die lübischen Kaufmannsausdrücke und -wendungen zugrundelegt. Der französische Historiker Pierre Jeannin hat in einer kleinen Studie (*Publications de la Sorbonne* 1973) nachgewiesen, daß dieser Tönnies Fonne 1586 in Lübeck geheiratet und auch einigen Besitz erworben hatte und daß Fonne regen Handel mit Rußland trieb. Einer seiner Söhne ist Bürger in der hansisch-russischen Handelsstadt Narva geworden, einer seiner Geschäftspartner (und vielleicht Verwandten) kam aus der bekannten baltischen Familie der Wistinghusen(-hausen), die etwa um die Zeit, da das Sprachbüchlein erschien, also zu Anfang des siebzehnten Jahrhunderts, in Reval nachzuweisen ist und später eine typisch baltische Entfaltung zu verzeichnen hat: Neben Kaufleuten, die unter Zar Alexander I. den russischen Adel erhalten, stellt sie Ärzte, Offiziere, höhere Verwaltungsbeamte, Schriftsteller, Schriftstellerinnen und die nicht unbekannte Landschaftsmalerin Alexandrine von Wistinghausen. Es ist eine Sippe mit einer sehr interessanten Verbindung zu der holländischen Einwandererfamilie von Bodisco. Das Baltikum hat sie alle angezogen, weil der Rußlandhandel und das große Reich im Rücken des baltischen Küstensaums auch anspruchsvollen Familien eine adäquate Existenz ermöglichte.

Die »Colonisation«, wie sie uns jenes Bild in Bremen darstellt, vollzog sich also in Wahrheit in Riga nicht viel anders als in Stettin, nämlich als eine Anknüpfung von Handelsbeziehungen. Wir sehen die Deutschen in einen gut funktionierenden, aber von allerlei frühmittelalterlichen und heidnischen Schlaken behafteten Warenaustausch eintreten, in dem es auf keiner Seite den überlegenen Kaufherren oder gar den primitiven Wilden gegeben hatte; um solche Unterschiede aufzufinden, mußte man schon bis an den Ural wandern, wo Araber, Bulgaren und Moskowiter dann auf die Pelztierjäger und Steppenvölker des westlichen Sibiriens mit ihren schamanischen Naturreligionen trafen.

All das, was dem westlichen Historiker erst in unserem Jahrhundert und aus jahrzehntelangen Bemühungen sowjetischer und baltischer Archäologen nachgewiesen worden ist, war dem angestammten,

Oben: Wolter von Plettenberg, Heermeister des Deutschen Ordens in den baltischen Ländern, die er nach der Konstituierung des weltlichen Fürstentums Preußen zum Reichsland machte. Er starb 1535 in Livland.

Linke Seite: Junges Fischermädchen aus Litauen.

seine Stadt und ihr Volk seit jeher kennenden Rigaer auch ohne Birkenrindendokumente und Burgwallfunde längst klar gewesen. Am farbigsten liest es sich bei Constantin Gottfried Karl Mettig, 1851 zu Dorpat geboren, 1914 in Riga gestorben, einem biederen Oberlehrer der Geschichte am Stadtgymnasium von Riga, der eine 488 Seiten starke *Geschichte von Riga* geschrieben hat, in der ganze fünfzehn Seiten dem Handel gewidmet sind (bei den Oberlehrern müssen eben vor allem die Waffen klirren):

»Riga war das Haupt der Hansestädte hierselbst... Diese bevorzugte Stellung in der Handelswelt hatte ihr hauptsächlich der sich meist auf der Düna bewegende russisch-litauische Handel verschafft. Er kann als die Hauptader ihrer Kraft angesehen werden... Rohgezimmerte Flöße, Strusen genannt, und Flußböte, die heute noch unter dem Namen Lodjen in Livland bekannt sind, brachten im Frühling, zur Zeit des hohen Wasserstandes, die Produkte der Jagd, Waldwirtschaft und Viehzucht, später auch der

Links: Turm der Kathedrale von Wilna.

Rechts: Ausschnitt aus einem Bildplan der Handelsstadt Wilna mit der Deutschengasse um 1570.

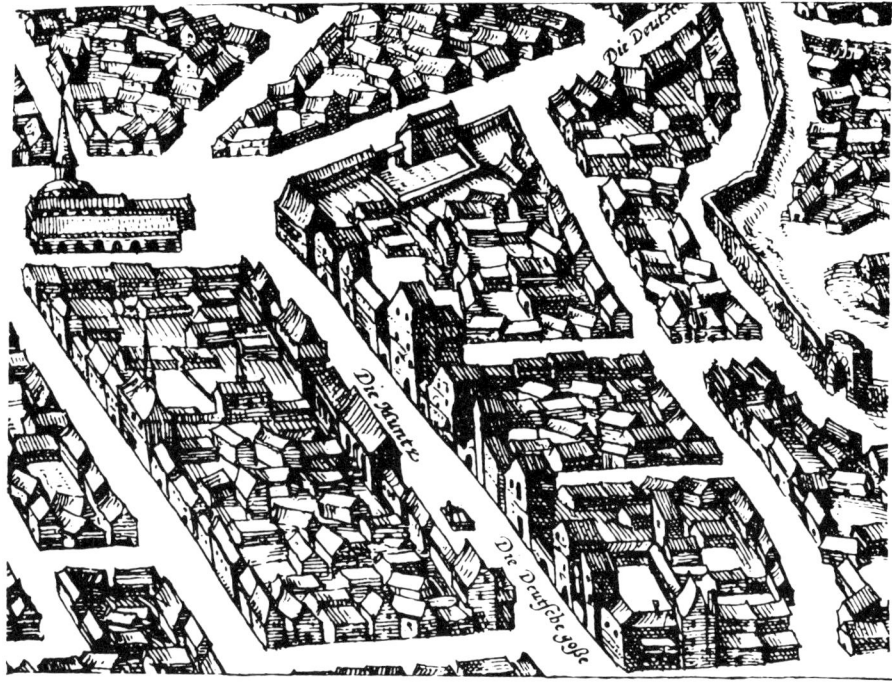

Landwirtschaft, aus dem slawischen Hinterland nach Riga und führten dann – die Böte müssen, da sie gegen den Strom zurückgezogen wurden, weit kleiner und leichter als die heutigen gewesen sein – die westländischen Erzeugnisse der Industrie nach Polozk zurück. Zur Winterszeit ruhte der Verkehr keineswegs. Lange Schlittenkarawanen vermittelten den Austausch der Waren. An erster Stelle ist aus den aus Rußland nach Riga eingeführten Artikeln Wachs und Pelzwerk zu nennen.«

Das Wachs findet nach Mettig vor allem für kirchliche Zwecke Verwendung, bei den vielen Kerzen in den vielen Gotteshäusern, aber auch zur Herstellung von Siegeln in den Kanzleien, während bei den Pelzen die billigsten die sibirischen Eichhörnchen lieferten, die kostbarsten Hermelin und Zobel.

»Das Contor von Polozk wurde allmählich die Filiale von Riga. In Nowgorod, unter den in einem Hofe zusammenwohnenden deutschen Kaufleuten, herrschte die Sitte, daß die im Frühling angelangten Kaufleute ihren Platz den im Herbst erscheinenden einräumen mußten. Diese Einrichtung war in der Absicht getroffen worden, die Vorteile des russischen Handels gleichmäßig unter die nach Rußland (richtiger: nach Riga!) segelnden Kaufleute zu verteilen. In Polozk (hingegen) konnte der deutsche respektive rigische Kaufmann jahraus, jahrein verbleiben. Auch dem russischen Händler war die Ansiedlung in Riga nicht verwehrt. Schon im dreizehnten Jahrhundert erlangten die Russen in Riga das Bürgerrecht. Es existierte hier früh eine russische Ansiedlung... Es herrschte zwischen den aufeinander angewiesenen Nationen meist eine freundschaftliche Stimmung.«

Mettig teilt dann einige Originaldokumente mit, die in ihrer naiven Ausdrucksweise tatsächlich ein Bild vom Umgang der Deutschen mit den Großen des alten Rußland geben. Väterchen Bischof, nämlich Jakob von Polozk, ermahnt als griechisch-orthodoxes Oberhaupt der Gemeinden die Katholiken aus Deutschland durchaus im Guten, aber die beredte und ausführliche Klage der »Rathsmannen« von Riga an den Fürsten Michael von Witebsk spricht ebenso sachlich wie deutlich lokale Übergriffe an, die den beschworenen Verträgen widersprechen. Es sind nicht gerade blutige Ereignisse, es wird niemand getötet, Fürst Michael prügelt nur ein bißchen, im wesentlichen geht es ihm bei allen Zwischenfällen (die er nicht provoziert, aber flink ausnützt) um die Waren der deutschen Kaufleute. Kaum ist einer in irgendeine Unregelmäßigkeit verwickelt, und sei es eine Rauferei unter deutschen Landsleuten in ihrem Quartier, schon sind die Soldaten des Fürsten da und beschlagnahmen alles. Die Verhältnisse gleichen also auffallend dem heutigen Handel mit gewissen Staaten der Dritten Welt. Und so wie es heute aussichtslos ist, bei manchen südamerikanischen oder afrikanischen Zollposten zu protestieren, so schließt auch

Links: Sitz der Deutschen Hanse in der litauischen Stadt Kowno (Kaunas).

Rechte Seite: Reval, das heutige Tallinn: Blick von der Oberstadt.

das Ratsschreiben aus Riga nach sechs oder sieben Beschwerden beinahe kleinlaut:
»Und nun bitten wir Dich von ganzem Herzen: Wie der Friede geschlossen ist auf den alten Frieden (d. h. aufgrund der älteren Verträge), so stehe jetzt ab, o Fürst, von Ungebühr und allem Unrecht. Thust Du es nicht, so wollen wir es Gott klagen und denen, die das Recht lieben und das Unrecht hassen. Wir wollen unsere Unbill nicht ruhen lassen und können sie nicht länger tragen.«
Freilich hatten auch die russischen Kaufleute Grund zu Klagen und Beschwerden, und ein ewiger Streitpunkt von beiden Seiten war das falsche Gewicht, wie wir seit Joseph Roth wissen: eine Malaise des Osthandels bis in die letzten Jahre der österreichisch-ungarischen Monarchie. Schließlich waren es die Rigaer, also die hansischen Kaufleute, die für Ordnung sorgten, die in Polozk eine Waage errichteten und eine Handels- und Gewichtsordnung erließen. Dies ging alles recht gut seinen Gang, ja blühte zwischen 1400 und 1450, als es schließlich in den Weinhäusern der Stadt Riga zu den unvermeidlichen Reibereien kam zwischen den Kaufleuten aus Polozk und Nowgorod auf der einen Seite, dem losen Schiffsvolk aus Schweden, Wisby und Lübeck auf der anderen Seite.
Es zeigte sich, daß der Umgang mit den Russen schon damals ein gewisses Fingerspitzengefühl verlangte, das die Rigaer offenbar besaßen, die Kaufleute, Schiffer und Ladeknechte aus England oder Norwegen hingegen für überflüssig hielten, wenn sie die Polozker in den Schenken der Stadt Riga herzhaft saufen und kotzen sahen. Offenbar war es diesmal zu tiefen Kränkungen, wohl auch zu Raub gekommen, zu dem ein Betrunkener ja stets einlädt, und es währte nicht weniger als zwölf Jahre (!), ehe 1478 die alten nachbarschaftlichen Beziehungen wieder aufgenommen werden konnten.
Eine zweite Krise zog mit dem Niedergang der Hanse herauf. Die Überlegenheit der holländischen Großraumschiffe, die ungleich wirtschaftlicher transportierten als die Hansekoggen, und das Eindringen der kühnen britischen *Merchant Adventurers* in die Ostsee, ja bis hinauf ins Weiße Meer, hatten dem

Hansebund erhebliche Konkurrenz geschaffen. Dazu kam im fünfzehnten und sechzehnten Jahrhundert eine erhöhte Aufmerksamkeit der Ostseeländer für die Wirtschaft, die zu nationalstaatlichen Wirtschafts-Initiativen führte und den überstaatlichen Städtebund durch Zollschikanen und Privilegienentzug weiter schädigte. 1494 mußte das große Hansekontor in Nowgorod geschlossen werden, das für Riga so lange bedeutungsvoll gewesen war, und 1603 kam auch das Ende des Stahlhofs in London, womit die westliche Basis der großen, quer durch die Ostsee verlaufenden Handelslinie geschmälert war.

Die livländischen Häfen antworteten durch einen neuen Brauch, der nirgendwo ausdrücklich zum Gesetz erhoben wurde: es solle verpönt sein, daß der Gast mit dem Gast Handel treibe. Damit hatten die Livländer verhindert oder doch weitgehend ausgeschlossen, daß die Russen unmittelbar an die Briten verkauften, die Litauer unmittelbar an die Holländer und so weiter. Ein Livländer, und war er auch ein Strohmann, mußte eingeschaltet und dafür natürlich auch irgendwie entschädigt werden. Die zweite Gegenmaßnahme der Rigaer bestand darin, den stets an Krediten interessierten russischen Händlern Vorschüsse auf noch zu liefernde Waren zu geben.

Dieser Swing war ein Verstoß gegen alte Hanseregeln, aber die Hanse hatte ja nun nicht mehr viel zu sagen, und der solchermaßen geköderte Kaufmann aus Nowgorod oder Polozk blieb seinem Rigaer Aufkäufer treu. Einige Jahrzehnte nach der Schließung des Nowgoroder Hansekontors zeigte sich, daß nach einer kurzen Umstellungskrise Livland selbst den Vorteil aus dem weitgehenden Ausfall des Hansehandels gehabt habe; die Eigenkräfte des Landes waren stärker ins Spiel gekommen, das Land hatte sich auf seine eigenen Möglichkeiten besonnen, das geforderte Bürgertum der Hafen- und Handelsstädte war in den Fernhandel vorgedrungen mit allem, was er an Weitung des Horizonts, Steigerung der Umsätze und der Möglichkeiten zu bieten hatte.

Das Handwerk zog nach, denn der Rückgang der Importe aus den wendischen und deutschen Hansestädten gab den bodenständigen Kleinbetrieben bessere Chancen. Handwerk, das hieß aber in Riga und Reval Mittel- und Unterschicht, das ernährte jene Teile der Stadtbevölkerung, in der es noch einen hohen Anteil von Einheimischen gab. Daraus erklärt sich auch, daß es in beiden Städten mehr als hundert verschiedene Gewerbe, aber nur etwa zwanzig Zünfte gab; und wenn auch die meisten Zünfte ver-

Der Dünafluß in Kurland mit Schloß Selburg in seiner beherrschenden Lage. Die Burgherren unterhielten im dreizehnten Jahrhundert Bündnisverträge mit Litauen.

schiedene Gewerbe vereinigten (zu den Malern gehörten zum Beispiel auch die Glaser und sogar die Kunsttischler), so fällt doch auf, daß es sehr viel nicht organisierte, den straff christlich geführten Zünften nicht eingegliederte Handwerker gab, die meist keine Deutschen waren. An Genossenschaften der Einheimischen, also der Livländer oder in Reval der Esten, sind nur die der Weinträger, der Bierträger und der Salzumfüller (in Säcke) bekannt. »Die losen Weiber im Ellernbrok«, die Dirnen in ihren Buden am Rigebach zwischen allerlei Ellerngestrüpp, kamen zum größten Teil aus der städtischen Unterschicht und erhielten Zuzug, wenn Leibeigene von den Gütern entliefen.

Die an Einfluß und Traditionen bedeutendste Gilde war unstreitig die der Schwarzhäupter, ja man kann sie in gewissem Sinn eine Gilde über den Zünften und Ämtern und anderen Gilden nennen, denn ihr gehörten vor allem die unverheirateten Kaufleute an, die ja praktisch mit allen Handwerkern und anderen Händlern zu tun hatten, weiter die Goldschmiede, die zu jener Zeit auch gewisse Bank- und Wechselgeschäfte tätigten, und schließlich die Schiffer, also die Reeder und Eigner, ohne die sich der rigaische Handel ausschließlich auf fremden Transportmitteln hätte abspielen müssen. Die später als eine der wichtigsten Zünfte begründete Schwarzhäupter-Gilde bezog ihren Namen von dem christlichen Mohren Mauritius, Hauptmann in der um 302 in Diokletians großer Christenverfolgung zu Märtyrern gewordenen sogenannten Thebaischen Legion. Dieser Mohrenkopf, also Schwarzhaupt wurde, als Symbol der Erinnerung an den tapferen Hauptmann in ganz Europa verehrt.

In den Gründungssatzungen, die erst einige Jahre nach der tatsächlichen Begründung der Gilde schriftlich fixiert wurden, ist natürlich von der Sorge um das eigene Seelenheil all dieser Herren die Rede, von dem Wunsch nach Geselligkeit und gegenseitiger Hilfe. Der unausgesprochene Grund, aus dem die Gilde entstand, ist aber wohl in den Dauerquerelen zwischen Stadt und Orden zu sehen. Die gut organisierten, geschlossen auftretenden Ordensritter regten durch ihr Beispiel eine Gegengründung an, in der die jungen und wehrhaften Kaufleute zwar nicht gerade zu Rittern wurden, aber doch ein Forum offener Rede erhielten, während der Stadtrat behutsame öffentliche Politik machte.

Seit 1413 in Riga nachzuweisen, spielten die Schwarzhäupter ihre große Rolle bis an die Schwelle unseres Jahrhunderts; in Reval gab es die Gilde gar schon um 1343. In beiden Städten gehören die Schwarzhäupterhäuser zu den bemerkenswertesten weltlichen Bauten und enthalten wertvolle Altertümer.

In der Reformation, der sich die ganze Stadt Riga anschloß, erfuhren die religiösen Grundgedanken in den Statuten der »Compagnie der Schwarzen Häupter« eine gewisse Neubelebung, vor allem aber auch, weil der selbst zur Reformation übergehende Deutsche Orden mit seiner Säkularisierung an Stoßkraft gegenüber dem Stadtbürgertum verloren hatte. Damit konnten die vereinigten evangelischen Kaufleute und ihre Gefährten sich mit ihren geistigen Interessen als eine Ergänzung der Domschule, des altehrwürdigen rigaischen Bildungsinstituts etablieren. Die Domschule selbst erweiterte ihre Lehrpläne unter Rektoren wie Hörnick und Kinder, und der Älteste der Großen Gilde von Riga, ein Mann namens Karl Berens, riskierte es, mit Johann Georg Hamann aus Königsberg einen der führenden Geister des Jahrhunderts an die Düna zu holen, auf den ihn sein Bruder, der gebildete Ratsherr Johann Christoph Berens aufmerksam gemacht hatte. (Ein weiterer Berens-Bruder wurde nach einer Expedition ins sibirische Ust-Kamenogorsk und ins Altaigebirge russischer Baron und begründete mit einem vierten Berens 1781 die erste Zuckersiederei in Moskau.) Die um 1620 aus Rostock gekommenen Berens figurieren auch ehrenvoll in dem eindrucksvollen, mehr als dreitausend Seiten mit baltischen Autoren füllenden *Schriftsteller- und Gelehrtenlexikon der Provinzen Livland, Estland und Kurland* von Johann Friedrich von Recke und Karl Eduard Napiersky, einem einzigartigen Kompendium mit unendlichem biographischem Material; mein Exemplar sieht zwar aus, als habe es geraume Zeit im Ostseewasser gelegen, aber wo sonst findet man so kurze, aber vielsagende Angaben wie jene auf der Seite 39, wo ein Kreisschüler namens Fabian Andressohn mit einem *Ersten Lesebuch für die estnische Jugend* verzeichnet ist, mit dem Zusatz »Aus dem Deutschen des Barons Christoph von Stackelberg übersetzt«? Das ganze Baltikum in wenigen Zeilen: die Schweden, die Esten und ein deutscher Baron...

Die Völkervielfalt im Südosten

Die große Flut und viele kleine Rinnsale – Friedliche Sorben im Herzen Deutschlands –
Ungarnnot in Mitteleuropa – Das Geschlecht aus dem Dunkel –
Flamen werden Wiener – Der Donauweg in den Südosten –
Komm mit nach Warasdin... – Batschka und Banat blühen auf

Die deutsche Ostsiedlung zwischen Schlesien und Baltikum wirkt wie eine einzige, geschlossene, einem Naturgesetz folgende Bewegung von außerordentlicher und unaufhaltsamer Eigenkraft. Verfolgt man sie auf der Landkarte, dann ist man versucht, an eine Flut zu denken, die sich Bahn bricht und überall hindringt. Wenn wir die Nachrichten dazunehmen, die uns schon aus dem siebzehnten Jahrhundert von Deutschen in Rußland erreichen, von einer Deutschenvorstadt selbst in Moskau und von der Häufigkeit der deutschen Sprache im alten Petersburg, dann werden uns die Gewalt und die Tiefe dieses Vordringens deutlich: nach dem Ende der Ordensritter, nach dem Aufhören der Kämpfe, nach der Begründung eigener Staatswesen im Siedelland ist es ein überwiegend friedlicher Vorgang, und er ist in dieser Friedlichkeit und Stetigkeit ungleich eindrucksvoller als die sogenannten Kreuzzüge zur Vernichtung oder Bekehrung der Heiden.

Diese Bauernarbeit, dieser Bürgersinn, der Städte gründet und Handwerker heimisch werden läßt, dieses Verwachsen der Zuwanderer mit dem fremden Boden zum gemeinsamen Fortschritt wird von den meist slawischen oder deutsch-slawischen Herrscherhäusern zeitweise so nachhaltig gefördert, daß sich nicht selten heftige Gegenströmungen im Lande selbst zeigen. Peter der Große, Zar aller Reußen, ein unbändiger Genius mitten in einer Zeitenwende, muß sich manches harte Wort seiner einheimischen Getreuen gefallen lassen, weil er mit Holländern, Deutschen und anderen Westeuropäern sein altes Rußland zu einem modernen Staat umformen will. Seiner größten Nachfolgerin, der zweiten Katharina, wird lebenslang vorgeworfen werden, daß sie ja

Die Sankt-Wolfgangs-Kirche bei Grades in Kärnten, eine spätgotische Kirche, 1453–75 erbaut, berühmt durch ihre Wehrmauern, aber auch durch ihren Flügelaltar von 1520.

keine Russin sei, sondern eben eine Deutsche. Aber gerade daß dies möglich ist, daß der Adel aus dem Baltikum durch Jahrhunderte und bis in den Ersten Weltkrieg hinein zur einheimischen Führungsschicht des Zarenreiches stößt, gerade das beweist eine über den kleinen Zwist, über Eifersucht und Rivalität siegende tiefe Wesensverwandtschaft zwischen den Deutschen und den Slawen. Verbindungen, wie sie sich zwischen Deutschen und Russen, aber auch zwischen den Deutschen in den gemischtvölkischen Gebieten von der Bukowina bis zum Balkan und dem dortigen Patriziat in Jahrhunderten angebahnt und gefestigt haben, wären über den Rhein hinweg ebenso undenkbar wie mit den Romanen Italiens oder Spaniens.

Im Osten und Nordosten unseres Landes hat es dreihundert Jahre gebraucht, ehe dies völlig deutlich wurde, weil in diesen dreihundert Jahren zwischen dem Wendenkreuzzug und der ersten Schlacht von Tannenberg zu viel Waffenlärm die leiseren Harmonien sich anspinnender Verbrüderungen übertönte. In der im wesentlichen friedlichen Südostwanderung deutscher Gruppen traten die Spannungen zu den Einheimischen in der Regel nur örtlich auf, ohne sich auf die große Politik auszuwirken. Im Donauland, an der March und weiter nach Südosten bis ans Schwarze Meer gab es nämlich keine Heiden mehr, als die deutschen Ritter aus dem Heiligen Land heimkehrten und mit leeren Händen zwischen abgewirtschafteten Burgen standen. Schon die Landnahme der Bayern ab dem sechsten Jahrhundert im Alpenraum und donauabwärts bis an die Enns und später an die Leitha war ohne den großen Krieg vor sich gegangen, wie ihn Ritterheere führen. Für uns heute schwer vorstellbar, aber doch offensichtlich ohne die große geschichtliche Auseinandersetzung, hatten sich die aus dem Norden kommenden Bayern und die aus dem Osten eingedrungenen Alpenslawen den ganzen mächtigen Gebirgszug mit seinen vielen Tälern nach und nach aufgeteilt, wobei die Schwächeren nicht selten in die Höhe auswichen, wenn der Zuwandererstrom den Taleingang bereits erreicht und verlegt hatte.

Von dieser Südwanderung der Bayern erhalten wir genauere Kunde nur dann, wenn sie auf Karantanen oder andere Alpenslawen stoßen und ein schreibkundiger Mönch in der Nähe ist, denn die Bistümer, die wir bis heute kennen, die großen Missionszentren von Aquileia, Brixen, Salzburg und Passau, sie existieren bereits und verfolgen in nicht selten heftiger Rivalität, wie das eine oder andere dieser eingewanderten Grüppchen sich nach und nach in die kirchliche Organisation fügt. Wie alt und mächtig diese ist, wie deutlich sie schon in den Wirren der Völkerwanderung als unzerreißbares Netz über allem Land zwischen Donau und Adria liegt, das beweist uns das großartigste Dokument aus jener Epoche, die Lebensbeschreibung des 482 verstorbenen heiligen Severin aus der Feder seines Schülers Eugippius.

Es ist vielleicht nicht deutsche Ostsiedlung, aber es ist die wichtige frühmittelalterliche Absicherung ihrer Südflanke, wenn die Bayern talaufwärts und donauabwärts vordringen, in den vielen alten und einst römischen Städten bereits Christen vorfinden und unter den ersten Priestern, den ersten Bischöfen so viel Vertrauen und Mut zu einem Leben an der Awarengrenze aufbringen, daß Karl der Große diese Grenze schließlich immer weiter nach Osten schieben kann. Im Donautal hat es zwar so manchen sagenhaften Kampf gegeben, vermutlich sogar zwischen Germanen und Hunnen, aber es ist hier zum Nutzen von Land und Volk niemals zu einem Kreuzzug gekommen, der die Überlebenden in Herren und Knechte teilte, in Adel und Rechtlose, in Großgrundbesitzer und Leibeigene.

Für die großen und wichtigen Gebiete slawischer Besiedlung auf dem Boden des Reiches reduziert sich das Problem »Die Deutschen und der Osten« eigentlich auf die Frage, wie die Deutschen mit den Slawen ausgekommen seien. Die politische Zielsetzung war seit den Karolingern klar, und sie wurde durch die Wettiner, die Luxemburger und die Babenberger verwirklicht, noch ehe die Habsburger im Südosten ihre Hausmacht aufrichteten: Die Sorben in der Lausitz, die Tschechen in Böhmen und die Karantanen in den Alpen verloren damit den Charakter von Feinden oder auch nur von Gegnern des großen Konzepts, das einem Heiligen Römischen Reich Deutscher Nation durchaus auch Völkerstämme nichtdeutschen Charakters einverleiben wollte und konnte. Denn wie alt war schon der Begriff Deutschland? Wie sah dieses Deutschland aus? Wie eifrig griffen die deutschen Könige über den Rhein noch nach Burgund hinüber und über die Alpen hinaus nach Arelate, wie das Rhônereich im Süden Frankreichs hieß!

Es ging ungleich friedlicher zu als bei den Jahrhunderte mit Kriegsgeschrei erfüllenden Versuchen der Stauferkaiser, Italien ins Reich einzubeziehen und in ihm zu halten. Die Wettiner waren ein thüringisches, an der Grenze zu Franken ansässiges Geschlecht und hatten 892 die Sorbische Mark übertragen erhalten. Die Frühgeschichte des Geschlechts ist dunkel und voll von Namen, die man nach ihrer völkischen Zugehörigkeit nicht recht orten kann, den Stammvater Burchard – gefallen 908 gegen die Ungarn – noch am ehesten, seinen vermutlichen Enkel Dedi schon weniger. Dedi fiel in dem unglücklichen Gefecht gegen die Sarazenen, das 982 bei Cotrone an der Adriaküste stattfand und die Blüte des deutschen Rittertums hinwegraffte; Kaiser Otto II. konnte sich mit knapper Not schwimmend retten.

Da die Wettiner in zuletzt zwei Hauptlinien in Meißen und Thüringen bis 1918 regierten, sind sie trotz vieler Zwischenfälle, Streitigkeiten und Fehden eines der ältesten und erfolgreichsten deutschen Geschlechter, und sie hatten auch eine gute Hand für die Sorben. Nicht ganz so geschickt taktierten die mit den Wettinern in die Lausitz gekommenen, ihr Land erst suchenden Adelsfamilien. Sie setzten sich, auf ihre Mannen gestützt, zum Teil mitten im Sorbengebiet fest. Eile und Gier der Landnahme überwogen entschieden die Vernunft und die Planung im Hinblick auf ein langes gemeinsames Leben, als die Cottbus und Sonnewalde, die Strehla und Dewin mit größeren Eigenländereien ausgestattet wurden. Eine zweite, jüngere Gruppe bilden die Herren von Golßen und von Ileburg und die ersten Besitzer der Herrschaften Finsterwalde, Spremberg, Senftenberg und Schenkendorf, die allesamt diese Namen annahmen, also vorher allenfalls ein Wappen, aber noch keine Familientraditon gehabt haben mögen.

Das bedeutendste Kloster der Gegend war das alte Dobrilugk an der Kleinen Elster, ein Zisterzienserkloster, das der Markgraf Dietrich von Landsberg 1184 gründete. Die Benediktiner hatten in Nienburg an der Saale ein Kloster mit ausgedehnten Besitzungen. »Dagegen ist von einer Förderung des Siedelwerks durch die Bischöfe, wie im Meißnischen und auch in der Oberlausitz, nichts zu spüren«, stellt Rudolf Lehmann in seiner neuen *Geschichte der Niederlausitz* fest, der auch bezweifelt, daß die Benediktiner von Nienburg deutsche Bauern gerufen hatten. Erst, als die Klostergüter an die Wettiner übergingen und als sich der uns schon bekannte, stärkstens an der Kolonisation interessierte Erzbischof Wichmann von Magdeburg († 1192) für die an die Lausitz grenzende Provinz Dahme interessierte, kam die Einwanderung deutscher Bauern ins Sorbenland in Fluß. Dahme war auch das Sammelgebiet der Einwanderer, die sich dann nach Luckau, Riedebeck und Waltersdorf wandten.

Zahlreiche Ortsnamen deuten hier darauf hin, daß sich die Deutschen zwischen den Sorben Platz schufen, weniger, indem sie die Einheimischen verdrängten, als vielmehr durch Rodungs- und Trockenlegungsarbeiten. »Als Siedler standen an erster Stelle auch in der Lausitz der deutsche Bauer und der deutsche Bürger; die Einrichtungen, die sie brachten, das Beispiel, das sie gaben, wirkten fördernd und anregend auf die sorbischen Mitbewohner, die gewiß ebenfalls am Ausbau des Landes beteiligt waren« (Lehmann).

Es ist sicher, daß in allen deutschen Dörfern, ausgenommen höchstens jenen, die auf Rodungen entstanden, die Sorben bleiben konnten; man rückte zusammen, Arbeit war genug vorhanden, denn die seltsame Wasserlandschaft der Lausitz mit ihren sich verzweigenden Flüssen und Bächen und dem Reichtum an allerlei Getier war den deutschen Ankömmlingen so fremd, daß sie die mit dieser einzigartigen,

Kaiser Rudolph II., der meist in Prag residierende Habsburger, Förderer der Künste und Wissenschaften und zeitlebens auch an den Geheimwissenschaften stark interessiert. Er starb 1612 in Prag.

Folgende Seite: Egerlandschaft zwischen Teplitz und Komotau.

teils paradiesischen, teils aber auch unheimlichen neuen Heimat altvertrauten Sorben zunächst gar nicht entbehren konnten. Und als dies dann vielleicht möglich gewesen wäre, da hatte man sich längst aneinander gewöhnt. Es waren daher eher die Deutschen die Mit-Bewohner, aber Lehmann hat dieses Wort wohl nicht so auf die Waagschale gelegt, so wie überhaupt die deutschen Historiker gerade den Sorben ungleich gewogener sind als etwa den Tschechen. Die durchaus nicht angriffslustigen Sorben, die auch während großer Slawenaufstände die Bistümer und Burgen ihres Gebietes nicht gefährdeten, hielten sich in den Kreisen Cottbus, Spremberg, Kalau, Hoyerswerda und Rothenburg, aber auch in und um Bautzen, Lübben, Sorau und Görlitz, und sie begannen seit der Reformation, eigene schriftsprachliche Denkmäler drucken zu lassen. Es gab zu allen Zeiten sorbische Gemeinden mit einem durchaus eigenständigen Leben; man kannte selbst im wilhelminischen Deutschland sorbische Dichter und Zeitschriften, wenn auch die Städte wie Cottbus bald rein deutschen Charakter hatten.

Es war ein ebenso überflüssiger wie lächerlicher Kniefall vor dem Panslawismus, wenn die DDR-Regierung für Cottbus wieder einen sorbischen Namen einführte und sich so stellte, als müsse hier eine unterdrückte Minderheit gerettet werden. Freilich hätte man sich gewünscht, das friedliche und nun schon bald tausend Jahre währende Zusammenleben von Sorben und Deutschen in der Lausitz als Musterbeispiel in vielen anderen deutschen Ostprovinzen nachgeahmt zu sehen. Um 1900 lebten etwa 120 000 überwiegend lutherische Sorben auf einem Gebiet von etwa 3500 Quadratkilometern. 1948, als die DDR die Kulturautonomie der Sorben gesetzlich verankerte, sprachen noch etwa 100 000 Menschen entweder das dem Tschechischen näherstehende Obersorbisch oder aber Niedersorbisch, wo die Verwandtschaft mit dem Polnischen überwiegt. In den Sitten und im Brauchtum ist insbesondere der Spree-

wald mit Lübben das wohl interessanteste Beispiel für die Mischung deutscher und slawischer Traditionen des Volksaberglaubens. Gerade dieser Umstand hat zwar keine gewaltige historische Rolle gespielt, sich aber doch hin und wieder bis nach Dresden und in die Hofkreise bemerkbar gemacht: Man holte sich die Zauberer mit Vorliebe aus dem Spreewald, wo sie teils als Pfarrer, teils aber auch als Scharfrichter Gelegenheit genug hatten, mit guten und bösen, mit deutschen und slawischen Land-Wald- und Wassergeistern zusammenzutreffen.

Die Luxemburger, eine nach der Lützelburg benannte Familie, weisen in ihrem Aufstieg manche Parallelen mit den Habsburgern auf. Sie kommen aus dem Westen des Reiches, wo sie oft zwischen die großen Mühlsteine links- und rechtsrheinischer Machthaber geraten waren. Sie konnten mit Trier eines der wichtigsten Erzbistümer des Reiches an die Familie bringen und stellten für kurze Zeit, 1308–13 einen deutschen König – Heinrich VII. Der schon vor der Erreichung des vierzigsten Lebensjahres verstorbene Monarch taktierte sehr geschickt. Er hatte den Vater und drei Vatersbrüder im Juni 1288 in der Schlacht auf der Fühlinger Heide bei Köln verloren, als der Kölner Erzbischof dem Herzog von Brabant und dessen Verbündeten unterlag. Diese schweren Verluste verpflichteten zum Frieden, und darum verständigte sich Heinrich aus der Position des Königs heraus mit den Wettinern in der Lausitz und mit den Habsburgern an der Donau über Böhmen und konnte 1310 seinen Sohn Johann mit diesem Herzland des Reiches belehnen.

Im Schutz seiner Randgebirge war Böhmen zum mächtigsten jener Länder geworden, die zwar unter der Oberhoheit des Reiches standen, aber noch von einem slawischen Fürstengeschlecht regiert wurden. Und kein anderes slawisches Herrscherhaus hatte im hohen Mittelalter soviel Erfolge erzielt wie die Przemysliden, die deshalb einen kurzen Nachruf verdienen. Sie nannten sich nach Przemysl von Stadiz, dem Gemahl der noch halb sagenhaften Fürstentochter Libussa, und brachten ihre erste historisch erfaßbare Herrschergestalt mit Boriwoj I. hervor, der sich um 874 taufen ließ. Das Land Böhmen blieb freilich noch bis etwa 1100 in vielen Bereichen seines Lebens vom Heidentum durchsetzt; die große Stadt Prag blieb ein Hauptumschlagplatz heidnischen Sklavenhandels, und die Wirren zwischen den verschiedenen männlichen Przemysliden, Erbstreit, Bruderkriege und Intrigen, rissen erst ab, als mit Przemysl Ottokar II. (um 1230–1278) eine überragende Herrschergestalt auf den böhmischen Thron kam. Er einigte nicht nur die inzwischen christianisierten und durch deutsche Einwanderer an den Rändern kolonisierten Erblande der Przemysliden, sondern wurde nach dem Erlöschen der Babenberger auch Herzog von Österreich. Enkel eines deutschen Königs, des Philipp von Schwaben, Schwager des letzten Babenbergers, erwarb er sich Ruhm und Achtung der deutschen Fürsten auf seinem Zug gegen die Pruzzen (auf dem die Stadtgründung Königsberg nach ihm benannt wurde), erwarb friedlich die Steiermark, Kärnten und Krain und trat, mächtiger als viele deutsche Fürsten, gegen Rudolf von Habsburg auf, der 1273 zum deutschen König gewählt worden war. Aus einem nicht sonderlich begüterten lothringischen Geschlecht stammend, konnte der Habsburger sich seine Hausmacht nur auf Kosten Ottokars schaffen, und es kam am 26. August 1278 auf dem niederösterreichischen Marchfeld bei Dürnkrut zur Entscheidungsschlacht. Ottokar unterlag nach tapferem Kampf den Reichstruppen und den mit Rudolf von Habsburg verbündeten Ungarn und wurde von österreichischen Rittern getötet.

Unter diesem hochbegabten Monarchen waren die Przemysliden so hoch gestiegen wie noch nie zuvor, aber dann auch tief gefallen. Wie im Jahrhundert zuvor die Habsburger sich auf Kosten Ottokars die österreichischen Erblande und damit den künftigen Kernbestand ihres Länderbesitzes sicherten, so griffen die eben zur Macht gelangten Luxemburger, gestützt auf die Möglichkeiten, die sich dem deutschen König eröffneten, nach dem letzten Rest des Przemyslidenbesitzes, nach Böhmen und Mähren. Heinrich VII. aus dem Hause Luxemburg (1269–1313) vermählte seinen Sohn Johann mit der Przemyslidenprinzessin Elisabeth. Damit war das Ende der Przemyslidenherrschaft besiegelt, und Böhmen mit Mähren standen nicht nur unter der Oberhoheit des Reiches, wie schon seit Karl dem Großen, sondern wurden auch von einem deutschen Herrscherhaus regiert.

Die Luxemburger hatten also keinen Krieg führen müssen wie Habsburg um Österreich, und sie konnten sich auf eine seit gut hundert Jahren immer stärker werdende Einwanderung von Deutschen stützen, die sich allerdings mit den Böhmen erfüllenden Tschechen nicht vermischten. Sie bildeten Siedlungsränder in den Waldgebirgen, wo sie als Bergleute, Glasbläser und Waldbauern lebten; Sprachinseln in der Ebene blieben vereinzelt. In der Stadt

Oben: Kaiser Karl IV. bei der Krönungsmahlzeit (Miniatur aus einer illuminierten Handschrift der Goldenen Bulle).

Links: Gründung der Prager Universität im Jahr 1348. Sie ist damit die älteste Hochschule im Reich; Wien und Heidelberg folgten.

Rechte Seite: Der heilige Wenzel, wie ihn der berühmte Bildhauer Peter Parler um 1380 für den Prager Sankt-Veits-Dom darstellte.

Prag freilich trafen sie alle zusammen, die ansässigen böhmischen Herren und die Stände, die eingewanderten deutschen Händler, der Hofstaat der Luxemburger und die Reste der nichtchristlichen Händlerschaft, ein paar Dutzend wohlhabender jüdischer Kaufmannsfamlien. In diesem slawisch-deutsch-jüdischen Prag wurde Karl IV., Sohn Johanns und der Przemyslidentochter Elisabeth, zu einem der größten deutschen Herrscher, der Kaiser, der nicht nur Böhmen, sondern das ganze Reich aus dem Mittelalter heraus in die Renaissance führte, nicht zuletzt dank einer für jene Jahrhunderte langen Regierungszeit von 32 Jahren (1346–78).

Prag aber wurde unter den Luxemburgern und in den Zeiten danach zu einem Begegnungsort ganz besonderer Art, geradezu eine der Wunderstätten unseres alten Kontinents. Gerade die Mischung der Nationen und Rassen, das Miteinanderleben auf den ersten Blick unvereinbarer und stark eigengeprägter Menschengruppen erwiesen sich als besonders fruchtbar und als ein einzigartiger schöpferischer Nährboden. Wie hier Tschechen und Deutsche, Juden und Höflinge aus allen Teilen des Reiches und später des Habsburgerimperiums auf dem engen Raum einer mittelalterlich gebliebenen Stadt lebten, arbeiteten, schrieben und lehrten, das läßt sich tatsächlich nur mit Cordoba, Granada, Paris oder dem josefinischen Wien vergleichen.

Kristallisationspunkt dieses produktiven Miteinanders war die Hohe Schule. Sie hatte sich seit 1345 aus der alten erzbischöflichen Klerikerschule heraus entwickelt und erhielt 1347 von Papst Clemens VI. die Errichtungsbulle. Damit gilt die Hohe Schule als die älteste deutsche Universität, wenn auch die Sprache aller Lehrenden und Lernenden noch das Lateinische war. Aus kleinsten Anfängen, in Wohnungen statt in Hörsälen, ja zum Teil mit Vorlesungen, die im Ghetto abgehalten wurden, nahm Prag den Wettstreit mit den berühmten Universitäten auf, die es längst in Paris und Bologna und in anderen Städten gab. Karl IV. selbst hatte in Paris studiert, aber auch Bologna wurde zum Vorbild, und als Krakau und Wien als Gründungen nachfolgten, entwickelte sich jene fruchtbare Konkurrenz, die Prag schließlich zu einer voll ausgebauten und stark besuchten Alma Mater werden ließ.

Unter den Lehrern finden sich zunächst noch wenige berühmte Namen; die Professoren kommen aus Deutschland, aber auch viele tschechische Namen fallen auf. Die Hörer entstammen dem Klerus und dem bodenständigen Adel, aber auch aus begüterten Familien Skandinaviens, Polens und Ungarns. Daß Prag die Handelsstadt geblieben ist, die es in heidnischen Zeiten war, zeigt der hohe Anteil Bürgerlicher an den Hörern: Die Söhne von Kaufleuten studierten als Residenten der väterlichen Firmen.

Es ist richtig, daß die Universität als Begegnungsstätte der zunächst vier Hörer-Landsmannschaften (Bayern, Sachsen, Polen und Tschechen) auch zum Brennpunkt von Auseinandersetzungen wurde. Nationale Rivalitäten brachten ebenso tiefe Krisen wie die religiösen Entwicklungen der Hussitenzeit

und der lutherischen Reformation. Aber Brennpunkte sind Austragungsorte, Diskussionen befruchten. Prag erhielt den Zuzug guter Kräfte aus Wittenberg, und selbst die Gegenreformation vollzog sich in dieser alten Stadt auf höchstem geistigem Niveau, wenn ein Petrus Canisius hier die clementinische Jesuitenakademie schuf. Aber es gab auch manchen Gelehrtenstreit, der auf dem Weg zu Humanismus und Renaissance die Rolle der Universität Prag minderte und die Höfe Karls IV. und Rudolfs II. in den Vordergrund schob.

»Es schien«, schreibt Josef Nadler, im böhmischen Neudörfl geboren und als Prager Student Schüler von August Sauer, »als sollte Böhmen viel rascher denn Schlesien und die nördlichen Landschaften in deutschem Wesen aufgehen. Die Fürsten schufen sich mit deutschem Blut einen Bürgerstand. Deutsch wurde die Hofsprache. Deutsche Prinzessinnen

Oben: Prag vor dem Ersten Weltkrieg: Blick von der Karlsbrücke auf den Hradschin.

Rechts: Peter Parler (1330–99) nach einer Büste im Sankt-Veits-Dom, die als sein Selbstbildnis gilt.

zogen in Prag ein. Ein ostfränkischer Kirchenfürst lenkte unter Wenzel II. die Schicksale des Reiches. Die mittelhochdeutsche Dichtung blühte in Prag und auf den Burgen der Großen.«
In den Städten wurde das Bürgertum immer stärker und meldete mit seiner wirtschaftlichen Aktivität und dem Bildungsdrang seiner Söhne ein Mitspra-

Oben: Die Bergwerksstadt Joachimsthal im Erzgebirge. Von ihrem Namen leitete sich nicht nur das Wort Taler ab, sondern auch die Münzbezeichnungen Dollar (USA), Jefimok (Rußland), Jocondales (Frankreich), Tallero (Italien) u. a.

Folgende Seite: Funde aus der Zeit des Großmährischen Reiches heute im mährischen Museum zu Brünn: Hölzerner Eimer und Vorratsgefäß aus Leder.

cherecht neben Adel und Geistlichkeit an. Karl IV., der Pariser Student, wählte als deutscher Kaier für seine großen Gesetzeswerke eine neue Ämter- und Kanzleiensprache: Das Deutsch, wie es im Begegnungsraum jener so fruchtbaren Mitte gesprochen wurde. Nieder- und Oberdeutsch traten dagegen zurück in Karls kaiserlicher Kanzlei, die der Deutschböhme Johann von Neumarkt (1310–1380) leitete. So wichtig dies war und geblieben ist, so deutlich wir die Nachteile erkennen, die bedauerlicher Provinzialismus den Niederländern in der Abspaltung ihrer Schriftsprache und den Schweizern in der Aufwertung ihrer Mundart geschaffen hat, so wurde doch von so manchem Kenner der deutschen Sprachentwicklung bedauert, daß es eine Kanzleisprache war und kein gewachsener Sprach-Kosmos, die das herrlich vollklingende, durch große Dichtung geläuterte und verfeinerte Mittelhochdeutsche ablöste. »Aus den Anfängen des modernen Fürsten- und Beamtenstaates, aus einer unvergleichlich umfassenden Aneignung romanischer, erst französischer, dann mehr italienischer Bildung und zugleich aus den ersten jäh aufflammenden Regungen des nationalen Selbstbewußtseins erwächst in dem Jahrhundert von 1350 bis 1450 auf dem Boden des östlichen Mitteldeutschlands im Kreise der berufsmäßig Schreibenden die Kunstpflege, der man den Namen neuhochdeutsche Gemeinsprache geben muß. Religiöse und nationale Leidenschaft hat ihre noch unfertigen Glieder mit Feuer durchglüht. Die Schule und die Schreibstube haben sie in harten Dienst gezwungen. Den Ausdruck heimischer Poesie hat sie erst spät gelernt. Von der einstigen Kunstform der mittelhochdeutschen Dichtung trennt sie eine unüberbrückbare Kluft.« (Konrad Burdach)

Die Schöpfung dieser Sprache und ihre Ausbreitung von Osten nach Westen in Gestalt von kaiserlichen Gesetzen und der zahllosen, von Johann von Neumarkt hervorragend stilisierten Kanzleischriftstücke, ist die große Kulturtat der Siedelstämme und bringt die erste Umkehrung des Gefälles. Im alten Reich westlich der Elbe blickt man nun nach Prag, und neben Prag nach der zweitältesten deutschen Universität Wien, wo aus der Begegnung der nach Osten wandernden Deutschen mit den Völkern des östlichen Mitteleuropas eine neue geistige Welt entsteht. Der Deutsche hat einen neuen Partner im Geist erhalten, nach einem Jahrtausend, in dem die romanischen Einflüsse und das römische Erbe dominierten. Erst damit sind die Deutschen wahrhaft zu einem Volk der Mitte geworden und das Heilige Römische Reich Europas Kernstück.

Im äußersten Südosten des geschlossenen deutschen Siedlungsraumes waren in der zweiten Hälfte des sechsten Jahrhunderts die mit den Hunnen verwandten Awaren eingefallen. Sie hatten Pannonien, etwa den Raum des heutigen Ungarn, überrannt und um 595 Positionen erreicht, von denen aus sie ihre Raubzüge nach Westen zu über die Enns hinaus ausdehen konnten, nach Süden bis nach Friaul. Die zweihundert Jahre awarischer Herrschaft haben vor allem im heutigen Niederösterreich und im Burgenland deutliche Spuren hinterlassen, wobei die Herrschaftszentren ausgedehnte Erdbefestigungen, die sogenannten Awarenringe bildeten. Die größten fanden sich an der Enns, am Kamp, an der niederösterreichischen Donau und an der March.

Der langsame Zerfall des Awarenreiches, das sich zuletzt, um 800, auf den Raum zwischen Wien, der March und dem Neusiedler See beschränkte, verhalf den Slawenstämmen, die von den Awaren unterdrückt worden waren, zu einer ersten Staatenbildung unter dem bereits erwähnten Kaufmann-König Samo: das sogenannte Großmährische Reich. Als die gegen das mächtige Frankenreich rebellierenden Bayern bei den letzten Awaren Halt suchten, war für Karl den Großen die Stunde gekommen, im Südosten geordnete Verhältnisse herzustellen. Sein Sohn Pippin, aber auch der tapfere Markgraf Erich von Friaul zerschlugen zwischen 791–97 die letzten Awarenfestungen zwischen Donau und Theiß. 828 werden die Awaren zum letztenmal auf österreichischem Boden erwähnt; ihre Restgruppen gingen in den Slawen auf; die Awaren, die östlich der Theiß zurückblieben, wurden gegen Ende des Jahrhunderts

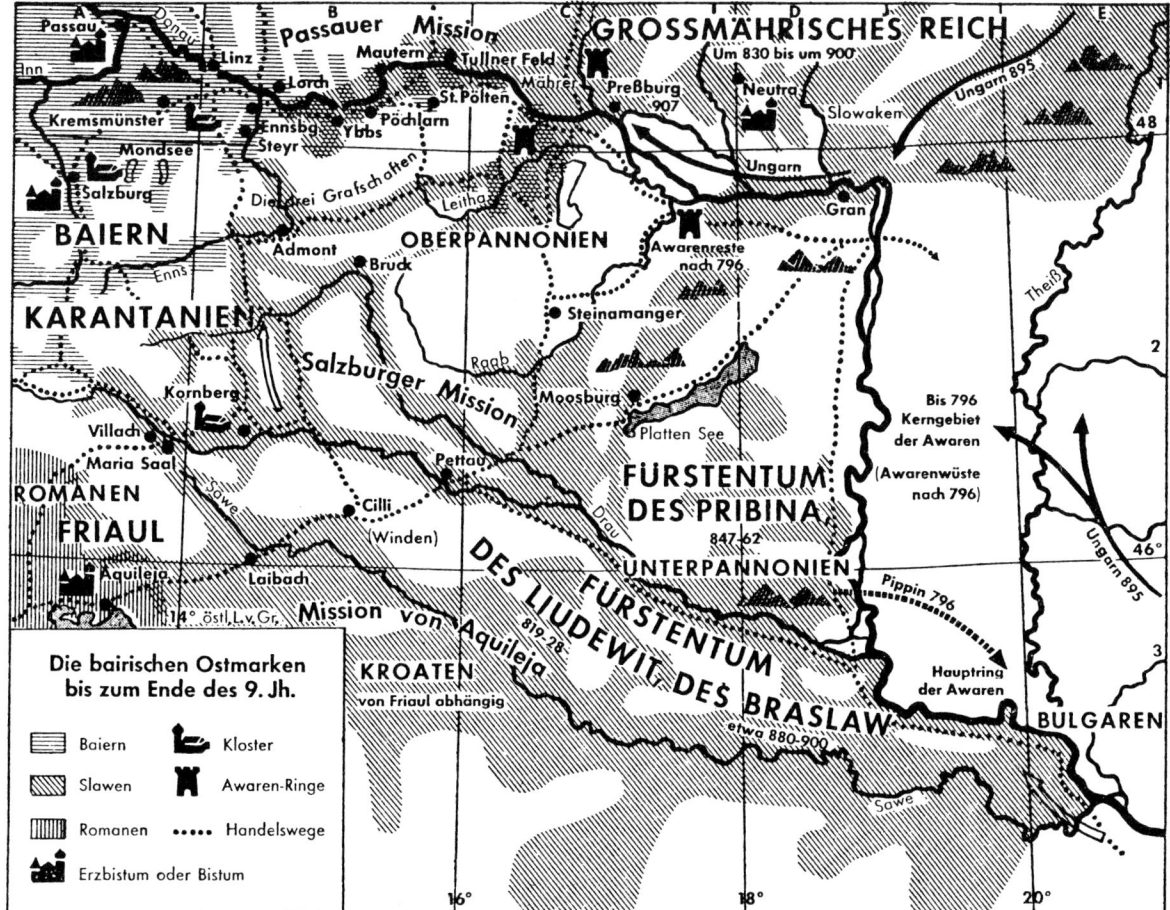

dann von den eindringenden Magyaren, einem gleichfalls ural-altaischen Reitervolk, aufgesogen. Erst achtzig Jahre nach dem letzten und entscheidenden Sieg des Markgrafen von Friaul über die Awaren erhielt das Land zwischen Enns und Leitha einen befriedigenden, und das will damals sagen: aussichtsreichen Status, es wurde als Ottonische oder Awarische Mark einem bis dahin unbekannten Geschlecht, den Babenbergern, anvertraut, und zwar dem Markgrafen Luitpold I., der von 976 bis 994 regierte. Er übernahm ein Land, dessen Ostgrenze das Gebiet des Wienerwalds bildete, das heißt, ein schwer zu durchdringendes und darum als Grenze empfundenes Hügelland mit Tälern, die zu eng für eine Besiedlung waren. Auch zur Awarenzeit hatte in diesem Bereich kein Dorf sich halten können; die großen Awarenfriedhöfe lagen im Burgenland (Zillingtal, Sauerbrunn, Großhöflein) und im östlichen Niederösterreich (Wiener Neustadt, Traiskirchen, Zwölfaxing). Das Reich des Samo hatte sich vermutlich bis hierher ausgedehnt, wie slawische Siedlungsspuren uns beweisen, aber auch die Bayern kamen von Westen her bis ins Wienerwald-Vorfeld. Luitpold, später Leopold genannt, durchstieß diese unwegsame Zone und dehnte seine Herrschaft, das heißt die Mark, bis ins Wiener Becken aus. Zur Kultivierung der seit Römerzeiten nicht mehr bearbeiteten Böden rief er bayerische und fränkische Siedler ins Land. Da und dort waren ihm schon Klöster zuvorgekommen; so finden wir das Bistum Freising im Raum Pitten, also südöstlich des Wienerwaldes, als Grundherrn vertreten. Auch das oberbayerische Stift Moosburg hatte sich schon früh für den Raum Hollenburg interessiert und Kloster Mattsee bei Salzburg für die sogenannte Bucklige Welt, ein reich bewaldetes Hügelland, 750 bis 900 Meter hoch, zwischen Semmering und Rosaliengebirge, also im südöstlichen Niederösterreich. »Alle Siedlungen der Karolingerzeit lagen im besten Ackerland und waren fast durchwegs Dörfer und Großweiler. Zur Siedlungsabfolge läßt sich feststellen, daß die Kolonisation unter Karl dem Großen noch vereinzelt erfolgte, unter Ludwig dem Deutschen aber dann durch umfangreiche Schenkungen und Belehnungen ihren

Höhepunkt erreichte. Gegen Ende des neunten Jahrhunderts war das Königsgut schon weitgehend vergeben, die Neubelehnungen hörten auf, und die Urkunden künden nur mehr von Besitzwechsel. Um diese Zeit finden wir auch schon die ersten Rodungen« (Gutkas).

Die Babenberger hätten also als Markgrafen über ein weitgehend kolonisiertes Land herrschen können, wäre nicht das Unheil der Ungarnvorstöße im neunten Jahrhundert über alles Land zwischen March und Lech hinweggegangen, wobei die ersten Versuche, die Ungarn in Schlachten aufzuhalten, verlustreich scheiterten. 904 bis 906 zerschlugen die Ungarn den mährischen Staat, im Jahr 907 wurde das Bayernheer geschlagen und aufgerieben, auch die Bischöfe von Säben, Salzburg und Freising verloren in dieser Schlacht das Leben. Die Ungarn nahmen jedoch die Länder bis zum Inn nicht in Besitz – dann hätte es dort ja nichts zu holen gegeben –, sondern überfielen sie nur immer wieder. Das heißt, die Siedlungen bestanden schutzlos weiter, die Besitztitel der Klöster blieben erhalten, selbst der Schiffsverkehr auf der Donau ging weiter, wie man aus dem Umstand erfährt, daß Bischof Drakulf von Freising 928 im Greiner Strudel ertrank.

Rechts: Romanisches Portal am Dom zu Wiener Neustadt. Hier nahm Friedrich III. 1440 die Wahl zum deutschen König an. 1459 wurde Maximilian I. in Wiener Neustadt geboren, 1469 wurde die Stadt Bischofssitz. Mit dem Tod Friedrichs III. im Jahr 1493 hörte Wiener Neustadt auf, kaiserliche Residenzstadt zu sein.
Unten: Das Stift Klosterneuburg in Niederösterreich hatte in der Babenbergerzeit eine Schlüsselposition für die Erschließung des Wienerwalds.
Rechte Seite: Die um 860 erstmals erwähnte Burg Hochosterwitz in Kärnten; die Burgherren regierten bis tief nach Krain hinein.

Nach kurzen Friedenszeiten, die man den Ungarn durch Tributzahlungen abkaufen mußte, kam es 954 zu dem großen Ungarnvorstoß unter dem Feldherrn Bultschu, der Flandern, Brabant und Burgund erreichte und ungeheure Beute brachte, ein Zug, der an die Zeiten Attilas erinnert. Das Ende der Ungarngefahr kam dann im Sommer 955, als Heinrich von Bayern seinen Bruder, König Otto den Großen, gegen die in Schwaben eingefallenen und Augsburg belagernden Ungarn zu Hilfe rief. Tausend Böhmen, dazu Bayern, Schwaben und ein schwaches sächsisches Aufgebot machten die deutsche Streitmacht aus. Diese schlug nach schwerem Kampf am 10. August 955 auf dem Lechfeld bei Augsburg das ungarische Reiterheer. Die versprengten Reste wurden von den bayerischen Bauern erschlagen, die ungarischen Feldherren Bultschu und Lel wurden in Bayern gehängt.

Die Ungarn errichteten erst im östlichen Niederösterreich so etwas wie eine Grenzbefestigung mit Wächtersiedlungen und Wüstungen. Auf der deutschen Seite entstanden dafür Fluchtburgen für den Zeitpunkt, da die Ungarn ihre Angriffe wieder aufnehmen würden; die Anlage, die uns die beste Vorstellung von solchen frühmittelalterlichen Mehrzweckbauten gibt, finden wir auf dem Kirchenberg von Wieselburg an der Erlauf: Inmitten eines Erdwalls, der die zusammengeströmten Bewohner aus dem Umland schützen sollte, erhebt sich eine kleine Rundkirche. Das flache Land freilich, die Höfe, das Vieh, dies alles war den räuberischen Reiterscharen preisgegeben.

Luitpold/Leopold I. hebt sich von den vor ihm in Österreich die Macht ausübenden Königsboten und Markgrafen dadurch ab, daß er gegen Ende seiner Herrschaft die ungarische Abwehrlinie durchstößt und die Leithagrenze erreicht. Das wichtige Siedlungsgebiet des Wiener Beckens mit dem schon in römischen Zeiten als Stadt bezeugten Siedlungskern Wien ist damit freigekämpft. In einer Freisinger Urkunde von 996, mit der der fromme Kaiser Otto III. dem Bistum dreißig Königshufen Land im Raum des Ybbstales übereignet, finden sich die Wendung »in der Gegend, so in der Volkssprach Ostarrichi geheißen«.

Damit besaß das Land einen Namen, und es hatte ein Herrschergeschlecht, wenn es auch bis heute nicht so völlig klar ist, aus welchem Dunkel diese Babenberger plötzlich auftauchen. Der Name entspricht dem alten, später abgeschliffenen Namen der Stadt Bamberg, und dort ging in einer großen Fehde gegen ein rivalisierendes Geschlecht und gegen den Kaiser im Jahr 903 eine mächtige Familie unter; einige ihrer Männer fielen, andere mußten das Haupt auf den Richtblock legen. Luitpold I. scheint mütterlicherseits von diesen Babenbergern abzustammen, und daß er den Namen des ausgelöschten Geschlechts nun als Begründer einer Dynastie wie-

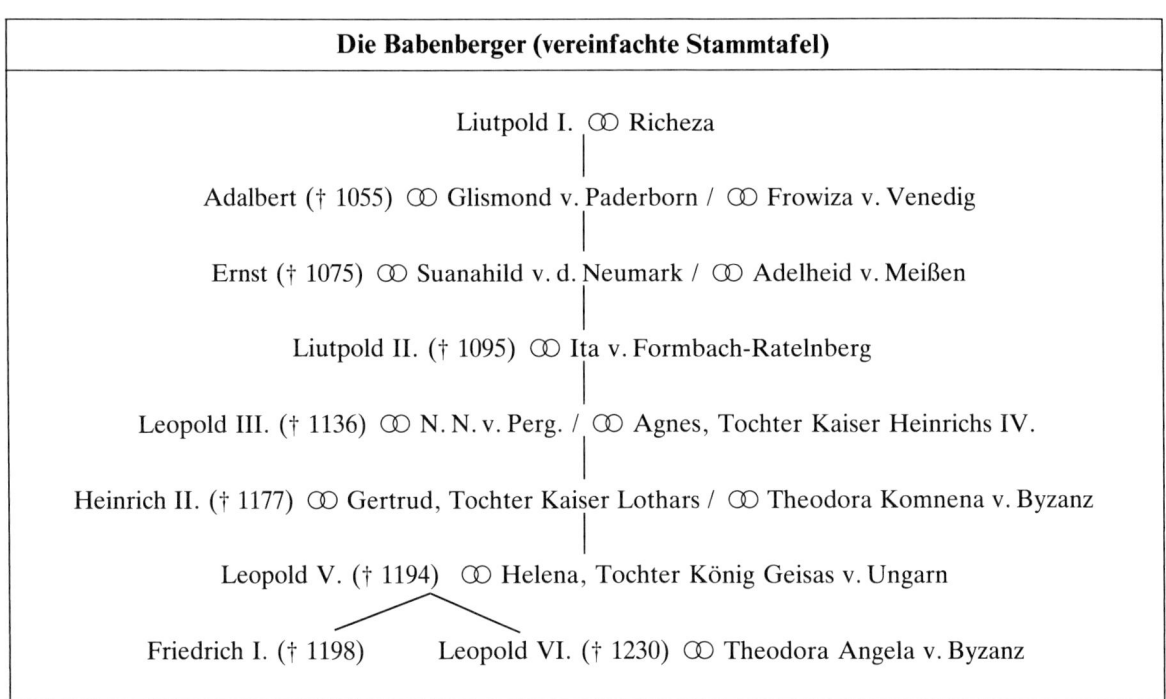

der aufnehmen durfte, scheint eine späte Wiedergutmachung für harte kaiserliche Urteile aus früheren Zeiten gewesen zu sein – gewiß aber auch der Lohn für die Tapferkeit, mit der Luitpold die Ungarn zurückwarf und mit der andere Männer seiner Familie gegen Sorben und Normannen gekämpft hatten. Damit stieg eine schon früh zur Herrschaft berufene Familie nach der Katastrophe von 903, über die wir nichts Genaues wissen, doch noch zu geschichtlichem Glanz auf und trat eine Herrschaft an, die 270 Jahre währen sollte.

Tatsächlich taktieren die Babenberger, die nun in Tulln herrschen, von Anfang an mit größter Umsicht und so geschickt, wie es Neulinge niemals fertigbrächten, und sie verfügen ganz offensichtlich auch über die Verbindungen eines alten und mächtigen Adelshauses, das über die Grenzen des Reiches hinaus bekannt ist. Die Heiratspolitik der Habsburger, in dem berühmten Wort »Du glückliches Österreich heirate« Gegenstand der Bewunderung für spätere Generationen, erscheint bei den Babenbergern vorweggenommen, wenn ihre Gemahlinnen – nach einigen Verbindungen mit reichen einheimischen Sippen – aus Ungarn, aus Meißen und aus Böhmen kommen, wiederholt aber auch aus Byzanz. Die drei griechischen Prinzessinnen, die natürlich mit einem gewissen Gefolge, mit Damen, Lehrern, Sekretären an die Donau kamen und Verbindungen an den Bosporus aufrecht erhielten, fördern die höfische Kultur und die gesellschaftliche Entwicklung im Machtbereich der Babenberger ganz erheblich und heben dieses aus halbbarbarischen bayerischen Wurzeln stammende Geschlecht sehr schnell über die Reihe der Bayernherzöge hinaus.

Andere Ehen schufen Verbindungen zu den königlichen und kaiserlichen Geschlechtern. Leopold III., der später heiliggesprochene Babenberger, regierte von 1095–1136 und heiratete in zweiter Ehe eine Tochter Kaiser Heinrichs IV., die als Witwe Friedrichs von Staufen die Mutter von König Konrad III. war. Heinrich II. Jasomirgott (1141–77) der tüchtigste aller Babenberger mit dem stärksten praktischen Verstand, heiratete eine Tochter Kaiser Lothars und erhielt den Herzogtitel durch die vernünftige Selbstbescheidung, nicht Bayern *und* Österreich regieren zu wollen: Bayern wurde zum Zankapfel zwischen den Großen des Reiches, Österreich verblieb den Babenbergern, solange es welche gab...

Die Töchter aus dem Hause Babenberg waren offenbar begehrte Partien, denn sie heirateten so gut wie stets in einflußreiche und politisch mächtige Familien: in die Steiermark, nach Kärnten, nach Böhmen (wiederholt), nach Mähren, nach Ungarn, nach Sachsen, Meißen und Thüringen. Margarete, Tochter Leopolds VI. (1198–1230) heiratete den deutschen König Heinrich VII.

Der letzte Babenberger, Friedrich II. der Streitbare (1230–46), visierte am höchsten; eine seiner Schwe-

Rechts: Die kleine alte Stadt Krems in der Wachau hat sich ihr historisch reizvolles Ortsbild erhalten können.

stern war deutsche Königin, eine andere war mit Heinrich Raspe, Markgrafen von Thüringen verheiratet, einem der begabtesten deutschen Gegenkönige. Friedrich selbst, der eine ungarische Großmutter und eine byzantinische Prinzessin als Mutter hatte, weitete seinen Herrschaftsbereich energisch, aber überstürzt aus, war schließlich Herzog von Österreich und Steiermark und Herr von Krain, kämpfte aber gegen alle seine Nachbarn, also gegen Bayern, Böhmen und Ungarn. Wegen Willkürherrschaft vom Kaiser geächtet, warf er sich in die stärkste der österreichischen Festungen, nach Wiener Neustadt, das seitdem »die allzeit Getreue« heißt, und widerstand dort allen Angriffen. Als einziger Fürst des Reiches kämpfte er erfolgreich 1241 gegen die Mongolen, fiel aber fünf Jahre darauf in der siegreichen Schlacht an der Leitha gegen König Bela IV. von Ungarn.

Unter Friedrich wurde das Österreichische Landrecht schriftlich fixiert – nur wenige Jahre nach der berühmten *Magna Charta* – und der frühgotische Neubau des Stephansdomes begann. Friedrich hatte bereits den Königsring erhalten und wäre König von Österreich geworden, aber sein früher Tod machte dem allem ein Ende. Wie weit Österreich damals schon war, zeigt neben der Aufzeichnung des Landrechts auch die Tatsache, daß Friedrich einen wahren Musenhof hielt, bei aller Fehdefreude also ein Freund großer Dichter war: Nithart von Reuenthal, Ulrich von Liechtenstein, der Tannhäuser und Wernher der Gärtner waren wiederholt und für lange seine Gäste.

Anders als in der Lausitz spielten in Österreich die Klöster von Anfang an eine führende Rolle bei der Siedlungspolitik. Hatte sich auch die Grenze durch die kriegerische Tüchtigkeit der Babenberger und ihre guten Kontakte zu den deutschen Königen frühzeitig stabilisiert, so waren die östlichen Gebiete des Landes doch seit den Kelten von sehr unterschiedlichen Völkern besiedelt gewesen. Zwischen diesen zum Teil sehr unruhigen Eindringlingen hatte sich in Ostösterreich romanisiertes Stadtbürgertum nur in ganz geringem Maße erhalten; nicht einmal für Wien ist die ununterbrochene Existenz eines Gemeinwesens wirklich sicher. Allerdings sind namhafte Forscher wie Karl Oettinger aufgrund neuerer Ausgrabungen in und um Wien der Überzeugung, daß Wien »als bewehrte Kleinstadt« den Wechsel von den Römern zu den Hunnen, von den Hunnen zu den Slawen und von den Slawen zu den Awaren überstanden habe, mit einem Kernbestand an romanisierter kelto-illyrischer Grundbevölkerung (urkundliche Erwähnungen 550, 791 und 881). Demnach wäre, trotz der sehr ungewissen Schicksale des flachen Landes, die Stadt an der Donaupforte doch vom vierten vorchristlichen Jahrhundert an ununterbrochen besiedelt gewesen.

Die neue Blüte kleiner österreichischer Stadtsiedlungen in dem nach Osten weisenden Donautal war dem Handel und der Flußschiffahrt zu danken. Da Passau und Regensburg bereits wichtige religiöse und Verwaltungszentren waren, profitierten bald Orte wie Krems und Stein an der Donau und im elften Jahrhundert vor allem Wien von dem Verkehr auf dem Fluß. Etwa zur gleichen Zeit verzichtete der deutsche König Heinrich V. seinem Schwager, dem Babenberger Leopold III. zuliebe auf das Königsgut in Österreich; damit gingen Krems, Tulln, Wien und Hainburg in den Besitz der Babenberger über. Zwar hatten sie als Markgrafen schon bisher die Städte verwaltet, aber sie zu besitzen, über große Wälder, Burgplätze und für die Pferdezucht, über die Marchniederung zu verfügen, das war doch eine bedeutende Stärkung der Herrschaft, von den beträchtlichen Maut- und Zolleinnahmen ganz zu schweigen. Da die großen, zum Teil mit den Babenbergern verwandten Adelsgeschlechter der Ratelnberg, Pernegg und andere ohnedies schon sehr mächtig waren, gebot die Vorsicht, die lohnende Aufgabe des weiteren Landesausbaus, also die Chance von Siedlung und Rodung, in die Hände der zweiten mächtigen Institution, der Kirche, zu geben. Die Klöster wurden damit in einem Maß in den Landesausbau einbezogen wie sonst nirgends im ganzen deutschen Südosten, und die Dauerhaftigkeit ihrer Bedeutung, die Kraft, mit der sie auch die Aufklärung überstanden, haben bis heute die Besitzverhältnisse im östlichen und südöstlichen Österreich mitbestimmt.

Klosterneuburg, das an Kunstschätzen so reiche Stift in der Nähe von Wien, war noch von den Babenbergern selbst gegründet worden und wurde 1133 den Augustinern übergeben; ein sächsisches Adelsgeschlecht gründete schon 1109 das bis heute prächtig auf seinem Hügel liegende Stift Seitenstetten, in dem 1112 die Benediktiner Einzug hielten. Andere Klöster entstanden an der Traisenmündung, in Kleinmariazell im Wienerwald, in Altenburg am Kamp und an anderen Orten. Die größte Bedeutung erlangten jedoch die Zisterzienserklöster Heiligenkreuz, süd-

Linke Seite: Stift Zwettl im niederösterreichischen Waldviertel: Brunnenhaus mit Granitschale von 1706.

Rechts: Burg Aggstein an der Donau, lange Zeit Stützpunkt des wehrhaften Geschlechts der Kuenringer, 1231 und wieder 1295 von babenbergischen Truppen erobert.

lich von Wien in einem reizendenTal gelegen, und das von Heiligenkreuz aus gegründete Stift Zwettl im nördlichen Niederösterreich, auf Grundstücken des mächtigen Geschlechts der Kuenringer.

Während für Schlesien und andere Gebiete des deutschen Ostens heute von der Forschung bezweifelt wird, ob die Klöster tatsächlich »aus wilder Wurzel« Nutzland und Dörfer entstehen ließen, sind die Klostergründungen unter den Babenbergern mitten in unkultivierte Gebiete hineingestellt worden, Zwettl zum Beispiel in den sogenannten Nordwald, der bis dahin höchstens von Jägern betreten worden war.

1185 erhielt ein Hademar von Kuenring von Herzog Friedrich von Böhmen das Waldgebiet zwischen der Lainsitz und Stribnitz westlich von Altweitra zum Lehen. Unter den Unterzeichnern der Urkunde ist – das sei für Stifterfreunde in dieser Stifterlandschaft angemerkt, – auch ein Ritter namens Witigo, dessen Namenszug zwischen Bohus, dem Bärtigen und einem Kämmerer namens Hroznata steht.

Die Kuenringer waren dem Bayernherzog, dem Herzog von Böhmen und den Markgrafen, später den Herzögen von Österreich verbunden und somit ein Geschlecht von beträchtlichem nichtösterreichischem Rückhalt. Sie führten denn auch den Adelsaufstand gegen den letzten Babenberger an, hatten in Friedrich dem Streitbaren allerdings einen übermächtigen Gegner, der ihre Burgen – zuletzt Aggstein – berannte und eroberte. In den Zeiten dieser Fehde hatten Kuenringer und andere immer wieder Kaufmannsgeleite auf der Donau angegriffen, um dem Herzog Schwierigkeiten zu machen; diese Raubzüge haben ihr Bild für später stärker geprägt als ihre Siedlungsleistungen im nördlichen Niederösterreich, obwohl solche Repressalien die bevorzugten Kampfmaßnahmen jeder Adelsopposition von der Mark bis tief in den Süden, etwa im Kirchenstaat, geblieben sind und darum immer wieder vorfielen.

Neben solchen und ähnlichen Besitzurkunden, die naturgemäß die Basis aller Siedlungsarbeit bildeten, tauchen vereinzelt auch Urkunden auf, die uns sagen, woher der Bevölkerungszustrom in die nun gesicherten österreichischen Länder kam. Herzog Leopold VI. gewährte im Jahr 1208 den aus Flandern zugewanderten Bürgern Sonderrechte auf dem Wiener Markt: sie werden hinsichtlich des Marktrechtes den ansässigen Wienern gleichgestellt, bei allen Streitsachen aber von der Rechtsprechung des herzoglichen Richters befreit und dem Münzkämmerer unterstellt, also offenbar einem besonderen Handelsgericht zugewiesen, das wohl nicht so hart zuschlug. Unter den Herren, die dieses Dokument unterfertigten, sind neben verschiedenen Edelleuten aus der Umgebung auch schon einige Handwerker wie der »Gewandschneider« Rüdiger und sein Genosse Heinrich und unter den anderen *cives Wienenses* findet sich bereits einer der inzwischen ungleich zahlreicheren Wiener Tschechen namens Albrecht Chlebar. Sehr wienerisch klingt auch der Name eines Eberhardus Tanewaschel.

Um Handel und Verkehr zeigten sich die Herzöge auch bemüht, wenn sie den wichtigen Semmeringpaß auf dem Weg von Wien nach Krain und Italien mit einem Hospiz ausstatteten, das natürlich nicht nur den Kaufleuten, sondern auch Pilgern half, den langen Paß ohne Gefahr zu überwinden. Es war im Jahr 1211, daß der Herzog die alten Schenkungen an das Spital auf dem Semmering erneuern und einen Adeligen namens Erchenger von Landsee in seine Schranken weisen mußte, weil er sich »all das, was von Pichlwang bis zum Gansbach bebaut oder unbebaut war«, ohne rechtlichen Anspruch angeeignet hatte. Nach seinem Tod wagte das Hospiz aufzumukken, und die Erbverhandlung ergab, dank der wahrheitsgemäßen Aussagen der Erben, dann Einmütigkeit über die Rückführung dieser für den Semmeringweg wichtigen Grundstücke.

Der wichtigste Verkehrsweg in den Südosten blieb aber nach wie vor die Donau, trotz des Greiner Strudels und der nicht immer ruhigen politischen Verhältnisse an dem langen Lauf dieses Stromes. Schon im Altertum auch in der Gegenrichtung, also stromaufwärts befahren, von griechischen Händlern gleichsam als Wegweiser ins unbekannte Mitteleuropa genutzt, wurde die Donau nun, in der Zeit der deutschen Ostsiedlung, nicht nur der leistungsfähige Transportweg, sondern auch eine Art Garantie für die Auswanderer: Angesichts des mächtigen Stromes und des regen Verkehrs, der auf ihm herrschte, durften sie sicher sein, die Verbindung mit ihren Heimatlandschaften am Donau-Ursprung und an der oberen Donau durch Generationen halten zu können, Besuche zu empfangen oder zumindest Nachrichten von zu Hause zu erhalten. Wie wichtig solche Verbindungen waren und wurden, bewies zwar am eindrucksvollsten der Seeweg zwischen Lübeck, Rostock, Königsberg und den baltischen Städten, aber auch die Donau tat das ihre.

Schon vor dem Mongoleneinfall von 1240/41 bestand in der Donaustadt Pest eine deutsche Kaufmannssiedlung, dem Hafen gegenüber, also auf dem linken, nördlichen Donauufer. Frühe Dokumente nennen sie *magna et ditissima villa Teutonicorum*, die Deutschen nannten sie Ofen. In einem Schriftstück von 1244 werden den Deutschen durch König Bela IV. von Ungarn bereits ältere, früher gewährte Rechte erneuert, weil der erste Schutzbrief im Tatarensturm verlorengegangen war. Die ausführliche Aufzählung all dessen, was den Deutschen – zum Unterschied von den Ungarn – erspart bleiben soll,

Linke Seite: Gutenstein, der wichtigste Markt im Piestingtal, mit alter Burg und schönem Grafenschloß.

läßt vielsagende Rückschlüsse auf das Leben der kleinen Leute unter Bela IV. und seinen Adelsherren zu. Die Deutschen waren zu diesem Zeitpunkt offensichtlich nicht nur Kaufleute, sondern hatten auch Landbesitz und landwirtschaftliche Güter erworben. Es wurde ihnen zugesichert, daß nicht einmal der Vizepalatin sich bei ihnen gewaltsam einquartieren dürfe, auch sonst, wie der König sich ausdrückt, »keiner unserer Großen«. Sie erhielten eigene Gerichtsbarkeit wie die Flandern-Einwanderer in Wien, und es durfte vor dem Richter niemand gegen sie auftreten, der nach anderem Recht lebte als die Deutschen. Diese juristische Exterritorialität, die sich in beinahe allen Handelsstädten des Mittelalters findet, bildet einen der Hauptunterschiede zwischen damals und heute, wohl auch, weil es ein Konsulatswesen im heutigen Sinn damals noch gar nicht gab.

Die Heeresfolge der Deutschen wurde auf zehn gut bewaffnete Männer begrenzt, das Gottesurteil durch Zweikampf verboten und für jeden Streit das (deutsche) Gericht vorgeschrieben. Sehr bezeichnend ist auch, daß der Vertrag nicht mit einem goldenen Siegel (der Goldenen Bulle) versehen wurde, »wegen der Fährnisse auf den Straßen« – die Deutschen erhielten eine beglaubigte Abschrift, das Gold blieb beim König. Ausgefertigt hatte das Privileg der Erzbischof von Kalosza als Kanzler. Nach dem Vorbild dieser Urkunde wurden noch im gleichen Jahr ähnliche für die deutschen Gäste – die »Zusammenströmenden Gastsiedler« – in Eisenburg, Zala und an anderen Orten ausgestellt. Darin ist auch von Landbesitz die Rede, von der freien Pfarrerwahl und von der weitgehenden Befreiung ihrer Rechtsangelegenheiten vom Spruch der offenbar nicht sonderlich angesehenen Landrichter. Nur die Steuereinnehmer

Oben: Die siebenbürgische Kirchenburg Birthelm.
Rechte Seite: Stickerei aus einer nordsiebenbürgischen Mädchentracht: Brustpelz mit bunten Lederapplikationen und Seidenquasten.

Links: Die Kirche von Jakobsdorf: Ihr Portal gleicht einem Burgtor, darüber ein Wehrgang.

Folgende Seite: Hermannstadt, eine der traditionsreichsten Städte der Siebenbürger Deutschen, wurde Mitte des zwölften Jahrhunderts gegründet und nach völliger Zerstörung durch die Tataren ab 1241 wieder aufgebaut.

Linke Seite: Typisches Ortsbild in Siebenbürgen, wie es das ständig bedrohte Leben dieser deutschen Minderheit charakterisiert: im Mittelpunkt jeder Siedlung die als Fluchtburg ausgebaute Kirche.

müssen verköstigt werden, mit einer Mahlzeit am Morgen und einer am Abend; das gleiche gilt für den Vizegespan.

Wuchsen die deutschen Kaufmannssiedlungen in verschiedenen Orten nach und nach aufs Land hinaus, wo sie zum Teil Sprachinseln bildeten, zum Teil aber auch aufgesogen wurden, so bilden die sogenannten Siebenbürger Sachsen vom Beginn dieses dreizehnten Jahrhunderts an eine eigene, geschlossene Gruppe, nur waren sie eben keine Sachsen. Im fernen Südosten Ungarns hatten die aus dem Westen und Südwesten des alten Reiches kommenden Einwanderer keine sichere und unmittelbare Verbindung mit der Heimat mehr; das weite ungarische Tiefland war nicht jenes freie Meer, das wie die Ostsee alle Schiffe auf seinem Rücken trug. Die Deutschen waren nicht auf gut Glück so weit gewandert: die ungarischen Könige hatten sie gerufen, um die menschenleere Grenzräume Ungarns zu sichern. Das Unternehmen würde heute gewiß anders verlaufen, aber das schlicht nationale Argument wog im Mittelalter noch nicht schwer, die Ungarnkönige hatten keine Bedenken, sich Deutsche zu Untertanen zu machen, und sie hatten auch eigentlich keine Wahl. Der ungarische Bauer verstand sich auf die Feldarbeit, nicht aber auf das Roden und das Leben im Gebirge. Daher sicherten die Privilegien für die Deutschen in Eisenburg und anderen westlichen Komitaten das Land für den ungarischen Staat, der andernfalls mit dem ungeregelten Einsickern deutscher Siedler aus Österreich und dem endlichen Verlust ungesicherter Grenzstreifen hätte rechnen müssen. (Dieser Verlust trat dann ein, als nach dem Ersten Weltkrieg die nationale Frage durch den US-Präsidenten Wilson zum Kriterium für die Grenzziehung erhoben, allerdings meistens nicht konsequent beachtet wurde: das Burgenland mit seinen deutschen Siedlern aus dem zwölften Jahrhundert kam 1920 zu Österreich, Ungarn behielt durch Wahlbetrug nur Ödenburg).

Im Gegensatz zu diesem ebenen Westrand mit dem ausgedehnten Becken des Neusiedler Sees hatte Ungarn im Norden und Osten bergige Grenzen, oder, um es richtiger zu sagen: Ungarn stieß an zwar nicht sehr hohe, aber äußerst unwegsame Gebirgszüge, die bis ins achtzehnte Jahrhundert herauf für nennenswerten Verkehr unpassierbar waren. Im Südosten gehörten diese Gebirgszüge, der enge und stark bewaldete Karpatenbogen, zu den politisch unruhigsten Gegenden des Kontinents, weil sich hier der Dauerdruck aus dem Südosten, die beinahe permanente Bedrohung durch die Türken jeder Stabilisierung der Verhältnisse entgegenstellte.

Noch ehe die Türken mit der Einnahme von Byzanz das Signal zur Eroberung des christlichen Balkans gesetzt hatten, bot sich eine Chance, zumindest den Karpatenbogen selbst, die Landschaft, die wir heute als Siebenbürgen kennen, zu einer starken Festung des Abendlandes auszubauen. Der Karpatenkamm biegt sich hier aus der südöstlichen in die südliche und dann in die südwestliche Richtung. Das hohe Vulkangebirge mit seinen vielen heißen Quellen weist an dieser Stelle fünf tiefe Einsattelungen auf, die im Altertum und im frühen Mittelalter wiederholt zu Einfallspforten für Steppenvölker geworden waren, so daß die dahinter liegende Landschaft, das sogenannte Burzenland, tatsächlich eine wichtige Mark des ganzen christlichen Europas war. Der Johanniterorden hatte darum, als er am Ostmittelmeer keine ihm entsprechenden Aufgaben mehr fand, den Versuch gemacht, mit seinen Rittern dieses Burzenland zu besetzen und zu einer Bastion auszubauen. Wirtschaftlich wäre das Land mit seinem fruchtbaren Schwemmboden, den ausgedehnten Wäldern und den zahlreichen Mineralvorkommen gewiß geeignet gewesen, den Rittern eine Existenzbasis zu geben. Selbst im Westen hätte das Land gegen das Hermannstädter Becken und das damalige Ungarn, durch einen freilich nicht sehr hohen Gebirgsriegel abgesperrt, natürliche Grenzen gehabt. Kalk- und Sandsteinvorkommen hätten gutes Material für den Burgenbau geliefert. Aber König Andreas II. (der Vater der heiligen Elisabeth) verlieh zwar im Jahr 1211 dem Deutschen Orden (wie er sich nun nannte) das Burzenland in einer Urkunde, die sich erhalten hat, ja er besiegelte den Akt sogar als eine Schenkung, bereute ihn aber später und nahm dem Orden im Sommer 1225 das Land wieder weg. Er rückte sogar mit seinem Heer gegen den Orden vor, der inzwischen nicht nur sechs Burgen errichtet, sondern auch verschiedene Angriffe der östlich siedelnden Kumanen abgewehrt und wertvolle Kolonisationsarbeit geleistet hatte. Während die Fürsprecher des Ordens bis heute unterstreichen, daß die Vorwürfe gegen den Orden und die Gründe für die Zurücknahme der Schenkung niemals zweifelsfrei bekannt geworden seien, ist die unabhängige Geschichtsschreibung der Meinung, daß König Andreas die militärische Macht und große Selbständigkeit des Ordens unheimlich geworden sein: Er habe zwar die Grenzen seines Königsreichs durch den Orden sichern, nicht aber einen Teil Ungarns zu einem eigenen neuen und starken Kleinstaat machen lassen wollen.

Wie dem auch sei, das schnelle Ende der Ordensherrlichkeit bedeutete für ein Land, das selbst in der Schenkungsurkunde als wüst und öde bezeichnet wurde, das Verpassen einer großen Chance. Hatten die Ritter sich auch geweigert, Ungarn und Szekler als Kolonisten aufzunehmen, weil sie mit den wilden Kumanen jenseits des Karpatenkamms schon Probleme genug hatten, so wäre doch nach und nach der Zuzug deutscher Kolonisten stark genug gewesen, das fruchtbare Land zu besiedeln und die reichen Wälder so weit zu roden, wie es Waldsiedlungen und Glashütten, Bergbau und Paßverkehr notwendig machten. Nicht mit dem Orden fortgehen mußten die kleinen Leute, die inzwischen ins Land gekommen waren. In den Grenzgebirgen hatten sich die Bergleute aus Sachsen und die Bauern aus verschiedenen Teilen Deutschlands inzwischen bewährt, zum Teil in der Zips, also im nördlichen Ungarn, zum Teil in Siebenbürgen. Das neue Siebenbürger Zentrum nach dem Ende im Burzenland wurde der Königsboden rings um Hermannstadt; die Grundlage deutscher Arbeit in Ungarn wurde das sogenannte Andreanum, ein Schutzbrief des Königs aus dem Jahr 1224, also dem letzten Jahr des Ordens im Burzenland, als sich die dunklen Wolken über den Rittern bereits zusammenbrauten. Die deutschen Bergleute und Bauern in Siebenbürgen erhielten im Schutzbrief, was sie unbedingt brauchten: die Sicherung gegen unerwünschten Zuzug und eine gewisse Rechtshoheit. Aber gerade, als man sich nun sicher wähnen durfte, als der Streit um den Orden in Vergessenheit geriet und auch der herrschsüchtige neue König Bela sich den Deutschen gegenüber als gerecht erwies, brach mit dem Mongolensturm das große Unheil über die jungen Höfe am Ostrand Ungarns herein.

»Entsetzlich waren die Verwüstungen durch die Mongolen«, lesen wir in einem der besten Siebenbürgener Heimatbücher, aus der Feder Rudolf Bergners. »Die abgelegenen Bollwerke wurden zerstört, die teilweise isolierten Gemeinden überwältigt, Tausende getötet, Tausende in die Wälder getrieben, überall herrschte Plünderung, Brand, Verwüstung. Und noch lange nachher lebten in der Seele des Volkes die schrecklichsten Erinnerungen fort; noch nach dem Abzug der wilden Horden regierten derart Not und Elend, daß man selbst Menschenfleisch zum Markte führte.«

Wenige Jahrzehnte erst hatten die Deutschen in diesem von der Natur gut ausgestatteten, aber auch gut abgeschirmten Land gearbeitet, und alles schien nun zunichte. Sie hatten gewußt, daß sie es mit den Kumanen zu tun haben würden, aber ihrer meinte man sich erwehren zu können, und irgendwann mußte man sich mit diesen Nachbarn im Osten ja dann wohl arrangieren. Aber daß der große Schrecken, wie ihn einst die Hunnen bedeutet hatten, erneut Europa heimsuchen würde, damit hatte man wohl nicht mehr gerechnet. Die hölzernen Burgen der Ordensritter gingen in Flammen auf, die Menschen flüchteten in die unwegsame Einsamkeit der Wälder. Daß die Überlebenden den Mut hatten, wieder von neuem zu beginnen, erscheint als ein Wunder.

Aus dem fünften Jahrhundert ist uns ein sehr bezeichnendes Gespräch überliefert; ein byzantinischer Diplomat, der in Attilas ungarischem Lager weilt, hört es mit, ein Gespräch über den Zaun, in dem ein Mann einem Freund versichert, er habe es aufgegeben, Bauer zu sein, zu oft habe man ihm das Dach über dem Kopf angezündet – er sei nun auch unter die Krieger gegangen.

Liest man, was die Bauern in Siebenbürgen erlebt haben, versteht man, die Sprache ihrer Wehrkirchen zu deuten, blickt man ein wenig in die Chroniken dieser Dörfer und kleinen Städte, dann erkennt man, daß von diesen vielgeprüften Bauern nur darum nicht viel mehr zu den Soldaten entliefen, weil sie ohnedies schon Soldaten waren. Die außerordentlichen Privilegien, die sie genossen, die Steuervorteile, die weitgehende Befreiung vom Kriegsdienst außerhalb Siebenbürgens, die Begünstigungen, was Zölle und Umsatzsteuern anlangte – das alles mußte, im Verein mit dem guten Boden und den reichen Bergwerken, die Siebenbürger reich machen. Aber es war ein Reichtum, für den sehr viele von ihnen mit

Links: Der sogenannte Kleine Ring in Hermannstadt.

Rechte Seite: Czernowitz, die Hauptstadt der Bukowina, nordöstliche Universität der Donaumonarchie, eine Stadt mit höchst reizvoller Mischung slawischer, deutscher und jüdischer Bevölkerungselemente: der Palast des Metropoliten.

dem Leben bezahlten oder doch mit ihrer Freiheit. Denn als schließlich, lange nach den Mongolen, seit etwa 1420 die Türken kamen, da wurde zwar nicht mehr soviel gemordet, aber es wurden immer wieder Christen in die Sklaverei weggeschleppt, schien doch das osmanische Reich nicht genug an christlichen Sklaven für allerlei Dienste und an christlichen Mädchen für die Serails der türkischen Großen bekommen zu können.

Noch die Ordensritter hatten an den Südosthang der Karpaten, also außerhalb Siebenbürgens, eine besonders große Burg hingebaut, von der man seltsamerweise nicht mehr zu sagen weiß, wo genau sie stand; sie war aus Holz, weil da das Bauen schnell ging und weil man so auch ungelernte Helfer gut einsetzen konnte. Weder diese verschwundene Burg noch die achtzig anderen uns bekannten Burgen und Kastelle konnten den Schutz gewähren, der nötig gewesen wäre: Es sollen im Lauf der sechshundert – selten friedlichen – Jahre zwischen den ersten Mongolen- und den letzten Türkeneinfällen insgesamt an die 200 000 Männer, Frauen und Kinder aus Siebenbürgen verschleppt worden sein.

War dieser Verlust für ein kleines tapferes Volk schon kaum zu verkraften, so war das friedliche Abwandern von so manchem starken Geschlecht für manchen Ort sogar von noch größerer Bedeutung. Die Siebenbürger hatten die Freiheit, sich überall in Ungarn niederlassen zu können, während der ungarische Adel nicht nach Siebenbürgen ziehen und dort Landbesitz erwerben durfte. Brachte es also eine der deutschen Familien zu Vermögen, stieg sie mit ihrem Bergwerk oder ihrem Landgut in den Rang der großen Besitzer auf, so waren sie auch dem Adel zum Heiraten genehm. Allerdings mußte sich eine solche Familie in der Regel ins eigentliche Ungarn verpflanzen lassen und ging den Siebenbürgern verloren – und es waren oft die Besten und Erfolgreichsten.

Als einziger ungarischer Stamm durften sich neben den Deutschen in Siebenbürgen in den drei östlichen Komitaten die Szekler niederlassen. In Udvarhely, Csik und Haromszek lebten sie als traditionsbewußte Magyaren mit einem durch die Jahrhunderte gepflegten Brauchtum, wobei ihre Zahl die halbe Million wohl kaum je überstiegen hat. Sie sind wohl nicht, wie man lange annahm, die eigentlichen Nachkommen der sogenannten Königshunnen, also vom

Stamme Attilas und seiner vielen Söhne; auch ob sie Chazaren sind, ist bis heute nicht völlig klar. Jedenfalls genossen sie bis zu Ungarns Schicksalskampf im Jahr 1848 besonderes Ansehen und viele Privilegien. Ihre deutschen Nachbarn verstanden sich mit ihnen so lange recht gut, bis die nationale Magyarisierungspolitik in der zweiten Hälfte des neunzehnten Jahrhunderts die Deutschen und die Rumänen zu Schicksalsgefährten werden ließ, weil die Rumänen in dieser politischen Phase noch schlechter behandelt wurden als die Siebenbürger.

Das scheint ein Widerspruch zu sein zu der unleugbaren Tatsache, daß der österreichisch-ungarische Vielvölkerstaat von der deutschen Stadt Wien aus regiert wurde. Man sollte meinen, ein unterdrückter Siebenbürger Sachse hätte eigentlich nichts anderes tun müssen, als dem guten Kaiser – ob er nun Ferdinand, Franz oder Franz Joseph hieß – einen vertrauensvollen Bittbrief zu schreiben. Dem aber war nicht so. Die Monarchie war groß, Wien weit, und die Ungarn saßen jedenfalls dazwischen, saßen aber auch in unzähligen Ämtern und Positionen, die für Siebenbürgen entscheidend wichtig waren. Vor allem aber ließ die äußerst unruhige Völkermischung auf kleinem Raum das als Fürstentum selbständige, später an Ungarn angegliederte Siebenbürgen zum vielleicht schwierigsten Verwaltungsproblem der Donaumonarchie werden. Selbst ein hochintelligenter und vorurteilsfreier Monarch wie Joseph II. hatte in der Siebenbürgen-Politik furchtbare Fehler begangen, und jeder Fehler in Wien kostete in Siebenbürgen Blut: Als Joseph in seinem Fortschrittsglauben dort die Vorrechte der drei Nationalitäten – der Deutschen, der Szekler und der Magyaren – weitgehend abbaute, entfesselte er einen Aufstand der größtenteils walachischen Leibeigenen, der Tausenden von begüterten und zumeist adeligen Siebenbürgern das Leben kostete. Da die Rumänen ihren Anspruch, als vierte Nation anerkannt zu werden, auch 1848 nicht durchsetzen konnten, kam es zum Blutbad von Zalatna, dem in erster Linie Magyaren zum Opfer fielen. Und seit der Einverleibung Siebenbürgens in Ungarn von 1867 – als Versöhnungsgabe an die ewig gekränkten Magyaren – tobte der unblutige Kampf um Schulgesetze und gegen die Überfremdung durch die Ungarn.

Um so bewundernswerter ist die zähe und tapfere Arbeit der Siebenbürger Sachsen auf dem alten Königsboden. Wer das Land besuchte, konnte nicht sehen, was sich da in den Schulen abspielte oder hinter den Mauern von Höfen, Kirchen oder Fabriken. Am Vorabend der großen Veränderung nach dem Ersten Weltkrieg, im Herbst 1917, schrieb der Pfarrer Honigberger aus Bukarest von einer Reise durch Siebenbürgen »... auf der ganzen Strecke bis hin nach Sinaia all die prächtigen, anmutigen Sommerfrischen... Unwillkürlich regt sich der Wunsch: hier möchtest du wohl unter den schönen Bergriesen in einer dieser sauberen Villen einen Sommer zubringen! Noch erstaunlicher aber findet der Reisende all die rauchenden Fabrikschlote, die sich überall in die Höhe recken: So viel Gewerbefleiß und industrielle Betätigung. Doch nun kommt eigentlich die größte Überraschung: Man fragt den ortskundigen Reisebegleiter, wem dieses oder jenes schöne Landhaus gehöre? Und man hört darauf oftmals rein deutsche Namen. Man fragt nach den Inhabern jener Fabriken, und hört wieder deutsche

Links: Judengasse in Czernowitz; die intellektuell wie wirtschaftlich sehr regsame jüdische Gemeinde stellte etwa die Hälfte des deutschen Bevölkerungsanteils.

Rechte Seite: Eine der schönen Schüsseln, wie sie den Stolz der Bukowina-Bauern bildeten.

Firmen und deutsche Unternehmer nennen. Man erkundigt sich nach den wichtigsten Gesellschaften, die an der Erdölgewinnung beteiligt sind, und wieder hört man ein Ruhmeslied auf deutsche Tatkraft und deutschen Unternehmergeist. Was waren einst Azupa und Busteni? Elende Bauerndörfer blieben sie, bis nach dem Zollkrieg zwischen Österreich-Ungarn und Rumänien siebenbürgisch-sächsische Fabrikherren sich gezwungen sahen, jenseits der Grenze sich eine neue Existenz zu schaffen...«.

Und dann schluckte der Siegerstaat von 1918, das rumänische Königreich, bekanntlich das ganze Siebenbürgen! So mancher, der unter der aggressiven ungarischen Magyarisierungspolitik gelitten hatte, atmete auf, aber es wurde in dem neuen großen Land, das immerhin 800 000 deutsche Staatsbürger hatte, nicht viel besser. Die Rumäniendeutschen waren nach Herkunft und Energie, nach der Bedeutung ihrer einzelnen Gruppen und in ihrer Lebensweise zu verschieden, als daß sie sich so zusammenschlossen, wie es die Zeit verlangte. Zwischen den oft steinreichen und selbstbewußten Siebenbürgern und den armen Bauern in der Dobrudscha klafften Welten, und die Bessarabiendeutschen hatten zwischen Russen und Juden wiederum ihre ganz eigenen Sorgen. In der Bukowina, dem kleinen Buchenland rund um Czernowitz, kämpften die Deutschen gegen die deutschsprechenden Juden um die geistige Führung des Ländchens, statt sich mit dieser intelligenten und wendigen Minderheit zusammenzuschließen. Die rumänische Agrarreform schließlich entzog den Deutschen so manches alte Privileg und nahm jegliche Hoffnung auf zusätzlichen Besitzerwerb.

All dies, und das ist vielleicht das Traurigste daran, ist Schnee vom vergangenen Jahr, dahingeschmolzen in den Ereignissen seit 1939, vergessen selbst bei jenen, deren Eltern, Großeltern und Vorfahren die unsäglichen Pendelschläge des Schicksals im Südosten miterlebt und erlitten hatten. Nirgendwo war der Schmelztiegel des Auslandsdeutschtums größer als in diesem Großrumänien, in dessen Norden der

Linke Seite: Motiv aus Pettau/Slowenien. Schwibbögen stützen die engen Mauern.

Links: Agram: Blick vom Domturm auf erhaltene Teile der alten Befestigungen.

Zar Alexander Deutsche aus Preußen und Württemberg angesiedelt hatte, während die Sathmarer Schwaben von der mächtigen ungarischen Großgrundbesitzerfamilie der Grafen Karolyi ins Land gerufen worden waren, nach und nach, zwischen 1712 und 1848. Die Dobrudscha-Deutschen, auf einem zwischen Bulgarien und Rumänien umstrittenen fruchtbaren Landstreifen am Schwarzen Meer 1919 Rumänien zugeschlagen, waren erst 1840 ins Land gekommen: 13 000 deutsche Bauern, die in den Zeiten der großen deutschen Auswanderungswellen den europäischen Osten wohl für friedlicher und risikoloser gehalten hatten als den amerikanischen Westen.

Der Machtanstieg des Deutschen Reiches in der kurzen Friedensphase zwischen 1933 und 1939 brachte Verbesserungen für die Rumäniendeutschen: Befreiung vom noch immer drückenden ungarischen Schulsystem, Zusammenschluß der Volksgruppen – und vor allem die Hoffnung, daß es nun so bleiben oder sogar noch besser werden könnte. Aber selbst Hitler glaubte nicht an ein völlig germanisiertes Osteuropa; auch sein Sieg hätte letztlich nichts anderes bedeutet als Umsiedlung und Liquidierung jahrhundertealter Bemühungen um eine kostbare Ecke unseres alten Europas.

Diese Entwicklung – in Siebenbürgen durch die große Zahl und die höhere soziale Stellung der Deutschen gehemmt – hatte sich innerhalb der letzten Jahrhunderte in Krain und im besonderen in der Gottschee, einem Miniaturherzogtum auf dem Boden der alten Österreichisch-Ungarischen Monarchie, tatsächlich vollzogen. Schon Karl der Große interessierte sich für die Mark Friaul, alten römischen Kolonialboden, aus dem schon dem Römerreich in den letzten Jahrhunderten seiner Existenz nicht wenige tüchtige Offiziere zuwuchsen. Der Slaweneinbruch traf hier auf zahlreiche feste Siedlungen mit romanisierter Bevölkerung, und über das solchermaßen früh gefestigte, mit Straßen und städtischen Zentren versehene Land setzte schon Karl der Große deutsche Markgrafen. Deutsche Vasallen und Bauern, die nachgeholt wurden, siedelten unbesorgt zwischen den Slawen, wo eben Platz war; der Hauptort der deutschen Siedler war Laibach, während sich die Krainer Slawen mehr um Sissek ansiedelten, das römische Siscia, dessen einst sehr starke Befestigungen heute noch in der Altstadt zu erkennen sind.

Laibach hingegen entstand auf Trümmern, auf den Resten der völlig zerstörten keltisch-römischen Stadt Emona, wo die Slowenen nach der Völkerwanderung wohl keine Bewohner mehr vorfanden. Zu den slowenischen Stadtbürgern kamen Deutsche, die sich vor allem im zwölften Jahrhundert aus Kärnten verstärkten, wo die Grafen von Sponheim Siedler für Krain anwarben. Seit 1461 Bistum, spielte Laibach auch in der Reformationszeit und während der napoleonischen Expansion auf dem Balkan eine große Rolle, Ähnlich wie Triest, zeigt die Stadt noch bis heute einen gewissen altösterreichischen Charme und erinnert mit ihren hellen Plätzen und den Bauten im Ringstraßenstil an die glücklichste Zeit des Fürstentums Krain im Verband einer Völkerfamilie, der gerade die Slowenen heimlich noch heute nachtrauern.

Die Gottschee sonnte sich nicht im Glanz von Fürsten und Kongressen. Sie war mit Höhen um dreizehnhundert Meter eines der letzten und unwegsamsten Urwaldgebiete Europas, und es war klar, daß man hier nur deutsche Bauern ansetzen konnte für die ungeheure Rodungsleistung, die jeder Dorfgründung vorausgehen mußte. Es waren etwa dreihundertfünfzig Bauernfamilien, die hierher geholt wurden, und es steht bis heute nicht völlig fest, ob sie ihre thüringische oder fränkische Heimat freiwillig verließen oder sich diese Verbannung um 1350 durch irgendeine gemeinsame Schuld erwirkt hatten. Nach ihrer Mundart sind die Gottscheer Oberdeutsche, und sie haben sich, in ihrem Waldland abgeschlossen, auch lange Zeit als Gemeinschaft erhalten. Die Grafen von Ortenburg errichteten erst dreihundert Jahre nach dem Einzug der Deutschen in dem Städtchen gleichen Namens ein Schloß. Südlich der Stadt gab es freilich schon früher eine Burg, auch sie mit einem deutschen Namen, Friedrichsstein.

Den Gottscheern wurde die Unzugänglichkeit ihres Ländchens zum Segen, als die Türken sich auf dem Balkan bis an die Donau vorkämpften, und wer dennoch die Armut dieser Bauernfamilien sah, der gab den Gedanken auf, hier zu plündern. So blieb den Deutschen in der Gottschee weitgehend erspart, was das reiche Siebenbürgen wiederholt erleben mußte; sie vermochten sich Traditionen zu bewahren, die bis heute das Entzücken der Volkskundler sind, und sie hegten einen Schatz an Sagen und Volksliedern, der auch ungleich größeren Sprachinseln zur Ehre gereicht hätte.

Etwa hundertunddreißig Jahre nach der Besiedlung erkannten die Gottscheer, daß sie von der dünnen Bodenkrume, die überwiegend Fichten trug, aber nur wenige Äcker zuließ, auf Dauer kaum alle würden existieren können, und sie fanden einen Ausweg: Heimindustrie und Wanderhandel. Ein Privileg von 1492 gestattete ihnen, Holzwaren und Webereien auch außerhalb ihres Landes als Hausierer anzubieten, so wie es die Savoyarden und die Tessiner und manch anderer Gebirgstalbewohner bis an die Schwelle unseres Jahrhunderts taten. Die Grafen Ortenburg, Nachfahren der Sponheimer und zeitweise regierendes Haus in Kärnten, hatten dank ihrer Reichsunmittelbarkeit dieses Privileg vermutlich leicht durchsetzen können; sicher hat es die Gottscheer nicht reich gemacht, und sehr glücklich waren die Familien wohl auch nicht, wenn zeitweise die Hälfte der Männer auf Wanderschaft war.

In der Prosperität der Gründerzeit Ende des vorigen Jahrhunderts brachte es das Ländchen immerhin auf 27 000 Einwohner; dann aber begann die Abwanderung, vor allem nach Übersee. 1941 wurden auf Grund eines deutsch-italienischen Abkommens über das damals selbständige Kroatien gleich 11 700 Gottscheer in die Südsteiermark verpflanzt. Der Bevölkerungsanteil in der Hauptstadt Gottschee selbst war bis dahin aber schon erheblich zugunsten der Slowenen zurückgegangen (1880 noch 89%, dreißig Jahre später nur noch 73%). Wer zurückblieb, fiel dem Zweiten Weltkrieg zum Opfer, viele flohen aus Furcht vor den Tito-Partisanen. Die heutigen Einwohner der Stadt sind 6000 Slowenen, das waldige Bergland selbst ist verlassen: in Zeiten der Landflucht hat man es gar nicht mehr besiedelt...

Die größte geschlossene Gottscheer-Kolonie, die man heute kennt, liegt nicht in der Südsteiermark, die ja nicht mehr zu Österreich gehört, sondern im New Yorker Armeleuteviertel Brooklyn. Dort leben Tausende Gottscheer zwischen Einwanderern aller europäischer Nationen, und wenn sie dort auch nicht reich geworden sind, leichter als in ihrem Hochwald haben sie es bestimmt.

In der gewaltigen deutschen Siedlungsbewegung waren die Bauern immer wieder zwischen den Rittern vorgedrungen, ja nicht selten ihnen vorangegangen. Wo sie schließlich rodeten und ihre Hufen bebauten, da waren sie stets noch für lange Zeit, ja mancherorts für immer Grenzbauern geblieben mit allem, was dies an Härten des Lebens mit sich brachte. Allerdings hat sich im Lauf der Jahrhunderte herausgestellt, daß der anspruchsvolle, an Ordnung und Sicherheit, an Verkehrswegen und am Handel interessierte deutsche Bauer als Wehrbauer im engeren Sinn nicht sehr geeignet ist. Wehrbauern kannte man von den chinesischen Grenzen gegen die Nomaden bis tief hinein nach Europa, auf dem Balkan gegen die Türken, in Wolhynien und im Schwarzmeergebiet gegen die letzten Reiterscharen aus den Steppen. Sie wurden auch für eine gut

Dorfstraße in der Zips, einer von deutschen Bergleuten begründeten Sprachinsel in den Karpaten mit dem Hauptort Leutschau.

organisierte europäische Großmacht zur Notwendigkeit, als die Türken immerzu siegend über den Bosporus auf den Balkan vordrangen, trotz heldenhafter Gegenwehr die christlichen Albaner schlugen, die Serben vor sich hertrieben und endlich sogar die ungarische Donau überschritten. Die zwei schnellen Türkenvorstöße über Budapest bis vor die Kaiserstadt Wien endeten zwar letztlich nicht mit der Eroberung der damaligen Hauptstadt des Abendlandes, aber sie alarmierten die deutschen Länder und deren christliche Verbündete, vor allem Polen, und bewirkten eine große gemeinsame Anstrengung, die Türken zurückzudrängen und Gefährdungen aus dem Südosten künftig auszuschließen.

Ludwig XIV., der sich gern den Allerchristlichsten König nennen ließ, nutzte die harten Kämpfe im Südosten, um im Westen Deutschlands auf Raub auszugehen. In der gleichen Zeit schlug Prinz Eugen von Savoyen, Sohn einer einstigen Geliebten des Sonnenkönigs, an der Spitze der kaiserlichen Armeen die Türken, wo er sie traf, und drängte sie auf eine quer durch das heutige Südslawien laufende Linie zurück, die man fortan »Militärgrenze« nannte. Europa erhielt damit im achtzehnten Jahrhundert eine höchst unruhige Demarkationslinie, die für die im ganzen schon gefestigten, absolutistisch regierten und an ordentliche Friedensschlüsse gewöhnten Völker einen Rückfall in halbbarbarische

Links: Arbeitstracht der Donauschwäbinnen, wie sie noch 1940 getragen wurde.

Rechte Seite: Blick über Semlin, die aus dem Lied vom edlen Ritter Prinz Eugen bekannte Donaustadt.

Zustände darstellte. Aber wie dem auch sei, es waren jedenfalls im Temeser Banat rund um die Stadt Temesvar ausgedehnte landwirtschaftliche Gebiete freigekämpft worden, die nun wieder besiedelt werden mußten. Da die kaiserliche Armee nicht ausreiche, um solch eine Linie von vielen hundert Kilometern Länge ständig gegen Angriffe zu sichern, griff man auf das Wehrbauernsystem zurück.

Die Habsburger-Monarchie hatte an Völkern keinen Mangel, und die tüchtigsten und arbeitsamsten Bauern, die Deutschen, fehlten auch bei dieser Wiederbesiedlungsaktion nicht: sie kamen aus den übervölkerten Gebieten Südwestdeutschlands auf der Donau stromabwärts gefahren, was immerhin bequemer war als ein endloser Treck. Sie fanden sich in Südungarn damit ab, nicht mehr jene Privilegien erhalten zu können wie die Deutschen, die fünfhundert Jahre zuvor im Burgenland, in Siebenbürgen und in den Beskiden gesiedelt hatten. Die Zeiten waren andere geworden, die Deutschen waren nicht mehr die einzigen, die Ansprüche anmeldeten, und wenn man sie auch brauchte, weil sie stets das beste Beispiel gaben, so mußten sie es sich doch gefallen lassen, daß in der eigentlichen Grenzzone die genügsameren, härteren Rascianer und Uskoken (im Raum Warasdin) angesetzt wurden, um Karlstadt die Kroaten und längs der ganzen Militärgrenze immer wieder Überreste anderer Splittervölker. Diese hat-

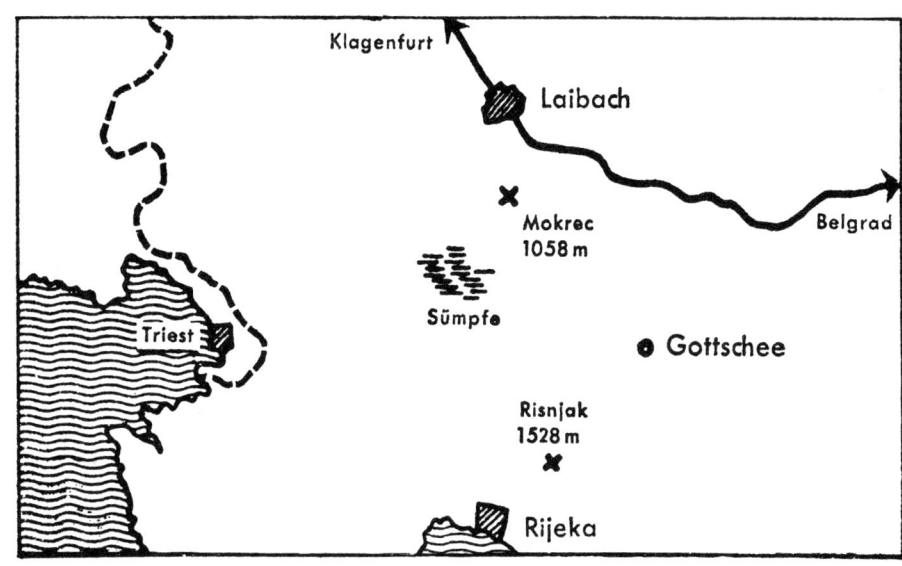

Links: Die Lage der kleinen Sprachinsel Gottschee zwischen Adria und Donau.

Unten: Die Stadt Gottschee, die einzige nennenswerte Siedlung des Inseldeutschtums, das wirtschaftlich schwer zu kämpfen hatte.

Rechte Seite: Kachelofen in einem siebenbürgischen Bauernhaus.

ten eigentlich schon seit der Völkerwanderung zwischen dem Schwarzen Meer, der Save und Griechenland allen Stürmen widerstanden, einfach weil sie zu arm waren, um irgendwelche Eroberer ernsthaft oder für längere Zeit zu interessieren, und führten gar keine richtigen Namen mehr: Us- (oder Uz-) koken heißt nämlich nichts anderes als Flüchtlinge...

Noch zu Beginn unseres Jahrhunderts erschienen spekulativ illustrierte, großformatige Bände über die Grausamkeiten der Türken auf dem Balkan; sie gehören zu den gesuchten Titeln des Erotica-Antiquariats, und man muß leider annehmen, daß sich all die Greueltaten, die sie schilderten, tatsächlich ereignet haben. Die Türken hatten als reguläre Todesstrafe das entsetzliche Pfählen, und was die Soldaten des Sultans in den Dörfern gleichsam nebenbei anrichteten, das konnte selbst die an Kum-

mer gewöhnten Splittervölker des Balkans zur Verzweiflung treiben und nach Norden flüchten lassen. Das große Sammelbecken für Siedler aus dem Norden und Flüchtlinge aus dem Süden und Südosten wurde das Banat, eine Grenzprovinz, die diese Bezeichnung nach dem Siegfrieden von Passarowitz im Jahr 1718 erhielt, obwohl niemals ein Ban über sie geherrscht hatte. Die Türken mußten das Banat, dazu einen Streifen südlich der Save und die Stadt Belgrad abtreten, man konnte sich aber unschwer ausmalen, daß sie das alles wiederhaben wollten. Allerdings waren die Türken durch die Niederlagen gegen Österreich und durch die Vernichtung ihrer Seeräuberstädte am Mittelmeer so geschwächt, daß aus der Militärgrenze bald ein Cordon sanitaire zum Schutz gegen die in Südosteuropa noch nicht besiegte Pest und andere Seuchen werden konnte.

Es waren darum nicht nur die Militärs, die sich um diese insgesamt etwa 33 000 Quadratkilometer große Region annahmen, sondern auch Verwaltungsfachleute von großem Weitblick wie zunächst Graf Mercy und später Baron Wenkheim. Diese Herren erkannten richtig, daß eine so gefährdete Region nicht aus der Landwirtschaft allein existieren könne, sondern auch ein stärkeres geistiges Rückgrat brauche. Darum beschränkten sie sich nicht auf die reine Ansiedlung, sondern verpflanzten auch Industrie – Manufakturen – hierher und sogar Kunsthandwerk und Künstler, man gründete Schulen und Theater.
Da wir noch heute, im Europa des zu Ende gehenden zwanzigsten Jahrhunderts, die Probleme nicht besiegt haben, die selbst kleine und kleinste Einsprengsel von Minderheiten oder Minderheiten-Konfessionen verursachen, muß man sich fragen,

wie ein kluger, reifer und erfahrener Mann wie Claudius Florimund Graf von Mercy so einen Fleckerlteppich der Völker entstehen lassen konnte, wie ihn das südliche Ungarn, wie ihn das Banat und die Militärgrenze zeigten. Als Lothringer mußte er doch die Schwierigkeiten kennen, die unterschiedliche Völker, Sprachen, Traditionen und Religionen schaffen, aber er hatte offenbar mächtige ungarische Politiker gegen sich, die am Südrand des Königreiches keine geschlossene und selbständige deutsche Volksgruppe entstehen lassen wollten, die dann eines Tages vielleicht zu einem Staat im Staat geworden wäre.

Die für uns nur noch schwer vorstellbare Welt, über der zunächst die Kaiserin Maria Theresia, dann ihr Sohn Joseph II., vor allem aber der gute Kaiser Franz und der lang regierende Franz Joseph thronten, hat eben wegen ihrer bizarren Komplexität Gestaltung durch zwei Epiker von solidem Können gefunden, durch den Freiherrn von Gagern aus Krain und durch den vielseitigen Adam Müller-Guttenbrunn, der 1852 im Banat zur Welt kam und 1923 in Wien starb. Friedrich von Gagern, erzkonservativ, aber ein Mann von Horizont, Bildung und Grundsätzen, hat in seinem Roman *Volk* ein Heldenlied der Kroaten gesungen, er ist also keineswegs einer jener Nationalen, für die der Mensch erst beim Deutschen anfängt. Mit dem auch heute noch in mancher Bücherei anzutreffenden Roman *Die Straße* schildert er deutsches Schicksal inmitten des südungarisch-jugoslawischen Völkerkonglomerats. Lesbarer als der schroffe Freiherr ist der Banater Schwabe Müller-Guttenbrunn geblieben, der als Feuilletonredakteur und Theaterdirektor in Wien zu einem richtigen Österreicher wurde und diese Konzilianz – bei allem inhaltlichen Ernst und allem Idealismus – in seiner Darstellungsweise beibehält. Mit seinen Dramen hatte er nicht allzuviel Glück, er war eben ein richtiger Epiker, und sein Buch *Der große Schwabenzug* rührt uns heute noch an, stärker als die gewiß künstlerisch intensivere Romanreihe *Volk auf dem Weg*, in der sich Josef Ponten mit dem Schicksal der ewig wandernden Deutschen beschäftigt: in zehn Bänden rund um die Menschen einer ausgebreiteten Familie wollte er alle Schauplätze des deutschen Lebens im Ausland aneinanderfügen. Der Dichter vom Westrand Deutschlands, aus Eupen gebürtig, konnte jedoch nur die Hälfte dieses geradezu monströsen Vorhabens vollenden.

Etwa als Ponten nach einer Reihe von Künstlerromanen mit seinem epischen Gewaltunternehmen begann, brachte Müller-Guttenbrunns Sohn die sehr lesenswerten, keineswegs nur für Banater interessanten Lebenserinnerungen seines Vaters heraus. Als jene Länder im Süden noch ein Begriff und vielen vertraut waren, unterschied man auch noch zwischen dem Banat und der Batschka, einem Landstreifen zwischen Donau und Theiß, dessen ausgesprochener Tiefebenen-Charakter für die doch meist aus dem Mittel- oder Vorgebirge kommenden Deutschen zunächst sehr fremd war. Die Dichtung der Banater- und der Batschka-Deutschen spiegelt darum auch die ein wenig hilflose Hingabe wider, die willigen Versuche, sich in diesem fremden Land einzuleben.

Rechte Seite: Mädchen aus Großscheuern beim Kirchgang.

Links: Altes Bauernhaus in Mortesdorf/Siebenbürgen.

In der Batschka, die Karl von Lothringen schon 1686 von den Türken befreit hatte, die also schon früher österreichisch wurde als das Temeser Banat, siedelten zunächst geflüchtete Serben. Aber die erste Batschka-Bevölkerung erlag nicht nur der Pest, sondern auch langanhaltenden Bürgerkriegen, dem aufreibenden Kampf gegen die Kuruzzen. Auch sie waren kein eigenes Volk, sondern protestantische Aufständische Ungarns unter dem Grafen Tököli, die erst um 1690 besiegt werden konnten. Nach diesen ausgebreiteten Unruhen, die das ausgeblutete Land noch weiter schwächten, kam die Stunde der Batschka-Deutschen rund um das heutige Neusatz, wo seit 1702 ein katholischer Pfarrer amtierte.

Der gute Geist der Batschka war Graf Anton von Grassalkovich, der zwischen Theiß und Donau und rund um Gödöllö ausgedehnte Besitzungen erworben hatte. Der Graf gab sich große Mühe und setzte vor allem auf seine eigenen Landsleute, die auch im Osten der Batschka gewisse Erfolge erzielten. Seine Experimente mit Slowaken, Kroaten und Ruthenen schlugen jedoch fehl, und die Serben mußte er überhaupt umsiedeln, da ihre ständigen Räubereien den ländlichen Frieden gefährdeten. Danach blieben also auch ihm nur die Deutschen, und obwohl er als national empfindender Ungar diese tüchtigen, aber fest zusammenhaltenden und ihr Volkstum pflegenden Einwanderer aus Deutschland nicht sonderlich leiden konnte, ging ihm die Getreideproduktion auf seinen Latifundien doch über das nationale Vorurteil. So entstanden zunächst die Siedlungszentren Tschatalia, Nowoselo und Apatin, danach in rascher Folge beinahe rein deutsche Dörfer wie Bukin, Hodschag, Gakowo, Palanka und andere. Die Zeit des Hauptzustroms lag zwischen 1748 und 1790. Danach brachte die Teilung Polens Galizien an Österreich, und die Regierung in Wien lenkte den Auswandererstrom aus den Donauländern in diese neue Bastion im Nordosten. Im letzten Jahrzehnt der Batschka-Kolonisation waren auch Protestanten nach Ungarn gekommen, denn Kaiser Joseph II. hegte keine religiösen Vorurteile und kannte die Batschka aus eigenen Reisen gut genug, um das Nebeneinander tätiger Landwirte für möglich und erstrebenswert zu halten, auch wenn die einen Katholiken und die anderen Protestanten waren. Nun entstanden auch im Binnenland neue Siedlungen wie das später besonders eindrucksvoll aufblühende Torschau, aber auch Tscherwenka, Neuwerbaß, Kleinker, Sekisch und Bulkes. Wie schwer es die ersten Siedler trotz aller Fürsorge von oben hatten, geht aus den hohen Sterberaten hervor. Die harte Arbeit in einem ungewohnten Klima und auf fremder Erde brachte es mit sich, daß in den zwei Jahren von 1784 bis 1786 nicht weniger als dreizehn Prozent aller Einwanderer starben.

Um so erstaunlicher ist, daß sie nicht aufgaben, ja daß sie bis vor hundert Jahren noch immer weiter siedelten, Höfe dazukauften, deutsche Dörfer gründeten wie zuletzt Wekerledorf bei Gajdobra. Daß allerdings Fleiß und Tüchtigkeit nicht überall genügen, mußten die Deutschen nach 1945 erleben, als sie auch in den Batschkadörfern schlimme Tage hatten, obwohl doch Ungarn ebenfalls zu den Verlierern des Zweiten Weltkriegs zählte.

Die neue Zeit erwies sich als unbarmherzig, und der alte Wunderglaube an den Kaiser und an den Prinzen Eugen war längst dahin in der Nachkriegswüste der großen Ernüchterung und der vielen Toten. Nach einer alten Mär aus den Tagen der Türkenkämpfe sei die Sonne im September 1697, am Tag der großen Schlacht von Zenta, am Himmel stehen geblieben, damit Prinz Eugen mit den österreichischen Armeen seinen Sieg über Sultan Mustafa II. vollenden könne; an so etwas glaubte nun niemand mehr. Die Sonne ging unaufhaltsam zur Neige, auch für das Deutschtum im Südosten.

Kunstvolles Taufbecken in der Kirche von Schaas.

Das Ende – und welch ein Ende!

Das Deutschtum im Osten – nichts als Erinnerung? –
Viele Möglichkeiten, mit einem Land zu leben – Aufgaben der DDR –
Die Wanderung der sieben Millionen – Solschenizyn über die Vertreibung –
Carstens in Königsberg – Das unsichtbare Fluchtgepäck

Auch ein gedrängter Überblick über die deutschen Siedlungsbewegungen im europäischen Osten und Südosten läßt wohl erkennen, daß in dem Jahrtausend seit den ersten Marken und den ersten Kaufmannsvorstädten im östlichen Mitteleuropa eine schier übermenschliche Summe der Anstrengungen und Wagnisse, der Ausdauer, der Hoffnung und der Leiden aus dem alten Reich und seinem Römerboden in diesen Osten investiert wurde, sofern man ein so nüchternes Wort für ein Jahrtausendschicksal überhaupt verwenden will.

Zwischen 800 und 1866 wandten die Deutschen auch unendliche Energien und die Mühsal nicht endender Kämpfe an den europäischen Süden, weil das zerrissene Italien unsere Landsknechte und später die österreichischen Armeen anlockte. Dort aber ist von einer verlustreichen, sehr selten in Triumphen kulminierenden Geschichte der Beziehungen zwischen Deutschland und der Apenninenhalbinsel politisch und militärisch gar nichts geblieben, kunstgeschichtlich der Fondaco dei Tedeschi in Venedig, die Villa Massimo in Rom und das Italienerlebnis unserer Maler und Dichter, das sie wohl auch gehabt hätten, wenn kein einziger deutscher Soldat jemals über die Alpen gezogen wäre.

Muß dies alles nun auch von den deutschen Bemühungen um den Osten und den deutschen Leistungen in den Gebieten gesagt werden, aus denen die Deutschen nach 1944 vertrieben wurden? Sind wir für die Osthälfte Europas in die Rolle der Athener geraten, deren Tempel noch da und dort über der Stadt stehen, deren Burgen noch besucht werden, die aber aus dem Leben der Völker verschwunden und ins Aufbahrungslicht der Museen entrückt sind? Der deutsche Ritter war oft zu hart und zu herrisch, und in der DDR haben fleißige Volkskundler beider Geschlechter dicke Belege aus Sage und Volkserzählung gesammelt, aus denen eine tiefe Kluft zwischen der slawischen Unterschicht und den deutschen Herren hervorgeht. Nicht viel anders stand es im Baltikum, wofür schon der baltische Publizist Garlieb Merkel vor zweihundert Jahren Beweise lieferte. Aber das Problem lautete dann ja doch nicht so sehr deutsch und slawisch, sondern eben eher Herr und Knecht, und diese Spannung gab es auch in Polen, in Ungarn und auf den ausgedehnten Gütern russischer Adeliger mit ihren völlig rechtlosen Leibeigenen.

Auch wo im Osten die Herren nicht Deutsche waren, gab es oft deutsche Bauern, die zwischen Süd-Slawen, Rumänen, Balkanvölkern siedelten und natürlich auch Neid und Ärger der Nachbarn erregten, ja als fremde Antreiber angesehen wurden, bis schwelender Haß eines Tages in nationalen Unruhen explodierte. Da hilft es dann herzlich wenig, auf jene Sudetendeutschen hinzuweisen, die vor der Hitlerarmee nach Schweden flüchteten, auf die deutschen Juden von Prag, die altösterreichischen Judendörfer in Galizien und Böhmen, die zerstampften Judengemeinden des Burgenlandes, wo Deutsche jüdischen Glaubens und höchster Kultur ihre alten geschäftlichen und familiären Traditionen von einem Tag zum andern vernichtet fanden. Es war in wenigen Jahren gelungen, das Bild des Deutschen in Europa aus kritischer Distanz in Haß und Abscheu zu verwandeln.

Es war nicht die Anwesenheit der Deutschen in vielen Ländern des östlichen Europas, die zur Ursache jener Austreibung wurde, die binnen wenigen Monaten des Jahres 1945 eine Jahrtausendbastion des Deutschtums im Osten auflöste; es war dieser Wandel des Deutschenbildes bei Völkern, die seit 1933 das Damoklesschwert eines abermals kriegerischen Deutschen Reiches über sich fühlten und es seit 1938 dann zu spüren bekamen.

Die Gauleiter und Reichskommissare Hitlers, welche in den Etappen hinter der kämpfenden Front die

eroberten Gebiete regierten und ausplünderten, hatten die deutsche Geschichte mehrfach mißverstanden, nicht zuletzt, weil sie deutsche Leistung im Osten als ein militärisches Phänomen ansahen und als eine Ruhmestat. Der unvergeßliche Deutsche aber, das war in Rußland, Polen, Ungarn und in Südslawien der stille Bauer, der vor sich hin arbeitende Handwerker, der Dorfschulze, der Dorfpfarrer, zwischen denen sich die Bürger der deutschen Städte keineswegs als Eroberer gebärdeten, sondern gut leben wollten – und zur Erfüllung dieses Wunsches braucht man Frieden, denn im Krieg geht es schließlich niemandem wirklich gut.

Nach einer Schrecksekunde, die dreißig Jahre währte, nach einer Tabuisierung, die eine ganze Generation unwissend hielt, ist in den letzten Jahren zaghaft und umstritten das Gespräch über die Verbrechen an den Deutschen begonnen worden. Es zeigte sich, daß die Deutschen im Osten, die zum Teil seit Jahrhunderten auf ihren Höfen, in Dörfern und Städten wohnten, plötzlich und unterschiedslos büßen mußten für die Verbrechen, die andere Deutsche verübt hatten. Funktionäre, Angehörige gewisser Polizeitruppen und von Offizieren, die von der Ordensburg, nicht von der Offiziersakademie kamen.

Vielleicht haben diese irgendwann die mörderischen Kämpfe der Ordenszeit, vielleicht haben sie, als der Sieg zur Unmöglichkeit wurde, die Niederlagen der Ordensritter bei Schaulen oder Tannenberg als Beispiel ihres eigenen Untergangs angesehen. Weil sie glaubten, mit ihrem Abtreten sei ohnehin alles zu Ende, mußte das schuld- und wehrlose Volk der deutschen Ostgebiete den Krieg am eigenen Leib erfahren. Jeder Friede zu rechter Zeit hätte zumindest die Feuerwalze der Fronten von den Dörfern und Städten ferngehalten, und wenn sie dann doch noch die Heimat hätten verlassen müssen, so wäre Zeit gewesen, Züge bereitzustellen und für einige Ordnung zu sorgen. Das Land war nach diesem furchtbaren und verlustreichen Krieg und nach den millionenfachen Morden an Wehrlosen wohl nicht mehr zu retten; aber das unendliche Leid der großen Trecks in eisiger Kälte und bei der plötzlichen Begegnung mit erbitterten Kampftruppen hätte sich vermeiden lassen. Darüber zu räsonieren, ist heute müßig, und es ist auch so oft geschehen, daß eine weitere Diskussion des gleichen Themas nicht Aufgabe dieses Buches sein kann. Fragen wir uns lieber, wie es um den deutschen Osten bestellt ist und wo es ihn noch gibt, ob er wenigstens in unserem Bewußtsein weiterlebt und welche Chance wir noch haben – nicht ihn zurückzuerobern: Erobern ist immer falsch, in beiden Richtungen, und so mancher, der vertrieb, war zuvor selbst ein Vertriebener. Aber es gibt viele Möglichkeiten, mit einem Land zu leben. Seit die markigen und die militanten Tonfolgen auch aus den Reden von Vertriebenen-Funktionären verschwunden sind, seit man sich bei allen Diskussionen zwischen den Generationen und über sie hinweg wenigstens auf den Gewaltverzicht einigen konnte, ist das Problem des sogenannten Revanchismus vom Tisch, aber manche andere Frage ist darum nur um so drängender geworden.

Der uns zunächst liegende Teil der östlichen Welt ist kein slawischer, sondern ein deutscher Staat, aber er macht sich vielfach zum Sprecher eines so naiven Panslawismus, wie man ihn allenfalls 1914 noch ernst nehmen konnte, aber nicht siebzig Jahre später. Die DDR hätte durch ihre Position im Ostblock, als stärkste Militärmacht des Warschauer Paktes nach der Sowjetunion, unvergleichliche Möglichkeiten, die deutsche Stimme zu Gehör zu bringen und die Öffnung von Königsberg und Nord-Ostpreußen für den Reiseverkehr durchzusetzen. Die DDR könnte, als Paktstaat unverdächtig, die Verbindungen zum Baltikum, zum deutschen Schlesien unter polnischer Verwaltung und zu den heute westpolnischen Gebieten Pommerns und Westpreußens ungleich intensiver und wirksamer pflegen als die Bundesrepublik. Da die DDR sich um das Volkstum der Sorben und anderer slawischer Restgruppen so vorbildlich verdient macht, ist es ja wohl kein Verstoß gegen marxistische Doktrinen, sich auch der Deutschen anzunehmen, die in einer slawischen Umwelt leben, ob sie nun auf die Aussiedlung warten oder in ihren Dörfern bleiben wollen. Da so manche Familie jahrzehntelang auf die Reise in den Westen gewartet hat, läßt sich ermessen, welche deprimierende Wirkung solche Jahrzehnte der Isolation und Unruhe auf Männer und Frauen haben müssen, die ohne Zuspruch und ohne jede Betreuung immer älter werden, den Lebensrest zusammenschmelzen sehen und endlich im Alter eine Reise antreten, an die sie kaum mehr geglaubt haben.

Die meisten allerdings sind schon hier, oft hat man ihnen Wartezeiten gar nicht gegönnt, und sie hätten

Der ehrwürdige jüdische Friedhof von Prag; auf ihm liegt unter vielen anderen Berühmtheiten auch Rabbi Löw, der Schöpfer des Golems, begraben.

diese auch gar nicht überlebt. Da sehr unterschiedliche Zahlen genannt werden, da vor allem auch hinsichtlich der Herkunft der verschiedenen Flüchtlings- und Vertriebenengruppen eine gewisse Unsicherheit und bei Jüngeren Unkenntnis herrscht, lege ich die Zahlen, die heute als akzeptiert gelten, hier noch einmal nieder, wobei die Druckschriften der Bundesregierung wohl als objektive und von Tendenzen freie Quelle gelten dürfen.

Danach kamen aus heute polnisch verwalteten Gebieten, wie die offizielle Bezeichnung lautet, insgesamt 7,16 Millionen Deutsche, davon 3,19 Millionen aus Pommern, die anderen zu etwa gleichen Teilen aus dem polnisch gewordenen südlichen Teil Ostpreußens und dem östlichen Pommern.

Aus heute sowjetisch verwalteten oder der Sowjetunion einverleibten Gebieten kamen 1,14 Millionen, davon der größte Teil, nämlich 725 000, aus Königsberg und dem übrigen Nord-Ostpreußen und immerhin an die 100 000 aus dem Baltikum, weitere 78 000 aus dem Memelland. Nach bitteren Jahren im Ersten Weltkrieg, nach Jahrzehnten unter zum Teil deutschfeindlichen Kleinstaaten-Regierungen, hatte sich an der Ostsee also doch noch starkes Deutschtum erhalten, das erst unter dem Eindruck herannahender Kämpfe die Positionen aufgeben mußte, die Bischof Albert und die Schwertritter siebenhundert Jahre zuvor errungen hatten.

Aus der CSSR kamen mit annähernd 3 Millionen so gut wie alle Deutschen in den Westen oder, zu einem überraschend geringen Teil, nach Süden: Als 1953 in Österreich eine Sudetendeutsche Landsmannschaft gegründet wurde, so fanden sich nur 15 000 Mitglieder, obwohl die Sudetendeutschen eigentlich Österreicher sind und 1918/19, wenn auch vergeblich, für den Anschluß ihrer Siedlungsgebiete an das kleine Kern-Österreich als den deutschen Rest der Habsburgermonarchie gestimmt hatten. Die Sichelform dieser Siedlungsgebiete, die das tschechische Böhmen umfangen hätten, machte es den Alliierten leicht, die Verwirklichung dieses Planes als absurd abzulehnen, und als 1938 für das Münchner Abkommen im Schnellverfahren Volkstumskarten der böhmischen Randgebiete erstellt wurden, da begann nach vielen Jahrhunderten unter Luxemburgern und Habsburgern die reichsdeutsche Existenz dieser Deutschböhmen.

Aus Ungarn kamen immerhin 213 000 Deutsche, ein guter Teil der Banater Bauern, und aus Jugoslawien beinahe 300 000, überwiegend Donauschwaben auch sie, weil ja die Südsteirer, soweit sie nicht im Land blieben, ins nahe Österreich abzogen. Die Bevölkerung auf dem Lande war hier auch in österreichischen Zeiten überwiegend slowenisch gewesen, weshalb das Gebiet ja schon nach dem Ersten Weltkrieg an Jugoslawien hatte abgetreten werden müssen. Die

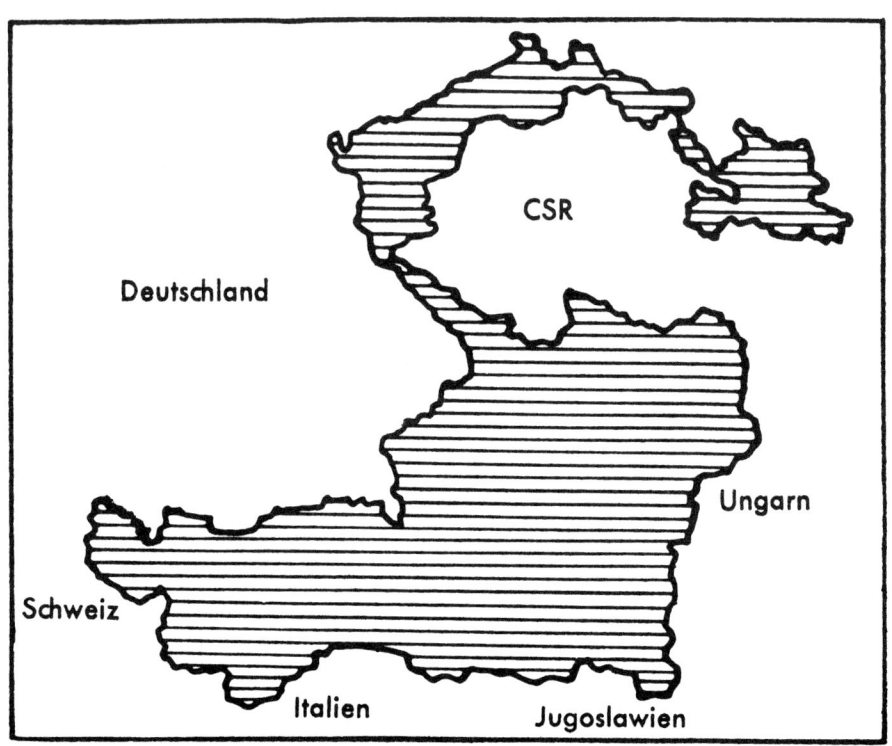

Skizze eines Rumpfstaates Österreich mit den deutschen Gebieten der späteren ČSSR; die Landesgestalt macht klar, daß sich dieses Gebilde nicht verwirklichen ließ.

kurze Reichszugehörigkeit der Südsteiermark (1941–45) hatte diese alten Verhältnisse nicht verändert.

Auffallend gering ist mit 137 000 Aussiedlern die Zahl der Rumäniendeutschen; hier sind tatsächlich mehr Deutsche zurückgeblieben als auswanderten (nach einer Zählung von 1956 nämlich 180 000), weshalb hier das Umsiedlungsproblem bis heute ein Dauerthema geblieben ist. Die Gesamtzahl der 1950 in der Bundesrepublik lebenden Vertriebenen betrug demnach ziemlich genau 12 Millionen und liegt damit höher als die in Vertriebenenblättern selbst zu lesenden Zahlen (12 Millionen, *davon* 2 Millionen Vertreibungstote). Da andere Quellen gar von 3 Millionen Vertreibungstoten sprechen, also von Deutschen, die auf der Flucht, meist in Vertriebenentrecks, zugrundegegangen sind, hat sich das Deutschtum im Osten in den Jahren zwischen 1944 und 1950 um mindestens 14 Millionen Menschen vermindert. Das bedeutet, daß ganze große und geschlossene Siedlungsgebiete vollständig aufgegeben werden mußten und beinahe tausend Jahre gemeinsamer deutsch-slawischer Geschichte in einem kurzen und hektischen, inzwischen zum Teil auch vom Gegner bedauerten Willkürakt ausgelöscht worden sind.

Als viel zu spät und zwangsläufig nutzlos die Diskussion über die unmenschlichen Entscheidungen von Jalta einsetzte, schrieb der Russe Alexander Solschenizyn: »Endlich ist die Geschichte des grausamen Verrats, den der Westen an Millionen hilfloser Menschen übte, an den Tag gekommen.«

Der polnische Literaturhistoriker und PEN-Mitglied Jan Jozef Lipski sagt in einem Vortrag über die Einstellung der Polen gegenüber ihren Nachbarvölkern unter anderem:

»... Wir haben uns daran beteiligt, Millionen Menschen ihrer Heimat zu berauben, von denen die einen sicherlich sich schuldig gemacht haben, indem sie Hitler unterstützten, die anderen, indem sie seine Verbrechen tatenlos geschehen ließen, andere nur dadurch, daß sie sich nicht zu dem Heroismus eines Kampfes mit der furchtbaren Maschinerie aufraffen konnten, in einer Lage, als ihr Staat Krieg führte. Das uns angetane Böse, auch das größte, ist aber keine Berechtigung und darf auch keine sein für das Böse, das wir selbst zugefügt haben ...«

Nun, alles Verlorene ist noch vorhanden. Die Erde hat die deutschen Ostgebiete nicht verschlungen, die Ostsee sie nicht überspült wie das alte Vineta; aber die Rote Armee hat Stadt und Land erobert und bisher nicht wieder herausgegeben, es sei denn an Polen und andere Mitgliedstaaten des Warschauer Pakts. Kein Friedensschluß, kein Vertrag, keine Übereinkunft hat dies alles zementiert, nur der Krieg selbst hat die Lage geschaffen, deren Folgen noch durch keinen versöhnlichen Akt gemildert worden sind – nicht einmal durch die Kirche. Als Papst Johannes Paul II. Schlesien bereiste, sprach er dort als polnischer Kirchenfürst und nicht als Statthalter Christi und widmete sein Gedenken polnischen Insurgenten, die nach dem Ersten Weltkrieg versucht hatten, das Ergebnis einer unter internationaler Kontrolle vorgenommenen Volksabstimmung mit Waffengewalt zu verändern. Den Millionen ausgetriebener Schlesier wurde kein Wort gewidmet.

Bundespräsident K. Carstens, der in den Tagen, da dieses Buch erscheint, sein hohes Amt weitergegeben hat, erzählte einmal, daß er an verschiedenen deutschen Universitäten studiert habe, um nach Möglichkeit in jedem Semester eine neue Stadt seiner Heimat kennenzulernen. Im Sommer 1935 war er in Königsberg und zählte diese Königsberger Zeit zu seinen schönsten Semestern. »Ich bin von Königsberg aus nach Riga, nach Dorpat, nach Reval und dann ungefähr zehn Tage lang nach Finnland gereist. In Estland und Lettland habe ich viele Kontakte mit Baltendeutschen gehabt. Mir ist unauslöschlich die außerordentliche Gastfreundschaft in Erinnerung, mit der wir, ein Freund und ich, aufgenommen wurden.« Jahre später habe Carstens seine Flitterwochen in Hirschberg und Oberschreiberhau verbracht, im tiefsten schlesischen Winter. Als er vier Jahrzehnte später als Bundespräsident mit Leonid Breschnew zusammentraf, da bat er den Generalsekretär der KPdSU, er möge den nördlichen Teil Ostpreußens mit Königsberg für den Reiseverkehr freigeben, damit die Deutschen, noch ehe die letzten Vertriebenen das Zeitliche gesegnet hätten, wenigstens noch einmal das sehen könnten, was die alliierten Bomber von der alten und so schönen Stadt am Haff übrig gelassen haben. »Wir waren als Studenten fast jedes Wochenende auf der Kurischen Nehrung oder in Cranz oder haben eine Pfingstfahrt durch Masuren gemacht... Ich wohnte in der Magister-Straße, das war eine Straße im ältesten Königsberg. Von meinem Zimmer aus blickte ich auf den Chor des Domes und auf das Kant-Denkmal und auf das Haus, in dem Kant gewohnt hat. Das sind natürlich Eindrücke, die einem ganz unvergeßlich sind. Ich empfinde, wie wir alle, die Abtrennung Schlesiens,

Pommerns und Ostpreußens als einen schweren Verlust für unser Volk.«

Ein Gespräch ist kein Essay, und man sollte vielleicht die Worte nicht auf die Goldwaage legen; aber man darf dabei verharren, daß Carstens nicht von einem unersetzlichen Verlust gesprochen hat, sondern von einem schweren, und der schweren Verluste gab es für die Deutschen in diesem Jahrhundert ja nicht wenige.

»Wir müssen alles tun«, sagte Carstens, »damit die Begriffe Deutschland, deutsches Volk, deutsche Nation lebendig bleiben und damit deutlich wird, daß damit nicht nur die Bundesrepublik Deutschland gemeint ist, sondern ganz Deutschland. Ich bin auch dafür, daß wir die ostdeutschen Städtenamen mit ihren deutschen Bezeichnungen verwenden und sehe darin überhaupt kein Anzeichen von Revanchismus, der uns manchmal unterstellt wird, sondern nur den Ausdruck unseres Geschichts- und Kulturbewußtseind. Ich denke, wir Älteren und alle, die mit der Jugend zu tun haben, sollten versuchen, die Erinnerung an diese große Epoche deutscher Geistesgeschichte, deutscher Kulturgeschichte und politischer Geschichte, die sich in Ostpreußen, Pommern und Schlesien abgespielt hat, wachzuhalten.«

Der Bremer Professor Carstens und der niedersächsische Graf Thietmar, Bischof von Merseburg und Chronist der ersten deutschen Begegnung mit den Slawen, sind tausend Jahre voneinander getrennt. Wenn es je ein Tausendjähriges Reich der Deutschen gegeben hat, dann muß man es zwischen dem Ungarnsieg König Heinrichs I. an der Unstrut im Jahr 933 und dem Rücktritt Papens im Januar 1933 ansetzen, ehe die Rüstung für jenen letzten Krieg begann, in dem dann eben dieses Reich zerschlagen wurde. Der Zweite Weltkrieg war trotz der vielen Millionen Toten wohl der letzte Krieg, dem man noch entrinnen konnte, und die Heimatvertriebenen, zwölf Millionen gegenüber 67 des alten Deutschen Reiches sind jene Davongekommenen, die am meisten verloren haben. Selbst die Ausgebombten der großen deutschen Städte fanden noch den Baugrund unter den Ruinen und erhielten Hilfe zum Wiederaufbau. Aber den Menschen aus dem Osten Deutschlands konnte auch finanzielle Hilfe die Heimat nicht ersetzen; der Grund und Boden, die Landschaft, die Erinnerung, die Farben der Kindheit und die Luft glücklicherer Zeiten blieben im Osten zurück.

Die Erlebnisse der zwölf Millionen auf der Flucht vor der Roten Armee und auf den langen Trecks durch entvölkertes Etappengebiet sind weitgehend gesammelt und gesichert in jener großen Dokumentation, die alle deutschen Regierungen seit 1945 als den schmerzlichen Schlußstein deutschen Schicksals im Osten und deutscher Bemühungen um den slawischen Osten gefördert und verstanden haben. Aber nach der ersten großen Woge, hinter der Artilleriedonner und Todesdrohungen, Haß und Willkür standen, sind noch weitere Deutsche aus verschiedenen Ländern im Osten und Südosten zurückgekehrt, und *sie* haben diese Verpflanzung nach Deutschland als Heimkehr empfunden, auch wenn ihre Familien siebenhundert Jahre lang auf der fremden Scholle gelebt und gearbeitet hatten. »Ich bin nicht übergesiedelt«, sagte einer von ihnen im Januar 1983 in einer Sendung des Bayerischen Rundfunks, »ich bin heimgekehrt. Selbst wenn ich noch niemals im westlichen Deutschland war – ich habe zweiundzwanzig Jahre lang auf die Aussiedlung warten müssen – ist meine gefühlsmäßige Bindung an die Städte, an die Landschaft, an die Kultur und die Menschen dieses Landes sicherlich stärker als die vieler Einheimischer, denen die Tatsache, Deutscher zu sein, zu einer belanglosen, manchmal sogar unbequemen Selbstverständlichkeit geworden ist, weil diese Menschen nur ein spöttisches Lächeln für das übrig haben, was für uns im Osten jahrhundertelang Baustein des Überlebens gewesen ist.«

Die Bitterkeit überrascht nicht, wohl aber der beinahe erleichterte Abschied von jener Heimat in der einstigen Fremde, von der dieser leider namentlich Unbekannte sagt, daß er und seine Vorfahren dort seit Generationen gelebt und dabei die Verbindung nach Deutschland als Notwendigkeit empfunden hatten, trotz der materiellen Sicherung auf Höfen, in Werkstätten und Fabriken. Die Bitterkeit ist die des Auslandsdeutschen, dessen Vorväter ihre Heimat im Reich ja auch nicht freiwillig verlassen hatten, sondern weil sie dort nicht mehr leben konnten oder – im Mittelalter – weil man in dieser Heimat Leibeigener war, in der Fremde aber ein freier Bauer, den Ansiedlungsverträge schützten.

So hat sich nun alles umgekehrt, und der eine große Schritt hat die vielen kleinen die in Hunderten von Jahren erfolgt waren, zu jenem Nichts werden lassen, von dem man sagen wird: Nichts als Erinnerung. Jahrzehnte unter der Herrschaft eines Systems, das

---

Selbst ohne Feindeinwirkung kam es seit 1944 auf zahlreichen Bahnhöfen ostdeutscher Städte zu erschütternden Szenen.

die Menschen in gewissem Sinn wieder zu Leibeigenen macht, haben die Lage des Jahres 1200 wieder hergestellt, und so, wie damals Tausende in den Osten wollten, wollen sie nun in den Westen.

Es ist heute, vierzig Jahre nach dem Zusammenbruch und dem Verlust des ganzen deutschen Ostens, eine unwirklich gewordene Heimat, der die Vertriebenen nachtrauern. Sie existiert so, wie man sie im Gedächtnis hat, nicht mehr, und sie ließe sich, würde man sie uns zurückgeben, nur noch so unvollkommen rekonstruieren, wie wir unsere zerbombten Städte Worms oder Düsseldorf oder Mainz rekonstruiert haben: verwandelt, verfremdet, optisch verödet und wohl vor allem für jene älteren Menschen schrecklich geworden, die sie in ihrer schlichten alten Schönheit gekannt und erlebt haben.

Der Begriff Heimat ist damit vollends zur Legende geworden; sie ist Orplid, mein Land, das ferne leuchtet. Wie lange noch? Bis der letzte, der es kannte, die Augen geschlossen hat? Die Kinder der großen Trecks sind heute Menschen zwischen vierzig und fünfzig, ihre Kinder sind erwachsen, dritte und vierte Generationen sprechen badisch, hessisch oder niedersächsisches Platt und kennen die Namen, die keiner mehr nennt, nur von den Gesprächen der Alten am Familientisch, wenn eine Oma oder ein alter Onkel zu Besuch kommen. Sind diese Kinder entwurzelt, weil das Schwarzwalddorf, in dem sie aufwachsen, nicht die Heimat ihrer Großeltern ist?

Die Schriftstellerin Gertrud Fussenegger hat das Wort vom unsichtbaren Fluchtgepäck der Vertriebenen geprägt, von der schweren Bürde der Erinnerung und der Sehnsucht, der besonderen Tradition und der eigenen Geschichte, unsichtbares Gepäck, das, wie es scheint, hier im Westen noch schwerer unterzubringen war als das sichtbare, für das sich Behörden, Ämter, Funktionäre und Nachbarn schließlich doch soweit interessierten, daß das Leben weitergehen konnte.

Was aber ist aus dem Unfaßbaren, dem Unwägbaren, dem Unsichtbaren geworden? »Die Betroffenen selbst, also Flüchtlinge, Vertriebene und Spätaussiedler... wissen, daß das ostdeutsche Kulturerbe nicht allein in Gefahr ist, aufgesogen oder assimiliert zu werden, sondern daß es – was weit schlimmer ist – in Gefahr ist, vergessen zu werden« schreibt Hans-Ulrich Engel, und der aus Schlesien stammende Jugendfunktionär Hartmut Koschyk warnte vor einem »Versuch des Ausstiegs aus unserer Geschichte«.

Es ist aber kein Ausstieg aus unserer Geschichte, den wir Jahr für Jahr deutlicher akzentuiert feststellen, sondern ein Ausstieg aus der Geschichte schlechthin. Sie selber wird weitgehend als entbehrlich, überflüssig und altmodisch empfunden, als jener Bereich des Wissens, von dem man sich mit der größten Emphase lossagt. Hat man aber erst einmal auf die Geschichte verzichtet, dann sind auch all jene Vergleichsmöglichkeiten, all jene belastenden Beispiele und Vorbilder weggefallen, aus denen wir lernen können.

»Alle Thesen«, sagt die amerikanische Historikerin Barbara Tuchman, »leiden unter der Gefahr, zu veralten.« »Die Pfade der Geschichte«, meinte Frederick Jackson Turner, »seien übersät mit den Wracks einst bekannter und anerkannter Wahrheiten, die von einer späteren Generation wieder aufgegeben wurden. Revision und Gegenrevision schlagen rhythmisch wie Wellen an die Ufer der Geschichtsschreibung. Aber dennoch werden eine wahre Inspiration oder eine integrierende Idee... für ihre Zeit gültig und erhellend bleiben, unabhängig von ihrem späteren Schicksal.«

Der Spätvertriebene, der keine Heimat verlassen, aber eine gefunden hat, ruft die Millionen, die vor ihm ankamen, zu einer jener neuen Thesen auf, welche die früheren revidieren. Die Wunde des Heimatverlusts ist noch offen, ist nicht vernarbt. Zugleich befällt uns die Ahnung eines allgemeineren und letztlich auch verhängnisvolleren Verlusts, der darin liegt, daß sich unser Geschichtsbewußtsein, unser Bekenntnis zu unseren Kulturgütern und Traditionen, kurz zu einem geistigen Allgemeinbegriff des Deutschtums, abzuschwächen beginnt; wir verwässern es aus Angst, es könnte sonst nicht mehr interessieren; wir verniedlichen es aus lauter Servilität vor dem Zeitgeschmack. Und wir laben uns in hilfloser Nostalgie noch an den trivialsten Romanen, sofern sie uns nur die alte Welt vorgaukeln, die Welt vor der grenzenlosen Verarmung. *Diese* Verarmung aber hat nicht die Rote Armee zu verantworten, die vollziehen wir selbst, wenn wir von dem Wenigen, das uns geblieben ist, das Unentbehrlichste über Bord werfen: das unsichtbare Fluchtgepäck.

Oben: Flüchtlingstreck aus Schlesien auf dem Weg nach Nordwesten.

Unten: Durch russische Vorstöße abgeschnitten, mußten weite Gebiete an der deutschen Ostseeküste von Kriegs- und Handelsflotte evakuiert werden, wobei die Flüchtlingsschiffe rücksichtslos angegriffen wurden.

283

Zeittafel

700–200 v. Chr.	Einwanderung germanischer Stämme in den Raum zwischen Weichsel und Weser, zunächst auf dem Landweg aus dem heutigen Dänemark, später über die Ostsee.
ca. 100 vor–200 nach Chr.	Immer häufigere Berührungen der Germanen mit dem Römerreich, zunächst kriegerisch; später, als die Wandergruppen immer größer werden, Ansiedlung germanischer Völker in den Grenzräumen, Föderatenverträge, Heeresfolge.
200–370	Germanen werden als Soldaten und Offiziere zu einer Stütze des altersschwachen Römerreiches.
370–500	Germanische Heerführer in hohen und höchsten Verwendungen im westlichen wie im östlichen Römerreich. Sie treten dabei auch gegen andere Germanenvölker auf und führen Reichstruppen gegen germanische Wandervölker.
375–460	Der Hunneneinbruch schafft eine völlig neue Lage. Die Germanenreiche der zur Ruhe gelangten Wandervölker werden zerschlagen. Germanische Hunnen-Verbündete und germanische Rom-Verbündete bekämpfen einander. Nach dem Tod Attilas treten rund um das Mittelmeer germanische Völker sein Herrschaftserbe an, werden aber nach und nach von Ostrom und dessen hunnischen Söldnern besiegt.
450–800	Der einzige unbesiegte Germanenstamm, die Franken, errichtet christliche Reiche zwischen Spanien und Weser, unterwirft Alamannen und Bayern und nach langen Kämpfen auch die germanischen Altstämme Niederdeutschlands, die unter dem Namen Sachsen zusammengefaßt werden. Die Elbgrenze gegen die Slawen wird noch nicht überschritten.
800	Kaiserkrönung Karls des Großen in Rom. Die fränkischen Karolinger auf dem Höhepunkt der Macht.
805–808	Erste Kontakte mit dem heidnischen Handel zwischen Skandinavien und dem Vorderen Orient: Magdeburg als Osthandelspforte erwähnt, deutsche Fernhändler in einem eigenen Viertel in der Slawenresidenz Reric (Mecklenburg), vermutlich auch in Birka, Vineta und anderen heidnischen Handelshäfen.
814–840	Ludwig I., der Fromme
843	Die Reichsteilung von Verdun unter den Söhnen Ludwigs I.: Ostfränkisches Reich unter Ludwig dem Deutschen. Mittelreich (Rhein, Schelde, Rhône, Italien und Kaiserwürde): Lothar I. Westfränkisches Reich: Karl der Kahle.
876	Tod Ludwigs des Deutschen. Heinrich I., der Vogler, geboren (herrscht 919–936).
912	Otto der Große geboren (herrscht 936–973). Ibrahim Ibn al Jaqub und andere Händler aus dem Osten und Südosten bereisen Mitteleuropa.
933	Sieg Heinrichs I. über die Ungarn an der Unstrut. Beginn des tschechischen Übergewichts in Böhmen, Einigung der verschiedenen westslawischen Stämme (bis 960).
955	Entscheidender Sieg Ottos des Großen über die Ungarn auf dem Lechfeld bei Augsburg. Ende der Ungarn-Einfälle. Ausweitung der deutschen Herrschaft im Osten (Markgraf Gero) und Südosten (Babenberger) beginnt.

973–983	Otto II. (verh. mit der byzant. Prinzessin Theophano).
983–1002	Otto III. Slawenaufstand östlich der Elbe, Verlust deutscher Positionen. Im Jahr 1000 gemeinsam mit König Boleslaw Chrobry Gründung des Bistums Gnesen.
nach 1000	Erstarken christlicher Reiche in Osteuropa, des Polen der Piasten und des nun christlichen Ungarn unter König Stephan I.
1002–1024	Heinrich II., der Heilige.
1024–1039	Konrad II. (erwirbt Burgund und die Lausitz).
1039–1056	Heinrich III. Schlesien geht von böhmischer in polnische Vorherrschaft über.
1056–1106	Heinrich IV. Vorrang der Italienpolitik, Erstarken der deutschen Teilfürstentümer.
1066	Wilhelm der Eroberer setzt mit einem normannischen Ritterheer nach England über und unterwirft in der Folge die Insel.
1096	Erster Kreuzzug.
1098	Untergang von Vineta durch Seeräuber aus Dänemark (die Ruinen später von Sturmfluten verschlungen). Stettin blüht auf.
1106–1125	Heinrich V. Die Grafen von Schaumburg erhalten Holstein.
1122	Friedrich I. Barbarossa geboren (herrscht 1152–1190).
1124	Missions-Expedition Ottos von Bamberg nach Pommern.
1125–1137	Lothar III. Beginn der Unterwerfung der Ostseeslawen.
1129	Heinrich der Löwe geboren. Welfenherzog von Sachsen und zeitweise von Bayern (gestorben 1195).
1138–1158	Die Stadt Liubice (»die Liebliche«) wird von Seeräubern niedergebrannt und von deutschen Fernkaufleuten wieder aufgebaut, nachdem sie mit Heinrich dem Löwen über das neue Lübeck einen Privilegien-Vertrag geschlossen haben.
1147	Der Wendenkreuzzug vereinigt deutsche Fürsten und Bischöfe gegen heidnische Ostseeslawen unter der Führung Niklots.
um 1160	Erste deutsche Kaufleute in den lettisch-russischen Hafenorten an der Düna.
1211	Der Staufer Friedrich II. beginnt den Kampf um die Macht gegen Otto IV., einen Sohn Heinrichs des Löwen. Er besiegt ihn bei Bouvines und herrscht ruhmreich bis 1250.
1230	Beginn der Eroberungskämpfe des Deutschen (Ritter-)Ordens gegen die Pruzzen. Das heutige Ostpreußen wird nach blutigen Schlachten und wiederholten Revolten um 1290 endlich ruhig und kann als unterworfen gelten.
1273	Rudolf I. aus dem Haus Habsburg deutscher König; er besiegt Ottokar von Böhmen und herrscht bis 1291.
1320	Die um die Christianisierung der Mark Brandenburg so verdiente Linie der Askanier erlischt mit Heinrich II. Unter Wittelsbachern und Luxemburgern folgen unruhige Zeiten für die Mark (Raubritterunwesen) bis 1411.
1335	König Kasimir III. von Polen verzichtet auf Schlesien.
1346–1378	Karl IV. aus dem Haus Luxemburg König von Böhmen, danach deutscher König und römischer Kaiser. Blüte der Renaissance in Prag, deutsche Gemeinsprache, Gründung der ersten deutschen Universität in Prag.
1370	Niederlage König Waldemar IV. Atterdag gegen die Hanse; Niedergang der dänischen Macht, Verkauf Estlands an den Deutschen Orden.
1410	Polen und Litauer schlagen das Deutschordensheer bei Tannenberg. Die Niederlage führt zum Frieden von Thorn (1466) und zu polnischer Oberhoheit über das Ordensgebiet.
1411–1918	Die Hohenzollern herrschen in der Mark Brandenburg, in den ersten Jahren unter schweren Kämpfen gegen den aufsässigen märkischen Adel.
1440–1493	Friedrich III. (residierte vorwiegend in Wiener Neustadt und in Linz).
1493–1519	Maximilian I.
seit 1522	Die Reformation greift um sich; die Ordensländer und Brandenburg werden lutherisch.

1525	Friedensschluß von Krakau. König Sigismund von Polen inthronisiert seinen Neffen, Albrecht von Brandenburg-Ansbach, bislang Hochmeister des Deutschen Ordens, als ersten weltlichen Herzog von Preußen. Versuch eines protestantischen Musterstaates mit bedeutenden Leistungen auf dem Gebiet der Volksbildung und Kulturpflege.
1568	Herzog Albrecht von Preußen stirbt in Tapiau.
1574	Polen wird eine Adelsrepublik mit Königswahl.
1576–1612	Rudolf II. residiert vorwiegend in Prag. Starke Neigung zur Astrologie und zu Geheimwissenschaften.
1611–1632	König Gustav Adolf II. von Schweden.
1618–1648	Der Dreißigjährige Krieg verheert viele deutsche Länder, darunter Pommern, die Mark und Schlesien.
1640–1688	Friedrich Wilhelm, der Große Kurfürst. Kämpfe gegen die Schweden, erhält die volle Souveränität über Preußen.
1701	Kurfürst Friedrich III. von Brandenburg krönt sich in Königsberg zum König von Preußen: ab 18. 1. 1701 Friedrich I.
1703	Zar Peter gründet Petersburg (heute Leningrad).
1706	Nach Niederlagen gegen Karl XII. von Schweden muß August der Starke (vorübergehend) auf die 1697 erlangte Königskrone von Polen verzichten (stirbt 1733 in Polen).
1717	Prinz Eugen von Savoyen erobert Belgrad und krönt damit die 1683 mit der Befreiung von Wien eingeleitete Politik der christlichen Gegenoffensive; sie führt bis 1908 zur weitgehenden Verdrängung der Türken aus Europa.
1740–1780	Maria Theresia Königin von Ungarn und Erzherzogin von Österreich; ihr Gemahl Franz I. Stephan (von Lothringen) deutscher Kaiser bis 1765.
1740–1786	Friedrich II. Nach dem Ersten Schlesischen Krieg, dem lange Kriegsjahre folgen, kommt der größte Teil Schlesiens zu Preußen. Intensive Kolonisierung im Osten.
1866	Preußen und Italien gegen Österreich. Trotz österreichischer Siege im Süden nach Niederlage von Königgrätz preußische Vormacht in Deutschland (1871 Deutsches Reich ohne Österreich).
1919	In den Verträgen von Versailles (Deutschland) und Saint Germain (Österreich) Verlust wertvoller Siedlungsgebiete der deutschen Ostbewegung.
1943	Nach Stalingrad Wende des Zweiten Weltkriegs, Rückzug der deutschen Armeen im Osten, Fluchtbewegungen und nach 1945 Vertreibung der deutschen Minderheiten aus Ostmitteleuropa.

Literaturbericht

»Die Deutschen und der Osten« ist nach Zielsetzung und Charakter ein Sachbuch, das heißt, es hat keine eigenen Forschungsergebnisse anzubieten, geht aber vom gleichen Grundlagenmaterial aus wie die Fachhistoriker, nämlich von den bekanntgewordenen und erhaltengebliebenen Quellen zur deutschen und osteuropäischen Geschichte des Mittelalters. Da der ungeheure Stoff des deutschen Aufbruchs in den Osten trotz der Beschränkung auf die Siedelphase hier nur summarisch dargestellt werden konnte, wird so mancher Leser den Wunsch oder vielleicht sogar das Bedürfnis nach eingehenderer Information empfinden. Für diesen Fall empfehle ich aus tiefster Überzeugung und aus Dankbarkeit die hervorragende Quellen-Edition der *Freiherr-vom-Stein-Gedächtnisausgabe*. Das monumentale Werk hat sich zum Ziel gesetzt, die Annalen, Chroniken und verbürgten Berichte aus dem deutschen Mittelalter bis 1190 vollständig und für die Zeiten danach in kundiger Auswahl zu sammeln, zu übersetzen und die geprüften Texte kommentiert herauszugeben. Das klingt nun alles sehr wissenschaftlich-abschreckend, aber die Texte selbst, ob die Verfasser nun kleine Kleriker waren wie Helmold von Bosau oder adelige Bischöfe wie Thietmar von Merseburg oder Otto von Freising, diese alten Chroniken und geschichtlichen Erzählungen sind das herrlichste Geschenk, das uns die Geschichtswissenschaft gemacht hat. Farbig, ereignisreich, fesselnd und durch den echten Kolorit und Zeitgenossen-Tonfall stimulierend, sind diese alten Texte, im modernen Deutsch dargeboten, der beste, ja der einzig richtige Einstieg in die Geschichte. Die Anmerkungen sind nicht irgendwo in einem Apparat gesammelt, sondern stehen auf jeder Seite unten, der lateinische Text links gegenüber, ehrwürdig-erläuternd, ehern im ewigen Sprachgewand. Während mir nach einer Stunde der Lektüre in wissenschaftlicher Essayistik der Kopf brummt, sind diese alten Quellenschriften unterhaltsam und ermunternd wie das bunte altdeutsche Leben selbst.

Bei aller Achtung, ja Verehrung für die Arbeit der großen Mediävisten bekenne ich, daß ich ohne diese von Fachgelehrten der Bundesrepublik und der DDR erarbeiteten Quellen-Editionen weder *Land im Osten* (1961) noch diesen jetzigen Band hätte schreiben können oder auch nur schreiben wollen.

Für die Bundesrepublik sind die Einzelbände dieser Quellenausgabe im Verlag der Wissenschaftlichen Buchgesellschaft erschienen und in allen größeren Bibliotheken greifbar. Ich würde die Lektüre mit Thietmar von Merseburg beginnen und dann, nach Norden weiterschreitend, aus dem dicken elften Band zumindest lesen: Rimbert, *Leben Ansgars,* und Adam von Bremen, *Bischofsgeschichte der Hamburger Kirche*. Damit ist zum mitteldeutschen und zum deutsch-polnischen Anfang der Auftakt an der Ostsee hinzugewonnen. Von dem Babenberger-Prinzen Otto von Freising ist die imposante *Weltchronik* für uns weniger wichtig als die von ihm und seinem Fortsetzer Rahewin geschriebenen *Taten Friedrichs* (auch eine Hauptquelle über Heinrich den Löwen). Die *Slawenchronik* des Pfarrers Helmold ist vergriffen, in Bibliotheken aber gewiß vorhanden; sie schildert uns das missionarische und das Siedlungsgeschehen im brandenburgischen Raum; sein Fortsetzer Arnold von Lübeck ergänzt die Darstellung um die Geschehnisse in den letzten Lebensjahren Heinrichs des Löwen. In der besprochenen Ausgabe noch nicht erschienen, aber in Einzeleditionen verbreitet, sind die Heiligenviten der großen nordostdeutschen Missionsbischöfe, eine fesselnde, ja zum Teil atemberaubende Lektüre, vor allem die Viten des Otto von Bamberg mit geradezu sensationellen Nachrichten über Alt-Stettin und Vineta.

Für die Ordensgeschichte, das umstrittenste Kapitel der deutschen Ostsiedlung, ist der Rückgriff auf die alten Quellen unentbehrlich, eben der Kontroversen wegen (Heinrich von Lettland, *Livländische Chronik;* weniger verläßlich, weil gefärbt: Peter von Dusburg, *Chronik des Preußenlandes*). Ergänzt sind diese chronikalischen Darstellungen durch eine gewiß verdienstliche, notwendigerweise aber etwas trockene Publikation von Dokumenten zur deutschen Ostsiedlung, von Urkunden und kurzen, meist aus dem Klostermilieu stammenden Berichten (Bände 36a und b). Hier wiederholt sich vieles, weil ja jeder Ansetzung von Siedlern im Prinzip die gleichen Vereinbarungen vorausgehen mußten. Der zweite Band mit Materialien aus Schlesien, Polen und dem Raum der ehemaligen Habsburgermonarchie ist farbiger.

Hat man in den Quellen einigermaßen herumgeschmökert – die Lektüre ist kaum anstrengender als die einer Tageszeitung – so kennt man hinreichend Orts- und Personennamen, um sich an die eigentliche Historie wagen zu können. Die moderne Geschichtsschreibung vollzieht sich in sehr spezialisierten Untersuchungen. *Deutsche Ostsiedlung in der Neuzeit,* die einzige neuere Gesamtdarstellung unseres Stoffes, stammt von dem noch im alten Österreichisch-Schlesien geborenen Walter Kuhn aus Bielitz (verstorben 1983 in Salzburg) und gibt in einem 1955 erschienenen zweibändigen Aufriß nicht nur die Rhythmen und Pausen der Siedelbewegung, sondern auch die Formen der Siedlungen, die landwirtschaftlichen Verhältnisse. Die Darstellung gipfelt in einem höchst lesenswerten Glashüttenkapitel von leider nur zwanzig Seiten. Die großartige wissenschaftliche Leistung ist nicht immer leicht lesbar und notwendigerweise gedrängt, bietet aber vor allem für die Fragen der materiellen Kultur und die Zeit nach 1500 die wichtigste Ergänzung meiner Darstellung.

Dieses Basiswerk an der Hand, wird man sich in der kaum noch überschaubaren Detailforschung leichter orientieren: Für das heiß diskutierte Problem der Slawenstädte sind die Arbeiten von Herbert Ludat (Einzelpublikationen und Sammlungen, vgl. Auflistung) unentbehrlich, er hat die salomonischen Lösungen gefunden und den Meinungsstreit beendet. Die Mechanismen der kaufmännischen Stadtgründungen erhellt am faßlichsten Fritz Rörig, die mittelalterliche Seefahrt, aber auch den Handel, das städtische Leben im weitgefaßten Ostseeraum können wir am besten verfolgen in den ziemlich regelmäßig erscheinenden Jahrbänden der *Hansischen Geschichtsblätter* (Böhlau-Verlag Köln und Wien, in allen großen Bibliotheken). Aus dieser Fülle muß man freilich auswählen, indessen sei positiv vermerkt, daß sich dieses Forum von Jahr zu Jahr mutiger auch den Fachgelehrten aus dem Ostblock öffnet, so daß wir baltische, polnische und russische Autoren und ihre Standpunkte kennenlernen können. Einen guten Überblick über Publikationen zur gesamten Problemfülle unseres Themas bietet auch die in Bonn erscheinende *Kulturpolitische Korrespondenz,* die glücklicherweise viel besser ist als ihr Titel und sich in den letzten Jahren erfolgreich um Objektivität bemüht. Erste Autoritäten wie Gotthold Rohde und andere besprechen in dieser Loseblatt-Dokumentation einschlägige Veröffentlichungen: Die große offizielle Sammlung von Vertreibungsberichten, bisher schwer greifbar, liegt nun als handliche dtv-Kassette vor.

Auf die belletristischen Behandlungen bestimmter Siedlungsvorgänge und Siedelländer bin ich im Textzusammenhang eingegangen, weswegen sich hier viele Worte erübrigen. Es scheint mir nur grundsätzlich notwendig, darauf hinzuweisen, daß nicht nur die moderne, bereits deutlich an die Heimatvertriebenen gewendete Belletristik (Lenz, Bienek, Surminski, Naujok, Bredow u. a.) Beachtung verdient, so gut sie gemeint ist und soviel Erfolg sie auch hat. Ungesucht und tiefer erlebt ist das, was wir verloren haben, sehr oft in jenen Büchern zu finden, die vor 1945 erschienen sind: In Gerhart Hauptmanns *Abenteuer meiner Jugend,* in Horst Langes *Schwarze Weide* (neu aufgelegt bei Claassen), in Fontanes *Wanderungen,* bei Bergengruen, Siegfried von Vegesack, Eduard von Keyserling und Otto von Taube, in den *Litauischen Geschichten* von Ernst Wichert (ohne e) oder des nach Tilsit verbannten Richters Jodokus Temme. Aber auch mancher andere, an dessen Tonfall man sich erst wieder gewöhnen muß, verdient zweifellos, wieder einmal gelesen zu werden. Auch diese einstigen Größen und ihre halbvergessenen Mitstrebenden von Antes bis Zobeltitz sind ein Teil des unsichtbaren Fluchtgepäcks, man wird sich ihrer oft mit unerwartetem Gewinn erinnern, und ich wünschte, unsere oft den unmöglichsten Konstruktionen sehr viel Inszenierungsfleiß widmenden Fernsehanstalten würden häufiger aus dem ungeheuren Fundus schöpfen, den die Literatur der Siedelstämme bedeutet. Seit Teams aller westlichen Fernsehgesellschaften weitgehend ungehindert im Riesengebirge wie im alten Reval, in Danzig wie in Weimar drehen dürfen, sollte man sich schon aus sachlichen und optischen Gründen daran erinnern, daß man dort keine Kulissen aufzustellen braucht:

dort ist der Bildersaal der deutschen Geschichte noch weitgehend vorhanden, weder Autodächer noch Glasfassaden noch Leuchtreklame stören den Eindruck...

Genaue Titel der wichtigsten benützten Werke (weitere wurden bereits im Text näher bezeichnet):

Gesamtdarstellungen

Göttinger Arbeitskreis (Hrsg.): *Das östliche Deutschland. Ein Handbuch.* Würzburg 1959
Kuhn, Walter: *Geschichte der deutschen Ostsiedlung in der Neuzeit.* 2 Bde., Köln und Graz 1955
Rhode, Gotthold (Hrsg.): *Die Ostgebiete des Deutschen Reiches*, Würzburg 1957
Schreiber, Hermann: *Land im Osten. Verheißung und Verhängnis der Deutschen*, Düsseldorf und Wien 1961, Paperbackausg. München 1980
Ferner, unter dem Pseudonym B. v. Archenholz:
Die verlassenen Schlösser. Ein Buch von den großen Familien des deutschen Ostens.
Bürger und Patrizier. Ein Buch von Menschen und Städten des deutschen Ostens.
Erinnerung und Abschied. Schicksal und Schöpfertum im deutschen Osten, Berlin 1967 ff, Taschenbuchausgaben 1976 ff.
Tuchman, Barbara: *In Geschichte denken.* (Originaltitel *Practicing History*), deutsche Ausg. Düsseldorf 1982

Einzeluntersuchungen

Abendroth, Walter: *Arthur Schopenhauer in Selbstzeugnissen und Bilddokumenten*, Reinbek bei Hamburg 1967
Ambrassat, August: *Die Provinz Ostpreußen. Ein Handbuch der Heimatkunde*, Graudenz 1912, Reprint Frankfurt/Main 1978
Amburger, Erik: *Die Deutschen in der Führungsschicht Rußlands*, in: Genealogisches Jahrbuch, Band 6/7, Neustadt an der Aisch 1967
Bahr, Ernst (Hrsg.): *Studien zur Geschichte des Preußenlandes*, Marburg 1963
Banniza v. Bazan-Müller: *Deutsche Geschichte in Ahnentafeln* (NS-Tendenz) Berlin 1939
Baume, siehe La Baume
Benninghoven, F.: *Der Orden der Schwertritter*, Köln/Graz 1965
Beumann, Helmut (Hrsg.): *Heidenmission und Kreuzzugsgedanke in der deutschen Ostpolitik des Mittelalters*, Darmstadt 1963 darin:
Beumann, Helmut: *Kreuzzugsgedanke und Ostpolitik im Hohen Mittelalter.*
Blanke, Fritz: *Die Missionsmethode des Bischofs Christian von Preußen*, vgl. Beumann

Bollnow, Hermann: *Studien zur Geschichte der Pommerschen Burgen und Städte im 12. und 13. Jahrhundert*, Köln/Graz 1964
Bonnell, Ernst: *Russisch-Liwländische Chronographie von der Mitte des neunten Jahrhunderts bis zum Jahre 1410*, St. Petersburg 1862, (Fotmech. Nachdruck Leipzig 1967)
Brandt, Ahasver v.: *Die Stadt des späten Mittelalters im hansischen Raum*, in: Hansische Geschichtsblätter, 96. Jahrgang, Köln/Wien 1978
Bretholz, Berthold: *Geschichte Böhmens und Mährens*, 4 Bde., Reichenberg 1925 ff.
Bruns-Weczerka: *Hansische Handelsstraßen* (Atlasband), Köln/Graz 1965
Brüske, Wolfgang: *Untersuchungen zur Geschichte des Liutizenbundes*, Münster/Köln 1955
Derzavin, N. S.: *Die Slawen im Altertum*, Weimar 1948
Ebert, M.: *Truso*, Berlin 1926
Eichborn, Wolfgang v. (Hrsg.): *Schlesiens Vermächtnis. Ein Lesebuch aus 700 Jahren*, Köln/Berlin 1960
Endres, F. (Hrsg.): *Geschichte der freien und Hansestadt Lübeck*, Lübeck 1926
Forstreuter, Kurt: *Deutschland und Litauen im Mittelalter*, Köln/Graz 1962
Gause, Fritz: *Festschrift zum 75. Geburtstag*, Würzburg 1968
Gause, Fritz: *Die Geschichte der Stadt Königsberg*, Bd. I–III, Köln/Graz 1965, 1968
Glenzdorf, Johann/Treichel Fritz: *Henker, Schinder und arme Sünder*, Bad Münder am Deister 1970
Gnegel-Waitschies, Gisela: *Bischof Albert von Riga*, Hamburg 1958
Goez, Werner: *Gestalten des Hochmittelalters*, Personengeschichtliche Essays im allgemeinhistorischen Kontext, Darmstadt 1983
Grenz, Rudolf: *Zur Verbreitungskarte der wikingischen Funde in Ostpreußen*, vgl. Bahr
Groenwall, Friedrich: *Thomas Kantzow und seine Pommersche Chronik*, in: Baltische Studien XXXIX.4.
Gutkas, Karl: *Geschichte des Landes Nieder-Österreich*, St. Pölten, 1974 ff.
Haase, Carl (Hrsg.): *Die Stadt des Mittelalters*, Bd. I–III, Darmstadt 1969
Hansische, Studien. *Festschrift für Heinrich Sproemberg*, Berlin 1961
Halecki, Oskar: *Grenzraum des Abendlandes*, Salzburg o. J.
Die Polen (in: Die Welt der Slawen, Ff.Ff./M. 1960)
Europa, Grenzen und Gliederung seiner Geschichte, Darmstadt 1957
Harder-Gersdorff, Elisabeth: *Lübeck, Danzig und Riga*, in: Hansische Geschichtsblätter, 96. Jahrgang, Köln/Wien 1978
Hellmann, Manfred v.: *Die Anfänge des Städtewesens im Baltikum*, vgl. Kaiser/Stasiewski
Hensel, Witold: *Die Slawen im frühen Mittelalter*, Berlin 1965
Herrmann, Joachim: *Zwischen Hradschin und Vineta. Frühe Kulturen der Westslawen*, Leipzig/Jena/Berlin 1971

Hofmeister, Adolf: *Der Kampf um die Ostsee vom 9. bis 12. Jahrhundert,* hrsg. v. Roderich Schmidt, Darmstadt 1960 (mit wichtiger Bibliographie)

Holtzmann, Robert: *Aufsätze zur deutschen Geschichte im Mittelelberaum,* Darmstadt 1962

Hoppe, Willy: *Die Mark Brandenburg, Wettin und Magdeburg,* Köln/Graz 1965

Jaster, Arno: *Die Geschichte der askanischen Kolonisation in Brandenburg,* Breslau 1934

Jeannin, Pierre: *Der Lübecker Tönnies Fonne – Ein Pionier der Slawistik,* in: Hansische Geschichtsblätter, 91. Jahrgang, Köln/Wien 1973

Jegorow, D. N.: *Die Kolonisation Mecklenburgs im dreizehnten Jahrhundert,* Breslau 1930

Jordan, Karl: *Die Bistumsgründungen Heinrichs des Löwen,* Leipzig 1939

Kahl, Hans-Dietrich: *Zum Ergebnis des Wendenkreuzzugs von 1147,* vgl. Beumann

Kahl, Hans-Dietrich: *Zum Geist der deutschen Slawenmission des Hochmittelalters,* vgl. Beumann

Kaiser, F. B./Stasiewski, B. (Hrsg.): *Stadt und Landschaft im deutschen Osten und in Ostmitteleuropa,* (Studien zum Deutschtum im Osten, Bd. 17.), Köln/Wien 1982

Keyser, Erich: *Bevölkerungsgeschichte Deutschlands,* Leipzig 1941

Kirrinnis, Herbert: *Jodocus Donatus Hubertus Temme,* vgl. Gause-Festschrift

Kötzschke, Rudolf: *Deutsche und Slawen im Mitteldeutschen Osten,* Darmstadt 1961

Krallert/Kuhn/Schwarz: *Atlas zur Geschichte der deutschen Ostsiedlung,* Bielefeld o. J.

Krause, Hans-Thomas: *Dietrich Schäfer und die Umorientierung der deutschen bürgerlichen Hanseforschung zu Beginn des 20. Jahrhunderts,* in: Neue Hansische Studien, Berlin 1970

Kretschmann, Paul: *Universität Rostock,* Köln 1969

La Baume, Peter: *Ein Goldschmuck aus Lübchow in Pommern,* vgl. Bahr

Lehmann, Rudolf: *Geschichte der Niederlausitz,* Berlin 1963

Ludat, Herbert: *An Elbe und Oder um das Jahr 1000,* Köln/Wien 1971

Deutsch-slawische Frühzeit und modernes polnisches Geschichtsbewußtsein. Ausgewählte Aufsätze. Köln/Wien 1969

Mass, Konrad: *Pommersche Geschichte,* Stettin 1899

Merkel, Garlieb: *Freimütiges aus den Schriften Garlieb Merkels,* Berlin 1959

Mettig, C.: *Geschichte der Stadt Riga,* Riga 1897 (Reprint Hannover 1967)

Müller, Adriaan v./Kernd'l Alfred (Hrsg.): *Ausgrabungen in Berlin,* Forschungen und Funde zur Ur- und Frühgeschichte, Heft 1–4, Berlin 1971–73, 1975

Müller-Blattau, Joseph: *Herzog Albrecht von Preußen und die Musik,* vgl. Bahr

Nadler, Josef: *Deutscher Geist – deutscher Osten,* München 1937

Literaturgeschichte des deutschen Volkes, 4 Bde., Berlin 1939 ff.

J. G. Hamann, Salzburg 1949

Nesselmann: *Die Sprache der alten Preußen,* Berlin 1845

Patze, Hans: *Der Frieden von Christburg vom Jahre 1249,* vgl. Beumann

Penners, Hedwig und Theodor: *Die Land-Stadtwanderung im Spiegel der Danziger Bürgerbücher von 1640–1709,* vgl. Bahr

Pomplun, Kurt: *Berlins alte Sagen,* Berlin 1975

Rhode, Gotthold: *Kleine Geschichte Polens,* Darmstadt 1965

Riemann, Hermann: *Geschichte der Stadt Colberg,* Kolberg 1873

Geschichte der Stadt Greifenberg in Pommern, Greifenberg 1862

Rörig, F.: *Wirtschaftskräfte im Mittelalter,* Weimar 1959

Rössler, Hellmuth: *Deutsches Patriziat 1430 bis 1740,* Limburg 1968

Ruffmann, Karl-Heinz: *Engländer und Schotten in den Seestädten Ost- und Westpreußens,* Zeitschrift für Ostforschung 1958/1

Schlüter, Otto: *Wald, Sumpf und Siedlungsland in Altpreußen vor der Ordenszeit,* Halle 1921

Schuchhard, C.: *Alteuropa,* Berlin 1935

Arcova, Rethra, Vineta, Berlin 1925

Schumacher, Bruno: *Geschichte Ost- und Westpreußens,* Würzburg 1959 (Mit wichtiger Bibliographie)

Slaski, Kazimierz: *Die Organisaton der Schiffahrt bei den Ostseeslawen vom 10. bis zum 13. Jahrhundert,* in: Hansische Geschichtsblätter, 91. Jahrgang, Köln/Wien 1973

Soom, Arnold: *Gutswirtschaft in Livland am Ausgang des 16. Jahrhunderts,* in: Zeitschrift für Ostforschung. Länder und Völker im östlichen Mitteleuropa, 5. Jahrgang 1956, Heft 1, Marburg/Lahn

Spruth, Herbert: *Pommern-Bibliographie,* Neustadt a. d. Aisch 1962

Stadtmüller, Georg: *Geschichte Südosteuropas* (mit Bibliographie), München 1950

Stark, Walter: *Der Lübecker Preußenhandel – Seine Struktur und Stellung im System des Lübecker Ostseehandels am Ende des 15. Jahrhunderts,* in: Neue Hansische Studien, Berlin 1970

Stavenhagen, Kurt: *Kant und Königsberg,* Göttingen 1949

Steffen, Wilhelm: *Kulturgeschichte von Rügen bis 1815,* Köln/Graz 1963

Steinmüller, Karl: *Adelige Türkenkriegsteilnehmer 1560–1680,* In: Genealogie, Heft 6, 13. Jahrgang, Neustadt 1964

Stern, Leo/Gericke, Horst: *Deutschland in der Feudalepoche von der Mitte des 11. Jh. bis zur Mitte des 13. Jh.,* Berlin 1965

Thielen, Peter Gerrit: *Die Kultur am Hofe Herzog Albrechts von Preußen (1525–1568),* Göttingen 1953

Töppen, Max: *Geschichte Masurens,* Danzig 1870

Valjavec, Fritz: *Geschichte der deutschen Kulturbeziehungen zu Südosteuropa,* 3 Bde., München 1953 ff.

Vegesack, Siegfried v.: *Vorfahren und Nachkommen,* Heilbronn 1961

Volz, Wilhelm: *Der ostdeutsche Volksboden. Aufsätze zu den Fragen des Ostens,* Breslau 1926

Wenskus, Reinhard: *Über einige Probleme der Sozialordnung der Preußen,* vgl. Gause-Festschrift

Wittram, Reinhard: *Baltische Geschichte,* München 1954

Wohlbrück, Sigmund Wilhelm: *Geschichte der Altmark,* Berlin 1855, (Fotomech. Neudruck, Leipzig 1974)

Wossidlo-Schneidewind: *Herr und Knecht, Antifeudale Sagen aus Mecklenburg,* Berlin 1960

Zeids, Teodor: *Beziehungen der Hansestädte Riga und Rostock im Mittelalter,* in: Neue Hansische Studien, Berlin 1970

Zibermeyr, Ignaz: *Noricum, Bayern und Österreich,* München 1944

Zientara, Benedykt: *Zu den Anfängen des Patriziates von Stettin,* in: Neue Hansische Studien, Berlin 1970

Nicht in die vorstehende Liste aufgenommen wurden die bekannten Nachschlagewerke wie z. B. das große *Heiligen-Lexikon* von Stadler-Ginal, die *Europäischen Stammtafeln* des Prinzen von Isenburg, die *Adelslexika,* das *Deutsche Städtebuch* von Erich Keyser, *Westermanns Lexikon der Geographie,* Jan Filips *Enzyklopädisches Handbuch zur Ur- und Frühgeschichte Europas* u. a.

Register

Kursive Ziffern verweisen auf Abbildungen

Aachen *28,* 126
Absalon, Bischof von Lund 210
Absalon von Roeskilde, Bischof 80
Adalbero von Bremen 60
Adalbert v. Hamburg-Bremen 47ff.
Adalbert von Prag 17, *18,* 42
Adam von Bremen, Chronist 45ff., 61
Admont, Kloster 39
Adolf von Schauenburg 64ff., 76f.
Aggstein, Burg *251*
Agnetendorf *129*
Agram *265*
al-Bekri, Geograph 17
Albert von Bekeshovede 208
Albrecht der Bär 60ff., 91, 94f., 98
Albrecht I. von Brandenburg 98
Albrecht II. von Brandenburg 98
Albrecht von Brandenburg-Ansbach *90,* 91, 159, 165
Aldenburg, Bistum 66ff.
Alexander Newski, Eisenstein-Film *154,* 155
Alexander Newski, Großfürst 217
Alexis, Willibald, Schriftsteller 109
Alfred der Große, König v. England *14,* 15, 179
Alvensleben, Burg 102
Andechs 126
Andreanum 259
Andreas II. von Ungarn 259
Angerburg *182*
Anselm, Legat 62ff.
Anselm von Canterbury 154
Anselm von Havelberg, Bischof 116
Ansgar, hl. 15
Answer, Mönch 47
Archangelsk 227
Arkona, Piratenburg auf Rügen 81, 82
Arnold, Abt von Berge 61
Askanier, Geschlecht 95, 98ff.

Aurora Gräfin von Königsmarck 217
Awaren, Stamm 244ff.

Babenberger, Geschlecht 123, 245ff.
Baidar Khan, mong. Heerführer 130, 131
Balk, Hermann, Landmeister 153, 157, *157*
Balkh (Afghanistan) 15
Banat 269, 271
Barbarossa *siehe* Friedrich I.
Bardua, Karoline *178*
Barnerstück bei Schwerin 191
Barnim I., Herzog in Pommern 201
Barwich, Sippe der 94 (Berwich)
Batschka 272
Batu Khan, mong. Heerführer 129, 130
Bautze, Dorf in Schlesien 128
Bekeshovede, Albert von 208
Bela IV. von Ungarn 150, 253
Berens, Familie 233
Berlin 87ff., *106, 107*
Bernhard von Clairvaux *57, 58*ff.
Bernhard von der Lippe 134
Bernsteinstraße 181
Berthold VI. von Andechs 126
Berthold, Bischof 208
Birka, Handelsstadt 15, *18,* 181, 208
Birthelm, Kirchenburg 254
Björn, König von Dänemark 15
Bober, Flüßchen in Schlesien *146*
Bogislaw X., Herzog in Pommern 187, 190
Böhmen 86
Böhmen und Mähren *137*
Boleslaw II. 17
Boleslaw Chrobry 29, *30,* 42ff., 48, 91
Boleslaw Schiefmaul 64
Boleslaw von Schlesien 123f.
Bolgar, Handelsstadt 12
Boriwoj I. von Böhmen 239
Borwin, Heinrich, Sohn des Pribislaw 80
Borwin, Heinrich, Slawenfürst 196
Brandenburg (Feste) 60ff., 91

Brandenburg, Land 97ff., 92, 113, 136, *137*
Brandenburg, Stadt, *49, 51, 63,* 64
Breslau *43, 45,* 131, 135, *135,* 136ff., *139,* 222
Brieg 141, *141*
Brus s. Pruzzen
Budapest 253
Bugenhagen, Johannes *204*
Bukowina *137, 263*
Bultschu, Feldherr 248
Burg (bei Magdeburg) 17
Burgenland 257
Burzenland 259
Byzanz 258

Canterbury, Anselm von 154
Carstens, Karl, ehem. Bundespräsident 279
Caupo, Livenkönig 208
Christburg *159,* 160
Christian, Abt von Lekno 152
Chrobry, Boleslaw *siehe* Boleslaw Chrobry
Circipanen, Stamm 45, 47
Cölln *105,* 106, 107, *107*
Corinth, Lovis *52*
Cottbus 238
Cranach, Lukas 165, 167
Cronica Slaworum 67
Crotus Rubeanus 167
Croy, Ernst Bogislaw von, Bischof 205
Czernowitz *261, 262,* 265

Damiani, Petrus 154
Dandolo, Doge 58
Danzig *137, 170,* 173, 175ff., *179*
Dedi, böhm. Heerführer 30
Demmin, Burg 60, 64, 77
Deutscher Orden *siehe* Deutscher Ritterorden
Deutscher Ritterorden 90, 104, 150ff., 152ff., 259
Deutschherren *siehe* Deutscher Ritterorden
Dietrich, Markgraf 30, 31
Dietrich von Sastrow 106
Doberan, Kloster 82, *84*
Dobin, Burg 65
Dobrawa, Frau d. Mieszki I. 29
Dobrilugk an der Kleinen Elster 236
Dobrudscha-Deutsche 266
Dolbin, Slawenburg 60

Donau 251, 253
Dorothea, Gattin Albrechts von Brandenburg 165
Dorpat *212,* 213
Drakulf von Freising, Bischof 246
Drausensee 181
Dreihörnerstadt s. Rethra
Durban 217
Dürnkrut (Marchfeld) 239
Dusburg, Peter von, Chronist 153

Eichendorff, Joseph Freiherr von *128*
Eickstedt, Egon Freiherr von 120
Eike von Repgowe (Sachsenspiegel) 134
Eisenstein-Film *154,* 155
Elbing 179, 180, *181, 184*
Eldena, Kloster 205
Enking, Ottomar 195
Ermland 57
Ernst Bogislaw von Croy, Bischof 205
Estland *137*
Eugen III., Papst 58
Eugen von Savoyen 268

Forstreuter, Kurt 207
Franck, Hans, Schriftsteller 197
Frankfurt an der Oder *118*
Frauenberg am Frischen Haff *148*
Friaul 266
Friedrich I., Kaiser Barbarossa *59,* 66ff., 122, 187
Friedrich II., Kaiser (Sizilien) 59, *62,* 149, 157, 161, 212
Friedrich, Caspar David *33*
Friedrich II., der Große 175, 191
Friedrich II., der Streitbare (Babenberger) 249
Friedrich von Hohenzollern 113, *115*
Friedrich von Sachsen 163
Friedrich Wilhelm I. 189, 205
Fussenegger, Gertrud, Schriftstellerin 282

Gagern, Friedrich von 272
Gepiden, Stamm 122
Gerbert, Papst Silvester II., *siehe* Silvester II.

Gerdauen *183*
Germelsleben a. d. Bode 58
Gero, Markgraf *23,* 25ff.
Gerold von Aldenburg, Bischof 67ff., 78
Glatz *134*
Glogau 141
Gnesen, Bistum 41, *43, 147*
Godeke Michels 194
Goez, Werner, Historiker 101f.
Görlitz 135, 142f., *142, 143*
Goten 122
Gotland 72
Gottschalk, Slawenfürst 44ff., 47, 48, 197
Gottschee *137,* 266ff., 270
Gran, Bischofsstadt 41, *46*
Grass, Günter, Schriftsteller 175
Gregor IX., Papst 157
Greifenberg *199,* 202
Greifswald *188,* 205
Großmährisches Reich *244*
Großscheuern/Siebenbürgen *273*
Großwusterwitz, Rodedorf 53
Grüssau, Kloster *125*
Gunzelin von Hagen (Schwerin) 77, 78, 80, 82
Gustav Adolf von Schweden 202
Gutenstein 37, *252*

Habsburger, Geschlecht der 143, 239
Haithabu (Schleswig) *13,* 23, 73
Halbe, Max, Dichter 175
Halberstadt, Dom *111*
Hamann, Johann Georg *168,* 233
Hamburg *47,* 48
Hansische Geschichtsblätter 220
Hauptmann, Gerhart 128, *129,* 144
Havelberg *63,* 64
Hedwig von Schlesien (Jadwiga) 124ff., *124,* 130, 131, 139
Heila, Christl. Pommernherzogin 19
Heiligenkreuz 251
Heilsberg *103*
Heinersbrück im Spreewald *93*

Heinrich Borwin, Sohn von Pibislaw 80
Heinrich der Löwe 58, 66ff., 69ff., 187
Heinrich, Lokator 51ff.
Heinrich I. von Schlesien 124, 126ff., 131, 139
Heinrich II., Kaiser 41, 42
Heinrich II. von Schlesien 130
Heinrich II. Jasomirgott 249
Heinrich IV. von Schlesien 140, *140*
Heinrich VII., dt. König 239, 249
Heinrich, Welfenherzog 60
Heinrich von Plauen 159
Heinrich/Pribislaw 61ff.
Heinrichsau 127, 128
Helmold, Chronist 67
Herder, Johann Gottfried (von) 168
Hermann Balk 157
Hermann von Salza 134, 157
Hermannstadt *258,* 259, *260*
Hevelius, Astronom 177, *178*
Hiddensee, Insel *78,* 80
Hippel, Theodor Gottlieb von *168,* 183
Hirschberg 143f., *144*
Hirschheydt, Harro von 217
Hochosterwitz, Burg in Kärnten *247*
Hradschin 22
Hutten, Ulrich von 190
Hyrzberc *siehe* Hirschberg

Ibn Fadhlan, Reisender 15
Iborst in Estland *210*
Ibrahim Ibn al Jaqub, Reisender 17ff., 61
Ilow, Festung 75, 82
Innozenz II., Papst 118
Innozenz III., Papst 210
Itil an der Wolga 15

Jadwiga von Schlesien *siehe* Hedwig
Jagiello von Polen *162*
Jakob von Polzk, Bischof 229
Jakobsdorf, Kirche *257*
Janssen, Peter, Maler 219
Janusow *siehe* Heinrichsau
Jaster, Arno, Schriftsteller 98f.
Jaxa von Köpenick 88, 90, 91

Joachimsthal *243*
Johann, Markgraf von Brandenburg 87, 101ff., 109, 114
Johann von Neumarkt 244
Johannes, Bischof 47ff.
Johannes Paul II., Papst 279
Johannsen, Poul, Forscher 220
Jomsburg 18ff.
Joseph II., 262
Jumne-Vineta, Handelsblatt 15, 18ff., 22, 32, 198
Jungingen, Ulrich von 159, *162*
Jus primae noctis 39, 191
Jüterbog 53

Kalckreuth, Kommandant von Danzig 175
Kant, Immanuel *168*
Kantzow, Thomas, Chronist 189, 191
Kap Arkona *siehe* Arkona
Karl der Große 17, 23, *27, 29, 133*
Karl IV., Kaiser *241*
Karl XIII. von Schweden 189
Kärnten *234*
Karolyi, Grafen 266
Karpaten 259
Kasimir, Herzog in Pommern 78
Kasimir, Herzog von Schlesien 143
Kiew 15
Kloeden, Karl Friedrich, Schriftsteller 109
Klosterneuburg *246,* 251
Kolberg 21, 202, *203*
Kollwitz, Käthe 145, *145,* 164
Komotau 238
König, Felix (Polyphemus) 167
Königsberg 145, 162ff., *164, 169,* 239, 279
Königsmarck, Aurora Gräfin von 217
Königswieser, Heinrich, Maler 165
Konrad III. 58
Konrad von Meißen 60
Konrad von Mesowien 152
Konrad von Zähringen 60
Köpenick *87,* 90, 94f.
Kopernikus, Nikolaus *161*
Kowno (Kaunas) *230*
Krakau 17, 130, 135, 140

Kruschwitz, Vertrag von 153
Kruto, slaw. Kriegskönig 48
Kuenringer, Geschlecht der 251ff.
Kulm *133,* 134
Kulmische Handfeste 134
Kummerower See, Schlacht am 76, 77
Kurische Nehrung *52*
Kurland *137*
Küstrin 107

Labes in Pommern 203
Labiau, Schloß *177*
Laibach 266
Langenbielau in Schlesien 146
Lebus, Kloster 118
Lechfeld, Schlacht 35, 248
Lehde, Dorf im Spreewald *85*
Lehnin, Kloster *114,* 118
Lekno, Kloster 152
Lel, Feldherr 248
Lenz, Siegfried, Schriftsteller 183
Lenzen, Burg 47
Leopold III. (Babenberger) 249
Leopold VI. (Babenberger) 249
Letha, Schlacht an der 250
Leubus, Kloster 124, 126
Libussa von Böhmen 239
Liegnitz, Schlacht bei *127,* 130
Lipski, Jan Jozef, Historiker 279
Liubice *siehe* Lübeck
Liudewit, Herzog von Niederpannonien 24
Liutizen, Stamm 44ff.
Livland *137*
Lobwasser, Ambrosius, Liederdichter 166
Loccum, Kloster 208
Loerke, Oskar, Schriftsteller 175
Loewe, Carl, Komponist 202
Lübben im Spreewald *93*
Lübeck 21, 64, 65ff., *68,* 71ff., 192
Lübsow in Pommern 12, 121
Lübz in Pommern 191
Ludat, Herbert 20, 31
Ludolf, Bischof von Halberstadt 102
Ludwig der Fromme 15, 27
Ludwig XIV. von Frankreich 268

293

Luther, Martin 165, 167
Luxemburger, Geschlecht der 239ff.
Lyck in Ostpreußen 183

Magdeburg 17 *34,* 53, 118, 131, *131,* 132ff.
Malchow, Kloster *36*
Manessische Liederhandschrift *113*
Marchfeld, Schlacht 239
Maria von Braunschweig-Kalenberg 165ff.
Marienburg *149, 152, 158*
Marienwerder *104*
Marschall von Schweden 217
Masowien 157
Maurizius hl. *30*
Mechtild von Brandenburg 101f.
Mecklenburg 17, *40,* 66, 75, 80, 82, 83, *84,* 187
Meginfredus siehe Meinfried
Meinfried, wendischer Graf 61ff.
Memel-Land *137*
Memel-Fluß *167*
Menzlin in Pommern 205
Merchant Adventurers 230
Mercy, Graf 271, 272
Merkel, Garlieb 275
Mescheqqo siehe Mieszko I. v. Polen 17
Mesowien 152ff.
Mieszko I. v. Polen 17, 18, 27ff.
Mikilinburg 17
Militärgrenze (Balkan) 269, 271, 272
Mitau *214*
Moldau *21*
Mongolensturm 129, 143
Mortesdorf in Siebenbürgen *272*
Moskau 235
Motherby, Robert 175
Müller, Adriaan v., Gelehrter *99,* 100, 110, 111
Müller-Guttenbrunn, Adam, Schriftsteller 272

Nadler, Josef, Historiker 170, 242
Naumburg 17
Nidden, Fischerdorf *52*
Niklot, Wendenfürst 64ff., *70,* 74ff.
Nikolaus von Janusow 127f.

Nimptsch, Burg in Schlesien 44, 128, 145, 146
Nowgorod 181, 207, *208, 219,* 224, 229, 231
Nub Grâd (Naumburg) 17

Ob-Fluß 224
Oberlausitz *92,* 135
Obotriten, Stamm 44f., 65
Oda, Tochter d. Markgr. Dietrich 29
Ödenburg 257
Oliva, Kloster 173, *173*
Oppeln 143f., *144*
Ordulf, Herzog 48
Orosius (Weltchronik) 15
Ortenburg 266
Osiander, Humanist 167
Ostpreußen *137*
Otter, Seefahrer 15
Otto I., der Große *14, 16,* 17, *23,* 24, 25, 31
Otto II., Kaiser 98, 236
Otto III., Kaiser 42
Otto von Bamberg 64, *65,* 83
Otto III. von Brandenburg 87, 101ff., *103,* 105f., 107, 109, 113, 114
Otto IV. von Brandenburg *113*
Otto von Freising *123*

Parler, Peter, Bildhauer 240, *242*
Passarowitz, Frieden von 271
Pest siehe Budapest
Peter der Große 235
Peter von Dusburg 153
Peter von Roeskilde, Bischof 98
Peterswaldau *145,* 146
Petschora-Jagdgebiet 224
Pettau in Slowenien *264*
Philipp von Schwaben 210
Piasten, Geschlecht 91
Plauen, Heinrich von, Hochmeister 159
Pleskau (Pskow) 227
Plettenberg, Wolter von *227*
Poel, Insel *40*
Polozk 229
Polyphemus siehe König, Felix
Pommern *86, 137,* 187ff.
Ponten, Josef, Schriftsteller 272
Popp von Osterna, Landmeister 130

Posen *137*
Potsdam 90
Prag *14,* 17ff., *21,* 22ff., *221,* 239, *240,* 277
Pribislaw (Heinrich), König 60, 61ff., 75, 78ff., 80ff.
Pritzlaw, Sohn von Niklot 75
Prutz, Robert, Schriftsteller 202
Pruzzen 17ff., *147,* 152, 158ff., 193
Przemysliden, Geschlecht der 239
Pyritz in Pommern 198

Quedlinburg 17

Ragnit an der Memel *182*
Rahewin, Chronist 122ff.
Rascianer, Stamm 269
Raspe, Heinrich, Markgraf von Thüringen 250
Rastenburg 167
Ratibor, Slawenfürst 64
Ratzeburg, Bistum 66
Raxa (Recknitz) 25
Redigost, slaw. Gottheit 47
Rega-Fluß 200, 202, 203
Rennenkampf, Paul von, russ. General 217
Rerum Saxionarum Libri 24
Rethra, Burg und Stadt 47, 48, 81
Reval *68,* 216, *218,* 219ff., 227, *231*
Riga 215, 220ff., *223,* 225, 227, 320ff.
Rikdags von Meißen 30
Rixdorf (Richardsdorf) 106
Rosenberg in Schlesien 143
Rosenberg, Alfred, NS-Ideologe 155
Rostock 82, 190, 192, *194, 195,* 196ff., 223
Rubenow, Heinrich 190
Rudolph II., Kaiser *242,* 242
Rügen, Insel 18, *33,* 79, 80ff., 190
Rumäniendeutsche 265
Rurikiden (Wikinger) 17ff.
Rus siehe Rurikiden

Sachsenspiegel *117,* 134, *139*
Sackrau in Schlesien 121
Salza, Hermann von 157, *157*
Salzbrunn in Schlesien 128
Samo-Reich 20, 245
Sathmarer Schwaben 266

Scharfstorf, Slawenburg *54*
Schleich, Carl Ludwig, Arzt u. Schriftst. *198,* 202
Schlesien *86,* 119ff., *137*
Schopenhauer, Arthur 177, 178
Schopenhauer, Johanna *180*
Schwarzhäupter 232ff.
Schweidnitz 135
Schwerin *19, 70,* 76, 78, 79, 80
Schwertbrüder (Kurland) 211
Schwidetzki, Ilse, Wissenschaftlerin 120
Seidel, Heinrich Wolfgang, Schriftsteller 197
Seitenstetten, Stift 251
Selburg, Schloß *232*
Semgallen in Kurland 211
Semlin *269*
Semmering-Spital 253
Senftl, Ludwig 166
Siebenbürgen *137, 256, 257, 272*
Sigismund, Kaiser 113, *115*
Silin siehe Zobten
Silingen, germ. Stamm 120, 143
Silvester II., Papst 41, 42, *43*
Skalich, Abenteurer 167
Solschenizyn, Alexander, Schriftsteller 279
Sorbische Mark 236ff.
Spandau 90, 101, *101,* 110f., *112,* 114
Speratus, Humanist 167
Sponheimer, Geschlecht der 267
Spreewald *93,* 239
Stackelberg, Baron Christoph von 233
Stare Mesto in Mähren 20
Stargard *200*
Stechlinsee, Großer *117*
Steiermark 39
Stein, Barthel, Rektor 130
Stellerburg in Weddingstedt *54*
Stendal *51,* 96
Stephan I. v. Ungarn 41, *41*
Stettin 21, 60, 77, 83ff., *83,* 140, 197ff., *197*
Stoinef, Slawenfürst 25ff.
Störtebecker, Klaus, Seeräuber 194
Stralsund *75,* 189
Sudermann, Hermann, Schriftsteller *169*

Sueben, Stamm 11
Swantewit, Slawengottheit 81, 82
Swarozyc, Slawengottheit 81
Szekler, Stamm 261

Tacitus, Geschichtsschreiber 10
Tangermünde *51*, 95f., *97*
Tannenberg, Schlacht 159
Tegel 88
Tegetmeier, Silvester 223
Temesvar 269
Temme, Jodokus 182
Tempelhof 106
Templerorden 130
Teplitz *238*
Teschen 31
Thietmar von Merseburg, Chronist 29, 30, 31, 44, 136
Thorn *160*
Tilsit *179*
Trebnitz, Kloster in Schlesien *124*, 126
Treitscke, Heinrich von, Historiker 153f.
Treptow an der Rega *200*, 202, 205
Troki, litauische Festung *206*
Truso, Handelsstadt 15, *siehe* Elbing

Tuchmann, Barbara, Historikerin 282
Tulln 249
Tumler, Pater Dr. 155

Uckermark *92*
Uderske Hradiste 20
Uexküll in Kurland 211
Ulrich von Jungingen *150*, 159, 162
Urbs Tricornis *siehe* Rethra
Uskoken, Stamm 269

Vandalen, germ. Stamm 11, 120, 121, 122
Verchen, Schlacht bei 76, 77
Vineta 18ff., 22, 198
Vitalienbrüder, Seeräuber 195
Vizelin, Mönch *71*
Vojtech von Prag *siehe* Adalbert
Volkold, Levit 38
von der Pahlen, Geschlecht der 217

Wagrier, Slawenstamm 55
Waldemar I. von Dänemark 80, 82, 196
Waldemar II. von Dänemark 161

Waldenburg, Berg in Schlesien *119, 120,* 143
Walther, Johann, Theologe 166
Waren in Pommern 191
Warnemünde 196
Weddingstedt, Stellerburg *54*
Wenkheim, Baron 271
Wenzel I., König von Böhmen *14,* 99
Wenzel I. von Schlesien 139
Wenzel, Der heilige *241*
Werben in Brandenburg 97, 98
Westpreußen *137*
Wettiner, Geschlecht der 236ff.
Wichburg, Äbtissin 38
Wichmann, Graf 24, 25
Wichmann, Bischof 51, 116
Wichmann, Erzbischof von Magdeburg *132,* 134, 237
Widukind, Herzog 27
Widukind von Corvey 24, 25
Wien 253
Wiener Neustadt 150, 246
Wikinger 26
Wilbrandt, Adolf, Schriftsteller 197
Wilbrand von Magdeburg 102

Wilna 224, *228, 229*
Wiltzen, Stamm 23
Winrich von Kniprode 53
Wisby 72, 73, *74,* 212
Wismar 193, *193*
Wistinghusen (-hausen), Familie 227
Witte, Sergius von 217
Wladimir von Pleskau 213
Wladislaw I. von Schlesien 124
Wrangel, Geschlecht der 217
Wratislau *siehe* Breslau
Wratislaw, Sohn von Niklot 75f.
Wladislaw II. von Schlesien 143
Wratislaw, Pommernherzog 197, 198
Wratislaw III. von Pommern 202
Wratislaw IX. von Pommern 190
Wulfstan, Seefahrer 15
Wusterwitz, Dorf 50

Zalatna, Blutbad von 262
Zips 259, *267*
Zobten, Berg i. Schlesien *10*, 120
Zwettl, Kloster *250, 252*

Bildnachweis

Farbabbildungen: Archiv für Kunst und Geschichte, Berlin: Schutzumschlag-Vorderseite. Artothek, Planegg b. München: S. 52 (Foto: Blauel/Gnamm; © Thomas Corinth, New York). Bildagentur Jürgens, Köln: S. 34, 51 unten, 85, 103, 104, 137, 171, 221. Gerhard Klammet, Ohlstadt: S. 256. Werner Neumeister, München: S. 51 oben, 222. Bildarchiv Preußischer Kulturbesitz, Berlin: S. 255 (Original: Museum für deutsche Volkskunde, Berlin, Foto: U. Franz und G. Oestreich). Heinz Radkte, München: S. 138. Stiftung Oskar Reinhart, Winterthur: S. 33. Walter Spiegel, Grafing: S. 172. Die Trachtenzeichnungen auf S. 86 sind dem Buch »Deutsche Volkstrachten«, Originalzeichnungen mit erklärendem Text von Albert Kretschmer, Maler und Costumier am Königlichen Hoftheater zu Berlin (Leipzig, Verlag v. J. Bach, 1870) entnommen.

Schwarzweißabbildungen: Akademie der Künste, Berlin: S. 118 oben. Bavaria-Verlag, Gauting b. München: S. 79 (Foto: D. H. Teuffen), 89 (Foto: Willy Pragher), 234 (Foto: J. Jeiter). British Museum, London, Cottonian Library: S. 15. Erhard Daniel, Regensburg: S. 254, 257, 260, 272, 273, 274. Deutsche Lichtbildgesellschaft, Berlin: S. 124 unten. dpa, Frankfurt/M.: S. 75 oben. Deutsches Institut für Filmkunde, Frankfurt/M.: S. 154. Archiv Gerstenberg, Wietze: S. 42, 44, 61, 71, 150, 151, 170, 212. Erika Groth-Schmachtenberger, Murnau: S. 263, 264, 265, 268, 269, 271. K. Hamann, Berlin-Ost: S. 19 unten. Barbara Hardt, München: S. 68, 72. J. G. Herder-Institut, Marburg: S. 134, 182, 183 unten, 200, 213. Alfred Herold, Gerbrunn: S. 21 unten, 43 unten, 56, 133, 231. Historia-Photo, Hamburg: S. 11 unten rechts, 18, 41, 45, 47, 49, 57, 59, 63 oben, 78, 84, 87, 96, 106, 116, 117 unten, 119, 123, 128, 141, 148, 152, 164, 168 oben rechts, unten rechts und links, 169 oben, 174, 175 oben, 178, 181 oben, 194, 195, 204, 208, 232, 240 oben, 242 unten. Institut für Hochschulkunde, Würzburg: S. 240 unten. Bildarchiv Jürgens, Köln: S. 19 oben, 36, 40, 43 oben rechts, 77, 160, 184. Landesbildstelle, Berlin: S. 99 unten, 100. Löbl-Schreyer, Bad Tölz: S. 39, 246 oben, 247, 252. Bildarchiv Foto Marburg, Marburg/L.: S. 149, 210, 214, 225. Ann Münchow, Aachen: S. 28, 29. Werner Neumeister, München: S. 46, 97, 132 oben, 238, 243, 249, 250, 276. Hans Patzelt, München: S. 219. Bildarchiv Preußischer Kulturbesitz, Berlin: S. 12 oben, 88 rechts, 112, 113 unten (Originale: Museum für Vor- und Frühgeschichte der Staatlichen Museen Preußischer Kulturbesitz, Berlin-West); S. 13, 54 (Originale: Museum Schleswig, Foto: Kraft); S. 16, 23, 62 (Foto: Ann Münchow, Aachen), 63 unten, 70, 73, 88 links, 92 oben, 99 oben, 103 unten (Foto: Kraft), 107, 108, 110, 111, 113 oben, 114, 115, 117 oben, 118 unten, 121 unten (Original: Antikenabteilung der Staatlichen Museen Preußischer Kulturbesitz, ausgestellt im Museum für Vor- und Frühgeschichte, Foto: Jürgen Liepe), 131, 132 unten, 139 links, 144 unten, 145 oben, 145 unten (© VG Bild-Kunst, Bonn), 157, 161, 168 oben links (Original: Deutsches Literaturarchiv, Marbach a. N.), 180, 181 unten, 198, 199, 201, 203, 227, 237, 244 (Original: Brünn, Mährisches Museum, Foto: Kraft), 283 oben. Verlag Rautenberg, Leer/Ostfr.: S. 10, 120, 177, 183 oben. Hans Saebens, Worpswede: S. 125, 129, 146. H. Schildmann, Westerstede: S. 258. Schleswig-Holsteinisches Landesmuseum für Vor- und Frühgeschichte, Schleswig: S. 11 unten links, 26. Marianne Schmalz, Groß Grönau: S. 74. Staatsarchiv Hamburg: S. 209. Ingrid Strüben, Berlin: S. 101 oben. Bilderdienst Süddeutscher Verlag, München: S. 14, 21 oben, 27, 43 oben links, 65, 69, 75 unten, 76, 83, 92 unten, 93, 109, 127, 135, 136, 142, 144 oben, 156, 162 links, 166, 169 unten, 173, 175 unten, 176, 193, 197, 215, 216, 218, 241, 242 oben, 246 unten, 251, 261, 267, 281, 283 unten. Südwest Verlag, München: S. 30, 105, 121 oben, 124 oben, 138, 139 rechts, 159, 162 rechts, 163, 179, 185, 223, 224, 229, 262, 270 unten. Ullstein Bilderdienst, Berlin: S. 11 oben, 37, 90, 143. Unzner, Berlin: 188. Mit freundlicher Genehmigung der VAAP, Vilnius: S. 166, 206 (Fotos: A. Sutkus); S. 226 (Foto: V. Straukas); S. 228, 230 (Fotos: M. Sakalauskas).

Die Karten auf den Seiten 12 unten, 147, 245, 270 oben, 278 haben wir mit freundlicher Genehmigung des Heyne Verlags entnommen dem Heyne Taschenbuch Nr. 7127, Hermann Schreiber »Unvergessener deutscher Osten«. Der Verlag dankt dem v. Hase + Koehler Verlag, Mainz, für die Genehmigung der Abbildung auf S., 158, entnommen dem Band »Nachbarn seit 1000 Jahren«, 1976.

Europa im 14. Jahrhundert (um 1388)

Europa am Ende des vierzehnten Jahrhunderts – Vorabend des Entdeckungszeitalters, Ausgang des ritterlichen Mittelalters. Die europäische Expansion ist nicht mehr in den Südosten gerichtet wie zur Zeit der Kreuzzüge, denn das große Osmanische Reich bildet dort einen gewaltigen Machtblock, der noch zweihundert Jahre lang Bedrohung bleiben wird. Im Herzraum Europas dominiert das Heilige Römische Reich Deutscher Nation, nicht mehr so stark nach Süden orientiert wie in den großen Tagen der Staufer, dafür aber weit nach Osten und Nordosten ausgreifend mit der Deutschen Hanse und dem Deutschen Orden und dem groß gewordenen, dem Reich durch familiäre Bande verbundenen Königreich Ungarn.

Die deutsche Ostbewegung ist in diesem geschichtlichen Augenblick erst eineinhalb Jahrhunderte alt, und während die Kämpfer so manchen Rückschlag erlitten haben, sind die deutschen Handwerker bis in die Vororte von Moskau vorgedrungen und die deutschen Bauern bis an die Save, in den Karpatenbogen, in die Beskiden und an die Weichsel. Die kommenden Jahrhunderte bringen gewaltige Veränderungen; die neue Welt jenseits des Ozeans macht Westeuropa wirtschaftlich stärker, Ost- und Mittelmeerhandel verlieren an Bedeutung. Die deutsche Ostsiedlung jedoch bleibt im großen und ganzen in den Räumen, die sie erreicht hat, bis zum nationalen Unglück der beiden Weltkriege in unserem Jahrhundert.

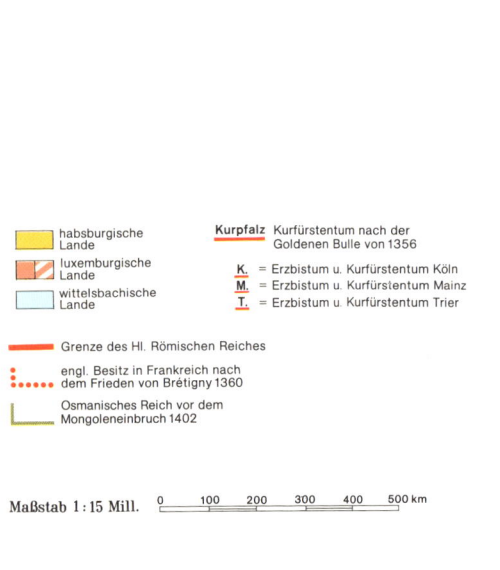

	habsburgische Lande	**Kurpfalz**	Kurfürstentum nach der Goldenen Bulle von 1356
	luxemburgische Lande	**K.**	= Erzbistum u. Kurfürstentum Köln
	wittelsbachische Lande	**M.**	= Erzbistum u. Kurfürstentum Mainz
		T.	= Erzbistum u. Kurfürstentum Trier

— Grenze des Hl. Römischen Reiches
····· engl. Besitz in Frankreich nach dem Frieden von Brétigny 1360
— Osmanisches Reich vor dem Mongoleneinbruch 1402

Maßstab 1:15 Mill.   0 100 200 300 400 500 km

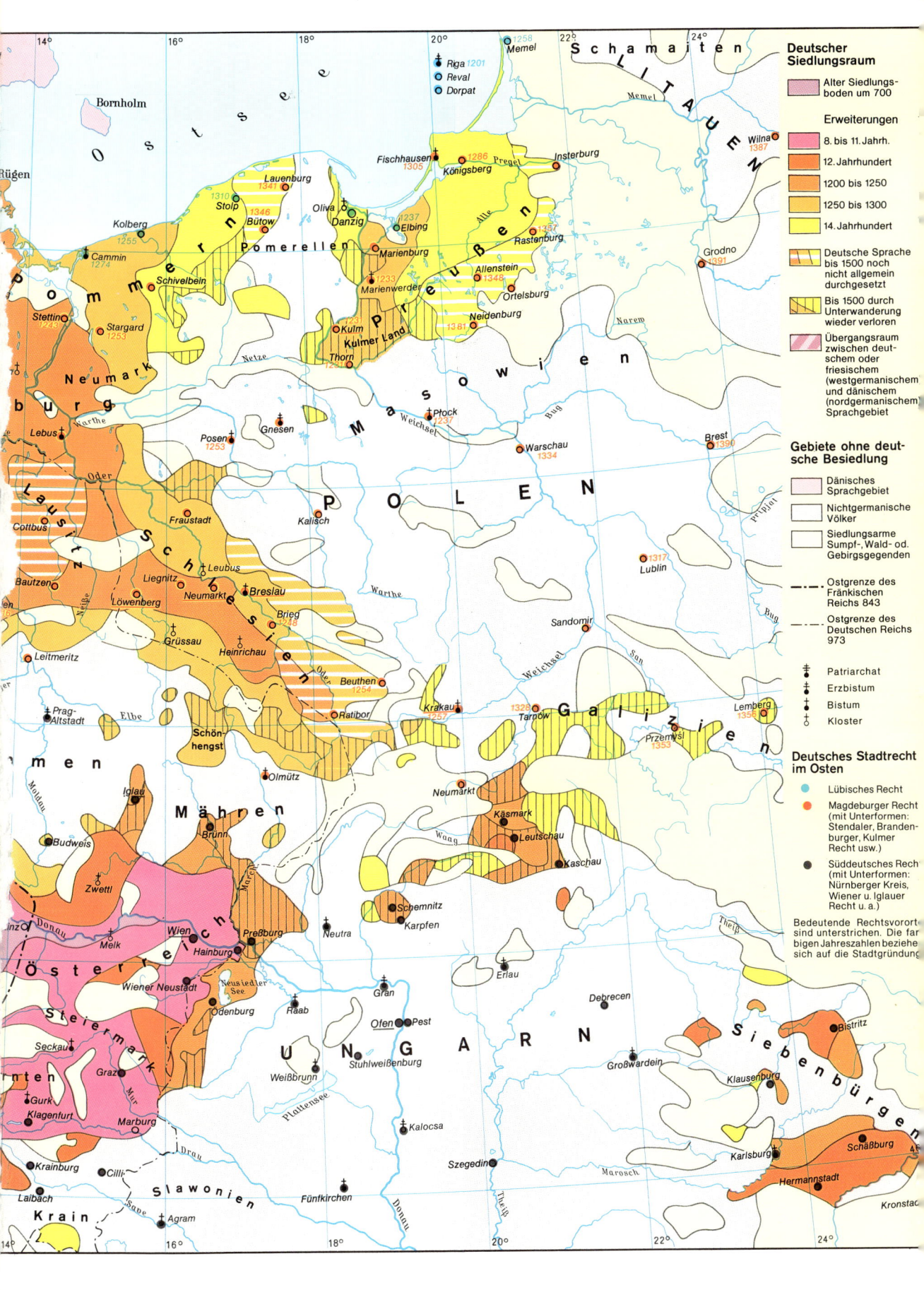

Die Deutschen und der Osten